EL DON

DEL DOLOR

EL DON

POR QUÉ SUFRIMOS Y QUÉ DEBEMOS HACER CON EL SUFRIMIENTO

DEL DOLOR

PHILIP YANCEY
DR. PAUL BRAND

La misión de Editorial Vida es ser la compañía líder en satisfacer las necesidades de las personas con recursos cuyo contenido glorifique al Señor Jesucristo y promueva principios bíblicos.

EL DON DEL DOLOR
Edición en español publicada por
Editorial Vida – 2006
Miami, Florida

©2006 por Paul Brand y Philip Yancey

Originally published in the USA under the title:
The Gift of Pain
© 1993, 1997 by Paul Brand & Philip Yancey
Published by permission of Zondervan, Grand Rapids, Michigan 49530, U.S.A.

Traducción: *Miguel A. Mesías*
Edición: *María Cecilia Scoccimarra*
Diseño interior: *Good Idea Productions Inc.*
Diseño de cubierta: *Koechel Peterson & Associates*
Adaptación: *Good Idea Productions Inc.*

ISBN: 978-0-8297-4435-4

Categoría: *Vida cristiana / Vida práctica / Recursos de programas*

IMPRESO EN ESTADOS UNIDOS DE AMÉRICA
PRINTED IN THE UNITED STATES OF AMERICA

14 15 16 17 ❖ 7 6 5 4 3 2

Para mi madre,
Granny Brand

CONTENIDO

PRÓLOGO

C. Everett Koop,
Dr. en medicina, Dr. en ciencia

S iempre que dejo que en mi mente divague
y me pregunto quién me gustaría haber
sido si no hubiera nacido como C. Everett
Koop, la persona que viene a mi mente con
más frecuencia es Paul Brand. Había conocido
fragmentos de su vida durante años. Le había oído hablar en varias ocasiones y quedé
fascinado por su enfoque directo y modales
gentiles. Luego, después de que me uní al
Servicio de Salud Pública como cirujano
general en 1981, descubrí que, en cierto
sentido, él trabajaba para mí.

Paul Brand estaba entonces di-
rigiendo parte de la investigación para
la institución más antigua de lepra en los
Estados Unidos, el Gillis H. Long Hansen's Disease Center en
Carville, Louisiana. Allí llegué a tener un contacto estrecho con él,
le observé trabajar en el laboratorio, presencié su interacción con
los pacientes, y noté las relaciones fuertes y sinceras de mentoría
que se desarrollaban entre Paul Brand y sus estudiantes, jóvenes y
viejos, capaces y discapacitados. Durante mi ejercicio en el cargo,
él justificó el enorme gasto en la investigación en cuanto a la lepra,
enfermedad que afecta a pocos en los Estados Unidos, demostrando la aplicabilidad de esa investigación a pacientes con diabetes, la
cual afecta a veinticinco millones.

¡Qué alegría ver a Paul Brand en acción! Humilde cuando podía haber sido orgulloso; amable por encima y más allá de la necesidad del momento; gentil, hasta lo que pudiera parecer un grado innecesario, y finalmente, competente con C mayúscula.

Poco después de que asumí el cargo de Cirujano General, mi esposa Betty recibió un reemplazo de articulación en su mano derecha con un maravilloso sustituto de teflón. La cirugía fue excelente, pero debido a la falta de atención en los detalles muy esenciales pero nada glamorosos del cuidado posterior a la operación, acabó con una mano seriamente incapacitada. Ella se afligió por un breve tiempo por la pérdida de su mano, pero desde entonces se las ha arreglado bastante bien con una mano funcional que puede flexionar, aunque no puede extender sus dedos.

Paul Brand es tan buen cirujano de la mano como el mejor del mundo, así que llevé a Betty a una reunión del Servicio de Salud Pública en Phoenix, Arizona, ya que sabía que Paul estaría en el programa. Le pregunté si podía atenderla en consulta, lo que él de buen grado y de inmediato hizo. Al observar su interacción con mi esposa y su mano, todo lo que había oído y sabía en cuanto a Paul Brand entró en una perspectiva exquisita. Su humildad fue evidente desde el principio. Su gentileza era increíble. Su bondad en la evaluación de su condición y el consejo que le dio fue suficiente para compensar las malas noticias que tuvo que darle. Y por supuesto, la competencia respaldó todo eso.

Yo solía enseñarles a mis estudiantes de medicina: «Cuando examinen un abdomen, miren la cara del paciente, no su vientre». Lo que más me impresionó fue que Paul Brand, sabiendo el dolor que podía provocar, mantuvo sus ojos fijos en la cara de Betty. Él pidió disculpas de inmediato si la había lastimado. Y aunque nunca le restó importancia a su incomodidad, impartió una clase de filosofía en cuanto al dolor que lo colocó en un ámbito diferente.

Recapitulo esta historia como introducción apropiada para este libro, porque el mismo, aunque relata la historia de una vida fascinante, trata principalmente de la comprensión creciente de un hombre con relación al dolor: sus propósitos, orígenes y alivio. Como cirujano, erudito, investigador y filósofo dotado de una rara perspectiva, Paul Brand ha vivido y trabajado entre los afligidos por el dolor. Sus experiencias extraordinarias tienen una fuerte unidad temática que le permite presentar una perspectiva más bien asombrosa del dolor. Pero antes de que piense que puede significar una lectura aburrida, le diré que hay ayudas maravillosas en el libro para cada uno de nosotros, ya que Paul Brand abre la ventana a nuevas maneras de mirar el dolor, y eso se traduce en algo que vale la pena para usted y para mí.

Paul Brand ofrece una oportunidad de mirar al dolor no como un enemigo, sino como un amigo. Sé mucho en cuanto al dolor, pues he tratado con él toda mi vida profesional; sin embargo, he ganado una comprensión más profunda del mismo al leer este libro. Si fuera una víctima del dolor crónico, es probable que llamaría al conocimiento adquirido algo enviado por Dios.

Una vez le entregué a Paul Brand el Surgeon General's Medallion, el honor más alto que un Cirujano General puede otorgar a un civil. Después de leer este libro, lo haría de nuevo si pudiera. Mi estimación hacia Paul Brand es mayor que nunca.

Parte uno

MI SENDA A LA MEDICINA

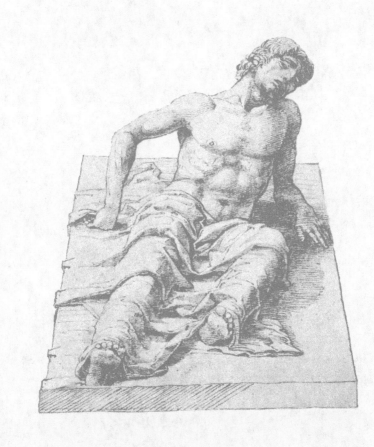

1
PESADILLAS DE AUSENCIA DE DOLOR

Se burla de las cicatrices
el que nunca ha recibido una herida.

Shakespeare, *Romeo y Julieta*

Tania era una paciente de cuatro años con ojos oscuros y vivaces, pelo rizado, y una traviesa sonrisa. La examiné en el Hospital Nacional de Lepra en Carville, Louisiana, a donde su madre la había traído para un diagnóstico. Una nube de tensión flotaba en el aire entre la pequeña y su madre, pero noté que Tania, de una forma sobrecogedora, parecía no tener miedo. Se sentó al borde de la mesa acolchonada y presenció de modo impasible cómo empezaba a quitarle de su pie los vendajes empapados de sangre.

Examinando su hinchado tobillo izquierdo hallé que el pie giraba libremente, señal de un tobillo dislocado por completo. Me estremecí por el movimiento no natural, pero Tania ni se movió. Continué quitando los vendajes. «¿Estás segura de que quieres que estas llagas sanen, jovencita?», dije, tratando de aligerar la atmósfera del cuarto. «A lo mejor tienes que empezar a usar zapatos de nuevo». Tania se rió, y pensé que era extraño que no se estremeciera ni se quejara mientras le quitaba los vendajes pegados a su piel. Ella miró alrededor del cuarto, con una expresión de leve aburrimiento.

Cuando le quité el último vendaje, hallé úlceras grotescamente infectadas en las plantas de ambos pies. Con toda la suavidad que pude examiné las heridas, observando la cara de Tania para hallar alguna reacción. Ella no mostró nada. El instrumento de sondeo atravesó con facilidad el tejido suave, necrótico, e incluso pude ver el brillo blanco del hueso pelado. Sin embargo, no obtuve ninguna reacción de Tania.

Mientras yo estaba perplejo por las heridas de la niña, la madre me contó la historia de su hija. «Parecía bien cuando nena. Un poquito hiperactiva tal vez, pero perfectamente normal. Nunca olvidaré la primera vez que me di cuenta de que ella tenía un serio problema. Tania tenía diecisiete o dieciocho meses. Por lo general la tenía en el mismo cuarto conmigo, pero ese día la dejé sola en su corralito mientras contestaba el teléfono. Ella se quedó quieta, y yo decidí empezar la cena. Para variar, estaba jugando alegremente por sí sola. La podía oír riéndose y haciendo ruidos con la boca. Sonreí, preguntándome qué nueva travesura estaría haciendo.

»Unos pocos minutos más tarde fui al cuarto de Tania y la hallé sentada en el piso de su corralito, pintando con los dedos círculos rojos sobre la sábana plástica blanca. No capté la situación al principio, pero cuando me acerqué más, grité. Era horrible. La punta del dedo de Tania estaba abierta y sangrando, y era su propia sangre la que estaba usando para hacer esos dibujos en las sábanas.

»Grité: "Tania, ¿qué pasó?" Ella me sonrió, y allí fue cuando vi las huellas de sangre en sus dientes. Se había mordido y cercenado su propio dedo y estaba jugando con su sangre».

En los meses siguientes, según me contó la madre de Tania, ella y su esposo trataron en vano de convencer a su hija de que los dedos no son para morderse. La pequeña se reía por las azotainas y otras amenazas físicas, y en verdad parecía ser inmune al castigo. Para salirse con la suya solo tenía que llevarse un dedo a los dientes y pretender morderse, y los padres capitulaban al instante. El horror de los padres se convirtió en desesperanza conforme las heridas aparecían de forma misteriosa en uno tras otro de los dedos de su hija.

La madre de Tania resumió esta historia con un tono monótono y sin emoción, como si se hubiera resignado a la situación precaria y perversa de criar a una niña sin instinto de autoconservación. Para complicar el asunto, ahora ella era una madre soltera: después de un año de tratar de vérselas con Tania, su esposo había abandonado a la familia. «Si insistes en mantener a Tania en casa, entonces yo me voy», había anunciado. «Hemos engendrado un monstruo».

Por cierto, Tania no parecía un monstruo. Aparte de las heridas en sus pies y sus dedos acortados parecía como una niña saludable de cuatro años. Le pregunté por las heridas en sus pies. «Empezaron tan pronto como aprendió a caminar», replicó la madre. «Ella pisó un clavo o tachuela y no se molestó en sacársela. Ahora examino sus pies al fin de cada día, y a menudo descubro una nueva herida o llaga abierta. Si se tuerce un tobillo, no cojea, así que se lo tuerce vez tras vez. Un ortopedista me dijo que ella se había dañado de forma permanente la coyuntura. Si le vendamos los pies para protegérselos, a veces en un arranque de cólera se arranca las vendas. Una vez partió y abrió un yeso con sus dedos desnudos».

La madre de Tania había venido a verme por recomendación del ortopedista. «He oído que sus pacientes de lepra tienen problemas como estos en los pies», dijo. «¿Tiene lepra mi hija? ¿Puede usted sanarle las manos y los pies?» Ella tenía la expresión impotente y suplicante que a menudo había visto en los padres de pacientes jóvenes, una expresión que le parte el corazón al médico. Me senté y con amabilidad traté de explicarle la condición de Tania.

Pude ofrecer escasa esperanza o consuelo. Le haría otros análisis, pero parecía evidente que Tania sufría de un raro defecto genético conocido informalmente como «indiferencia congénita al dolor». Era saludable en todo excepto en una cosa: no sentía dolor. Los nervios de sus manos y pies transmitían mensajes acerca de los cambios de presión y temperatura —ella sentía una especie de cosquilleo cuando se quemaba o se mordía un dedo— pero no llevaban ningún indicio de algo desagradable. Tania carecía de todo concepto mental del dolor. Más bien disfrutaba de las sensaciones de cosquilleo, en especial cuando esas cosas producían reacciones tan dramáticas en otros.

«Podemos lograr que estas heridas sanen», le dije, «pero Tania no tiene ningún sistema integral de advertencia para defenderla de otras heridas. Nada mejorará mientras ella no entienda el problema y empiece a protegerse de modo consciente».

Siete años más tarde recibí una llamada telefónica de la madre de Tania en St. Louis. Tania, ya de once años, vivía una existencia patética en un asilo. Había perdido ambas piernas por amputación: se había rehusado a usar zapatos apropiados y eso, junto con su inhabilidad para cojear o para alternar el peso al estar de pie (ya que no sentía ninguna incomodidad), a la larga había sometido a sus coyunturas a una intolerable presión. Tania también había perdido la mayoría de sus dedos. Sus codos estaban constantemente dislocados. Sufría los efectos de una sepsis crónica en las úlceras de sus manos y en los muñones de la amputación. Su lengua estaba lacerada y terriblemente cicatrizada por su hábito nervioso de mordérsela.

Su padre la había llamado un monstruo. Sin embargo, ella no era ningún monstruo, solo un ejemplo extremo —en realidad una metáfora humana— de la vida sin dolor.

Sin advertencia

El problema particular de Tania ocurre rara vez, pero condiciones tales como la lepra, la diabetes, el alcoholismo, la esclerosis múltiple, los desórdenes nerviosos, y las lesiones de la médula espinal, también pueden producir este extraño y peligroso estado de insensibilidad al dolor. Irónicamente, en tanto que la mayoría de nosotros busca a farmacéuticos y médicos tratando de hallar alivio del dolor, estas personas viven en constante peligro debido a la *ausencia* de dolor.

Aprendí primero de la ausencia de dolor mientras trabajaba con la lepra, enfermedad que aflige a más de doce millones de personas en todo el mundo. La lepra ha provocado por largo tiempo un temor que raya en la histeria, en especial debido a la horrible desfiguración que puede resultar si no se la trata. Las narices de los leprosos se encogen, sus lóbulos de las orejas se hinchan, y con el tiempo pierden los dedos de las manos y de los pies, y luego sus manos y pies. Muchos se quedan ciegos.

Después de trabajar por un tiempo con pacientes en la India, empecé a cuestionar la presuposición médica de que la lepra causaba directamente esta desfiguración. ¿Acaso la carne de los pacientes simplemente se desintegraba? ¿O podrían sus problemas, como el de Tania, rastrearse a la causa subyacente de la insensibilidad al dolor? Tal vez los leprosos estaban destruyéndose a sí mismos sin quererlo por la sencilla razón de que ellos también carecían de un sistema que les advirtiera del peligro. Todavía investigando esta teoría, visité un hospital grande de lepra en Nueva Guinea, donde observé dos escenas tétricas que se han quedado en mi mente desde entonces.

Una mujer en una aldea cerca del leprocomio estaba asando boniatos sobre un bracero de carbón. Perforó un camote con una vara puntiaguda y la sostuvo sobre el fuego, haciendo girar la vara con lentitud entre sus dedos como un asador. Sin embargo, el camote se cayó de la vara, y observé cuando ella trató infructuosamente de ensartarlo de nuevo, empujando con cada intento el camote más adentro entre las brasas al rojo vivo. Al fin ella se encogió de hombros y miró a un viejo que estaba acuclillado a corta distancia. A un gesto de ella, obviamente sabiendo lo que se esperaba de él, se acercó al fuego, estiró la mano, hizo a un lado las brasas candentes para recoger el camote, y luego volvió a su asiento.

Como cirujano especializado en manos humanas, quedé estupefacto. Todo había sucedido demasiado rápido para que interviniera, pero fui de inmediato a examinar las manos del viejo. No tenía dedos, solamente muñones retorcidos cubiertos de ampollas supurantes y las cicatrices de viejas heridas. Era evidente que esta no era la primera vez que él había metido sus manos en el fuego. Le endilgué un sermón sobre la necesidad de cuidar sus manos, pero su respuesta apática me brindó una escasa confianza de que hubiera prestado atención.

Unos pocos días más tarde conduje a un grupo de médicos a un leprocomio cercano. Mi visita había sido anunciada de antemano, y a la hora señalada los administradores tocaron una campana para llamar a los pacientes. Me senté con el resto del personal médico en un patio abierto, y tan pronto como la campana sonó, una multitud de personas emergió de las chozas individuales y los dormitorios tipo barraca y empezó acercarse a nosotros.

Un ansioso paciente joven llamó mi atención conforme avanzaba penosamente por el borde del patio en muletas, sosteniendo su pierna izquierda vendada sin que tocara el suelo. Aunque hizo su mejor esfuerzo para apurarse, los pacientes menos inválidos pronto le ganaron. Mientras observaba, este hombre se puso las muletas bajo el brazo y empezó a correr con ambos pies con un cojeo muy pronunciado, agitando las manos de forma frenética para captar nuestra atención. Acabó a la cabeza de la fila, en donde se quedó jadeando, apoyado en sus muletas, con una sonrisa de triunfo.

Por el cojeo del hombre, sin embargo, podía decir que algo andaba muy mal. Acercándome, vi que los vendajes estaban empapados de sangre, y su pie se movía libremente de lado a lado. Al correr sobre un tobillo ya dislocado, había puesto demasiada fuerza en el extremo del hueso de su pierna, y la piel se había abierto por la presión. Estaba andando sobre el extremo de su tibia, y con cada paso ese hueso desnudo golpeaba contra la tierra. Las enfermeras le reprocharon al hombre con acritud, pero parecía muy orgulloso de sí mismo por haber corrido tan rápido. Me arrodillé junto a él y descubrí que algunas piedras pequeñas y ramitas se habían incrustado en el extremo de su hueso y en la cavidad de la médula. No tuve otra alternativa que amputarle la pierna por debajo de la rodilla.

Esas dos escenas me han acosado desde entonces. Cerrando mis ojos, todavía puedo ver las dos expresiones faciales: la indiferencia cansada del viejo que sacó el boniato de las brasas y la alegría en ebullición del joven que corrió por el patio. El uno a la larga perdió su mano, el otro su pierna; tenían en común una absoluta insensibilidad hacia la autodestrucción.

Vislumbre aterrador

Siempre pensé de mí mismo como un individuo que se preocupaba por los pacientes que carecían de dolor, no como uno condenado a vivir en ese estado. Hasta 1953. Al fin de un programa de estudio auspiciado por la Fundación Rockefeller, pasé unos pocos días en la ciudad de Nueva York esperando al trasatlántico *Ile de France* para regresar a Inglaterra. Me alojé en un hotel barato de estudiantes y me preparé para una conferencia que debía dictar al día siguiente en la American Leprosy Mission. Cuatro meses de viaje habían hecho su efecto. Estaba cansado, desorientado y con un poco de temperatura. Dormí con intranquilidad esa noche y me desperté a la mañana siguiente sintiéndome un poco mejor. Por pura fuerza de voluntad me las arreglé para cumplir con mi compromiso y luché durante la charla, batallando contra oleadas de náuseas y mareos.

Al regresar en el tren subterráneo al hotel esa tarde debo haberme desmayado. Cuando recuperé el sentido, me encontré tendido en el piso del tren que se bamboleaba. Otros pasajeros desviaban la vista a propósito, y nadie me ofreció ninguna ayuda. Es probable que pensaran que estaba borracho.

De alguna manera me bajé en la parada apropiada y a tropezones llegué al hotel. Me di cuenta de que debía llamar a un médico, pero mi habitación barata no tenía teléfono. Para entonces ardía en fiebre, así que me dejé caer en la cama, en donde me quedé acostado la noche y el día siguiente. Cada unas cuantas horas me despertaba, miraba los extraños entornos, hacía un esfuerzo por levantarme, y luego caía de nuevo en la cama. Tarde en el día llamé al botones y le di algún dinero para que me comprara jugo de naranja, leche y aspirinas.

Por seis días no salí del cuarto. El fiel botones venía a verme todos los días y me traía mis provisiones, pero no vi a ningún otro ser humano. Me hundía y salía del sueño y de la conciencia. En mis sueños cabalgaba en un búfalo de agua en la India y caminaba en zancos en Londres. A veces soñaba con mi esposa e hijos; otras veces dudaba de si tenía familia. Me faltaba la presencia de ánimo, e incluso la capacidad física, para bajar las escaleras y llamar por teléfono para pedir ayuda o cancelar mis compromisos. Todo el día me quedaba en el cuarto que, con sus cortinas bajas, estaba oscuro como una tumba.

Al sexto día mi puerta se abrió y en la luz cegadora del umbral a duras penas pude distinguir a una figura familiar: el doctor Eugene Kellersberger de la American Leprosy Mission. Sonreía, y bajo cada brazo traía una bolsa de papel llena de provisiones. En ese momento el doctor Kellersberger me pareció un ángel enviado del cielo. «¿Cómo me halló?», pregunté débilmente.

El Dr. Kellersberger me dijo que le había parecido enfermo la tarde en que hablé en la misión. Unos pocos días más tarde llamó a un cirujano que sabía que yo debía ver y se enteró de que no había acudido a la cita. Preocupado, sacó las páginas amarillas de Manhattan y llamó a todo hotel en la lista hasta que halló uno que reconoció la descripción que había dado. «Brand, sí, tenemos a un Brand aquí», le había dicho la operadora de hotel. «Un tipo extraño. Se queda en su cuarto todo el día y vive a punta de jugo de naranja, leche y aspirinas».

Después de determinar que no sufría de nada más que de un serio caso de influenza, Kellersberger me obligó a tomar alimento adicional y me cuidó durante mis días finales en los Estados Unidos. Aunque estaba todavía débil e inestable, decidí mantener mi horario y zarpar en el *Ile de France*.

A pesar de que había descansado durante la travesía, cuando hicimos puerto en Southampton siete días más tarde hallé que casi ni podía cargar mi equipaje. Sudaba la gota gorda con el más ligero ejercicio. Le pagué a un cargador, me embarqué en el tren a Londres, y me agazapé contra la ventana en un atestado compartimiento. Nada del otro lado del cristal me interesaba en lo más mínimo. Simplemente quería que se acabara este viaje interminable. Llegué a la casa de mi tía agotado física y emocionalmente.

Así empezó la noche más negra de toda mi vida. Me quité los zapatos para prepararme para meterme en la cama, y al hacerlo un terrible descubrimiento me golpeó con la fuerza de una bola demoledora. *No tenía ninguna sensación en la mitad de mi pie.* Me hundí en una silla, con mi mente hecha un torbellino. Tal vez era una ilusión. Cerré mis ojos y oprimí contra mi talón la punta de un bolígrafo. Nada. Ninguna sensación de toque en ninguna parte alrededor del talón.

Un terror terrible, peor que cualquier náusea, me retorció el estómago. ¿Había sucedido al fin? Todo el que trabaja con lepra reconoce la insensibilidad al dolor como uno de los primeros síntomas de la enfermedad. ¿Había yo acabado de dar el horroroso salto de médico de lepra a paciente de lepra? Me enderecé, y alterné el peso de mi cuerpo una y otra vez sobre mi pie insensible. Luego hurgué en mi maleta buscando una aguja de coser y me senté de nuevo. Tanteé en un sector pequeño de piel debajo de mi tobillo. Ningún dolor. Inserté la aguja más hondo, buscando algún reflejo, pero no hubo ninguno. Una mancha oscura de sangre brotó del agujero que acababa de hacer. Puse la cara entre mis manos y me estremecí, anhelando el dolor que no vendría.

Supongo que siempre había temido ese momento. En los primeros días de trabajar con pacientes de lepra, cada vez que me bañaba, hacía un examen visual buscando manchas en la piel. Sabía que la mayoría de los que trabajan con lepra lo hacen, a pesar de las fuertes probabilidades en contra del contagio.

Un toque en la puerta interrumpió mis pensamientos y me hizo saltar. «¿Estás bien ahí, Paul?», preguntó mi tía. «¿Te gustaría una taza de té caliente?»

De forma instintiva me encontré respondiendo tal como mis primeros pacientes diagnosticados con lepra: simulé. «Ah, estoy bien», dije, en un tono de voz fingidamente alegre. «Solo necesito descansar. Ha sido un viaje largo». Pero el descanso no vino esa noche. Me quedé en la cama vestido por completo, excepto por los zapatos y los calcetines, sudando y respirando de forma pesada.

A partir de esa noche mi mundo cambiaría. Yo había abogado para combatir el prejuicio contra los pacientes de lepra. Me había burlado de la posibilidad de contagio, asegurándole a mi personal que corrían un escaso peligro. Ahora la historia de mi infección se regaría por todas las filas de los que trabajaban con lepra. ¿Que le haría esto a nuestro trabajo?

¿Que le haría esto a mi vida? Había ido a la India creyendo que serviría a Dios ayudando a aliviar el sufrimiento. ¿Debía ahora quedarme en Inglaterra y ocultarme para no crear un revuelo? Tendría que separarme de mi familia, por supuesto, puesto que los niños son muy susceptibles a la infección. ¡Cuán ingenuamente había obligado a los pacientes a desafiar el estigma y a forjarse una nueva vida para sí mismos! Era bienvenido a la sociedad de los malditos.

Sabía demasiado bien qué esperar. Los archivos de mi oficina estaban llenos de diagramas trazando la marcha gradual del cuerpo hacia la insensibilidad. Los placeres ordinarios de la vida se escurrirían. Acariciar a un perro, hacer correr mis dedos sobre seda fina, sostener a un niño; pronto todas las sensaciones serían similares: muertas.

La parte racional de mi mente seguía entrometiéndose para calmar los temores, recordándome que era probable que las drogas sulfonas detuvieran la enfermedad. Sin embargo, ya había perdido el nervio que suplía a ciertas porciones de mi pie. Tal vez los nervios de mis manos serían los siguientes. Las manos eran mis herramientas en el oficio. Así que no podría usar el escalpelo si sufría cualquier pérdida de las refinadas sensaciones de las puntas de los dedos. Mi carrera como cirujano terminaría pronto. Ya estaba aceptando la lepra como un hecho de la vida, *mi* vida.

Por fin llegó el amanecer y me levanté, molido y lleno de desesperanza. Contemplé en un espejo mi cara sin rasurar, examinando mi nariz y los lóbulos de las orejas para buscar señales de la enfermedad. Durante la noche el clínico que había en mí se había hecho cargo. No debía llenarme de pánico. Puesto que sabía más en cuanto a la enfermedad que el médico promedio de Londres, me tocaba a mí determinar el curso del tratamiento. Primero, debía trazar un mapa del área afectada a la insensibilidad para tener algún sentido de hasta dónde había progresado la enfermedad. Me senté, aspiré hondo, e inserté la punta de la aguja de coser en mi talón... y entonces lancé un alarido.

Nunca he sentido una sensación tan deliciosa como ese aguijonazo vivo y eléctrico de dolor. Me reí ruidosamente por mi necedad. ¡Por supuesto! Todo tenía perfecto sentido ahora. Mientras estaba sentado y agazapado en el tren, con mi cuerpo demasiado débil para llevar a cabo el movimiento intranquilo usual que redistribuye el peso y la presión, había cortado la provisión de sangre a la rama principal del nervio ciático de mi pierna, causándome una insensibilidad temporal. ¡Temporal! De la noche a la mañana el nervio se había renovado a sí mismo y ahora estaba enviando con fidelidad mensajes de dolor, de tacto, de frío y de calor. No había lepra, solo se trataba de un viajero cansado que se había vuelto neurótico por la enfermedad y la fatiga.

Esa sola noche de insomnio se convirtió para mí en un momento definitorio. Había tenido solo un vistazo fugaz de la vida sin tacto y sin dolor, y sin embargo ese vislumbre fue suficiente para hacerme sentir aterrado y solo. Mi pie dormido parecía un apéndice foráneo injertado en mi cuerpo. Cuando había colocado mi peso sobre él, mi pie sintió exactamente como si no le hubiera puesto encima dicho peso. Nunca olvidaré la desolación de esa sensación parecida a la muerte.

Lo opuesto sucedió a la mañana siguiente cuando descubrí que mi pie había vuelto a la vida. Crucé el abismo de regreso a la vida normal. Elevé una oración: *¡Gracias Dios por el dolor!*, la cual he repetido cientos de veces desde entonces. Para algunos esa oración puede parecer extraña, incluso estrafalaria o masoquista. Vino a mí en un fogonazo reflexivo de gratitud. Por primera vez comprendí cómo las víctimas de lepra pueden mirar con envidia a los que sentimos dolor.

Volví a la India con una renovada consagración a luchar contra la lepra y a ayudar a mis pacientes a compensar lo que habían perdido. Me convertí, en efecto, en un activista de carrera a favor del dolor.

Tercios discordantes

Mi vida profesional ha girado alrededor del tema del dolor, y al vivir en culturas diferentes he observado de cerca actitudes disímiles hacia él. Mi vida se divide en forma general en tercios: veintisiete años en la India, veinticinco años en Inglaterra, y más de veintisiete años en los Estados Unidos... y de cada sociedad he aprendido algo nuevo en cuanto al dolor.

Pasé mi internado médico en Londres durante los más aterradores días y noches del Blitz, cuando la Luftwaffe reducía a una orgullosa ciudad a escombros. La adversidad física era una compañera constante, el punto focal de casi toda conversación y titular de primera plana. Sin embargo, nunca he vivido entre personas tan optimistas; ahora leo que el sesenta por ciento de los londinenses que vivieron durante el Blitz lo recuerdan como el período más feliz de sus vidas.

Después de la guerra me fui a la India, justo cuando la Partición estaba destrozando a la nación. En esta tierra de pobreza y sufrimiento omnipresente aprendí que el dolor se puede llevar con dignidad y una aceptación calmada. Fue allí también que empecé a tratar a pacientes de lepra, parias sociales cuya tragedia brotaba de la ausencia del dolor físico.

Más tarde en los Estados Unidos, una nación cuya guerra de independencia se libró en parte para garantizar el derecho a «la búsqueda de la felicidad», encontré una sociedad que procura evitar el dolor a toda costa. Los pacientes vivían con un nivel de comodidad más alto que el de cualquier otro enfermo que hubiera tratado antes. Pero parecían mucho menos equipados para hacerle frente al sufrimiento y mucho más traumatizados por él. El alivio del dolor en los Estados Unidos es ahora una industria de sesenta y tres mil millones de dólares al año. Y los comerciales por televisión proclaman mejores y más rápidos remedios para el dolor. El eslogan de un comercial lo expresa de modo contundente: «No tengo tiempo para el dolor».

Cada uno de estos grupos de personas —londinenses que sufrieron alegremente por una causa, pobladores de la India que esperaban el sufrimiento y aprendieron a no temerle, y estadounidenses que sufrían menos pero temían más— me ayudó a formar mi perspectiva del hecho misterioso de la existencia humana. La mayoría de nosotros un día enfrentaremos el dolor severo. Estoy convencido de que la actitud que cultivemos de antemano bien puede determinar cómo el sufrimiento nos afectará cuando nos golpee. De esa convicción brota este libro.

Mis pensamientos en cuanto al dolor se desarrollaron a través de muchos años al trabajar con personas que sufrieron dolor y otras que sufrieron por la falta de dolor. He escogido el estilo de evocar memorias, con todos sus giros y desvíos, porque así es como aprendí en cuanto al dolor: no de forma sistemática sino por la experiencia. El dolor no ocurre en lo abstracto... ninguna sensación es más personal ni más importuna. Las escenas que relataré de mi vida temprana, escogidas al azar, y al parecer desconectadas como todas las memorias de la vida temprana, a la larga contribuyeron a una perspectiva nueva por completo.

De buen grado admito que mis años de trabajar entre personas privadas del dolor me han dado una perspectiva retorcida. Ahora considero al dolor como uno de los rasgos de diseño más asombroso del cuerpo humano, y si pudiera escoger un don para mis pacientes de lepra sería el don del dolor. (Es más, un equipo de científicos que dirigí gastó más de un millón de dólares en un intento de diseñar un sistema artificial de dolor. Abandonamos el proyecto cuando se hizo enormemente evidente que no es posible duplicar el sistema sofisticado de ingeniería que protege al ser humano saludable.)

Pocas experiencias de la vida son más universales que el dolor, que fluye como lava debajo de la costra de la vida diaria. Conozco bien la actitud típica hacia el dolor, en especial en las sociedades occidentales. J. K. Huysmans lo llama «la abominación inútil, injusta, incomprensible e inepta que es el dolor físico». El neurólogo Russell Martin añade: «El dolor es codicioso, aburrido, debilitador. Es cruel y calamitoso y a menudo constante, y como su raíz latina *poena* implica, es el castigo que cada uno de nosotros a la larga sufre por estar vivo».

He oído quejas similares de pacientes. Mis propios encuentros con el dolor, sin embargo, tanto como el espectro de la ausencia del dolor, han producido en mí una actitud de asombro y aprecio. No deseo, ni puedo imaginarme, una vida sin dolor. Por esa razón acepto el desafío de tratar de restaurar el equilibrio en la forma de pensar con relación al dolor.

Para bien o para mal, la especie humana tiene entre sus privilegios la preeminencia del dolor. Tenemos la capacidad única de dar un paso más allá de nosotros mismos y reflexionar, leyendo un libro sobre el dolor, por ejemplo, o trayendo a la memoria alguna odisea aterradora. Algunos dolores —el dolor de la aflicción o el trauma emocional— no tienen ningún estímulo físico. Son estados mentales, producidos por la alquimia del cerebro. Estas hazañas de la conciencia hacen posible que el sufrimiento permanezca en la mente hasta mucho después de que ha pasado la necesidad que el cuerpo tiene de él. Sin embargo, también nos dan el potencial de lograr una perspectiva que cambiará el mismo paisaje de la experiencia del dolor. Podemos aprender a hacerle frente, e incluso a triunfar.

2
MONTAÑAS DE MUERTE

La enfermedad es el médico al que le prestamos más atención: a la bondad, al conocimiento, solo le hacemos promesas; al dolor lo obedecemos.

Marcel Proust

Cuando tenía ocho años, volviendo a casa con mi familia después de un viaje a Madrás, atisbé por la ventana del tren los escenarios de la India rural. Para mí, la vida en los pueblos parecía exótica y llena de aventura. Los niños desnudos jugaban en los canales de irrigación, salpicándose agua unos a otros. Sus padres, sin camisa y con taparrabos de algodón, trabajaban atendiendo sus cultivos, arreando cabras y llevando cargas en barras de bambú sobre sus hombros. Las mujeres en saris sueltos caminaban por los senderos llevando equilibradas sobre sus cabezas bandejas grandes de tortas de estiércol seco.

El viaje en tren duró todo el día. Me dormí en la tarde, pero al atardecer, conforme el sol se calmaba y pasaba de su blanco colérico a un anaranjado tranquilo, de nuevo tomé mi lugar junto a la ventana. Era mi hora favorita del día en la India. Las enormes hojas lustrosas de los bananos se movían con los primeros soplos de la brisa de la tarde. Los arrozales relucían como esmeraldas. Incluso el polvo brillaba como oro.

Mi hermana y yo siempre jugábamos a distinguir las colinas donde vivíamos, y esta vez yo las vi primero. Desde entonces nuestros ojos se fijaron en el horizonte, una pálida línea curvilínea azul que solo de forma gradual se volvía sólida y púrpura. Conforme nos acercábamos podía ver el brillo del sol reflejado en los templos hindúes blancos al pie de las colinas. Justo antes de la caída del sol podía distinguir cinco cordilleras distintas de montañas, incluyendo la cordillera Kolli Malai, nuestra casa. Mi familia se bajó del tren en la última parada, transfiriéndonos primero a un autobús y después a una carreta tirada por bueyes para llegar después del anochecer a la población en donde pasaríamos nuestra noche final en las llanuras. Me fui a la cama temprano, descansando para la subida al día siguiente.

Los visitantes modernos ascienden a las montañas Kolli por una carretera espectacular que tiene setenta curvas en zigzag (cada una nítidamente rotulada: 38/70, 39/70, 40/70), pero cuando era niño o bien subía a tropezones a pie por un sendero empinado y resbaloso o montaba en un artefacto de lona llamado *dholi*, que colgaba de los hombros de los cargadores en cañas de bambú. Caminando con las relucientes piernas de los cargadores al nivel de mis ojos, observaba los dedos de sus pies hundirse en el suelo lodoso y sus piernas abrir los helechos y los espesos arbustos de lantana. En especial observaba a las diminutas sanguijuelas, delgadas como hilos de seda, que saltaban de los arbustos, se sujetaban a esas piernas, y de forma gradual se hinchaban de sangre. A los cargadores parecía no importarles (las sanguijuelas inyectan una sustancia química que controla la coagulación y el dolor), pero por puro disgusto mi hermana y yo examinábamos con ansias nuestras propias piernas cada pocos minutos buscando señales de huéspedes no deseados.

Por fin llegamos a un remoto asentamiento en la misma cumbre de Kolli Malai, a más de mil metros sobre el nivel del valle. Los cargadores depositaron nuestras pertenencias en el porche de un bungalow de madera, la casa en que había vivido desde mi nacimiento en 1914.

Lenguaje común

Mis padres habían venido a la India como misioneros, estableciéndose al inicio en una estación en las llanuras. Aunque mi padre se había educado como constructor, él y mi madre habían tomado un breve curso preparatorio de medicina. Cuando se regó la noticia, los pobladores empezaron a llamarles «doctor» y «doctora», y un torrente continuo de enfermos se alineaba afuera de la puerta. Los rumores de la habilidad médica de los extranjeros se extendieron incluso en las cinco cordilleras cercanas, de las cuales la Kolli Malai era la más misteriosa y temida: misteriosa porque pocos pobladores de las llanuras habían subido por encima de la banda de nubes que por lo general envolvían a los picos Kolli, y temidas debido al clima plagado de mosquitos anofeles, portadores de la malaria. El mismo nombre *Kolli Malai* quería decir «montañas de muerte»: pasar una sola noche allí, se decía, expondría al visitante a una fiebre mortal.

A pesar de estas advertencias mis padres se mudaron a las colinas, en donde, según habían oído, veinte mil personas vivían sin acceso a ninguna atención médica. Vivíamos en un asentamiento construido en su mayoría por las propias manos de mi padre. (Seis carpinteros habían venido de las llanuras para ayudarle, pero cinco pronto habían huido, temiéndole a la fiebre.) Al poco tiempo mis padres habían establecido una clínica, una escuela y una iglesia con paredes de lodo. También hicieron cuartos para los niños abandonados —las tribus de las colinas dejaban a los niños no deseados junto a los caminos— y así surgió algo parecido a un orfanato.

Para un niño, las montañas Kolli eran un paraíso. Yo corría descalzo entre los riscos de las rocas y me trepaba a los árboles hasta que mis ropas quedaban recubiertas de resina. Los muchachos locales me enseñaron a saltar como un mono al lomo de un búfalo de agua y a hacer correr a la bestia alrededor de los campos. Cazábamos salamandras y ranas que croaban en los arrozales hasta que Tata, el guardián de los estanques, nos perseguía para alejarnos.

Recibí mis lecciones escolares en una casa en un árbol, y mi madre sujetaba las tareas a una cuerda para que las subiera hasta mi aula privada muy arriba en un frutal. Mi padre me enseñó los misterios del mundo natural: los comejenes a los que había engañado construyendo la casa sobre estacas coronadas con sartenes boca abajo, las lagartijas de patas pegajosas que se aferraban a las paredes de mi dormitorio, y el pájaro sastre que cosía hojas con su pico usando pedacitos de hierba como hilo de coser.

Una vez papá me llevó a una colonia de comejenes, con sus altos montículos construidos en hileras como tubos de órgano, y cortando un hueco grande me mostró las columnas arqueadas y los curvilíneos pasajes por dentro. Nos acostamos juntos boca abajo, con la quijada apoyada en las manos, y observamos a los insectos correr para reparar su delicada arquitectura. Diez mil piernas trabajaban al unísono como ordenadas por un solo cerebro, todas frenéticas excepto la reina, grande y redonda como una longaniza, que ausente yacía expulsando huevos.

Como diversión cultivaba una planta carnívora, verde brillante y matizada de rojo, que se cerraba de modo súbito cuando dejaba caer dentro una mosca. Durante los períodos de la siesta en la tarde escuchaba a las ratas y a las culebras verdes arrastrándose por entre las vigas del techo y detrás de la estufa. A veces por la noche leía a la luz de los insectos, manteniendo mi libro abierto con un frasco lleno de luciérnagas.

No puedo imaginarme un mejor medio ambiente para aprender sobre el mundo natural, y en especial para aprender en cuanto al dolor. Este se encontraba tan cerca como nuestras comidas diarias. Nuestra cocinera no compraba un pollo cortado en presas y envuelto en plástico, sino que seleccionada uno del gallinero y le cortaba la cabeza que cacareaba. Yo veía al ave decapitada correr alocadamente hasta que la sangre dejaba de borbotear, y entonces lo llevaba a la cocina para que lo limpiaran. Cuando llegó el momento de matar a una cabra, toda la población se reunió mientras el carnicero le abría la garganta, la despellejaba, y dividía la carne. Me quedé en el perímetro, con repulsión e hipnotizado a la vez.

Debido al dolor tenía mucho cuidado por la noche cuando caminaba al inodoro exterior cruzando el suelo patrullado por alacranes. En las caminatas me mantenía alerta debido a un escarabajo al parecer inocente que, si se lo sorprendía, retrocedía y con inequívoca puntería disparaba un líquido ardiente en el ojo del intruso. También estaba en guardia por las cobras, las víboras y la «culebra de once pasos», cuyo potente veneno, decía papá, mataría a un hombre antes de que pudiera avanzar once pasos. Mi padre tenía algo parecido a la admiración de una víctima por tales criaturas. Se maravillaba y trataba de explicarme la química exquisita del veneno, trazando diagramas de los colmillos articulados y del tejido eréctil que permitía a las culebras proteger su veneno por los canales huecos de sus dientes. Yo escuchaba absorto y continuaba dándoles a las culebras amplio campo.

Desde temprano reconocí una justicia dura en la ley de la naturaleza, en donde el dolor servía como lenguaje común. Las plantas lo usaban en forma de espinas para mantener lejos los mordiscos de las vacas; las serpientes y escorpiones lo usaban para mantener lejos a los seres humanos torpes, y yo lo usaba también para ganar competencias de lucha contra los oponentes más grandes. Para mí tal dolor parecía justo: una defensa legítima de las criaturas protegiendo su espacio. Me impresionaba el relato escrito por David Livingstone al ser atacado por un león y arrastrado por la hierba. Mientras colgaba de las mandíbulas del león, como un ratón de campo llevado por un gato doméstico, él pensó para sus adentros: «Después de todo, es el rey de las bestias».

Faquires y alicates

En nuestros raros viajes a las ciudades grandes como Madrás, vi una clase diferente de sufrimiento humano. Los mendigos metían sus manos por las ventanas incluso antes de que el tren hubiera chirriado hasta detenerse. Debido a que la deformidad física tendía a atraer más caridad, los amputados llevaban cubiertas de cuero brillantemente decoradas sobre sus muñones, y los mendigos con enormes tumores abdominales se las arreglaban para exhibirlos en público. A veces a un niño lo lisiaban de forma intencional para aumentar su poder de obtener ganancias, o una madre rentaba a su recién nacido a un mendigo que ponía en los ojos del bebé gotas para hacérselos rosados y lacrimosos. Al caminar por las veredas, sujetando con fuerza la mano de mis padres, los mendigos extendían sus bebés flacos y de ojos reumáticos y pedían limosna.

Yo me quedaba boquiabierto, porque en nuestro pueblo en las montañas no teníamos nada que rivalizara con estas escenas. Pero en la India ellas formaban parte del paisaje urbano, y la filosofía del karma enseñaba a la gente a aceptar el sufrimiento, como el tiempo, como una parte inevitable del destino.

Durante un festival de las aldeas locales a menudo recibíamos la visita de uno de los más impresionantes *faquires*, que parecía desafiar todas las reglas del dolor. Vi a un hombre atravesarse la mejilla con una hoja delgada tipo aguja, luego la lengua y finalmente sacarla por la otra mejilla, extrayendo después con lentitud la hoja sin ninguna señal de sangrado. Otro metió un cuchillo por el cuello de su hijo, y yo sentí un escalofrío cuando la punta de la hoja salió por el otro lado. El niño se quedó muy quieto y ni siquiera parpadeó.

Caminar sobre las brasas era un truco sencillo para un buen faquir. Una vez vi a uno colgado como araña, alto en el aire, suspendido de un cable por ganchos de carnicero atravesados en algunos pliegues de la piel de su espalda. Mientras la multitud gesticulaba y gritaba, él flotaba encima de ellos, sonriente y sereno. Otro faquir, llevando lo que parecía una camisa hecha de pequeños globos, danzaba por entre la multitud en zancos. Acercándome más, vi que su pecho estaba cubierto con docenas de limas sujetas a su piel con grapas diminutas. Mientras saltaba de arriba abajo en zancos, riéndose, las limas golpeaban rítmicamente contra su pecho.

Los pobladores locales acreditaban a los dioses hindúes los poderes de los faquires. Mi padre los refutaba. «Esto no tiene nada que ver con religión», me decía en privado. «Con disciplina, estos hombres han aprendido a controlar el dolor así como también el sangrado, el palpitar del corazón y la respiración». Yo no entendía esas cosas, pero sí sabía que cuando trataba de insertar algo como un alfiler en mi carne, mi cuerpo se retorcía. Envidiaba el dominio de los faquires sobre el dolor.

Debido a mi atracción por trepar árboles y montar búfalos, tuve mi conocimiento personal del dolor, y para mí era desagradable por completo. El cólico era el peor dolor que había sentido. Venía de adentro debido a las lombrices, y yo me las imaginaba batallando dentro de mí mientras mis intestinos trataban de expulsarlas. Para variar, me tragaba con agrado las cucharadas llenas del vil remedio: aceite de ricino.

Con la malaria simplemente tuve que aprender a vivir. Cada pocos días, y siempre a la misma hora, mi fiebre pasaba a una fase activa. «¡Tiempo de culebra!», les decía a mis compañeros de juego como a las cuatro de la tarde y corría a casa. La mayoría de ellos también tenían malaria, así que entendían. La temperatura del cuerpo se elevaba de súbito, y luego bajaba, y cuando el escalofrío llegaba, los músculos de la espalda se contorsionaban, haciendo que el cuerpo se retorciera y diera vueltas como culebra. El calor ofrecía algún alivio, e incluso en los días más calientes me metía debajo de pesadas frazadas de lana para calmar los escalofríos que hacían crujir los huesos.

El dolor, según aprendí, tenía el misterioso poder de superar todo lo demás en mi vida. Cobraba prioridad sobre elementos tan esenciales como dormir, comer y los juegos de por la tarde. Ya no trepaba a ciertos árboles, por ejemplo, en deferencia a los diminutos alacranes que vivían en su corteza.

El trabajo de mis padres reforzaba esta lección del dolor casi a diario. En la India rural la queja física más común era el agudo dolor de dientes. Un hombre o una mujer se asomaban, habiendo caminado desde algún pueblo a kilómetros de distancia, con los rasgos faciales distorsionados por el dolor y un trapo atado con fuerza alrededor de la mandíbula hinchada. Mis padres, sin ninguna silla dental, taladro, ni anestesia local que ofrecer, tenían solo un remedio. Papá sentaba al paciente en una piedra o en un montículo de comejenes abandonado, tal vez decía en voz alta una breve oración, y luego aplicaba su alicate dental al diente. En la mayoría de los casos no había mayor problema: un giro brusco de la muñeca, un gruñido o alarido, un poquito de sangre y la odisea se acababa. A menudo los compañeros del paciente, que nunca habían visto un dolor de muelas terminar de modo tan abrupto, estallaban en aplausos, alabando a los alicates que sostenían el diente ofensor.

Este procedimiento le presentaba a mi madre, una mujer pequeña, mayor dificultad. Ella solía decir: «Hay dos reglas para sacar un diente. Una es introducir el alicate todo lo que se pueda, hasta cerca de la raíz, para que la corona no se rompa. La segunda regla es: ¡Nunca soltarlo!» En algunos casos parecía que el paciente se sacaba su propio diente retirándose a la fuerza, mientras mamá se aferraba a los alicates a toda costa. Sin embargo, los pacientes que gritaban más fuerte y luchaban más duro tenían que volver otra vez. El dolor los obligaba a ello.

Sanadores compasivos

Fue el ejercicio de la medicina de mis padres lo que hizo que los de Kolli Malai los amaran. Mi padre había estudiado medicina tropical por un año en la Universidad Livingstone, una escuela para preparar a misioneros; mi madre se apoyaba en lo que había aprendido en el Hospital Homeopático de Londres. A pesar de las limitaciones de su educación, ambos se las arreglaron para ser el ejemplo del lema original de Hipócrates: La buena medicina trata al individuo, y no meramente una enfermedad.

Mis padres fueron misioneros tradicionales que respondían a cualquier necesidad que veían a su alrededor. Juntos, fundaron nueve escuelas y una cadena de clínicas. En sus esfuerzos agrícolas, mamá tuvo un éxito escaso al cultivar huertos de legumbres en las Kollis, pero sus árboles cítricos prosperaron. Mi padre prefería trabajar en su área de especialización, la construcción. Enseñó carpintería a los muchachos del pueblo, y luego cómo hacer tejas cuando fue necesario reemplazar los techos de paja del asentamiento. Viajando a lomo de caballo por los senderos espinosos, también estableció una media docena de granjas para plantar árboles de moras (para alimentar a los gusanos de seda), matas de bananas, naranjos, caña de azúcar, café y tapioca. Cuando los agricultores arrendatarios recibieron un tratamiento injusto de los terratenientes de las llanuras, mi padre condujo a una delegación de cien de ellos hasta la sede del distrito, hablando a su favor ante los oficiales británicos de la colonia.

A pesar de todo este buen trabajo, Jesse y Evenly Brand se encontraron con un completo fracaso en su atesorada meta de establecer una iglesia cristiana entre la gente de las montañas. Un sacerdote local que se especializaba en la adoración de los espíritus, decidiendo que su modo de vida corría riesgo, había esparcido una advertencia de que cualquier convertido a la nueva religión incurriría en la ira de los dioses. Corríamos un peligro físico, y cada vez que yo veía al sacerdote me escondía. Unas pocas vacas envenenadas subrayaron su amenaza, y aunque mis padres celebraban cultos de iglesia todos los domingos, eran pocos los que asistían, y ninguno se atrevió a convertirse en cristiano.

Luego, en 1918 y 1919, se desató una epidemia de gripe española en todo el mundo, alcanzando incluso a las Kollis, en donde mató con tanta ferocidad que estremeció todo sentido de comunidad. En lugar de cuidar a un enfermo para que se recuperara, los vecinos aterrados y su familia huían a los bosques. Mi padre decidió que, al ser así abandonados, muchas de las víctimas de la gripe estaban muriéndose por mala nutrición y deshidratación, y no por la enfermedad misma. Preparó sopa de arroz en un enorme caldero negro fuera de la casa y por muchos días lo mantuvo siempre lleno. Él y mamá salían a los poblados a lomo de caballo, dando de comer con una cuchara la sopa y el agua potable en las bocas de los residentes abandonados.

A la larga, tanto el sacerdote hostil como su esposa también cayeron enfermos. Todo el mundo los abandonó excepto mis padres, que les llevaron con regularidad comida y medicinas a su casa. Cuidado por sus «enemigos», el sacerdote se dio cuenta de lo mal que los había juzgado. Él pidió los papeles de adopción. «Mi hijo iba a ser sacerdote como yo», le dijo a mi padre, «pero nadie de mi religión se ha preocupado lo suficiente como para ayudarme. Quiero que mis hijos crezcan como cristianos». Unos pocos días más tarde me paré en el porche de nuestra choza y observé a un muchacho de diez años cruzar llorando los campos. Venía cargando a una nena de nueve meses presa de la fiebre, junto con un paquete de documentos del sacerdote y su esposa. Así es como mi hermana Rut y su hermano Aarón se unieron a nuestra familia, y también como la iglesia en Kolli Malai recibió sus primeros miembros locales después de seis años de feroz resistencia.

De mis padres aprendí que el dolor envía una señal no solo al paciente sino también a la comunidad que lo rodea. Igual que los sensores de dolor del individuo anuncian a las otras células del cuerpo: «¡Atiéndeme! ¡Necesito ayuda!», así los seres humanos que sufren claman a la comunidad en general. Mis padres tuvieron el valor de responder, aun cuando esto incluía un riesgo. A pesar de su escasa educación y pocos recursos mi padre trató las peores dolencias de su día —la plaga bubónica, la fiebre tifoidea, la malaria, la polio, el cólera, la viruela— y yo sé sin ninguna duda lo que hubiera sucedido si alguna mutación como el virus del SIDA hubiera aparecido en las montañas de Kolli Malai. Él hubiera empacado su precaria maleta y se hubiera dirigido a la fuente de los clamores del dolor. Su enfoque en la medicina fluía de un sentido profundo de *compasión* humana, palabra cuyas raíces latinas son *com* y *pati,* que quiere decir «sufrir con». Cualquier déficit en su educación mis padres lo superaron por esa respuesta instintiva al sufrimiento humano.

Me quedé en las montañas Kolli hasta 1923, cuando cumplí los nueve años. Entonces mi hermana Connie y yo fuimos a Inglaterra para recibir una educación más formal. Allí me sentí extraño: las plantas perdían sus hojas por la mitad del año; cuando trepaba a los árboles mis ropas quedaban cubiertas con una capa de hollín; se suponía que debía ponerme zapatos todos los días, y suéteres de lana que picaban; y en lugar de una casa en un árbol, tenía que sentarme en un aula para estudiar mis lecciones. Me las arreglé para ajustarme después de un tiempo, pero nunca me sentí por completo en casa. Vivía esperando las largas y detalladas cartas de mis padres, entregadas en un bulto grueso siempre que un vapor de la India llegaba al puerto.

Mi padre continuó su tutoría con relación a la apreciación de la naturaleza a través del correo, llenando sus cartas con dibujos y notas de lo que había descubierto durante sus caminatas por los bosques. Mamá en su mayor parte escribía sobre las familias vecinas, los pacientes individuales y los miembros de la iglesia. La obra misionera floreció en los próximos pocos años. La pequeña iglesia creció hasta tener cincuenta miembros, y mis padres atendían a unos doce mil pacientes al año en sus clínicas. La agricultura, la carpintería y las industrias de seda prosperaban, y habían abierto una tienda en el asentamiento.

En 1929, para mi alegría, mis padres anunciaron que volverían a Inglaterra al año siguiente para un sabático de doce meses. Conforme el momento se acercaba, sus cartas, y las mías, empezaron a tener una nota más urgente y un tono personal. Habían pasado casi seis años desde que salí de la India. Ya tenía quince años, y enfrentaba decisiones en cuanto a mi futuro. ¿Dónde debería vivir? ¿Qué carrera debía escoger? ¿Qué tal más estudios? Al luchar con estas decisiones, me di cuenta de cuánto me apoyaba en el sabio consejo de mis padres. Tenía mucho que conversar, y casi ni podía esperar para verlos.

En junio de 1929, sin embargo, llegó un telegrama anunciando la muerte de mi padre. Daba pocos detalles, simplemente un informe de que había sufrido un colapso después de un brote de dos días de fiebre de pantano, una complicación virulenta de malaria. Las montañas de la muerte habían reclamado otra víctima. Tenía cuarenta y cuatro años. «Diles las noticias con suavidad a las niñas», decía el telegrama: «El Señor reina».

Al principio no sentí el dolor de la aflicción. Experimenté una repentina intensificación de lo que había sentido por seis años conforme mi padre se transformaba de una persona viva a la que podía aferrarme y oler en un recuerdo de una vida anterior y distante. Para ahondar el sentido de irrealidad, continué recibiendo sus cartas por varias semanas después de que el telegrama anunció su muerte, hasta que el correo marítimo se igualó. Papá hablaba de los pacientes que había tratado, y describía cómo los cedros plateados habían crecido en el camino detrás de la choza. Me decía cuánto añoraba verme en marzo, apenas diez meses más adelante. Llegó otra última carta, y después ninguna más.

En esencia quedé cómo adormilado. Vez tras vez me repetía: *No más cartas, no más caminatas por los bosques. No más papá.* Entonces vino una carta larga de mi madre dando los detalles de su muerte. La resistencia física de papá había estado baja porque una caída de un caballo el año anterior había limitado su ejercicio físico, decía. Su temperatura había alcanzado los cuarenta y un grados centígrados. Mamá se echaba la culpa por no salir de inmediato a buscar ayuda médica. Un médico local se había equivocado al diagnosticar la fiebre. Contaba el duelo ruidoso y a gritos de los aldeanos, y alabó la dedicación de los treinta y dos hombres que pasaron tres días transportando una lápida de granito por los campos colina arriba hasta el patio de la iglesia.

Luego de eso, las cartas de mi madre tendían a desvariar.

Parecía alterada, y la familia envió a una sobrina a la India para que la persuadiera a volver a casa. Al fin ella volvió más de un año después, y vi por primera vez la obra devastadora de la aflicción, del dolor compartido. Mamá vivía en mi memoria, la memoria de un muchacho de nueve años, como una mujer alta y hermosa que rebosaba de energía y risa. Pero por la plataforma, agarrándose de los pasamanos todo el camino, bajaba una figura jorobada de pelo prematuramente gris y con la postura de una mujer en sus ochenta. Yo había crecido, sí, pero ella también se había encogido. Con dificultad puede obligarme a llamarla madre.

En el viaje por tren a Londres ella me contó la historia de la muerte de papá vez tras vez, reprochándose de continuo ella misma. Debía regresar, dijo, y continuar con la obra. Pero, ¿cómo podría ella arreglárselas en las Kollis sola sin Jesse? La luz se había apagado en su vida.

Por lo que resultó, mi madre se las arregló bastante bien. Un año más tarde, ignorando los ruegos de su familia de que se quedara en Inglaterra, volvió a la choza arriba de Kolli Mallai. Viajando por los senderos de la montaña en Dobbin, el caballo que había pertenecido a mi padre, ella volvió al trabajo de la medicina, la educación, la agricultura y la enseñanza del evangelio. Vivió más que Dobbin, y domó toda una serie de caballos de las montañas. Cuando envejeció y empezó a caerse del caballo —los caballos estaban poniéndose demasiado viejos para eso, según informó— caminaba por las montañas, apoyándose con fuerza en varas de bambú que agarraba en cada mano. La misión oficialmente la «jubiló» a los sesenta y nueve años, pero eso no importó. Ella siguió con su obra desde las Kollis hasta cuatro cordilleras cercanas. La llamaban «la madre de las montañas», y esas palabras están talladas en su lápida hoy, en una tumba junto a la de mi padre a pocos pasos en el declive de la choza en donde me crié. Murió en 1975, pocas semanas antes de cumplir los noventa y seis años.

Legado familiar

Mi madre se convirtió en una especie de leyenda en las montañas del sur de la India. Dondequiera que visite hoy me tratan como al hijo largo tiempo perdido de una reina amada. La gente del asentamiento me pone una guirnalda de flores al cuello, me sirven un festín en hojas de banana, y preparan un programa de cantos y danzas tradicionales en la capilla. Inevitablemente, alguno de ellos se levanta y cuenta recuerdos de Granny Brand, como la llaman. En mi última visita la principal oradora fue una profesora de una escuela de enfermería. Ella dijo que fue una de las niñas abandonadas junto al camino y «adoptada» por mi madre, que la cuidó hasta que se curó, le dio un lugar donde vivir, y arregló para su educación todo el camino hasta graduarse de la universidad.

Son menos los que recuerdan a mi padre, aunque un médico de la India inspirado por su vida hace poco se mudó a las Kollis y abrió la Clínica Memorial Jesse Brand. La casa en donde vivimos como familia todavía está allí, y atrás puedo ver el sitio donde estaba mi casa en el árbol frutal. Siempre visito las tumbas con sus lápidas gemelas, y cada vez lloro al recordar a mis padres, dos seres humanos llenos de amor que se entregaron de forma tan completa a tantos. Estuve pocos años con ellos, demasiados pocos. Pero juntos me dejaron un legado invaluable.

Admiraba el temperamento ecuánime de mi padre, su erudición y su calmada confianza propia, todo lo cual le faltaba a mi madre. Pero mediante una abundancia de valor y compasión ella se abrió su propio camino hacia los corazones de la gente de las montañas. La historia del gusano de Guinea, punto focal de muchas escenas horribles de sufrimiento de mi niñez, pueden servir para captar sus diferencias de estilo.

El gusano de Guinea es un parásito que infecta a la mayoría de la gente de las montañas en un tiempo u otro. Ingerida en el agua que se bebía, la larva penetra en la pared intestinal, entra en el torrente sanguíneo, y migra a los tejidos blandos, por lo general asentándose junto a una vena. Aunque apenas tienen el grosor de la punta de un lápiz, los gusanos crecen hasta alcanzar un largo enorme, tanto como un metro. A veces se los podía haber arrastrándose debajo de la piel. Si surgía una lesión, por ejemplo, en la cadera de una mujer que llevaba un cántaro de agua, la cola del gusano de Guinea podía salir por la lesión. Sin embargo, si la mujer mataba el gusano parcialmente expuesto, el resto de su cuerpo se podría dentro de ella, causando una infección.

Mi padre trató cientos de infecciones del gusano de Guinea. De forma habitual me encantaba verle trabajar, pero siempre que uno de estos pacientes se asomaba yo corría y me escondía. Baldes de sangre y pus brotaban cuando papá perforaba el brazo o el muslo hinchado. Él hacía una incisión por la línea del absceso con su bisturí o escalpelo, buscando cualquier residuo de gusano podrido. Sin ningún anestésico disponible, el paciente todo lo que podía hacer era agarrarse a los brazos y manos de sus parientes y sofocar un alarido.

Siendo siempre un científico inquisitivo, mi padre también estudió el ciclo de vida del parásito. Aprendió que la forma adulta era en extremo sensible al agua fría, hecho que él aprovechó. Hacía que el paciente se parara en un balde de agua fría por unos pocos minutos hasta que la cola del gusano de Guinea brotaba por la piel y con rapidez trataba de poner huevos en el agua por su oviducto. Mi padre atrapaba con destreza la cola del gusano y la enrollaba alrededor de una varita o ramita. Tiraba lo suficiente fuerte como para sacar unos pocos centímetros del gusano y enroscarlos alrededor de la vara, pero no demasiado fuerte como para romperlo. Luego pegaba la vara a la pierna del paciente con esparadrapo. El gusano gradualmente se movía hacia afuera para aliviar la tensión de su cuerpo. Varias horas más tarde, mi padre podía enrollar unos pocos centímetros más alrededor de la vara. Después de muchas horas (varios días en el caso de un gusano largo de Guinea), él sacaba todo el cuerpo del gusano de Guinea, y el paciente quedaba libre del parásito sin peligro de infección.

Mi padre perfeccionó la técnica y se enorgullecía de su habilidad para extraer a los ofensores. Mi madre nunca le igualó en esta técnica, y desdeñaba el mugriento proceso de tratamiento. Después de su muerte ella se concentró más en la prevención, aplicando lo que había aprendido en cuanto al ciclo de la vida del parásito.

El problema del gusano de Guinea giraba alrededor de la provisión de agua. Un poblador infestado que se parara en el pozo de poca profundidad para hundir un balde estaba dándole al gusano de Guinea una oportunidad ideal para salir y depositar huevos; estos se convertían en larvas que algún otro aldeano recogía en un balde y bebía, activando el ciclo de nuevo. Mi madre encabezó una cruzada a todo dar para reformar las prácticas de provisión de agua de la aldea. Dio conferencias a la gente, haciéndoles prometer que nunca se meterían en los pozos y lagos, ni beberían agua sin primero filtrarla. Ella acosó al gobierno para que aprovisionara los lagos grandes con peces que se comen las larvas. Les enseñó a los pobladores a construir paredes de piedra alrededor de sus pozos a fin de impedir que los animales y los niños se introdujeran en el agua potable. Mi madre tenía una energía inagotable y unas convicciones inconmovibles. Le llevó quince años, pero al fin erradicó las infecciones del gusano de Guinea en toda la cordillera.

Años más tarde, cuando los oficiales de la Unidad de Erradicación de la Malaria llegaron a las Kollis con planes de rociar DDT para matar al mosquito anofeles, encontraron pobladores suspicaces impidiéndoles el paso, tirándoles piedras y persiguiéndoles con perros. Los oficiales acabaron teniendo que lidiar con una arrugada anciana llamada Granny Brand. Si ella lo aprobaba, dijeron los pobladores, podrían seguir adelante. Se había ganado la confianza de ellos, el recurso más precioso que cualquier obrero de la salud puede ganarse. Mi madre lo aprobó, y la guerra contra el anofeles continuó hasta que la malaria fue en efecto abolida de Kolli Malai. (Por desdicha, el anofeles ahora se ha vuelto resistente a la mayoría de los insecticidas, y la malaria resistente a las drogas está volviendo en toda la India).

Mi madre trató de dejarme el legado de la obra científica de mi padre. Durante su año de descanso y recuperación en Inglaterra después de su muerte, ella con frecuencia hablaba del sueño de mi padre de verme regresar a las Kollis como médico. Las montañas de la India sonaban extremadamente mucho más atractivas que la fría y lóbrega Inglaterra, pero yo esquivaba toda charla de medicina.

Con el tiempo, los recuerdos sobre medicina de la infancia se habían reducido a unas pocas escenas de sufrimiento, y ahora encontraba esas escenas odiosas. Estaba la escena repugnante de mis padres trabajando en una mujer atormentada por los gusanos de Guinea, incluyendo uno cuya cola de dragón le salía por el rabillo del ojo. También el recuerdo del paciente que fue el más grande desafío de mi padre: un hombre que sobrevivió al ataque de un oso, con su cuero cabelludo desgarrado de oreja a oreja. Había una escena más, tal vez la más fantasmagórica de todas.

Mi padre ni siquiera nos permitió verle trabajar en estos tres extraños que se acercaron a la clínica una tarde. Nos encerró en la casa, pero yo me escabullí y observé por entre los matorrales. Los hombres tenían manos tiesas cubiertas de llagas. Les faltaban dedos. Los vendajes cubrían sus pies, y cuando papá les quitó esos vendajes, vi que los muñones de sus pies no tenían dedos.

Contemplé a mi padre, perplejo. ¿Podía en realidad tener miedo? Él no bromeó con los pacientes. Hizo algo que nunca antes le había visto hacer: se puso un par de guantes antes de atenderles las heridas. Los hombres habían traído una canasta de fruta como regalo, pero después de que se fueron mamá quemó la canasta junto con los guantes de mi padre, un acto inaudito de desperdicio. Se nos ordenó no jugar en ese lugar. Los hombres eran *leprosos,* según se nos dijo.

No tuve ningún otro contacto con la lepra en mi niñez, pero con el paso del tiempo veía la medicina con la misma mezcla de temor y repulsión que había sentido en mi niñez cuando mi padre atendió a esas personas. La medicina no era para mí. Quería evitar el dolor y el sufrimiento a toda costa.

3
DESPERTAMIENTOS

> *El cirujano no se desliza del vientre de
> su madre con la compasión derramada
> sobre él como si fluyera de su nacimien-
> to. Es mucho más tarde que esta viene.
> No se trata de un sencillo pozo de gracia,
> sino del murmullo acumulativo de las
> incontables heridas que ha vendado,
> las incisiones que ha hecho, y todas
> las llagas y úlceras y cavidades que
> ha tocado a fin de curar. Al principio
> es casi inaudible, un susurro, como
> de muchas bocas. Lentamente se
> reúne, levantándose de la carne en
> torrente hasta que, al fin, es un
> llamamiento puro.*

Richard Selzer, *Mortal Lessons*

S
i alguien me hubiera sugerido duran-
te mis días de escolar en Inglaterra que el trabajo de mi vida
se centraría en la investigación clínica del dolor, me hubiera
reído a mandíbula batiente. El dolor había que evadirlo, no investi-
garlo. Con todo, acabé en la medicina, y debo explicar cómo llegué
a ella.

Era un estudiante terrible. A veces, cuando el profesor
estaba de espaldas, me escurría por una ventana hasta el techo y
me deslizaba por el tubo de drenaje del agua para escaparme de
la escuela. Mientras los compañeros de clase llenaban sus cabezas
de conocimiento abstracto, yo corría al mundo natural que había

conocido en las montañas Kolli. Hice al Londres urbano más tolerable criando pájaros cantores y ratones en el sótano de la casa de la familia, y construyendo un crudo observatorio con un telescopio en el techo. La noche me proporcionaba un tenue enlace con las Kollis, en donde a menudo había contemplado el profundo cielo incontaminado por la niebla o la luz ambiental y había escuchado a mi padre explicarme los misterios del universo. La nostalgia por lo general se convertía en añoranza... en Inglaterra incluso las estrellas estaban fuera de lugar.

Cuando me gradué del colegio público en Inglaterra a los dieciséis años, retrocedí ante la perspectiva de pasar cuatro o seis años en una asfixiante aula universitaria. Decidí dedicarme a la construcción, a fin de cumplir el sueño original de mi padre de construir casas en las montañas Kolli. En los siguientes cinco años aprendí carpintería, arquitectura, techado, albañilería, plomería, electricidad y mampostería de piedra.

El trabajo en piedra fue mi favorito. Sentía una felicidad que no había sentido desde la India, en donde de niño me sentaba al borde de la cantera y veía a los picapedreros obrar magia con herramientas que no habían cambiado en tres milenios. Empecé con la piedra caliza, progresé al granito, y terminé mi aprendizaje trabajando con mármol. El mármol da muy poco margen para el error: un golpe errado del martillo crea un «trizado», un ganglio de diminutas grietas que penetran de forma profunda en el bloque y destruyen su encantador aspecto translúcido. En vacaciones visitaba las grandes catedrales de Gran Bretaña y acariciaba con mis manos la ondulada textura de los pilares y arcos de piedra, asombrado al percatarme de que cada diminuto rasgo marcaba la subida y caída del mazo de madera del tallador medieval.

En mi asignación final después de cinco años ayudé a supervisar la construcción de un edificio de oficinas para la compañía de motores Ford, que acababa de aventurarse hacia Inglaterra. Por cierto, había ido más allá de lo que sería útil en las montañas Kolli. Era tiempo de dedicarme a planes en ultramar. Sin ninguna otra razón que seguir las pisadas de mi padre, reprimí mis sentimientos en contra de la medicina y me inscribí para el curso de un año que él había tomado en la Facultad de Medicina de la Universidad Livingstone.

Cómo cobré vida

El curso en Livingstone reunió a treinta y cinco estudiantes internacionales, todos comprometidos a seguir carreras en el extranjero. «Aprenderán a reconocer los síntomas, recetar medicinas, vendar heridas e incluso hacer cirugías menores», nos dijeron los dirigentes durante la orientación. «Tendrán experiencias prácticas, porque los hospitales locales de caridad han acordado permitirles a ustedes, los estudiantes, que ayuden con los pacientes que llegan». Yo palidecí, recordando esas horribles escenas en mi niñez de sangre, pus, lepra y gusanos de Guinea.

Al poco tiempo, sin embargo, descubrí que la ciencia de la medicina podía encajar en el sentimiento de asombro que ya sentía hacia la naturaleza. Todavía puedo recordar mi primer vistazo a una célula viva bajo el microscopio. Estábamos estudiando los parásitos, mis antiguos adversarios de la India, en donde docenas de veces había sufrido de disentería. Una mañana temprano decidí examinar una ameba viva.

Crucé el césped húmedo hacia el estanque del jardín, recogí agua en una tasa, y me introduje en el laboratorio mientras los demás estudiantes todavía estaban desayunando. Briznas de hojas descompuestas flotaban en el agua, y la misma rebosaba de descomposición y muerte. No obstante, cuando deposité una gota de ese estanque en el portaobjeto del microscopio, un universo surgió a la vida: veintenas de delicados organismos, excitados por el calor de la lámpara del microscopio, se escurrían de un lado a otro. Parecían como medusas en miniatura. Moviendo el portaobjeto de un lado a otro vi una burbuja coja impulsándose hacia adelante. Ah, allí estaba: una ameba. Los distantes parientes de esta criatura en la India me habían hecho perder muchas horas de tiempo de juego. Parecía inocente, primitiva. ¿Por qué se ensañaba tanto con mis intestinos? ¿Cómo se podía desarticular? Empecé a regresar al laboratorio después de hora para explorar más.

Incluso más sorprendente fue descubrir que también disfrutaba del trabajo clínico. Cuando me asignaron a una clínica dental aprendí que el procedimiento de sacar dientes con las herramientas apropiadas y anestésico tenía un escaso parecido a las espantosas escenas en las Kollis. Las extracciones dentales echaron mano de la destreza manual que había desarrollado como carpintero y albañil, y tenía la excelente ventaja de acabar con el dolor de dientes de alguien. Fugazmente me pregunté si acaso había cometido una equivocación al elegir en contra de la facultad de medicina. ¿Había desperdiciado los últimos cinco años aprendiendo el oficio de constructor? Sin embargo, no me atrevía a descartar todo ese entrenamiento con certeza y a empezar una profesión nueva. Dejando mis dudas a un lado, termine el curso en Livingstone y me matriculé en un curso preparatorio en la Colonia de Capacitación Misionera, mi paso final antes de volver a la India como misionero consultor.

Como institución británica por quinta esencia, la Colonia combinaba los rigores de Esparta, los ideales de la reina Victoria y el alegre trabajo de equipo de los muchachos exploradores. El fundador, que había vivido en la Etiopía rural, decidió que sus pupilos surgirían de la Colonia equipados para sobrevivir en cualquier rincón del imperio. Dormíamos en chozas de madera con paredes delgadas que no tenían ninguna posibilidad contra el clima de Inglaterra. Todas las mañanas antes de la salida del sol, con lluvia, granizo o nieve, corríamos en formación a un parque, realizábamos un régimen de calistenia, y luego regresábamos para bañarnos con agua fría (la Colonia desdeñaba lujos tales como el agua caliente). Reparábamos nosotros mismos los zapatos, nos recortábamos el pelo el uno al otro y preparábamos nuestras propias comidas. Los veranos íbamos en recorridos de como mil kilómetros por las campiñas de Gales y Escocia, llevando las provisiones con nosotros en una carreta.

El curso de dos años en la Colonia incluía un tiempo en un hospital de caridad, y allí fue donde mi interés por la medicina finalmente me impulsó a la acción. Una noche mientras trabajaba en la sala de emergencias, los enfermeros de la ambulancia trajeron a una hermosa mujer joven inconsciente. El personal del hospital de inmediato dio paso a su respuesta de pánico controlado ante un paciente de trauma: una enfermera corrió por un corredor buscando un frasco de sangre mientras un médico batallaba por hacer funcionar el aparato de transfusión. Mirando mi bata blanca, extendió un medidor de presión sanguínea en dirección a mí.

No podía conseguir una lectura, ni tampoco podía detectar el más leve indicio de pulso en la muñeca de la mujer. Su piel tenía una palidez fantasmagórica, señal de hemorragia interna, y su pelo castaño parecía negro terciopelo en contraste con su cara apergaminada y enflaquecida. Bajo el resplandor de las luces del hospital parecía una santa de alabastro de una catedral. Mientras el médico examinaba su pecho con el estetoscopio, noté que incluso sus pezones se habían emblanquecido. Solo unas pocas pecas se destacaban contra la palidez. Parecía que ni respiraba, y tuve la convicción de que estaba muerta.

Justo entonces llegó la enfermera con el frasco de sangre.

El médico insertó una aguja grande en la vena de la mujer y colgó la botella en un pedestal de metal para que la presión aumentada de la elevación obligara a la sangre a entrar más rápido en su cuerpo. El personal me dijo que vigilara el ritmo en que la botella se vaciaba mientras ellos iban presurosos a averiguar qué tipo de sangre tenía la mujer y a conseguir más.

Nada que yo recuerde puede compararse a la emoción de lo que sucedió después. Solo en ese cuarto, nervioso y aterrado en presencia de la muerte, ausculté la muñeca fría y húmeda de la mujer. De repente sentí la leve presión de un pulso. ¿O lo imaginé? ¿Era mi propio pulso lo que sentía? Volví a auscultarla. Definitivamente estaba allí, un leve temblor rítmico contra mi dedo medio.

El siguiente frasco de sangre llegó. Una mancha rosada apareció como una gota de agua coloreada en su mejilla y empezó a extenderse en un pleno sonrojo. Sus labios se pusieron rosados, y luego rojos, y su cuerpo tembló como en una especie de suspiro. Más tarde se conectó un tercer frasco. Mi propio corazón palpitaba con rapidez mientras presenciaba el drama desenvolverse. Sus párpados temblaron y empezaron a abrirse. Ella aspiró profundamente una vez, y después otra. Parpadeó una vez al principio, luego varias veces, y sus pupilas se contrajeron en reacción a las luces brillantes. Al fin se quedó mirándome directamente, y para mi sorpresa habló. «Agua. Agua, por favor», dijo con voz suave y rasposa. «Tengo sed». Corrí a buscar algo de agua.

Esa joven ingresó a mi vida por apenas una hora o algo así, pero la experiencia me transformó. ¡Nadie me había dicho que la medicina podía hacer esto! Había visto un cadáver resucitado. Para el fin del primer año en la Colonia de Capacitación Misionera estaba enamorado de forma incurable de la medicina. Me tragué mi orgullo, renuncié a la Colonia, y en 1937 me matriculé en la facultad de medicina de la Universidad College Hospital, de Londres.

Cómo rasgué el velo

Nunca olvidaré mi primera clase de anatomía con H. H. Woolard, apodado «el hombre mono» debido a sus teorías que ligaban a los seres humanos y a los simios. Era un hombre de baja estatura con una cabeza demasiado grande y una calva reluciente, y cuando entró en el aula toda charla cesó. Con una presencia más bien altanera, se paró ante nosotros y con lentitud examinó el aula, permitiendo que sus ojos se posaran sobre cada estudiante en particular. Por un lapso de unos sesenta segundos hubo silencio. Entonces dejó escapar un enorme y pesado suspiro. «Tal como esperaba», dijo con disgusto. «Me han dado el lote usual de especímenes con caras cadavéricas y pechos hundidos».

Hizo una pausa para que las palabras surtieran su pleno efecto antes de continuar. «Yo era como ustedes en un tiempo. Estudiaba todo el día y fumaba toda la noche para mantenerme despierto. Ahora atribuyo mi miserable estatura a los malos hábitos en mis días estudiantiles. Espero morir de un ataque al corazón pronto. Mi consejo para ustedes es sencillo: "¡Salgan al aire libre y corran!"». Luego se dedicó a una feroz conferencia sobre los efectos perniciosos de fumar: destruye tu corazón, estorba tu crecimiento, y arruina tus pulmones, dijo.* Después, como para sellar su advertencia con una lección objetiva apropiada, Woolard nos dividió en equipos de ocho y nos llevó al laboratorio de disección para que nos enfrentáramos a nuestros cadáveres.

A mi equipo de disección le fue asignado un cadáver que tenía un nombre, y muy respetable, por cierto. «Se les ha otorgado el gran honor de diseccionar a Sir Reginald Hemp, un juez de la corte superior», nos dijo de modo grave el profesor Woolard. Los estudiantes por lo general practicaban en indigentes anónimos, y Woolard se aseguró de que apreciáramos el privilegio que se nos había concedido. «Sir Reginald fue un magnífico ser humano», continuó, mientras nosotros contemplamos el arrugado cadáver de color azulado. «Les ha dado el honor de explorar su cuerpo, que generosamente donó para la investigación médica. De él ustedes

---

*Los temores de Woolard resultaron proféticos: antes de que yo dejara la facultad de medicina murió de un ataque al corazón mientras caminaba por uno de los corredores de la escuela. Esto fue décadas antes de todo informe del Cirujano General acerca del hábito de fumar, y los peligros del tabaco todavía no habían sido establecidos de forma firme. En la University College participé en un experimento para probar una posible conexión entre la hipersensibilidad al tabaco y la enfermedad de Buergers, una condición de trombosis de las venas. Primero tuve que conseguir un tabaco que se fumara de forma usual. Persuadí a nuestro residente más antiguo, que fumaba pipa, a que cooperara, e inserté en la cazoleta y la caña de su pipa un conducto largo en forma de U: el humo que salía de su pipa pasaba por un solvente burbujeante que extraía los gases del tabaco. Acabamos con un líquido espeso que se asemejaba a una ostra castaña viscosa, el cual usamos en parches sobre la piel en varias personas, algunas fumadoras y otras no. No hallamos ninguna evidencia sólida de hipersensibilidad al tabaco en la piel, pero los experimentos en efecto tuvieron el efecto colateral de curar a nuestro residente de fumar. Cuando vimos la vil sustancia mucosa recogida en nuestros tubos de vidrio, impurezas que normalmente eran inhaladas, todos nosotros juramos jamás fumar.

aprenderán la maravilla y dignidad del ser humano. En este laboratorio espero la misma atmósfera de respeto que esperaría hallar en el funeral de un noble».

Por semanas hicimos las disecciones en una nube de formalina mientras los ventiladores chirriaban por encima de nuestras cabezas, luchando por extraer el penetrante olor. Día tras día mis colegas y yo cortamos por capas el tejido y los huesos que habían sido Sir Reginald Hemp. Aprendimos algo de sus hábitos alimenticios, y diseñamos complejas teorías para explicar las cicatrices y anormalidades que hallamos adentro. En verdad, los pulmones de Hemp aparecieron con la clase de daño celular del que Woolard nos había advertido en nuestra primera clase; era evidente que el juez había muerto de cáncer pulmonar.

A veces el profesor Woolard visitaba el aula, tomando un bisturí para demostrar los puntos más finos de la disección. Una vez resultó que entró mientras dos estudiantes varones estaban jugando lanzándose el riñón de un cadáver. La cara regordeta de Woolard se puso roja como una vena aorta, y yo temí por un momento que su corazón fuera a dejar de latir al punto. Recobró su compostura lo suficiente para censurar a los ofensores, y luego nos dio a todos un aleccionador discurso improvisado sobre el sagrado honor de cada cuerpo humano. Esa charla, pronunciada tanto con pasión como con elocuencia por este hombre renombrado, causó una enorme impresión en todos nosotros los estudiantes, que nos agazapamos como escolares atrapados en una travesura.

Todavía no me había decidido por una carrera en cirugía cuando conocí a H. H. Woolard, pero el espíritu que él impartió se quedaría conmigo para siempre. Una cosa era que Sir Reginald Hemp permitiera que los estudiantes de medicina hurgaran en su cuerpo después de la muerte, y otra por completo diferente es que los seres humanos vivos inviten al cirujano a abrir el velo de la piel, entrar, y luego explorar porciones de su cuerpo que ellos mismos nunca han visto. Recuerdo ese privilegio, aprendido en un cadáver, cada vez que hago correr el bisturí sobre la piel de un paciente vivo.

Mi decisión de dedicarme a la cirugía, hecha pocos años después, fue influida por otro instructor, un hombre que tenía la exaltada posición de cirujano de la familia real de Inglaterra y que llevaba un nombre grandioso, apropiado para su papel: Sir Launcelot Barrington-Ward.

Sir Launcelot entrenaba a sus estudiantes como sargento

de ejercicios, tratando de infundir en nosotros los reflejos apropiados que se necesitan para las emergencias médicas. «¿Cuál es el instrumento más útil en el caso de una hemorragia masiva?», preguntaba a todo recién llegado que le ayudaba en cirugía. «El hemóstato [tenaza arterial]», usualmente respondía el ayudante, orgulloso por haber hallado una respuesta tan rápido. «No, no; eso es para los vasos sanguíneos pequeños», ladraba Sir Launcelot a través de su mascarilla. «En una emergencia, un hemóstato aplicado de modo abrupto puede hacer más daño que bien. Puede aplastar los nervios, destrozar los vasos, destruir el tejido errado y complicar el proceso de sanidad. Tú tienes un instrumento perfecto con un cojín redondeado en la punta de tu pulgar. ¡Usa tu pulgar!» Pocos días más tarde le haría al mismo ayudante la pregunta, solo para probar el tiempo de reacción.

Todavía puedo ver a Sir Launcelot al otro lado de la mesa de operaciones, absolutamente sereno, con su pulgar descansando en una apertura de la vena cava de un paciente. Me guiñaba con un ojo y decía: «¿Qué piensa usted, señor Brand, debemos ponerle una tenaza o simplemente la cosemos?» Por medio del ejemplo estaba comunicando una de las lecciones más importantes para los jóvenes cirujanos: que no cundiera el pánico. «Se cometen errores cuando uno se deja ganar por el pánico», decía, «y la hemorragia rápida fomenta el pánico, así que no te apresures con los instrumentos. Usa tu pulgar hasta que tengas la certeza de qué hacer, entonces hazlo de forma cuidadosa y deliberada. A menos que puedas vencer el instinto del pánico, nunca serás cirujano».

Escuché el consejo de Sir Launcelot, pero no fue sino hasta que una emergencia real se presentó que supe que tenía el temperamento para la cirugía. Ese momento vino más pronto de lo que yo esperaba. Estaba trabajando en el amplio departamento de pacientes externos, tratando con los problemas de todos los días: vendajes que necesitaban cambiarse, un niño que había empujado un guisante demasiado adentro en el canal auditivo. Justo al lado había una pequeña sala de operaciones reservada para cirugía menor de pacientes externos, y de repente una enfermera como un uniforme salpicado de sangre salió disparada de ese salón. Tenía una expresión terrible y asustada en su cara. «¡Venga pronto!», me dijo. Entré corriendo por la puerta de al lado y vi a un interno de cirugía sosteniendo un puñado de vendajes sobre el cuello de una joven. La sangre rojinegra había formado un charco debajo de los vendajes y ahora estaba derramándose del cuello de la mujer al piso.

El interno, blanco como un cadáver, me dio una explicación apurada: «Era simplemente una glándula linfática en su cuello. Mi jefe quería sacarla para un espécimen de biopsia. Pero ahora no puedo ver nada por la sangre».

La paciente misma tenía una mirada de terror. Habiendo venido para un procedimiento menor como paciente externa bajo anestesia local, ahora se hallaba al parecer sangrando hasta morirse. Se retorcía por todos lados y hacía ruidos como gorgoritos.

Yo me había puesto unos guantes mientras el interno hablaba. Cuando levanté el paquete de vendajes vi una pequeña incisión, de menos de cinco centímetros, con un bosque virtual de tenazas saliendo de la herida. La mayoría de ellas habían sido aplicadas a ciegas por entre la sangre negra que brotaba desde abajo.

«¡Usa tu pulgar!» Pude oír el consejo que Sir Launcelot nos había martillado. Saqué con rapidez todas las tenazas y simplemente oprimí con mi pulgar enguantado, permitiendo que su superficie cerrara la brecha. La hemorragia se detuvo. Mi propio pulso estaba acelerado, pero no hice nada sino sostener mi pulgar allí por varios minutos hasta que el pánico en el cuarto, en mí y en la paciente se calmó.

Entonces, hablando en tono bajo, dije: «Ahora limpiemos un poco, y enfermera, ¿podría ir a llamar a un anestesista? ¿Por qué no va a la estación y ve quién está de turno?» Poco a poco pude sentir a la paciente relajarse bajo mi pulgar. Le expliqué que terminaríamos el trabajo y cerraríamos la herida, y que se sentiría mucho más cómoda si la hacíamos dormir durante la operación.

Cuando al fin se quedó dormida, y con mi pulgar todavía oprimiendo el sitio de la hemorragia, hice que el interno extendiera un poco la incisión en la piel y la examiné hasta que descubrí la fuente de toda la sangre. Al instante vi lo que había sucedido. El interno había seguido un procedimiento de rutina para una biopsia: había inyectado novocaína en el área del cuello, hecho una incisión pequeña, oprimido el nódulo con fórceps, tirado, diseccionado alrededor, y cercenado el nódulo por la base. Sin embargo, no había esperado un problema: las raíces del nódulo se habían extendido hacia abajo y se habían enroscado alrededor de la superficie de la yugular. Su corte inadvertidamente había cortado un segmento de la pared de esa enorme vena. La mujer en verdad estaba en peligro de sangrar hasta morirse. Pero ahora teníamos un tiempo de tranquilidad para reparar el defecto y cerrar la herida.

Un encuentro en el que se utilizó la transfusión de sangre me había convencido de que debía dedicarme a la medicina, y este encuentro con lo opuesto —la pérdida severa de sangre— me ayudó a convencerme de que debía estudiar cirugía. Siempre me había gustado el proceso mecánico de la cirugía, incluso desde los días de la disección. Pero hasta que fui probado no sabía mi respuesta instintiva a una emergencia médica. Ahora pensaba que podía vérmelas con la presión de una sala de operaciones.

Al borde de la revolución

Escogí cirugía porque parecía la manera más concreta de ofrecer ayuda a otros. La guerra con Alemania había estallado y los hospitales se llenaban de víctimas de los bombardeos que necesitaban operaciones quirúrgicas. Además, en ese tiempo, la mayor parte de la medicina consistía en cirugías; de otra manera, la tarea del médico era principalmente de diagnóstico.

Los médicos se distinguían en lo fundamental por su capacidad de predecir el curso de la enfermedad. ¿Cuánto durará la fiebre? ¿Algún efecto posterior prolongado? ¿Se morirá el paciente? Los paciente se recuperaban de las enfermedades, pero el crédito se debía principalmente a sus propios sistemas inmunes, reforzados con un poco de asistencia externa. El concepto de cura radical mediante remedios específicos estaba más allá de los límites de la medicina. Una vez que habíamos identificado y clasificado la bacteria o el virus que causaba una enfermedad, éramos tan imponentes como los médicos del siglo anterior. La palabra *antibiótico* todavía no se había empezado a usar.

La epidemia de influenza de 1918 y 1919, la misma que había establecido la reputación de mi padre en las Kolli Mallai, demostró de forma clara esa impotencia. Las muertes por la epidemia alcanzaron a los veinte millones en todo el mundo, superando incluso la carnicería de la Primera Guerra Mundial. Los más grandes especialistas médicos del día no podían hacer más de lo que mi padre había hecho: estar al lado de los pacientes moribundos, bañarlos, y ofrecerles sopa y otro alimento. El aura de temor y misterio que rodea al SIDA mientras escribo esto a principios de la década de los noventa —enfermedad que podemos aislar, identificar y acerca de la cual podemos acumular conocimiento, pero sin el menor indicio de cómo curarla— se aplicaba a una amplia variedad de enfermedades hace medio siglo.

Cualquier ligera infección representaba un peligro mortal, ya que simplemente no teníamos manera de detenerla. El estreptococo originado por el punzar de una aguja podía pasar al brazo de la enfermera —uno podía observar el progreso de una fina línea roja bajo su piel— y matarla. Un absceso séptico en la base de la nariz tenía terribles consecuencias, porque podía viajar por la vena justo hasta un seno facial y después al cerebro. Le advertíamos a los pacientes que nunca, jamás, oprimieran un absceso en la nariz. Al tratar lesiones en el ojo, a los primeros síntomas de infección por lo general se extraía el ojo antes que arriesgarse a una reacción simpática en el otro ojo.

El tiempo de guerra añadió nuevos peligros, porque las heridas de batalla hacían un excelente caldo de cultivo para las bacterias y esporas que causaban la gangrena. Para complicar las cosas, el ambiente del hospital introducía sus propios peligros. Si mientras trabajábamos en una herida de granada en un soldado introducíamos por accidente estafilococos en algún punto del hueso, desatábamos toda una secuencia de enfermedad crónica. Podíamos operar de nuevo y extirpar el sitio de la infección, pero la sepsis casi con certeza aparecería en alguna otra parte, en un tobillo o en una articulación de la cadera.*

En esta asfixiante atmósfera de impotencia soplaron las primeras brisas de cambio y esperanza. Primero oímos informes promisorios en cuanto a la sífilis. Todo habitante de una ciudad cosmopolita como Londres conocía el paso espasmódico —como golpeando el pavimento— que marcaba el asalto de la sífilis en el sistema nervioso central, probable preludio de ceguera, demencia, y al final, de la muerte. Los médicos a veces recurrían a un trata-

*Fueron necesarios los heroicos esfuerzos de Ignaz Semmelweis y Joseph Lister para convencer al establecimiento médico de que los hospitales mismos eran incubadores de gérmenes letales. Las muertes por nacimientos se redujeron en un noventa por ciento en un año cuando Semmelweis persuadió a los hospitales de Viena a empezar a restregarse las manos y usar agua clorinada. Tan tarde como en 1870, uno de cuatro pacientes de cirugía moría por una infección introducida durante la cirugía (comúnmente llamada «gangrena del hospital» o «mortificación de la herida»). Joseph Lister, de Inglaterra, utilizó un rociador desinfectante, llenando su salón de operaciones con una fina neblina de ácido carbólico, y enseñaba a todos los cirujanos la ardua tarea del restregamiento preparatorio. Incluso en mis días de estudiante, la cirugía en un hospital todavía a veces resultaba en la infección. Las operaciones en ocasiones se hacían en casa para evitar la bacteria del hospital.

miento drástico para los casos peores: de forma deliberada infectaban a los pacientes con malaria, esperando que las fiebres cocina-
rían y matarían a la sífilis, y luego trataban la malaria con quinina.
En la década de los años treinta, sin embargo, llegó la noticia de un
tratamiento exitoso de la sífilis con un derivado del arsénico. Exis-
tían peligros, por cierto, en especial para el hígado. Pero todavía
recuerdo lo novel, lo casi milagroso, que parecía poder detener una
enfermedad en seco.

En 1935 científicos alemanes hicieron el emocionante
descubrimiento de que ciertas sustancias químicas sintéticas en
realidad mataban a las bacterias sin dañar el tejido, en especial una
sustancia roja química llamada protonsil (que tenía el asombroso
efecto colateral de teñir a los pacientes de rosado vivo). Los científicos británicos, que introdujeron de contrabando algún protonsil a
principios de la guerra, analizaron el tinte e identificaron el ingre-
diente activo: sulfanilamida, la cual llegó a ser la primera de una
generación nueva por completo de drogas sulfa. Cuando circuló
por Inglaterra la historia de que una droga sulfa había salvado a
Winston Churchill de una infección bacteriana mortal en África del
Norte, el término «droga milagrosa» entró en el vocabulario.

Nosotros como estudiantes, internos y residentes a principios de la década de los cuarenta teníamos el vago sentido de
vivir en una era de irrupción en la historia de la medicina. Algunos
profesores más ancianos nos decían con añoranza: «¡Ah, quién estuviera empezando ahora!» Pronto sería evidente que había entrado
en la facultad de medicina en el mismo umbral de una revolución.

Percibí el cambio en la medicina de modo más dramático
en dos proyectos de investigación separados durante mi estadía en
University College. El primer proyecto, realizado poco antes de las
irrupciones químicas, estuvo encabezado por un estudiante de un
curso superior llamado Illingworth Law, un ingeniero que había
ingresado a la escuela a los cuarenta y cinco años para empezar
una segunda carrera en medicina. Law se preguntaba por las infecciones que tendían a irradiar por la mano desde un sitio herido
en un dedo. Diseccionando las manos de los cadáveres, estudió la
hidráulica de los fluidos en los dedos. Inyectaba una suspensión de
agua y hollín (moléculas de hollín negro del tamaño de moléculas
de pus) en los dedos, luego repetidamente los doblaba y los ende-
rezaba, rastreando la ruta del hollín.

Recuerdo el entusiasmo de Illingworth cuando descubrió
que el simple movimiento de flexión era el principal agente para

distribuir la infección por toda la mano. «¡Podemos detener la infección para que no se esparza!», dijo de modo triunfal. ¡Todo lo que tenemos que hacer es inmovilizar al dedo para impedir que se doble! Podemos contener la infección en un área local y luego drenarla». Sus técnicas se propagaron con rapidez en nuestro hospital, y antes de que pasara mucho tiempo su profesor estaba publicando artículos sobre ellas, dándole escaso o ningún crédito al mismo Law.

La capacidad de impedir que se extendiera una infección estuvo en la primera línea de la medicina en 1939. Sin embargo, cuatro años más tarde, nosotros los residentes estábamos experimentando con una nueva medicina que prometía lo que ninguna otra droga antes se había atrevido a prometer: la penicilina, posiblemente el avance singular más grande en la historia médica había llegado a su uso.

Los detalles del descubrimiento de la penicilina por parte de Alejandro Fleming en 1928 con justicia se han convertido en leyenda. Él trabajaba en un laboratorio atiborrado, casi caótico, y su investigación a menudo mostraba un toque de capricho. (Le gustaba untar gérmenes seleccionados en un patrón sobre un plato de cultivo para que la bacteria cromogenita que surgía veinticuatro horas más tarde formara una figura o una palabra. Las bacterias en efecto señalarían sus propios nombres: «huevo» o «lágrimas», por ejemplo, sobre una superficie gelatinosa recubierta de yema de huevo o lágrimas humanas.)

Las primeras esporas de penicilina entraron en el laboratorio de Fleming absolutamente por casualidad, quizá arrastradas por el viento y por una ventana abierta. En un museo de Inglaterra he visto el plato de cultivo original en el que Fleming notó por primera vez las propiedades inusuales de la penicilina. Estaba tratando de hacer crecer bacterias estafilococo, no moho, y en los bordes del plato las colonias de estafilococo crecían brillantemente, como galaxias al borde del universo. Sin embargo, más cerca del centro se volvían pálidas, como meras imágenes fantasmas. Y alrededor del parche de moho en sí mismo el plato se ve oscuro; ninguna bacteria es visible. El agujero negro de *Penicillium notatum* se las ha tragado todas.

Por doce años, de forma intermitente, Fleming trabajó con la penicilina. A pesar de su impresionante capacidad de matar bacterias dañinas, la penicilina mostraba escaso potencial como droga: era tóxica e inestable, y se desbarataba con rapidez dentro del cuerpo humano. Con todo, Fleming mantuvo creciendo lo suficiente del moho (uno raro, según resultó) para suplir su propia necesidad y la de otros.

En 1939, más de una década después del descubrimiento de Fleming, Howard Walter Florey, un joven patólogo australiano de Oxford, se interesó en la penicilina. No podía haber escogido un tiempo peor para lanzar un costoso proyecto de investigación: su solicitud de una asignación por parte del gobierno llegó tres días después de que Gran Bretaña le declaró la guerra a Alemania. En el mismo día en que los tanques de Hitler empujaron al ejército británico hacia Dunkirk, Florey realizó sus primeras pruebas médicas en ratones, inyectándoles primero estreptococo y después penicilina. El experimento mostró tanta promesa que Florey, después de enterarse de la derrota de Dunkirk, embadurnó con esporas de penicilina el forro de su abrigo para que en caso de que Alemania venciera él pudiera sacar del país de contrabando el moho. Más tarde ese año realizó pruebas clínicas en pacientes humanos con éxitos dramáticos.*

El laboratorio de Florey se convirtió en una fábrica de penicilina. Él cultivaba el moho en envases de leche, maceteros, latas de gasolina, latas de galletas y cualquier recipiente que pudo hallar. Los gobiernos aliados, rápidos en reconocer el potencial de la droga para el uso contra las infecciones en los militares heridos —y también contra la gonorrea, que en algunos lugares estaba causando más bajas que el enemigo— ofrecieron un respaldo total. Se incautó una vieja fábrica de quesos para cultivar penicilina. La compañía Distiller´s convino en utilizar algunos de sus gigantescos barriles de preparar alcohol para cultivar el moho. Este enorme esfuerzo produjo un gran total de veintinueve libras de penicilina purificada en 1943. Los estadounidenses acapararon sus cantidades

---

*Florey aprendió por qué las pruebas clínicas de Fleming habían fracasado: la penicilina obtenida incluso después de elaborados procedimientos de purificación era 99,9% impura. Una vez que Florey aprendió a purificar la droga y a aumentar su potencia, se requería solo de una pequeña cantidad de penicilina para matar la bacteria. Las diminutas cantidades que prescribíamos entonces asombrarían a un médico moderno. En 1945 realicé exámenes a nombre del Concilio de Investigación Médica para determinar la dosis correcta para curar las infecciones de estafilococo en el torrente sanguíneo de los bebés. Hallamos que una dosis diaria de mil unidades de penicilina por kilogramo de peso corporal era suficiente para matar todo rastro de infección. Hoy, debido a las resistentes cadenas, el médico recetará cien veces esa cantidad.

en anticipación al día D. Las autoridades británicas restringieron el uso de la droga a los militares, y suplían de forma cuidadosa a los hospitales aprobados.

Visitaba en forma rotativa los hospitales suburbanos de Londres cuando tuve mi primer contacto directo con la penicilina. En Leavesdon, un hospital de evacuación, atendí a algunas de las víctimas de las retiradas británicas de Boulogne y Dunkirk. La noticia de la droga milagrosa se había esparcido como incendio forestal entre las tropas. «Sin que importe cuán mala sea tu herida, esto te mantendrá vivo», decía el rumor. En ese tiempo ninguna droga, ni siquiera la morfina, era más preciosa o más codiciada. Los soldados seleccionados para tratamiento creían que ganarían una invencibilidad contra toda enfermedad; que adquirirían nueva vida.

Sin embargo, ocurrieron unos pocos problemas con la droga milagrosa. Distillers no había perfeccionado el proceso de purificación, y la solución espesa y amarillenta irritaba fuertemente el tejido vivo. Si se inyectaba en una vena, la vena desarrollaba trombosis, o se cerraba con fuerza en autodefensa. Si se inyectaba en la dermis, la piel se volvían necrótica. Solo podíamos suministrarla en forma intramuscular, preferiblemente en las nalgas, en donde la aguja podía penetrar hondo. Ardía como ácido, y las nalgas de los soldados quedaron tan lesionadas que tenían que dormir sobre sus estómagos. Peor que eso, había que administrar la droga cada tres horas.

Fue en el hospital de evacuación de Leavesdon en esos primeros días del programa de penicilina que aprendí una lección indeleble en cuanto al papel poderoso, incluso abrumador, que la mente juega en la percepción del dolor. «Sentimos el corte del bisturí más que diez golpes de la espada en el fragor de la batalla», decía Montaigne. Uno de mis pacientes, un hombre llamado Jake, convirtió en una verdad literal esa declaración.

El héroe aterrado

Jake había sido evacuado de las playas de Bolougne. A sus amigos les encantaba relatar la historia de su heroísmo. Durante un asalto intentando avanzar y destruir una posición enemiga, Jake quedó atascado en la tierra de nadie entre trincheras. Una explosión de un disparo de artillería le destrozó las piernas. Se las arregló para arrastrarse hasta la seguridad relativa de una trinchera, en donde miró hacia abajo y vio que sus piernas estaban hechas un desastre. Pocos minutos más tarde uno de los compañeros de Jake cayó a tierra cerca. Desde su trinchera, Jake lo vio yaciendo a campo abierto, inconsciente y expuesto al fuego del enemigo. De alguna manera se impulsó para salir de la trinchera, se arrastró hasta donde estaba su amigo, y con sus propias piernas destrozadas deslizándose detrás de él, regresó llevando a su amigo de nuevo a la seguridad.

Jake había sido seleccionado para la nueva terapia de penicilina para combatir infecciones severas secundarias en sus piernas. De acuerdo con sus amigos, nadie lo merecía más. Jake, sin embargo, no apreciaba este honor. Él podía aguantar las inyecciones durante el día cuando sus compañeros estaban despiertos y tenía mucho más en qué concentrarse, pero las llamadas a despertarse a las dos y a las cinco de la mañana eran más de lo que podía aguantar. La enfermera de la noche se quejó ante mí de que Jake lloraba como un bebé cuando ella se acercaba a su cama por la noche. «¡Por favor, no! ¡Váyase!», gritaba. Luchaba con ella y le sujetaba la muñeca cuando trataba de acercarle la aguja.

«No tiene remedio, Dr. Brand», dijo la enfermera. «No pienso que puedo aplicarle el tratamiento. Además, él está trastornando la sala».

Me tocaba a mí, como cirujano de planta, razonar con Jake. Decidí usar un acercamiento directo, de hombre a hombre.

—Jake, todos me dicen que eres un héroe. Ni siquiera el dolor de dos piernas rotas te pudo impedir salvar a tu compañero en la tierra de nadie. Ahora dime, ¿por qué nos estás dando tantos problemas por el pinchazo de una aguja en tu trasero?

Su cara tomó la expresión de un niño petulante:

—No es simplemente el pinchazo de la aguja, Doc. Esa penicilina puede ser una cosa buena, pero arde y pica. No hay ni un solo lugar en mis asentaderas que no esté lesionado.

—Sé que arde, Jake, pero tú eres un héroe. Has demostrado que sabes cómo lidiar con el dolor.

—Ah, en el campo de batalla, sí. Allá afuera hay muchas otras cosas: el estruendo, los fogonazos, mis compañeros que me rodean. Pero aquí en la sala del hospital solo tengo una cosa en qué pensar toda la noche mientras estoy en mi cama: en esa aguja. Es enorme, y cuando la enfermera viene por el pasillo con su bandeja llena de jeringuillas, se hace cada vez más y más grande. ¡Simplemente no puedo aguantarlo, Dr. Brand!

A veces una sola escena puede ayudar a cristalizar ideas y presentimientos que han estado flotando en suspensión por años, y mi conversación con Jake junto a su cama hizo eso para mí. Habiendo oído su historia de labios de otros soldados, tenía un cuadro mental vívido del héroe de batalla desafiando todo instinto protector, inclusive el dolor, por causa de su amigo. Pero la enfermera de la noche me dio un cuadro igualmente vívido de Jake el cobarde, con su cara contorsionada por el miedo, esperando la aguja en las madrugadas. Esas dos imágenes, unidas en nuestra conversación, subrayaron un hecho importante en cuanto a dolor: el dolor tiene lugar en la mente, no en ninguna otra parte.

Como aprendería pronto, el cerebro humano en esencia le avisa al sistema del dolor lo que quiere que se le diga. Habiendo cambiado los vendajes de Jake y estudiado sus radiografías, tenía alguna idea de los millones de señales de dolor que sus piernas destrozadas le habrían informado. Pero muchas otras cosas ocupaban el cerebro de Jake en el momento de la herida, y esos mensajes estruendosos de dolor simplemente no se registraron. Más tarde, en total ausencia de cualquier actividad o pensamiento en competencia, una aguja enorme de penicilina era un caso mucho más contundente y urgente de atención.

Mientras atendía a Jake, también capté la sabiduría que está detrás del enfoque a la medicina que aprendimos en esos días. Practicábamos un tratamiento más general de la persona entera porque teníamos muy poca ayuda específica que ofrecer. Pero Jake mostró por qué toda buena medicina debe también tomar en cuenta a la persona «entera». De alguna manera tuve que convencer a Jake de que la batalla que ahora libraba en la sala de recuperación era igual de significativa a la batalla que había librado con tanta gallardía en una playa de Bolougne.

4
LA GUARIDA DEL DOLOR

El sentido común, aunque muy bueno para los propósitos de todos los días, se confunde con facilidad, incluso por preguntas tan sencillas como: «¿Dónde esta el arco iris? ¿Estás oyendo al hombre que habló o a una reproducción cuando oyes una voz en un disco de gramófono? Cuando sientes dolor en una pierna que ha sido amputada, ¿dónde está el dolor?» Si dices que está en tu cabeza, ¿estaría en tu cabeza si la pierna no hubiera sido amputada? Si dices que sí, entonces, ¿qué razón tienes alguna vez para pensar que tienes una pierna?

Bertrand Russell

Mi interés en el dolor en realidad se había despertado pocos años antes de que me decidiera por la cirugía, durante un desvío en mi educación médica. Había empezado mi segundo año de estudios en septiembre de 1939, justo cuando los nazis invadían Polonia, e Inglaterra respondía con la declaración de guerra. Las autoridades decidieron que Londres, blanco primario de los bombardeos alemanes, no era lugar para que los jóvenes estudiaran medicina. A la mayoría de los de mi clase nos enviaron a Cardiff, Gales, y fue en esa ensoñadora ciudad costera donde primero me detuve en los misterios del dolor y la sensación.

No sé el nombre de mi más memorable conocido en Cardiff, un galés de mediana edad con abundante pelo oscuro y cejas tupidas. Nunca vi el resto de su cuerpo, porque había sido separado de su cabeza. Yo había propuesto un proyecto ambicioso para mi disección exigida: exponer los doce nervios craneales de la cabeza y seguirlos al sitio de su origen en el cerebro.

De forma habitual nuestros cadáveres venían con los cráneos vacíos, con los cerebros sacados para beneficio de los estudiantes de neurocirugía. «No te preocupes», me dijo mi gentil y anciano consejero el profesor West, «pienso que puedo conseguirte una cabeza». A poco la cabeza del galés apareció, con el cerebro intacto.

El horario de laboratorio exigía tres mañanas de disección a la semana, pero yo me encontré volviendo a toda hora libre, a menudo tarde por la noche. El olor del formaldehído nunca me dejaba. Se pegaba en mi piel y afectaba el sabor de la comida, de la pasta dental, e inclusive del agua. Mirando hacia atrás, la escena parece un poco macabra. La Universidad Médica de Cardiff ocupaba un edificio eduardiano todo de piedra, con cornisas, parapetos y corredores angulares: el perfecto escenario para una historia gótica de horror. En un gran salón sellado con una tela negra me sentaba solo al pie de una lámpara de campana de laboratorio, agazapado sobre una cabeza de cadáver. Leonardo da Vinci escribió de su «temor a pasar las horas de la noche en compañía de estos cadáveres [diseccionados], en pedazos y abiertos, y horribles de contemplar». Sin embargo, incluso da Vinci, bajo órdenes de Roma, evitaba contemplar el cerebro humano.

Viaje hacia adentro

Para el cirujano, nada se compara a la sensación de cortar una piel viva. Uno traza una línea delgada con el escalpelo y la piel se abre para revelar capas coloridas y húmedas por debajo. El tejido le habla a uno por la cuchilla, informando a los delicados sensores de presión en las puntas de los dedos de uno su ubicación precisa.

En contraste, la piel conservada es muda. Se hace un corte, y nada se abre. Toda capa tiene la misma consistencia de queso, y no le da a uno ninguna idea de cuán hondo se ha hundido la cuchilla. Por esta razón los estudiantes de medicina tienden a hacer un desastre en las disecciones y se preguntan si su torpeza los descalificaría de la cirugía. Felizmente, ningún cadáver entabla pleito por práctica errada, y los estudiantes a la larga aprenden que un cuerpo vivo, aunque menos perdonador de los errores en la disección, es mucho menos proclive a causarlos.

Yo todavía no había operado en cuerpos vivos cuando hice la disección en Cardiff, pero gracias a mi experiencia en la carpintería me sentía cómodo trabajando con herramientas en una variedad de materiales. (Me asusta darme cuenta de que algunos cirujanos blanden su primera sierra cuando cortan un hueso humano y empuñan su primer destornillador cuando le atornillan allí una placa de acero.) Empezando en un punto entre las cejas, hice un corte sobre la cresta de la nariz, por los labios, sobre la quijada y hasta el cuello. Después corté en la otra dirección, diseccionando el cuero cabelludo. Pelé hacia atrás la piel por un lado de la cara y retiré la grasa, el tejido conectivo, e incluso los músculos faciales relucientes, porque estaba a la cacería de los delgados nervios blancos.

De los muchos nervios del cuerpo humano, solo los doce nervios craneales pasan a todo lo largo del cordón espinal con una línea directa al cerebro. Coloca un dedo ante mi ojo y yo parpadearé. Mastica goma de mascar mientras hablas y te percatarás de cómo la lengua entra y sale peligrosamente de los molares que mastican para darle la vuelta a la goma de mascar y chupar sus jugos, todo mientras culebrea de los dientes al techo de la boca, a los labios y a los dientes de nuevo, formando sílabas de sonido. Estos movimientos veloces, guiados por impulsos sensoriales, son hechos posibles por el estímulo de los nervios craneales, un camino directo al cerebro.

El primer nervio craneal, el olfativo, fue fácil de rastrear. Tallando pedazos de hueso para sacarlos de la cavidad nasal superior cerca de las cejas, dejé al descubierto la placa en forma de cuna, un sector del tamaño de una moneda de hueso y tejido esponjoso que sostiene millones de pelos diminutos. Como guardia de avanzada del olfato, estos cilios se agitan en la brisa como espigas de arroz, atrapando moléculas odoríferas en un lecho de mucosidad para que los bulbos olfatorios las analicen. Parecían muy frágiles, y sabía que un severo golpe a la cabeza puede arrancar esos receptores, dejando a la víctima en un estado permanente de carencia de olfato. Puesto que anatómicamente los dos bulbos olfatorios son parte del cerebro mismo que se extienden hacia fuera, no tuve que rastrear mucho para hallar el nervio. El techo de la nariz es el piso del cerebro.

Después de dejar abierto el nervio del olfato cambié mi enfoque unos pocos centímetros hacia los cuatro nervios craneales que tienen que ver con la visión. Tres de estos nervios controlan los movimientos del glóbulo del ojo (el más grande, el nervio óptico, lleva imágenes digitalizadas de la retina al cerebro). Coordinando seis músculos diminutos, ellos proveen un avanzado sistema de rastreo que nos permite enfocar, digamos, un jilguero y seguir sus vuelos erráticos, de sube y baja, por el horizonte. Los mismos nervios gobiernan los minúsculos espasmos y deslices que se requiere para el acto de la lectura.

Sacádico es el nombre que los anatomistas le dan al diminuto movimiento del globo del ojo, pidiendo prestada del francés la palabra para el movimiento que el jinete hace cuando tira abruptamente de las riendas. La metáfora está bien utilizada: si los seis músculos oculares no permanecieran tensos, como las riendas de un caballo brioso, nuestros ojos deambularían de arriba para abajo o hacia afuera o hacia la nariz. Limpié el recorrido de los nervios para esos seis músculos con un sentimiento de asombro. Ellos realizan un ejercicio mayor que cualquier otro músculo, moviéndose alrededor de unas cien mil veces cada día (algo equivalente a los músculos de las piernas caminando unos ochenta kilómetros). Incluso participan en nuestros sueños: el cerebro apaga otros nervios motores, pero por alguna razón condona los movimientos rápidos del ojo (REM, por sus siglas en inglés) mientras dormimos.

No voy a detenerme en los detalles de otros nervios craneales, los cuales habían hecho posible que el galés saboreara, oyera, tragara, hablara, moviera su cabeza y su cuello, y también sintiera las sensaciones de los labios, el cuero cabelludo y los dientes. Conforme la fecha límite de la disección se acercaba me obsesioné cada vez más con mi proyecto, escapándome de clases para pasar tiempo con mi cabeza de cadáver. Los bombardeos (los aviones alemanes pronto escogieron como blanco a Cardiff) y la guerra afuera parecía remota mientras yo avanzaba más y más hacia dentro, al cerebro mismo, rastreando mi presa en una región de absoluto misterio.

Cuando trabajaba en la superficie ósea del cráneo, golpeaba con un martillo y un cincel, como en mis días de picapedrero. Otras veces, conforme pelaba delgadas capas de grasa y músculo fibroso, respiraba ligeramente y me cuidaba de mantener el extremo romo del bisturí hacia el nervio. Recuerdo un ligero desliz del cuchillo cuando trataba de seguir el nervio que lleva las sensaciones del gusto por su atajo hacia el canal del oído. *¡Uf!* Era el tipo de error que le da al cirujano pesadillas: si hubiera estado operando en un paciente, habría puesto un fin abrupto a los placeres de comer y beber. Artísticamente uní el nervio con pegamento y eleve una oración de gracias porque estaba trabajando en un cadáver y no en una persona viva.

Después de un mes de tediosa disección, añadí unos pocos detalles cosméticos a mi cabeza de cadáver. Pinté los nervios craneales con pigmento amarillo, color de mantequilla fresca, para que se destacaran contra el trasfondo de hueso y la materia blanca. El tinte púrpura de las venas hizo un hermoso complemento, y añadí algún color a las pálidas arterias. Me sentí orgulloso del estado final: Doce líneas amarillas distintas avanzaban sinuosas por el hueso y músculo en su camino hacia el arrugado cerebro, en el que se abrían como un abanico de una forma magnífica.

El profesor West dio su aprobación con alegría y puso al espécimen en exhibición, y por pocos días mantuve las fantasías de un escolar acerca de una carrera en cirugía del cerebro. Según resultó, no me convertí en neurocirujano, pero esas semanas pasadas con la cabeza de cadáver me ayudaron a formar mi comprensión de la estrecha alianza que existe entre el cerebro y el resto del cuerpo humano.

La caja de marfil

Por sobre todo, el proyecto de disección me enseñó a apreciar el espléndido aislamiento del ser humano. Para remover el espeso manto de cráneo había taladrado una hilera de agujeros espaciados a distancias iguales, pasando una delgada sierra entre ellos y aserrando y levantando los cuadrados como puertas de trampa. Una nube de polvo fino de huesos se levantaba en el salón ese día y yo, agotado, salí impresionado por los recursos del cuerpo para proteger su más valioso miembro.

Irónicamente, el órgano en que el cuerpo confía para interpretar el mundo vive en un estado de confinamiento solitario, aislado de ese mundo. El órgano que nos da entendimiento yace más allá de nuestra conciencia consciente: a diferencia del estómago, no hace ruidos; a diferencia del corazón, no se le siente mientras trabaja; a diferencia de la piel, no se le puede pellizcar. El cráneo, tan grueso que para cortarlo tuve que inclinarlo en ángulo y aplicar todo mi peso a la sierra, sella el cerebro de todo encuentro directo con la realidad. Escondido en un cráneo opaco, el cerebro nunca «ve» nada. Su temperatura varía solo unos pocos grados, y cualquier fiebre que exceda eso lo mataría. No oye nada. No siente dolor: un neurocirujano, una vez dentro del cerebro, puede explorarlo a voluntad sin necesidad de más anestesia. Todas las visiones, sonidos, olores y otras sensaciones que definen la vida le llegan al cerebro de forma indirecta: detectadas en las extremidades, escoltadas por las sendas de los nervios, y anunciadas en el lenguaje común de la transmisión nerviosa. A un cerebro recluido no le importa dónde se originan los datos. Las mariposas y las moscas, equipadas con órganos gustativos en las patas, pueden saborear una gaseosa derramada vadeando en ella. Los gatos exploran el mundo con sus bigotes.

El año que estuve en Cardiff, unos laboratorios en Plymouth, Inglaterra, y en Woods Hole, Massachusetts, hicieron las primeras grabaciones de señales eléctricas reales del sistema nervioso. Al insertar electrodos en los axones gigantes de un calamar, los científicos pudieron escuchar los sonidos de células nerviosas individuales. Oyeron una serie de chasquidos y pausas que se asemejaban bastante al patrón del código Morse. Todo el reino animal usa el mismo patrón sencillo de «encendido y apagado» para transmitir la información al cerebro. Una neurona en el oído humano, por ejemplo, detecta una variación en una cierta frecuencia y envía una señal, se detiene un milésimo de segundo, y si el estímulo persiste envía otra señal. El cerebro en sí mismo nunca siente la vibración; simplemente recibe un informe en una forma no muy diferente al código digital que se usa en los modernos discos compactos.

La transmisión a través de los nervios descansa en una elegante combinación de química y electricidad. A lo largo del «alambre», o axón, de un nervio estimulado, los iones de sodio y potasio danzan entrando y saliendo de una membrana permeable, cambiando la carga eléctrica de positiva a negativa conforme la carga viaja por el axón en un patrón sinuoso. Toda las sensaciones percibidas: el olor del ajo, la vista del Gran Cañón del Colorado, el dolor de un ataque al corazón, el sonido de una orquesta, se reduce a este proceso de células nerviosas disparándose iones cargados unas a otras.* El cerebro tiene la tarea de interpretar todos estos

---

*La transmisión a través de los nervios era un tema candente durante mis años en la facultad de medicina. Los científicos habían sabido por muchos años que la contracción muscular incluía una señal eléctrica, pero no entendían el mecanismo que intervenía. En 1936 se le otorgó el Premio Nóbel en medicina al farmacólogo

códigos eléctricos y presentarlos a la conciencia como una imagen visual o sonido, un olor o el fogonazo de dolor, dependiendo de su naturaleza y origen.

A nivel celular la red de trabajo del dolor traquetea de forma incesante con información, la mayoría de la cual nunca alcanza el rango del dolor consciente porque nuestros cuerpos manejan las señales de un modo apropiado. Los sensores en mi vejiga informan de continuo sobre la distensión, y sensores en la superficie de mi ojo informan en cuanto a la lubricación. Si respondo yendo al baño o parpadeando con regularidad, esto no se convierte en dolor; pero si deliberadamente ignoro sus gentiles recordatorios por unas pocas horas, sentiré un dolor insoportable. La salud del cuerpo depende en su mayor parte de su atención a la red de trabajo del dolor.

Las neuronas son las células más grandes del cuerpo humano: en una pierna, pueden medir casi un metro de largo, y son las únicas células que no son reemplazadas cada pocos años. Cuando diseccioné el cerebro del galés en Cardiff, empecé a visualizar el diseño de las células nerviosas como algo parecido a un gran árbol arrancado de raíz por una tormenta invernal: una red enredada de raíces en las extremidades unidas a una intrincada red de ramas en el cerebro por un tronco largo y derecho (el axón). En una extremidad como un dedo de la mano o del pie, una neurona depende de dendritas «raíz de pelo» para discutir con las neuronas que la rodean qué tipo de señal enviar al cerebro. Una neurona grande puede intercambiar información con otras neuronas en el camino, usando hasta diez mil sinapsis. Pero una sensación como el dolor, sea que se origine en la punta de un dedo o en el pie, por lo general no se registra mientras no completa el circuito y llega al cerebro.

Santiago Ramón y Cajal, el padre de la ciencia cerebral moderna, describió las neuronas del cerebro como «las misteriosas mariposas del alma, el aleteo de las cuales algún día —¿quién sabe?— aclarará el secreto de la vida mental». La exploración

---

alemán Otto Loewi por sus descubrimientos en el campo. Loewi había fracasado en sus intentos de entender el proceso exacto de transmisión nerviosa hasta que una noche se le ocurrió en un sueño. Se despertó, garrapateó unas pocas palabras en un pedazo de papel, y muy contento se volvió a dormir. Pero a la mañana siguiente su garrapateado resultó ilegible, y los detalles del sueño le eludieron todo el día. De forma sorprendente esa noche se le repitió el sueño. Esta vez Loewi saltó de la cama y corrió a su laboratorio. Para el amanecer había descubierto la naturaleza básica de la transmisión a través de los nervios en los músculos de una rana: una carga eléctrica trasmitida por una cadena de reacciones químicas.

del sistema nervioso tiende a recabar comentarios como ese. En ninguna parte están las huellas del Creador más visibles que en el cerebro, en donde la mente y el cuerpo se unen.

Mirando al cerebro del galés a través de lentes de aumento pude ver el extremo superior del «árbol» nervioso, con sus ramas entrecruzándose en una maraña de suaves hebras blancas. Cada neurona tiene algo así como un millar de uniones con otras neuronas, y algunas células de la corteza cerebral tienen como hasta sesenta mil. Un gramo de tejido cerebral puede contener hasta cuatrocientos mil millones de uniones sinápticas, y la cantidad total de conexiones en el cerebro humano rivaliza con el número de estrellas en el universo. Todo ápice de datos que llevan las hebras nerviosas desata una tormenta eléctrica entre otras células, y en total aislamiento en su caja de marfil el cerebro debe descansar en estas conexiones para hallar sentido en el ensordecedor caos del mundo de afuera. Sir Charles Sherrington, laureado con el Premio Nóbel y conocido neurofisiólogo de mi escuela en Londres, asemejaba la actividad del cerebro a un «telar encantado» compuesto de patrones de diminutas luces que se encienden y se apagan. De esta actividad de disparos como de ametralladora —cinco mil billones de procesos químicos por segundo— formamos patrones de significado en cuanto al mundo.

Muchas veces, al trabajar tarde en la noche en un cuarto oscuro excepto por el resplandor oval de mi lámpara de laboratorio, me preguntaba por el galés y las tormentas eléctricas dentro de su cerebro. ¿Qué mensajes habrían trasmitido sus nervios auditivos: Mozart o el sonido de una gran banda? ¿Habría trabajado en una ruidosa fábrica que gradualmente embotó su oído? ¿Tendría familia? Si fuera así, los primeros balbuceos de sus hijos y el susurro amoroso de su esposa habrían seguido la ruta del nervio que yo había diseccionado en ese momento.

La rama mandibular del muy grande quinto nervio craneal había presentado un reto a la disección, porque el nervio se abre paso por un túnel por el hueso de la quijada, emergiendo en numerosos lugares para suplir sensación para los labios y los dientes. Cuando abrí a través del hueso y el esmalte para dejar al descubierto los delegados axones en el diente, encontré una carie dental no reparada. Pensé en mis recuerdos de la niñez y el cegador dolor de muelas; el nervio del galés debe haber llevado similares mensajes de tormento. Sin embargo, ese mismo nervio también llevó las sutiles sensaciones de los labios: todo placer de cada beso había viajado por idéntica senda al cerebro.

Cualquiera que sea su fuente en la cabeza —caries dentales, córnea lastimada, tímpano perforado, úlceras bucales— el dolor viaja por uno de los doce nervios craneales y se presenta a sí mismo al cerebro en un código idéntico al que usó para trasmitir los sonidos, el gusto, la visión, el olfato y el tacto. ¿Cómo podría el cerebro discernir tales mensajes mezclados? Salí de mi proyecto de disección asombrado por la economía y elegancia del sistema que transcribe los vastos fenómenos del mundo material.

La disección de cerebro en Cardiff me puso a pensar en la sensación y me enseñó una verdad fundamental en cuanto a la naturaleza del dolor, la verdad que más adelante vería expresada en pacientes como el soldado Jake. Mientras contemplaba la cabeza diseccionada del galés me di cuenta de que las sensaciones del dolor, como todas las demás, entran al cerebro en el lenguaje neutral, de punto y raya, de la transmisión nerviosa. Todo lo demás —una respuesta emocional o incluso la percepción: «¡Duele!»— es una interpretación que provee el cerebro.

Conjurador maestro

Mientras mis compañeros y yo estudiábamos medicina en Cardiff, Winston Churchill estaba estableciendo un centro de comando de guerra bajo el palacio Whitehall en Londres. A menudo Churchill pasaba la noche allí, durmiendo en un catre en un dormitorio improvisado protegido de las bombas alemanas por una espesa losa de concreto reforzado. Puesto que rara vez iba al frente en persona, Churchill tenía que tomar decisiones militares cruciales en ese centro de comando basándose en los informes que le venían de todo el mundo vía telégrafo y líneas telefónicas. Marcadores a colores en gigantescos mapas en la pared exhibían el progreso diario de las fuerzas aliadas. Si Montgomery necesitaba refuerzos en África del Norte, él enviaba un cable pidiendo ayuda. Si los capitanes de barco en los convoyes del Atlántico deseaban más respaldo naval, enviaban una petición.

Ese centro de comando subterráneo servía como el cerebro para la máquina de guerra británica, el único lugar en donde se podían pesar las necesidades y requisitos de todo el ejército. Sin embargo, ese mismo aislamiento hacía a Churchill vulnerable a los errores: ¿qué tal si un importante mensaje nunca le llegaba, o si un agente alemán se las arreglaba para introducir desinformación? De las miles de comunicaciones que llegaban, cada una sujeta al error humano, el personal del cuartel tuvo que diseñar una política de «mejor suposición» para servir al bien de todos.

El cerebro humano también debe descansar en una información incompleta y a veces errónea. Después de sortear entre millones de datos, el cerebro provee una interpretación basada en su «mejor suposición», en la cual la memoria juega un gran papel. Desde el momento en que nacemos y en adelante, el cerebro construye de forma activa un modelo interno del mundo externo, un cuadro de cómo el mundo funciona.

Todos los días después de diseccionar y asistir a clases en la escuela médica me iba a casa, abría la puerta, y calurosamente saludaba a mi casera en Cardiff, Granny Morgan. Por lo menos esa era la versión de la realidad presentada por mi cerebro después de haber evaluado una serie de mensajes codificados. Los corpúsculos del tacto en mis dedos enviaban informes de una presión de ciento veinticuatro gramos por centímetro cuadrado mientras los sensores de temperatura cercanos informaban de una sensación de dos calorías por segundo. Mi cerebro, recibiendo estas señales de miles de fibras nerviosas en mi mano derecha, ensamblaba una impresión compuesta de un objeto cálido imponiendo en esa mano impulsos hacia arriba y hacia abajo, y comparando esas sensaciones con su banco de datos de experiencias pasadas, diagnosticaba entonces un apretón de manos.

Mientras tanto, millones de bastoncillos y conos en mi ojo identificaban zonas de matices y colores que el cerebro cernía y reconocía como un patrón que igualaba a la cara de la abuela Morgan. (Solo los ingenieros que han probado los programas de computadoras para reconocimiento facial pueden apreciar a plenitud lo complejo de esta tarea.) Y los diminutos cilios en mi oído interno enviaban informes de vibraciones moleculares en frecuencias tonales específicas; luego el cerebro relacionó estos miles de ápices de código a la grabación pasada de la voz de la dueña de casa.

Cuando reduzco la actividad mental a sus partes constituyentes, me maravillo de que pueda inclusive saber en algún momento lo que pasa en el mundo de afuera. Sin embargo, el proceso ocurre de modo instantáneo, por debajo del nivel de conciencia, tan pronto como oigo la voz o miro la cara de un amigo. Con el tiempo, he aprendido a confiar en la imagen de la realidad que me presenta mi cerebro.

(Naturalmente, el cerebro a veces se equivoca.* Cierre sus ojos y presione la piel en las esquinas de su nariz. Verá manchas de luz falsa debido a las que la súbita presión provoca que el nervio óptico dispare señales al cerebro, que usando su «mejor suposición», interpreta y considera como luz. De modo similar, un golpe en la cabeza puede hacer que la persona «vea estrellas». Los desórdenes neurológicos pueden confundir más al cerebro. Conocí a un hombre en mis días de estudiante que sufría de síndrome de Méniere. Los mecanismos de equilibrio en su oído interno, trastornados, enviaban de súbito mensajes falsos de que se estaba cayendo hacia la derecha. Al recibir estas señales erradas, el cerebro ordenaba una serie de movimientos correctivos, y él se lanzaba con violencia hacia la izquierda. Aprendimos a poner un cojín a su izquierda para protegerle de lesiones.)

Esta conciencia básica de cómo funciona el cerebro —aislado, construye un cuadro interno de «la mejor suposición» para interpretar el mundo externo— aclaró mi pensamiento en cuanto al dolor. Cuando niño instintivamente había considerado al dolor como un enemigo «allá afuera» atacándome en el sitio de la lesión:

*Los textos de psicología dan ejemplos de *ilusiones* sencillas —de la palabra del latín que significa «mofarse o ridiculizar»— que demuestran lo fácilmente que se puede engañar a nuestros cerebros. Levantando dos latas de igual peso, podemos juzgar a la más pequeña como más ligera aunque tenga un veinte por ciento más de peso, solo porque esperamos que se sienta más liviana. (Con los ojos vendados, juzgaríamos a ambas de igual peso.) Nos engañamos al pensar que dos líneas paralelas son desiguales si una tercera línea las intercepta a un ángulo. Pensamos que una es más larga que la otra si los extremos terminan en una flecha con la punta hacia dentro o hacia afuera. Hollywood ha levantado toda una industria basada en la ilusión. El cerebro no puede detenerse en veinticuatro cuadros individuales de fotografías fijas por segundo, así que permite que se mezclen en la ilusión del movimiento.

Un cuadro interno de la realidad, por supuesto, depende por completo de qué mensajes alcanzan el cerebro aislado. Gatitos criados en cajas pintadas con rayas horizontales ni siquiera notan las rayas verticales al principio: sus células cerebrales no han desarrollado todavía una categoría de «verticalidad». A los que nacen con daltonismo, el mundo no les parece menos «real» que a mí, y sin embargo nuestros cuadros internos son muy diferentes. Los ciegos tienen sueños auditivos: sus cerebros deben formar un sentido de la realidad aparte de las imágenes visuales. Es muy probable que artistas como Van Gogh, El Greco y Edgar Degas «vieran» sus entornos de una manera tan nada común porque los desórdenes de los ojos afectaban su percepción. Después de una operación de catarata, Monet se sorprendió de hallar tanto azul en el mundo; él retocó su obra reciente para que se conformara a su nueva visión.

cuando un alacrán me picaba en un dedo, apretaba el dedo y corría a la casa llorando para mostrárselo a mi madre. Ahora he aprendido a partir del cerebro de Gales que el dolor no está allá afuera, sino más bien «aquí adentro», dentro de la caja de marfil del cráneo. De forma paradójica, el dolor parece ser algo que se nos hace, aunque la realidad es que nos lo hemos producido nosotros mismos, manufacturando la sensación. Cualquier cosa que podamos concebir como «dolor» ocurre en la mente.

El sonido del tráfico afuera, el color de las lilas cortadas sobre la mesa, la picazón de mis pantalones de lana, todo esto, como el dolor, llega en el mismo código Morse neutral de la transmisión nerviosa que espera la interpretación de la mente. Un tímpano que vibra no constituye el sonido (mis tímpanos vibran cuando estoy dormido), y el dedo del pie que sufre el tropezón no constituye el dolor. El dolor siempre es un suceso mental o psicológico, un truco de magia que la mente siempre se hace a sí misma. Realiza esta hazaña con una suspensión tan poderosa de la incredulidad que dejo cualquier cosa que estoy haciendo y atiendo a ese dedo del pie lastimado. No puedo evitar la impresión de que el dolor en sí mismo está en mi dedo del pie, y no en el cerebro.

Los que sufren de migrañas, cuello retorcido o espaldas lesionadas, a veces oyen el descomedido comentario: «Tu dolor está en tu cabeza». En el sentido más literal, todo está en la cabeza: se origina allí, y se queda allí. El dolor no existe sino hasta que uno lo siente, y lo siente en la mente. Bertrand Russell tuvo razón cuando fue al dentista con un dolor de muelas. «¿En dónde le duele»?», le preguntó el dentista. Russell replicó: «En mi cerebro, por supuesto».

Bautismo de fuego

Aprendí en cuanto al dolor en abstracto en el laboratorio de Cardiff. Justo cuando regresé a Londres en septiembre de 1940, la Luftwaffe empezó a atacar la ciudad con toda furia y me hallé sumergido en el sufrimiento humano.

Graham Greene, que sobrevivió al Blitz, lo recuerda de esta manera: «Mirando hacia atrás, en lo tenebroso de la noche, las multitudes purgatoriales de hombres y mujeres en pijamas sucios y destrozados con algo de sangre salpicada se quedaban en los callejones que todavía permanecían en pie. Esto era intranquilizante porque proveía las imágenes de lo que un día podría sucederle a uno mismo». Principalmente recuerdo un estado de agotamiento intranquilo. Nosotros, los estudiantes, nos turnábamos para pasar las tardes y las noches vigilando por si ocurrían incendios en el techo del hospital. Era espeluznante mirar a la ciudad bajo total apagón. Primero oíamos el ronco ruido que hacían los motores de los bombarderos. Pronto las bengalas caían flotando lentamente, como enormes flores amarillas reluciendo en la noche. Luego venía el silbido de las bombas y los brillantes estallidos anaranjados de las explosiones. Los edificios de ladrillo de nuestro barrio se colapsaban con facilidad, levantando enormes nubes de humo y polvo, y las llamas lamían las ventanas de las fantasmagóricas estructuras que seguían en pie.

Durante un período, mil quinientos aviones atacaron a Londres durante cincuenta y siete noches consecutivas, y los cañones antiaéreos traqueteaban toda noche sin cesar. Recuerdo dos noches en especial sombrías. La primera fue captada en una foto famosa de guerra: bombas incendiarias habían desatado una tempestad de fuego alrededor de la catedral de San Pablo, y la foto muestra el gran domo diseñado por Sir Christopher Wren iluminado desde atrás por un cielo en llamas. Cuando terminé mi turno le dije a mis compañeros de cuarto que San Pablo de seguro caería. La pérdida se sentía con fuerza, el símbolo de nuestra civilización siendo arrastrado a la ruina. Pero a la mañana siguiente, cuando el humo se aclaró y el cielo grisáceo se iluminó, vimos que de alguna manera, milagrosamente, San Pablo había sobrevivido y se erguía sola, desafiante, en medio de varias manzanas de escombros.

Otra noche, las bombas cayeron en University College. Fragmentos de las bombas dañaron con fuerza los dormitorios de los residentes, lo cual pocos lamentamos: las ventanas tapiadas con ladrillos hacían los dormitorios intolerablemente asfixiantes y nos alegramos de mudarnos. Lo que nos afligió fue que la biblioteca de la universidad, la tercera mejor de Inglaterra, ardió hasta los cimientos.

Además de hacer guardia por los incendios, a los estudiantes de medicina nos obligaron a servir atendiendo a las víctimas de los bombardeos. Durante los bombardeos más fuertes, los residentes estaban de turno todas las noches. Los cirujanos reales atendían las fracturas complejas y las quemaduras de tercer grado, en tanto que nosotros, los principiantes, realizábamos tareas tales como sacar fragmentos de cristales a los que habían estado cerca de una ventana cuando cayó alguna bomba. Recuerdo al portero de una iglesia que recibió el pleno impacto de los fragmentos de un vitral en la cara, pecho y abdomen. Bromeaba con nosotros: «¿Pueden decir si es Jesús o la Virgen María por el patrón del vidrio que está sacando?»

Después del deber de atender a las víctimas tratábamos de lograr unas pocas horas de sueño antes del desayuno, a veces en un «emparedado de colchones» para apagar el ruido del bombardeo, y luego, después de tragar incontables tazas de café, empezábamos el régimen diario de estudios y trabajo clínico en las salas. Seguí esta rutina por varios meses hasta que llegué casi al punto de colapso físico.

Una mañana, mientras leía la ficha médica de un paciente, le pregunté a la enfermera: «¿Quién recetó este sedativo?» «Usted», respondió ella. Horrorizado, escuché su relato de la noche anterior: Ella me había despertado del sueño, descrito los síntomas del paciente, y luego anotado mi orden recetada entre dientes. Yo no tenía el más ligero recuerdo del incidente. Debo haber estado funcionando en algún nivel subconsciente y hablando mientras dormía. Felizmente, había hecho una decisión razonable y la dosis era aceptable, pero sabía que no me atrevería a poner a mis pacientes en peligro. Pedí, y recibí, una licencia de dos semanas.

Tomando un tren hacia Cardiff, me presenté en la casa familiar que pertenecía a mi antigua casera Granny Morgan. Ella era una verdadera excéntrica: muy encantadora, muy galesa, muy sorda y muy bautista. Llevaba por todos lados un cuerno auditivo de bronce como de cincuenta centímetros de largo, que se extendía desde su cabeza como el cuerno de un carnero. Aterrada de verse atrapada en su ropa de dormir durante una incursión aérea, se iba a la cama vestida por completo. En lugar de cambiarse de faldas, lo que sería arriesgarse a incurrir en una falta de pudor (una bomba podía caer mientras se vestía), se las ponía una sobre otra, camisones y delantales uno sobre otro. A pesar de esa extrañeza, o tal vez debido a ella, Granny Morgan se había convertido en una amiga querida, sirviendo como una especie de madre postiza para nosotros los estudiantes durante nuestro interludio en Cardiff.

Granny Morgan en verdad sabía cómo atender a un exhausto estudiante de medicina. Me dio de comer, me mimó, y me dejó dormir de corrido de dieciséis a veinte horas cada día. Sin embargo, hizo una cosa más durante esa visita: me convenció de que necesitaba una esposa. «Nadie mejor para ti que Margaret Berry», dijo Granny. «Ella te cuidará».

Margaret era una encantadora compañera de clases que me había ayudado como tutora durante mi difícil primer año de transición del trabajo de construcción a la facultad de medicina. Había sido evacuada a Cardiff un año después de mí, y se había puesto en contacto con Granny Morgan. Granny me preguntó qué opinaba en cuanto a casarme con Margaret y empujó la corneta de su oreja en mi dirección. Le grité que tendría que pensarlo. En realidad, a menudo había acariciado la idea de casarme con Margaret Berry, y mientras más contemplaba la idea más me gustaba. Después de dos semanas de descanso, volví a Londres y me propuse buscarla. Nos enamoramos, y un año más tarde nos casamos.

Disfrutamos de una luna de miel de ocho días en el Valle Wye, y luego nos establecimos en horarios separados y frenéticos. Margaret aceptó una asignación al otro lado de la ciudad y yo llegué a ser oficial de cirugía en el Hospital para Niños Enfermos en la calle Great Ormond. Puesto que muchos de los mejores médicos de Inglaterra habían sido despachados al frente, tuve casi ilimitadas oportunidades de practicar la técnica quirúrgica. Durante el día trabajaba en procedimientos pediátricos y por la noche supervisaba la estación de guardia a donde llegaban las víctimas destrozadas de los bombardeos. Para un cirujano principiante, la experiencia fue invaluable; para un esposo recién casado, fue un tormento. Margaret y yo podíamos pasar juntos solo fines de semana alternos, y el escenario para esos encuentros era por lo general un refugio de bombas en el sótano con el resto de la familia de ella.

Por ese tiempo una nueva y horrible arma apareció en los cielos de Londres: el cohete V-1 o bomba zumbadora, como la llamábamos. Volaba en línea recta con una cola en llamas siguiéndole, y traqueteaba con un ruido como de ametralladora hasta que el combustible se acababa. Seguían veinte segundos de mortal silencio, y luego el cohete se bamboleaba un poco y caía a tierra con un ensordecedor estruendo. Recuerdo una noche en que vigilábamos los incendios y calculé que un cohete V-1 que venía se estrellaría directamente contra el hospital de la calle Great Ormond. Hice sonar la alarma. La bomba zumbadora pasó como una exhalación justo por encima del techo en donde estaba agazapado, apenas a unos seis metros, pero se estrelló justo sobre el hospital Royal Free a pocas calles de distancia. Bajé a toda prisa del techo y corrí a una escena en verdad creada por Dante.

Las paredes de la sala obstétrica se habían derrumbado y los voluntarios ya estaban excavando las ruinas humeantes en busca de los recién nacidos, la mayoría de ellos de menos de una semana de edad. De los escombros sacaron bebés recubiertos de argamasa, sangre, mugre y vidrio. Los patéticos y débiles llantos de las criaturas quedaban sin oírse en el clamor. A un lado, las madres en batas grises recubiertas de polvo y escombros contemplaban con el temor y desesperación asomándoles en las caras. Los voluntarios, formando una línea como una brigada de incendio, pasaban los bebés hasta llegar a las ambulancias que empezaban a alejarse por una calle que brillaba con los vidrios rotos. Regresé corriendo a la calle Ormond para prepararme para recibir a estas nuevas víctimas.

Pocos meses más tarde capté de primera mano lo que estas madres debían haber estado sintiendo. Me tocó el turno de vigilar, debido a los incendios, sobre el techo del hospital de la calle Great Ormond la noche en que Margaret empezó a dar a luz a nuestro primer hijo. La dejé en un hospital cercano y me apuré a ir a mi turno, como a cuatro kilómetros de distancia. El bombardeo nunca había parecido tan pesado como esa noche. Yo escudriñaba el horizonte al norte con un sentimiento de impotencia y lobreguez, seguro de que las bombas de alto explosivo que caían estaban estrellándose contra el hospital Royal Northern donde estaba Margaret. Todo salió bien, gracias a Dios, y después de que se hubo atendido a la última víctima en Ormond corrí a su lado para conocer a mi hijo Christopher.

Compensaciones

Aunque vi los terribles efectos de la guerra todos los días en la estación de atención a víctimas, también vi lo mejor del espíritu humano. De acuerdo a las encuestas de los días modernos, una mayoría de los londinenses que vivieron durante el Blitz ahora recuerdan esos días con añoranza y nostalgia. Yo estaría de acuerdo.

Gran Bretaña se irguió casi sola después de la caída de Francia y las naciones de Europa occidental. Los soldados en retirada contaban las historias de los horrores de las brigadas relámpagos en los tanques, y nosotros esperábamos una invasión alemana en cualquier momento. Todas las noches más bombas caían sobre Londres. Sin embargo, de alguna manera, en esa atmósfera de temor y amenaza, surgió un nuevo sentido de comunidad.

Una noche bajé por las escaleras al subterráneo de Londres, o «tubo», en donde descubrí a toda una ciudad de personas viviendo en las plataformas y corredores subterráneos. Algunos estaban poniendo a los bebés a dormir durante la noche, algunos cenaban, y otros estaban reunidos en pequeños grupos contándose chistes e incluso cantando. Tuve que abrirme paso por encima de una docena de cuerpos, tirados en catres o cobijas, para tomar el tren. Aprendí que estas personas venían por la noche para escapar de las bombas y el ruido de las sirenas. Las autoridades al principio trataron de expulsarlas, pero pronto invirtieron esta política y adecuaron la plataforma con camas literas de malla de alambre.

Siempre que visitaba la ciudad subterránea, salía alentado por el sentido de camaradería que hallaba allí. La escena destruía todo estereotipo del británico como persona impávida. Los londinenses ricos y pobres se reunían todas las noches, compartiendo la comida y la buena voluntad. Se contaban historias de escapes por un pelo de las bombas, y hacían chistes en cuanto a la inminente invasión. Incluso el dolor por el duelo encontraba alivio: alguno contaba de parientes que habían muerto, y personas extrañas por completo se reunían y lloraban juntas. La familia real hizo unas cuantas visitas, supuestamente para levantar los espíritus, pero en secreto, pienso, para captar por sí mismos algo de ese espíritu contagioso. Encima del suelo muchos de ellos habían perdido casas, posesiones y seres queridos, pero bajo el suelo se tranquilizaban entre amigos.

La profesión médica también se benefició de este nuevo espíritu de comunidad, porque la crema y nata de Londres se inscribió para ser voluntarios en los hospitales. Agatha Christie se unió al personal de University College. Siendo farmacéutica antes de dedicarse a escribir historias de detectives (una buena base para sus dramas con venenos), se ofreció de voluntaria en la farmacia como contribución para el esfuerzo de guerra. Mi esposa nunca olvidará un encuentro casual con otra famosa voluntaria. Una mañana mientras cambiaba un vendaje después de una operación, Margaret notó a una mujer notablemente hermosa que estaba de pie cerca del cubículo de un paciente. Llevaba el uniforme de voluntaria, y Margaret le ofreció el trabajo de llevar los vendajes ensangrentados y pestilentes al receptáculo de desperdicios. Más adelante se enteró de la identidad de la mujer: la princesa Marina de Grecia, recientemente viuda Duquesa de York.

Como médico en entrenamiento me beneficié en especial de los excelentes doctores que salieron de su jubilación para llenar las vacancias producidas por la guerra. En medio del caos de la guerra, estos profesores me enseñaron sin ningún egoísmo algo más importante que datos en cuanto a la fisiología y los fármacos. University College nos había presentado el reto de atender a pacientes, y no simples enfermedades, pero ahora al observar a estos médicos sabios y de experiencia en acción vimos encarnado el lado humano de la medicina. Solo más tarde reconocí cuán profundamente este método de tratamiento puede afectar la percepción del dolor.

Un cirujano llamado Gwynne Williams, voluntario de guerra, era un ejemplo típico de este enfoque «a la antigua» en la medicina. De él aprendí que en la medicina no hay sustituto para el toque humano. «No te pares junto a la cama», nos dijo Williams, «porque de hacerlo tenderás a sentir solo con las puntas de los dedos. Arrodíllate junto al paciente. De esa manera tus manos enteras se apoyarán planas sobre el abdomen. Hazlo con calma. Simplemente deja que tus manos descansen allí por un rato. Conforme la tensión de los músculos de tu paciente se afloja, sentirás los movimientos más pequeños».

Antes de examinar a un paciente en nuestro hospital que carecía casi de toda calefacción, Gwynne ponía su mano sobre un radiador, o la sumergía en agua caliente. A veces recorría las salas con su brazo derecho metido napoleónicamente dentro de su gran abrigo, escondiendo la botella caliente que hacía de su mano una buena oidora. Una mano fría puede hacer que un reflejo apriete los músculos abdominales del paciente, pero una mano cálida y reconfortante los hace relajarse. Williams confiaba en sus dedos por sobre el estetoscopio e incluso por sobre las propias descripciones del paciente. «¿Cómo sabe el paciente lo que en realidad está pasando en sus intestinos?», preguntaba con un gesto severo. «Escucha directamente los intestinos del paciente. Y en cuanto al estetoscopio, ¿cómo puedes aprender algo aplicándole a la piel del asustado paciente una helada pieza de metal?»

Williams tenía razón: una mano entrenada sobre el abdomen puede detectar tirantez, inflamación, y la forma de tumores que los procedimientos más complicados meramente confirman. Por cincuenta años el tacto me ha servido como mi herramienta de diagnóstico más preciada. Mientras me informa de los síntomas del enfermo, el contacto físico, de forma simultánea, le da a mi paciente un sentido de interés personal que puede ayudarle a calmar su temor y ansiedad... y esto ayuda a reducir su dolor.

Gwynne Williams de continuo buscaba maneras de derribar las barreras que tienden a crear una distancia entre los médicos y sus pacientes. «La humildad es una cualidad que el cirujano necesita cultivar», decía. «Bájate de tu pedestal».

Una vez le presenté al Dr. Williams mi recomendación en contra de la cirugía para una mujer de ochenta años que se había caído y se había roto la cadera. «Me parece frágil», le dije, «y también tiene síntomas de diabetes. Podríamos operarla y reforzar sus huesos con una placa de metal, pero ese procedimiento incluiría un trauma y también un largo período de enyesado. A lo mejor es demasiado para ella. Sugiero dejarla acostada en tracción para que los huesos sanen por sí solos, más cortos. Ella nunca recuperará su movilidad, por supuesto, pero si alguien la cuida, estará bien. La cirugía es arriesgada».

Williams explotó. «¿Cómo te atreves a hablar de no correr riesgos en una anciana? ¡La vejez es el tiempo de correr riesgos! Yo soy un viejo, y si me rompo una pierna será mejor que hagas todo lo que puedas para restaurarla. Ser vieja ya es lo suficiente malo, pero permitirle que quede inválida y que exija que otros la cuiden, es inconcebible». Luego habló con la paciente de las opciones, determinó su condición apropiada, y colocó en el calendario la cirugía.

De nuevo, Williams tuvo razón. La mujer sobrevivió y volvió a caminar. De encuentros como estos aprendí que la medicina no consiste meramente de cuidar las partes del cuerpo. Tratar una enfermedad y tratar a una persona son preocupaciones muy diferentes, porque la recuperación depende en gran parte de la mente y del espíritu del paciente. El sufrimiento, un estado mental, incluye a la persona entera.

5
MENTORES EN EL DOLOR

Aquí viene la enfermera
con la cataplasma roja candente,
la aplica y ni lo nota.

T. S. Eliot

Con el tratamiento del dolor ahora hecho una prioridad nacional por la guerra, algunas de las mejores mentes de University College desarrollaron el tema. Un colorido conferencista fue un genio llamado J. H. Kellgrin, un hombre delgado y sin pretensiones que tenía la piel, el pelo y las cejas claras. Con algo de comediante, realizó demostraciones dramáticas sobre el dolor y la anestesia en un salón de conferencias levantado en un graderío empinado para que todos los estudiantes pudieran tener una vista sin obstrucción.

Durante una de las clases Kellgrin trajo en una silla de ruedas a un soldado que había sido herido en batalla. «Este soldado siente un dolor intratable en su cuello y área del hombro», dijo Kellgrin. El soldado, incapaz de mover su cuello, sostenía su cabeza torcida hacia un lado y nos miraba de reojo, al parecer muy aprehensivo. Kellgrin anunció que iba a tratar de localizar la fuente del dolor del hombre. «Por favor, díganos cuándo siente el mismo dolor que reconoce como el dolor presente en el cuello», le instruyó al soldado. Kellgrin insertó una aguja larga en la nuca del cuello del soldado.

Al instante el hombre dejó escapar un alarido:

—¡No! ¡Eso duele!

—¿Se siente eso como el dolor que le ha estado fastidiando? —le preguntó Kellgrin impasible.

—No, ese es un nuevo dolor, en mi brazo», dijo el soldado, agazapándose ante él.

Otro pinchazo de la aguja —«¡*Ayyy!*»— y otro alarido de agonía. ¿Era ese el dolor? —¡No! Ese dolor viene de dónde está la aguja... ¡y es sangrientamente horroroso! Kellgrin sonrió e insertó más la aguja, examinando de esta manera y de la otra.

Yo casi ni podía contener mi enojo. Esto era la medicina en su expresión más encallecida, explotando a un lastimero soldado simplemente para mostrar un punto en una clase en cuanto al dolor. Alcé mi mano agitándola en el aire, listo para protestar, pero en ese momento la aguja de Kellgrin tocó el lugar preciso.

—¡Ahí, ese es el dolor! —dijo el soldado—. Ya tiene lo que quería.

—¿Está seguro de que este es el mismo dolor que ha estado sintiendo cuando trata de mover el cuello? —preguntó Kellgrin en un tono impasible

—¡Sí! ¡Estoy seguro por completo! ¡Y ahora va a dejar de hacerlo! —exigió el soldado.

Al fin Kellgrin vació la jeringuilla de novocaína de forma lenta y deliberada, y conforme lo hacía una expresión de bendito alivio asomó en la cara del soldado. Kellgrin esperó un momento, y luego con toda cautela movió la cabeza del hombre apenas un ápice. Sintiendo que no había reacción de dolor, retiró con lentitud la aguja. Movió el cuello del hombre en un círculo amplio. La cara del soldado al principio demostró temor, luego sorpresa, y después admiración. Probando su propio hombro, el soldado descubrió que podía hacer girar sus brazos sin ninguna incomodidad. Posteriormente le dio a Kellgrin una señal de pulgares levantados y estiró la mano para agradecerle.

—Permítame estrecharle la mano mientras todavía se siente bien —dijo.

Kellgrin llevó su conferencia a una conclusión triunfante. «El dolor es parte de un sistema complejo. Hemos hecho grandes progresos al identificar el punto de partida del dolor de este hombre. Es posible que esta sola inyección pueda proveer alivio permanente al calmar las terminaciones hipersensibles del nervio y darles a sus músculos una oportunidad de relajarse. Sino, continuaremos el tratamiento».

Los anestesistas en esos días apenas estaban empezando a reconocer el potencial de la anestesia epidural, una manera de controlar el dolor al nivel de las raíces del nervio, justo antes de que entre a la médula espinal. Para mí, como estudiante, la expresión de alivio en la cara del soldado se convirtió en un símbolo vivido de una nueva noción en cuanto al dolor. Hasta entonces lo había concebido como un proceso en dos etapas: primero, una señal de alarma de la periferia (un dedo cortado, un diente que duele), y luego como un reconocimiento por parte del cerebro. Ahora tenía una prueba contundente de una senda entre lo uno y lo otro. El tronco de un nervio recibe mensajes de dolor en ruta al cordón espinal, los cuales el cerebro puede interpretar como si hubieran venido de las terminaciones nerviosas mucho más abajo en la extremidad. El soldado había «sentido» un dolor agudo en su brazo y su hombro, aunque la aguja de Kellgrin estaba ensartada en su cuello, examinando ramas de nervios cerca de la médula espinal.

Pocos días más tarde vi reforzado este principio cuando Kellgrin atendió a otro soldado herido. Aunque esta herida parecía menor comparada con las de otros en la sala, nunca he visto a un paciente más patético. Una bala había entrado en su muslo, pasando cerca y probablemente arañando el nervio ciático, lo que había producido un estado de extrema sensibilidad conocida como causalgia. Este joven soldado, fornido y acondicionado de forma excelente, ahora era hipersensible a cualquier sensación. No podía tolerar ni una sábana apoyada sobre su pierna. Se quejaba de que la luz le brillaba en los ojos. Todo el día permanecía agazapado en posición fetal, llorando por su mamá. Los mensajes de dolor le inundaban provenientes de sus piernas y de todas partes, y las medicinas ordinarias para el dolor surtían muy escaso efecto.

Mientras los estudiantes sosteníamos inmóvil al soldado, Kellgrin insertó una aguja en su espina lumbar e inyectó un anestésico en los ganglios nerviosos que controlan el sistema nervioso simpático. Cuando salimos del cuarto, el soldado se retorcía de dolor. Al día siguiente le hallamos sentado en su cama, riéndose y bromeando. Kellgrin había de nuevo abolido un dolor, esta vez al apagar por completo un segmento entero del sistema nervioso simpático a fin de silenciar sus frenéticas señales.

Kellgrin era pupilo de Sir Thomas Lewis, a quien conocíamos como Tommy Lewis, el fisiólogo más destacado de University College, y un hombre cuyo espíritu llenaba la facultad de medicina. A veces llamado el «rey de la cardiología», Lewis se había ganado una gran fama por su obra pionera identificando los efectos del estrés fisiológico sobre el corazón. Era un hombre de pequeña estatura, flaco, en sus sesenta, distinguido por una barba bien recortada y una postura permanentemente encorvada por su trabajo en el laboratorio.

Tommy Lewis tenía una expresión hosca que usaba con efecto máximo para intimidar a los estudiantes más nuevos de medicina. Tenía nociones estrictas en cuanto a cuáles pacientes debería atender. «University College es un hospital de enseñanza», insistía. «No debemos admitir pacientes con diagnósticos fáciles». Le acompañé una vez cuando llegó a uno de esos casos obvios, y él se alejó, ofendido y rezongando: «Basura, basura. Cualquiera puede tratar a este paciente. Queremos algo más retador, alguien con problemas en los cuales uno pueda hundir los dientes».

En un tiempo cuando el mundo estaba destrozándose, nosotros los estudiantes a veces cuestionábamos la pertinencia de la oscura investigación académica, pero Tommy Lewis no alteró el programa de investigación de la Universidad ni en lo más mínimo. Para él, la guerra tenía escasa significación excepto por su beneficio colateral de abrirnos áreas nuevas y fascinantes de investigación médica. Había estudiado el corazón durante la Primera Guerra Mundial; ahora estaba investigando el dolor. El libro que resultó, *Pain* [Dolor], todavía se lee en las facultades de medicina hoy.

Lewis inspiró en mí un anhelo permanente por la investigación. Conforme estudiábamos el dolor fui atraído a una órbita de la cual nunca escaparía, aunque mucho de lo que aprendí no entraría en juego sino hasta muchos años después. Médicos y pacientes por igual tienden a considerar el dolor como el síntoma de un problema, y su atención pasa con rapidez a la causa raíz, el diagnóstico. El desprendimiento científico de Lewis le permitía considerar el dolor como una sensación en sí misma. Estudiando bajo su dirección por primera vez empecé a vislumbrar la posibilidad de una respuesta a ciertas preguntas subyacentes. Con anterioridad había pensado del dolor como un defecto en la creación, una gran equivocación de Dios. Tommy Lewis me enseñó lo contrario. Visto desde su punto de vista, el dolor se destacaba como una hazaña extraordinaria de ingeniería valiosa más allá de toda medida.

Durante mis días de estudiante Lewis estaba tratando de catalogar las variedades de dolor físico. Esperaba cuantificar la experiencia actual del dolor de modo que los pacientes pudieran describir su dolor como «número ocho» o «número nueve», en lugar de apoyarse en palabras vagas tales como «agonizante» o «insoportable». Estaba trabajando en tres grupos principales: el dolor isquémico, el dolor de la piel y el dolor visceral, y yo me ofrecí de voluntario como sujeto de experimentación en el dolor isquémico.

Masoquismo de laboratorio

El dolor isquémico ocurre cuando la provisión de sangre se corta o se restringe. En un músculo, por ejemplo, el dolor isquémico resulta cuando hay demasiada poca sangre para suplir oxígeno y la circulación no arrastra con suficiente rapidez las impurezas tóxicas. El dolor actúa con lentitud en un músculo pasivo, pero en un músculo activo la isquemia causa espasmos musculares. Como lo sabe todo el que ha sido despertado de modo violento por un calambre muscular, el dolor isquémico puede ser repentino y severo. Una manga para medir la presión arterial puede producirlo con facilidad: bombee aire en la manga hasta que corte toda circulación del brazo, y entonces abra y cierre el puño varias veces. Muy pronto sentirá un dolor tan insoportable que tendrá que detenerse y aflojar la manga.

Sin embargo, la manga ordinaria de medir presión arterial no satisfacía la sed de precisión de Tommy Lewis. Después de todo, lleva unos pocos segundos inflar la manga, y durante ese tiempo la presión arterial mayor empujará más sangre incluso después de que el retorno venoso ha sido interrumpido, haciendo que el brazo se hinche ligeramente. Para corregir este problema Lewis diseñó un inflador instantáneo de la manga, con un gigantesco recipiente esférico de vidrio, envuelto en cuerda, que parecía como un marcador marino. Bombeaba aire dentro del recipiente de vidrio hasta que alcanzaba una presión específica, y luego lo conectaba a la manga de presión arterial en mi caso. Cuando él abría una llave la manga se inflaba instantáneamente, interrumpiendo el flujo de sangre en ambas direcciones a la vez.

Con la provisión de sangre interrumpida, yo apretaba una pelota de caucho una vez, dos veces, tres veces, llevando el ritmo de un metrónomo y continuando hasta que empezaba a doler. Al primer síntoma de dolor hacía una señal, y Lewis anotaba cuántos segundos habían pasado. Continuaba apretando hasta que el dolor se hacía insoportable y tenía que soltar. De nuevo Lewis anotaba el tiempo transcurrido. Mis compañeros de clases y yo nos sometimos a este procedimiento semana tras semana, conforme Lewis se sentaba junto a nosotros con infinita paciencia. Él estaba buscando dos resultados: el punto cuando empezábamos a sentir dolor, y el nivel de tolerancia de cuánto podíamos resistir.

Lewis examinó a sujetos de diferentes trasfondos étnicos, descubriendo diferencias serias en la manera en que los europeos del norte y los del sur perciben el dolor. Otros voluntarios participaron en los experimentos para determinar el poder de distracción: por ejemplo, los que escuchaban novelas picantes leídas en voz alta mostraron una tolerancia mucho más alta al dolor. Los investigadores después de Lewis refinarían mucho más sus pruebas del dolor, usando nuevas técnicas tales como ondas sonoras de alta frecuencia, luces ultravioletas, alambres de cobre enfriados en exceso, y generadores de chispas repetitivas, pero todos en esencia confirmaron los hallazgos a los que Lewis llegó durante esos años de guerra. Debo admitir, no obstante, que parecía un poco estrambótico sentarse en un laboratorio inflingiéndonos dolor nosotros mismos mientras otros ciudadanos lo recibían de la manera más involuntaria de parte de los bombardeos alemanes.

Solo por variar los voluntarios isquémicos también ejemplificamos el dolor de la piel y el dolor visceral. Para probar el dolor de la piel, Lewis usaba el pliegue que se halla entre el pulgar y el dedo índice, puesto que por la anatomía de este lugar, la piel doblada sobre piel garantizaría el dolor de la epidermis en una calidad muy pura. Oprimía el pliegue del pulgar con una entenalla en miniatura calibrada, y con cada vuelta del tornillo respondíamos con un número del uno al diez, cuantificando el dolor. Tal dolor inducido por la presión causaba una sensación de «ardor» distintiva, en tanto que las pruebas con alfileres o pelos de jabalí producían un dolor «punzante». Lewis halló que sujetos con los ojos vendados no podían distinguir entre los dolores causados por objetos puntiagudos, tirar del pelo, calor, corriente eléctrica o venenos irritantes: todos los dolores punzantes se sentían similares.

De las tres categorías del dolor de Lewis, encontré el dolor visceral como el más fascinante. Esta clase de dolor más lento, y menos localizado, advierte problemas muy hondos dentro del cuerpo. Aprendí que los órganos internos, tales como el estómago y los intestinos, tienen escasa provisión de sensores al dolor. (Esta escasez es lo que hace a las úlceras estomacales peligrosas: el ácido puede carcomer el revestimiento del estómago antes de que el paciente note algún efecto secundario.) Un cirujano usa anestésicos principalmente para avanzar más allá de la barrera de la piel. Córtese el intestino con un bisturí, quémeselo con cauterio, o comprímaselo con tenazas, y el paciente no sentirá nada. He atendido a un hombre de la India que fue acorneado por un toro: él se quedó sentado con toda calma en la sala de espera sosteniendo sus intestinos en una tela, como si fuera un paquete de una tienda, sin ninguna señal de dolor visceral.

Sin embargo, el estómago y los intestinos tienen una exquisita sensibilidad a un tipo en particular de dolor, el dolor de la distensión. Los voluntarios de Tommy Lewis se tragaban sin mayor problema un tubo que tenía un globo en la punta. Una vez que el tubo había pasado por el estómago y llegado al intestino, Lewis empezaba a inflar el globo. A los pocos segundos los voluntarios gruñían y le indicaban con los ojos enormemente abiertos que se detuviera. Estaban experimentando uno de los más agudos dolores que el cuerpo humano conoce: el dolor del cólico, el cual resulta cuando algo trata de pasar por una apertura demasiado pequeña, ya sea el riñón, la vesícula biliar, o el intestino. Los órganos internos poseen células nerviosas que responden a los peligros primarios que confrontarán con probabilidad; la economía del cuerpo considera redundante hacerlos que adviertan, digamos, un corte cuando los sensores de la piel manejan esa tarea perfectamente bien.

Mientras aprendía en cuanto al dolor en carne propia en los experimentos de Tommy Lewis, también empecé a investigar de modo formal el tema en las bibliotecas. La aturdidora complejidad de la red del dolor me dejó asombrado. Había empezado a estudiar el dolor por pura curiosidad, sin tener idea de que estaba acumulando un cimiento para el trabajo de toda mi vida. De esa investigación temprana salí con un sentido permanente de asombro y gratitud por la misma sensación que la mayoría de las personas ve con resentimiento.

El cuerpo tiene millones de sensores nerviosos, distribuidos no al azar, sino en exacta concordancia con la necesidad de cada parte. Un ligero golpe en el pie pasa sin notarse, en el muslo se siente como algo doloroso, y en el ojo causa angustia. Las estadísticas del científico alemán Max von Frey sobre el dolor de la piel muestran la diferencia de forma clara: son necesarios 0,2 gramos de presión por milímetro cuadrado para que la córnea del ojo sienta dolor, a diferencia de 20 gramos en el antebrazo, 200 en la zona de pie, y 300 en las puntas de los dedos.

El ojo es mil veces más sensible al dolor que la zona del pie porque enfrenta peligros peculiares. La visión requiere que el ojo sea transparente, limitando así el número de vasos sanguíneos (opacos) inmediatamente disponibles. Cualquier intruso, incluso una brizna de polvo o una pizca de fibra de vidrio, presenta una amenaza, debido a que con su limitada provisión de sangre el ojo no puede repararse con facilidad a sí mismo. Para su protección el ojo tiene una respuesta tan ligera que prácticamente cualquier cosa que lo toca causa dolor y dispara el reflejo del parpadeo.

Por otro lado, el pie está diseñado para soportar el peso del cuerpo: tiene estructuras de sostenimiento más resistentes, abundante provisión de sangre, y es mil veces menos sensible al dolor. Las puntas de los dedos pueden de manera similar resistir mucho maltrato: los carpinteros serían raros en verdad si los dedos que agarran un martillo dispararan señales de dolor al cerebro cada vez que este da un golpe. En cada caso la función de una parte del cuerpo determina la estructura que la rodea, y la red de dolor se adapta con lealtad.

Añadiéndose a la complejidad del sistema, los sensores del dolor informan a diferentes velocidades. Las señales de la superficie de la piel viajan a una velocidad de cien metros por segundo, recabando una respuesta inmediata. Toque una estufa caliente y su dedo retrocede con violencia incluso antes de que el dolor se registre en su cerebro consciente.* En contraste, el dolor de la dermis o los órganos internos se extiende como a medio metro por segundo, así que pueden pasar varios segundos antes de que se registre. Este dolor o palpitar lento del dolor es más hondo, y tiende a persistir. Tommy Lewis, siempre observador, se preguntaba por qué los técnicos en el nuevo campo de la radiología nunca comían huevos hervidos. Examinándolos, descubrió que los rayos X (las primeras

---

*La respuesta de reflejo provee una buena ilustración del sofisticado diseño de la red del dolor. Cuando un peligro —como tocar una estufa caliente, pisar una espina, parpadear en una tempestad de polvo— requiere una respuesta rápida, el cuerpo la delega a un círculo de reflejo que funciona por debajo del nivel de conciencia. No hay ventaja en pensar con relación a la estufa, así que ¿para qué molestar al cerebro superior con una acción que puede ser atendida al nivel de los reflejos? Sin embargo, y me maravillo por la sabiduría integral del cuerpo, el cerebro superior se reserva el derecho de sobreseer ese círculo reflejo bajo circunstancias inusuales. Un experto escalador aferrándose a un precipicio no enderezará su pierna cuando una piedra que cae golpea su tendón patelar; una dama de sociedad no dejará caer una taza de té demasiado caliente servida en porcelana Wedgwood; el sobreviviente de un avión estrellado reprimirá los reflejos y caminará descalzo por sobre los fragmentos de vidrio y metal candente.

máquinas estaban pobremente protegidas) habían destruido los nervios sensores de sus capas exteriores de piel, silenciando de ese modo los sistemas primarios de advertencia de dolor rápido. Los técnicos habían aprendido a evitar tomar en las manos las cáscaras calientes de los huevos porque el dolor lento demorado era mucho peor, y no desaparecía con facilidad.

Médico de cepillo de cerdas

Tommy Lewis solía preguntarse qué estimula a un sensor del dolor para que envíe su señal. Cuando los asistentes a un concierto aplauden, no sienten dolor al principio. Cada vez que las palmas se juntan, las células de corpúsculo papaciniano en forma de cebolla suave se comprimen, disparando noticias de una sensación de presión. Sin embargo, si los miembros del público continúan aplaudiendo por diez minutos esperando una repetición, las manos empiezan a sentirse blandas, y si continúan más tiempo experimentarán una incomodidad real. ¿Por qué? Los últimos aplausos no son más fuertes que los anteriores, así que la presión no ha aumentado. De alguna manera conforme las palmas de las manos se ponen rojas y se hinchan, indicando el daño de los tejidos, las células nerviosas perciben este peligro y envían señales de dolor además de la presión.

De modo similar, si el salpicar de aceite hirviente de cocinar cae en el reverso de mi mano, yo la sostengo bajo agua fría hasta que me sienta mejor. La quemadura deja una pequeña marca roja, de la cual me olvido hasta que tomo un baño por la noche. De repente el agua que se siente muy bien en una mano se siente caliente e incómoda en la otra. Los sensores de temperatura en ambas manos están registrando el mismo flujo de calor, pero la piel ligeramente dañada se ha vuelto hipersensible y sus detectores de dolor ajustan sus niveles en concordancia.

Antes de investigar el tema con alguna profundidad me había imaginado la red de trabajo del dolor como una serie de «alambres» que van directamente de las extremidades al cerebro, como alarmas de incendio individuales conectadas a una estación central de bomberos. Pronto aprendí lo ingenuo que era ese concepto. El dolor es una interpretación sofisticada derivada de muchas fuentes.

Graham Weddell, otro pupilo de Tommy Lewis y conferencista más reciente en University College, abordaba los misterios científicos con el entusiasmo de un mártir. Ayudado por un ayudante de la India abría diminutas ventanas en la carne de sus propios brazos y aislaba fibras nerviosas individuales, las cuales conectaba con alambres a un osciloscopio. Weddell entonces aplicaba a su mano varios estímulos: calor, frío, pinchazos, ácidos, y anotaba los resultados que mostraba la pantalla del osciloscopio. Acabó con un antebrazo que parecía un campo de práctica de un mal tatuador, pero con eso adquirió una nueva comprensión del dolor: funciona más como una percepción que como una sensación.* Para que lleguen a ser señales de dolor, los disparos de las neuronas individuales deben sumarse en el tiempo, mediante señales repetidas, o en el espacio, involucrando neuronas cercanas. Los procedimientos automutiladores convencieron a Weddell de que las señales de dolor de neuronas aisladas tienen escaso significado; lo que importa son las interacciones con células cercanas y la interpretación provista por el cerebro.

Weddell notó temprano que el ambiente de laboratorio tenía un efecto poderoso en la experiencia del dolor. El dolor nunca era «objetivo». Consistentemente, los que eran voluntarios por primera vez en nuestros experimentos informaban sentir dolor mucho más temprano que los regulares. Incluso después de haberles asegurado que podían apagar los estímulos dolorosos al mover un interruptor, no confiaban por completo en el proceso de prueba, y esa ansiedad alteraba su percepción del dolor. Simplemente sentían dolor con más facilidad y más rápido. De modo similar, en los experimentos con la entenalla del dolor de la piel, la mayoría de los estudiantes informaron niveles más bajos de dolor ante la misma presión cuando se les permitía darle la vuelta al tornillo por sí mismos. El temor que sentían cuando algún otro daba la vuelta al tornillo hacía la percepción del dolor mucho más alta. (Este hecho apunta a una de las principales limitaciones en los experimentos de laboratorio. Lo que permito que un colega de confianza me aplique en un ambiente controlado es una experiencia por completo diferente del dolor que pudiera encontrar en el mundo de afuera cuando estoy sujeto al temor, la ira, la ansiedad y la impotencia. Por otro lado, el dolor que

---

*Weddell llegaría a ser un respetado investigador en el campo del dolor. Viajó por el globo, probando sus teorías en África y Asia. Una vez tenía problemas para explicarles a algunos miembros de una tribu en Nigeria que quería que se sometieran a ciertas pruebas. Su traductor exclamó: «Es como un pollo rascando la arena hasta que halla algo». A Weddell le encantaba relatar esa historia. Dijo que era la mejor definición de la investigación científica que jamás hubiera oído.

informo como significativo en un laboratorio, tal como el pinchazo de un alfiler, tal vez ni lo note si estoy dedicado a un proyecto de carpintería o en el campo de batalla.)

Graham Weddell era un gran favorito entre los estudiantes, tal vez porque parecía como si fuera un estudiante más crecido: nunca se peinaba, prefería el punto de vista no ortodoxo en casi cualquier tema, y se desgañitaba aprobando chistes de color subido. Como contraparte a su trabajo sobre el dolor, Weddell empezó a investigar el placer. Primero estudió la anatomía de las zonas erógenas diseccionando los genitales de algunas monas. Luego, de una manera característica, buscó voluntarias entre las estudiantes que aceptaron permitirle estimular eléctricamente los nervios del clítoris. Para su sorpresa, no halló ninguna terminación nerviosa que pudiera designarse como «nervio del placer». Es más, el principal rasgo del paisaje erógeno era una abundancia de terminaciones nerviosas libres normalmente asociadas con el dolor.

Weddell concluyó que el placer sexual también es más percepción que sensación. Los sensores del tacto, la temperatura y el dolor registran de forma debida los aspectos mecánicos de un cuerpo que entra en contacto con otro. Pero el placer incluye una interpretación de esos informes, proceso que depende fuertemente de factores subjetivos tales como la expectación, el temor, la memoria, la culpa y el amor. Fisiológicamente, la relación sexual entre dos amantes y la tragedia de la violación sexual incluyen las mismas terminaciones nerviosas: pero lo uno se registra como belleza, y lo otro como horror. El placer, incluso más que el dolor, emerge como un producto colateral de la cooperación entre muchas células, mediadas e interpretadas por el cerebro superior.

Cualquier niño que siente cosquillas sabe la línea delgada que separa el placer del dolor. Solía disfrutar de que me hicieran cosquillas, y en la India mi hermana Connie a veces lo hacía. Una pluma ligeramente deslizada sobre mi antebrazo producía una sensación deliciosa. Y sin embargo, el patrón que hacía un alacrán arrastrándose por mi antebrazo, ejerciendo una fuerza similar sobre las mismas terminaciones nerviosas, producía exactamente el resultado opuesto: cruzaba la división entre el placer y el dolor, división controlada por el cerebro que percibe.

Mientras más investigaba el dolor, más cambiaba mi pensamiento al respecto. Mi concepción inicial de «alarma de incendio» sobre el dolor había seguido de cerca la teoría descrita por René Descartes en el siglo diecisiete. Descartes desarrolló la primera teoría real de causa y efecto de las sensaciones después de visitar un jardín de trucos lleno de esculturas operado por hidráulica en Francia. Cuando pisaba una baldosa, salía agua disparada desde una estatua hasta su ojo. Las sensaciones tienen una relación similar de causa y efecto, razonó: se estimula una terminación nerviosa y ella envía un mensaje directo al cerebro. Asemejó las señales de dolor a un sacristán haciendo repicar la campana de una iglesia: un pinchazo en un dedo, como el tirón de la soga, hace que una alarma suene en el cerebro. Esta teoría sensible, explicada en su *Tratado del hombre,* sirvió bien a la ciencia casi por tres siglos, pero conforme la medicina avanzaba ciertas excepciones salieron a la luz.

En la red del dolor, por ejemplo, una alarma a veces suena incluso cuando no se tira de ninguna cuerda. Cuando empecé a atender pacientes, descubrí el fenómeno del dolor referido. Ya he mencionado que la economía del cuerpo asigna sensores nerviosos solo para guardarse contra los peligros más comunes (el intestino advierte de la distensión pero no de un corte o quemadura). Si una parte del cuerpo enfrenta un peligro *no común,* el cuerpo circunvala esta emergencia «prestando» sensaciones de dolor de otras regiones. Un bazo lesionado puede buscar la ayuda de receptores de dolor distantes en el extremo del hombro izquierdo, y un cálculo renal puede «sentirse» en cualquier parte a lo largo de una banda desde la ingle hasta la parte inferior de la espalda.

El dolor referido hace que el diagnóstico apropiado de un ataque al corazón sea un problema delicado para un médico joven. «Es una sensación ardiente aquí en el cuello», informa un paciente. «No, se siente como si me estuvieran apretando el brazo», dice otro. Varios pacientes pueden describir un ardor u opresión en el cuello, el pecho, la quijada o el brazo izquierdo. En cierto sentido, la médula espinal está jugándole un truco al cerebro. Un sistema de advertencia ubicado en la médula espinal o parte baja del cerebro detecta un problema cardíaco, pero sabiendo que el cerebro consciente no tiene una imagen sentida del corazón debido a sus pocos sensores de dolor, instruye a las células de la piel y musculares a actuar como si estuvieran en serio peligro, como un favor para su vecino mudo. De modo asombroso, el área «prestada», digamos, el brazo izquierdo, puede permanecer sensible al toque incluso entre ataques de dolor. Los tejidos del brazo izquierdo están, por supuesto, tan sanos como los del brazo derecho; los informes de daños son fabricaciones mentales (no nos atrevemos a decir *meras* fabricaciones mentales). El brazo izquierdo presenta una comedia digna de un premio de la academia con el propósito de llamar la atención a una víctima que de otra manera no prestaría atención a su corazón en peligro.

A veces el cuerpo inventa el dolor, y a veces sofoca señales legítimas de dolor. Por ejemplo, cuando un atleta unta linimento sobre su dolorido músculo de la pantorrilla, el profundo dolor muscular mágicamente desaparece. En realidad, los sensores de su músculo de la pantorrilla todavía emiten las señales de peligro, pero nuevas trasmisiones abruman esas señales de modo que nunca llegan al cerebro. Los irritantes en el linimento atraen una provisión aumentada de sangre, creando sensaciones de calor que se combinan con los masajes de la mano para apagar las señales de dolor del músculo de la pantorrilla. Las sensaciones del tacto, el calor o el frío pueden superar el mensaje de dolor: nos frotamos donde nos pica un mosquito, soplamos una quemadura, aplicamos un paquete de hielo sobre la cabeza que duele, nos oprimimos el dedo del pie después del tropezón o nos colocamos una bolsa de agua caliente. La acción es tan instintiva como la del perro que se lame una herida.

Tan pronto como entendí algunos de los principios básicos detrás de la percepción del dolor, empecé a adaptarlos clínicamente. Una vez se formó un absceso doloroso debido a un salpullido cerca de mi tobillo. Sabía que no debía rascármelo, pero la tentación era casi irresistible. Descubrí que podía hallar alivio tanto del dolor como de la comezón si me rascaba cerca, pero fuera del borde de la llaga. Después, traté de cepillarme la pierna de arriba hacia abajo con un cepillo de cerdas de jabalí. La pierna cosquilleaba y yo sentía alivio aun cuando me cepillaba el muslo, lejos de la fuente del dolor. Inundado por las nuevas sensaciones de las cerdas tiesas, la médula espinal ponía las señales de dolor en suspenso y no las trasmitía al cerebro.

Probé el tratamiento en mis pacientes y funcionó como por encanto, en especial por la noche. (Recuerdo que el soldado Jake tenía el tiempo más difícil después de que oscurecía, cuando había menos cosas en qué ocupar su mente.) Las sensaciones crónicas de dolor tendían a ser más fuertes conforme otras sensaciones se apagaban, y descubrí que el cepillo de cerdas podía contrarrestar este dolor estimulando miles de terminaciones nerviosas en la superficie de la piel de la misma extremidad. Mis pacientes pronto me pusieron el mote de «el médico del cepillo de cerdas».

Hoy, por supuesto, un médico puede prescribir una máquina de alta tecnología llamada Estimulador Nervioso Eléctrico Transcutáneo (TENS, por sus siglas en inglés) para conseguir el mismo resultado de mi cepillo de cerdas, y a un costo considerablemente mucho mayor. Estas máquinas, controladas por el paciente, estimulan los nervios para que disparen una andanada de mensajes sensoriales conflictivos. (Para que no idealicemos de modo indebido a la medicina moderna, debo señalar que en el año 46 a.C. un médico romano practicaba la electroanalgesia sosteniendo una anguila eléctrica contra la cabeza de un paciente.)

Teoría del control de la puerta

University College continuó como centro de investigación del dolor mucho después de mis días de estudiante. Tres décadas más tarde, en los años setenta, el profesor Patrick Wall colaboraría con Ronald Melzack en una teoría para explicar muchos de los misterios del dolor que nos habían dejado perplejos durante los años de guerra. Su «teoría del control de la puerta espinal» ofrece una manera sencilla y coherente de mirar al dolor.

Según esta teoría, en una versión muy simplificada, miles de fibras nerviosas, algunas descendiendo del cerebro superior y algunas ascendiendo de las extremidades del cuerpo, se unen todas en una estación conmutadora, «la puerta» (en realidad una serie de puertas), ubicada donde el cordón medular se une al cerebro. Tantas células nerviosas convergiendo en un solo lugar crean algo parecido a un embotellamiento, como en la caseta de peaje en una autopista, afectando de forma profunda la percepción del dolor. Algunos mensajes tienen que esperar para pasar, en tantos que otros tal vez no logren pasar nunca.

La teoría del control de la puerta halló lugar entre los clínicos porque parecía explicar muchos enigmas del antiguo modelo cartesiano del dolor. Ciertamente ofrece una explicación para mi rutina del cepillo de cerdas: las muchas nuevas sensaciones de tacto y presión atiborraban y desplazaban las señales de dolor crónico. La teoría del control de la puerta también ayuda a explicar cómo los sobrevivientes de un avión estrellado pueden caminar por sobre metal candente sin dolor: impulsos urgentes descendiendo del cerebro superior bloquean las señales de dolor de las filas ascendentes. Melzack y Wall habían usado la teoría del control de la puerta para arrojar luz sobre fenómenos tales como la acupuntura y las hazañas de los faquires de la India (en el primer caso, los estímulos de las agujas se atiborran desplazando a otras señales; en el segundo, los maestros del autocontrol utilizan sus poderes cerebrales para sobreseer las señales de dolor de más abajo).

A pesar de los muchos avances en la comprensión de la red de trabajo del dolor, incluso hoy los científicos a duras penas pueden sondear la complejidad del sistema que me asombró por primera vez en mis días de estudiante. La simple frase: «Me duele el dedo» abarca toda una tempestad de actividad neuronal en tres niveles separados. A un nivel celular, los informes de un arañazo menor y de irritación de la piel en el dedo claman por atención, la mayoría de ellos no logrando nunca la intensidad requerida para trasmitir una *señal* de dolor. Si en efecto logran que se les transmita, las señales de dolor de mi dedo deben competir en la médula espinal con las de otras fibras nerviosas —si tropiezo y me golpeo un pie, tal vez mi dedo deje por completo de dolerme— antes de que se las envíe al cerebro como *mensaje* de dolor. Al pasar por la puerta de la médula espinal, el mensaje de dolor puede ser sofocado por las órdenes del cerebro superior. A menos que el mensaje de dolor avance hasta provocar una *respuesta* en el cerebro, nunca sabré al respecto... mi dedo no me «dolerá».

6
MEDICINA ESTILO INDIA

La paciencia de la pobreza.

En arrozales, con las espaldas
dobladas para siempre.

Asombroso, el hombre supera
a los bueyes y con todo sonríe.

El misterio de la India,
dicen los indólogos.

Günter Grass

Terminé mi internado en cirugía en 1946, un año después de que terminó la Segunda Guerra Mundial, y esperaba por completo que me embarcaran a ultramar con las tropas de ocupación británicas por unos pocos años, después de los cuales podría volver a una tranquila carrera en un laboratorio de investigación. Sin embargo, el Comité Médico Central de Guerra, supervisor de tales asignaciones, demostró no equipararse con un irrefrenable escocés llamado el Dr. Robert Cochrane. Supervisor del trabajo con la lepra en el sur de la India, Cochrane había venido a Londres para reclutar a un cirujano para una nueva Universidad de Medicina en la ciudad de Vellore. Mi madre, ansiosa de que volviera a la India, le había dicho que tal vez estaría disponible.

Aunque la noción de volver a la India en realidad tenía cierta apelación mágica para mí, varias barreras estaban en el camino. Cochrane hizo a un lado la primera objeción. «No se preocupe. ¡Yo me las arreglo con el Comité de Guerra!», dijo, y de alguna manera los persuadió para que aceptara el servicio en la India en lugar de mi obligatorio servicio en el ejército. Cochrane tenía una manera de presentar el destino del hospital en Vellore como decisivo para la India y el imperio británico.

La familia presentaba un problema más inmediato para mí. Me había perdido el nacimiento de nuestro primer hijo debido a mis obligaciones durante el Blitz. Ahora Christopher tenía dos años y Margaret se acercaba a la fecha de su segundo alumbramiento. No podía soportar el pensamiento de dejarla en tales momentos. Margaret misma aplacó la objeción: «El ejército con toda probabilidad te enviaría al Lejano Oriente de toda maneras. Y yo tendré el bebé igual ya sea que estés en Europa, en el Lejano Oriente o en la India». Prometió unírseme en pocos meses, después del alumbramiento y de un poco de tiempo para la recuperación.

Nuestra hija, Jean, llegó mientras me encontraba en el preciso momento de empacar las maletas. Dos semanas después abracé a mi esposa, a mi pequeño de dos años, y a mi niña de brazos, y me embarqué en un vapor hacia la India. Dirigiéndome hacia el oriente en una ruta por el canal de Suez, volví a revivir el dolor que había sentido en el viaje inverso, cuando teniendo nueve años había viajado a Inglaterra del hogar de mi infancia en las Kollis. Con mi familia que dejé en Londres, mi futuro incierto y mis recuerdos de la infancia resucitados, me sentí muy solo en ese viaje.

Hasta que el buque atracó en Bombay, no tenía ni idea de la influencia que la tierra de mi niñez tenía en mí. «Los olores son más seguros que los sonidos o las visiones para hacer que las cuerdas de tu corazón se rompan», dijo Kipling. Él debería saberlo, pues también había inhalado a la India, una tierra de ilimitada fragancia. Los recuerdos volvieron como una inundación tan pronto como respiré la inconfundible atmósfera, un rico bouquet de madera de sándalo, jazmín, carbón ardiendo, fruta madura, majada de vaca, sudor humano, incienso y flores tropicales. Mi dolor se desvaneció, desplazado por la nostalgia.

Seis mil años de tradición recorrían Bombay en varios disfraces: ascetas hindúes casi desnudos; jainistas respirando a través de pañuelos para evitar matar los insectos; sikhs llevando sus barbas características, mostachos como manubrios y turbantes; y monjes budistas calvos en mantos color azafrán. Las calesas tiradas por seres humanos batallaban por posición en las calles con los buses, los camellos e inclusive algún elefante ocasional. Un granjero usaba su bicicleta para transportar puercos con las piernas atadas, colgando patas arriba de los manubrios, y chillando como una máquina sin aceite.

Absorbí las visiones como alguien a quien acaban de quitarle unos parches de los ojos. La belleza abundaba: la caseta del vendedor de flores y los tintes en polvos brillantes, las mujeres en flotantes saris de color de pájaros tropicales, incluso los cuernos de toros decorados con plata y turquesa. Me hallé abriendo los ojos de par en par, como si fuera una vez más el niño de nueve años que se había aferrado a la mano de su padre tan fuertemente en las calles de las ciudades de la India.

Ocasión de establecerme

Otros recuerdos surgieron durante el largo viaje en tren de Bombay a Madrás. Afuera, la locomotora a vapor resoplaba espesas bocanadas de humo negro. Adentro, compartía el espacio con sacos de cáñamo llenos de cocos, canastas de bananas, atados de lonas y jaulas llenas de gallinas que cacareaban. Una cabra en el compartimiento aledaño balaba de continuo. Algunas familias de la India se extendían en el piso de madera —reluciente con el sedimento rojo del jugo de remolacha— o se trepaban en las perchas de equipaje para acostarse encima de sus pertenencias.

El tren ascendió por las colinas boscosas al oriente de Bombay, descendiendo luego a las llanuras secas y polvorientas, y avanzó hacia las fértiles tierras del oriente. Cada pocos kilómetros una diminuta choza de paja aparecía en la distancia, marcando una de las millones de aldeas de la India. Conforme nos acercábamos a la región fértil, los canales de irrigación dividían el paisaje en cuadrados de un verde lustroso. Desde la ventana del tren contemplé escenas que no han cambiado en siglos, conforme las familias de campesinos trillaban y aventaban en los campos. Dos hombres practicaban el antiguo método de irrigación. Uno de ellos estaba parado descalzo en un artefacto de madera que parecía un subibaja. Balanceándose con los brazos extendidos como un artista de trapecio caminaba hacia un extremo de la viga, y al hacerlo el cambio de su peso hacía que un balde de cuero se hundiera en el canal de irrigación. Luego caminaba hacia el centro para nivelar la viga, esperaba que su compañero le diera la vuelta en semicírculo hasta otro canal, y regresaba hacia el balde de agua, que ahora derramaba su contenido en este nuevo canal. Los dos repetían ese procedimiento miles de veces, todo el día, todos los días. El misterio de la India.

De Madrás fui por auto a Vellore, una ciudad de como cien mil habitantes, y me instalé en los atiborrados dormitorios asignados para los empleados del hospital. A los pocos días me sentí nativo de nuevo. Guardé mis zapatos en un armario y andaba por todos lados descalzo o en sandalias. Me ponía ropas sueltas de algodón. Me bañé estilo India, hundiendo un cucharón de metal en un balde de agua calentada sobre una fogata, y después derramándola sobre mi cabeza. Dormí bajo un abanico de techo que giraba lentamente, arrullado por el canto metálico de los cobreros, y me desperté con el ruidoso estrépitos de los cuervos.

Llegué a Vellore durante la temporada fría, y con la llegada del verano descubrí un calor como nunca había conocido en mi niñez en las montañas. Por las tardes la temperatura a veces subía a más de cuarenta y cinco grados centígrados. Atendimos a nativos descalzos que se habían ampollado las plantas de los pies simplemente al caminar por las calles de asfalto candente. El simple hecho de respirar hacía sudar. Algunas oficinas colgaban cortinas de bambú en la puerta y contrataban muchachos para que rociaran agua en ellas todo el día, pero en los días en realidad calurosos las cortinas se secaban al instante. Los abanicos de hojas de palma solo movían el aire caliente de un lugar a otro. Los vestidos eran compresas calientes. Por la noche, el delgado mosquitero bajo el cual dormía sofocaba como si fuera una cobija de lana.

Ningún lugar en Vellore tenía aire acondicionado, ni siquiera la sala de operaciones. Me hice impopular entre las enfermeras y ayudantes de cirugía porque rehusaba usar el abanico del techo, temiendo (con alguna justificación) que levantara el polvo cargado de gérmenes que podría caer en la herida. A veces operábamos por doce horas seguidas, haciendo una pausa después de cada larga operación para cambiarnos nuestras empapadas batas y delantales.

En ese clima un adulto requiere seis litros de líquido al día, pero descubrí que cuando bebía esa cantidad me producía un severo caso de «salpullido por calor», una vil erupción de la piel que resultaba del sudor constante. Tenía un deseo casi irresistible de rascarme, pero no podía hacerlo mientras tenía puestos el mandil quirúrgico estéril y los guantes, y además, sabía que rascarme produciría llagas e infecciones. Sin embargo, otro médico me advirtió que no escatimara líquidos. «Conozco la tentación», dijo. «Cuando vine a la India reduje los fluidos para reducir el sudor y sanar del salpullido por el calor. Funcionó. Pero cuando dejé de tomar tanto líquido, no estaba ingiriendo suficiente agua como para mantener disuelta la urea, que se cristalizó en piedras. Francamente, Paul, tienes una alternativa. El salpullido por calor o los cálculos en los riñones. Habiendo padecido de ambos, te recomiendo fuertemente el salpullido por calor». Presté atención a su consejo y seguí bebiendo mi cuota diaria.

Ajustarme a la India cobró su costo en mi cuerpo. Cualquier resistencia a las enfermedades locales que había desarrollado en mi niñez se había desvanecido hace mucho, y luché sucesivamente contra ataques de disentería, hepatitis, influenza y dengue. Al dengue, la peor de las dolencias, se le llamaba de forma habitual «fiebre rompehuesos», debido a que durante una semana parecía como si todos los huesos de la espalda y las piernas estuvieran rotos.

Después de seis meses de ajustarme a Vellore, Margaret y nuestros dos hijos pequeños zarparon de Inglaterra, y en junio de 1947 nuestra familia al fin se reunió. Yo había estado trabajando sin descanso, y la llegada de Margaret me obligó a establecerme en una rutina más normal. Nos mudamos al piso superior de un edificio de piedra cerca de la universidad médica, y la mayoría de los días Margaret se me unía en el hospital, en donde ella había asumido un cargo en pediatría.

El hospital Vellore había sido fundado en 1900 por una misionera estadounidense, la Dra. Ida Scudder. Empezó como universidad médica para señoritas, basado al inicio en un pequeño dispensario que no medía más de tres metros por cuatro. La escuela floreció, y a la larga abrió sus puertas a los estudiantes varones. Para cuando llegué, el hospital había crecido hasta llegar a ser un complejo extenso de edificios con capacidad para cuatrocientas camas. De alguna manera, a pesar del tamaño del hospital, el personal había retenido el fuerte sentido de comunidad cristiana que la Dra. Scudder había inspirado al principio. No sentíamos como estando entre familia.

No obstante, Margaret y yo tuvimos que adaptarnos al estilo de medicina de la India. Aprendí, por ejemplo, que muchos pacientes de la India ven al médico casi como si fuera un sacerdote. Una atareada mañana una mujer me siguió mientras hacía mis rondas, agazapándose en las sombras mientras yo iba de sala en sala. «¿Qué desea?», le pregunté. «¿No acabo de atender a su esposo?» Ella asintió en silencio. «¿Consiguieron la receta en la farmacia?» De nuevo hubo un asentimiento en silencio. «¿Se la dieron?» Esta vez fue un no. «Doctor, ¿podría venir usted y darle el remedio con sus buenas manos?», preguntó. Al principio me irritaba hasta cierto punto la insistencia de los nativos en el toque o en la interacción familiar en todas las decisiones. Mas pronto llegué a ver su sabiduría, una sabiduría que quisiera que el oeste reconociera más.

Siguiendo la visión de Ida Scudder, el hospital Vellore trataba de combinar la medicina moderna en el contexto de la India, y no simplemente de replicar los métodos occidentales. Fue el primer hospital asiático que ofreció cirugía torácica, diálisis renal, cirugía de corazón abierto, microscopio electrónico y neurocirugía. Su reputación era tal que algunos príncipes árabes a veces volaban a la India y hacían el viaje a la remota ciudad de Vellore para recibir tratamiento de algún programa de salud. Y sin embargo, el hospital mantenía el sabor distintivo de la India. Los corredores a veces parecían un ruidoso mercado. Los pacientes yacían en salas abiertas de cuarenta o cincuenta camas, y en la mayoría de los casos sus familias, y no la cafetería, les proveían sus comidas. (El personal mantenía un ojo vigilante por si acaso las mujeres encendían un brasero de carbón en las salas, creando un peligro de incendio.) Si un paciente moría, la perennemente presente familia estallaba en alaridos, golpes en el pecho y lamentaciones estrepitosas justo en la sala o en el corredor. Así era en la India, donde la enfermedad y la muerte eran partes aceptadas del ciclo de la vida y nadie veía la necesidad de proteger de las malas noticias a los demás pacientes.

Careciendo de aire acondicionado, el hospital mantenía sus ventanas abiertas la mayor parte del tiempo, y el ruido de la calle —el estrépito de las carretas tiradas por bueyes, el estruendo de las motocicletas, y los gritos de los vendedores de comida— se filtraba. Por un tiempo el hospital tuvo un problema con los cuervos que conspiraban para robarse la comida de los pacientes. Uno de los astutos pájaros encabezaba el ataque, volando por una puerta abierta para tirar con su pico el mantel de la bandeja, y cuando toda la comida se había regado en el piso, sus compinches conspiradores se precipitaban para el festín. Una vez un cuervo entró volando con osadía en el laboratorio de las autopsias y recogió del mostrador un ojo humano que nuestro patólogo estaba alistando para diseccionar. El hospital pronto se las arregló para hacer sus corredores a prueba de cuervos con una malla fina de acero; todavía funciona a fin de mantener a los monos afuera.

Improvisación

Más que toda otra cosa, ejercer la medicina en la India exigía creatividad. Debido a que los recursos limitados nos impedían ordenar de forma automática los más recientes artefactos que ahorraban trabajo, nos veíamos obligados a improvisar. Además, siempre andaba algo mal, para lo cual ningún libro de texto nos había preparado: un apagón en medio de la cirugía, un contagio de rabia en el hospital, una escasez de agua, un pirógeno desconocido en el banco de sangre. Teníamos que rascarnos la cabeza y buscar un nuevo enfoque.

Si una nueva tecnología, tal como un intensificador de imagen de rayos X, ofrecía un beneficio de diagnóstico inmediato, tratábamos de obtener el mejor equipo disponible. Uno de nuestros radiólogos de la India dominó el arte de la cineradiografía e hizo impresionantes películas de los procesos internos del cuerpo humano. (También adquirió alguna notoriedad gracias a una película extravagante. El radiólogo persuadió a un nativo que tragaba culebras a que le permitiera darle comidas con bario a las más vivas de sus culebras. Luego, frente a una cámara de rayos X, el comediante callejero se tragó todas sus culebras, una por una, permitiéndoles que se arrastraran alegremente por su estómago, y después vomitándolas. La película resultante —con los espectadores viendo a las culebras delineadas en blanco por el bario, retorciéndose al descender por el esófago, moviéndose y haciéndose un nudo en el estómago del hombre, y después siendo empujadas hacia arriba por un impulso del diafragma— provocó todo un impacto en las conferencias radiológicas internacionales.)

Nuestro departamento de anestesia, en contraste, contaba con escasas provisiones. Al principio usábamos una simple mascarilla de alambre con doce capas de gasa sujetas con abrazaderas. El anestesista empapaba la gasa con éter, la ponía sobre la boca del paciente durante el tiempo apropiado, y verificaba bajo el párpado de forma periódica para medir el efecto del éter. No teníamos monitores que nos dieran la lectura de los gases en la sangre, la presión arterial y los latidos del corazón, pero en la India la abundancia de la mano de obra a menudo era sustituto de la tecnología: un ayudante tenía como única tarea verificar la presión arterial y escuchar por un estetoscopio cualquier irregularidad. En retrospectiva, puedo ver que operábamos en condiciones más bien básicas, pero me consuelo con el recuerdo de que muy pocos pacientes murieron en las mesas de operaciones de Vellore.

Nos llevó años dominar las sutilezas de la transfusión de sangre, ciencia relativamente nueva. Cuando empecé en Vellore, el hospital no tenía banco de sangre. Para las cirugías ortopédicas nos confiábamos a un artefacto improvisado que absorbía y recirculaba la propia sangre del paciente. En una emergencia usábamos el método de transfusión de brazo a brazo, que era bastante dramático. Después de haber hecho un análisis para verificar la compatibilidad el donante, por lo general un pariente se acostaba en una mesa más alta por encima del paciente en peligro. El médico insertaba una aguja en la vena de la persona sana, luego hacía descender un tubo, e insertaba el otro extremo en la vena del necesitado. La vida fluía directamente de una persona a la otra.

Con el tiempo pusimos en funcionamiento un banco de sangre. La mayoría de los nativos de la India se mostraban renuentes a donar sangre, pero el sistema de mercado libre venció su resistencia. Los que conducían jinrikishas descubrieron que podían recibir tanto dinero por donar una pinta de sangre como lo que ganaban arrastrando su carruaje todo el día. Al poco tiempo habíamos diseñado un sistema de tatuaje en la piel para monitorear la frecuencia de sus donaciones... ¡porque usando diferentes seudónimos y yendo a otros hospitales algunos de ellos estaban donando una pinta de sangre por semana!

A veces operábamos en un escenario de la aldea en lugar de en el hospital. Al principio temía terribles complicaciones de tales procedimientos puertas afuera, pero aprendimos que el medio ambiente de la aldea no presentaba un peligro real si seguíamos estrictamente un método aséptico. Una bandeja colocada bajo un árbol al aire libre puede hacer crecer tanta bacteria como una bandeja en el corredor de un hospital, pero esas bacterias rurales ciertamente eran menos dañinas, y con certeza menos inmunes a los antibióticos. En el hospital promedio de la India, los gérmenes de las peores enfermedades comunicables, algunos de ellos en cadenas resistentes, flotan libremente por los corredores. Pero esto no ocurre en los ambientes rurales, en donde los gérmenes más comunes son aquellos contra los que el campesino ordinario ya ha desarrollado una resistencia natural. Realicé numerosas operaciones durante campamentos de cirugía, incluyendo una en la que tuve que pedir prestado un juego de formones de un carpintero local y hervirlos, y no puedo recordar ninguna sepsis sería resultante.

Antón Chekhov a veces realizó sus cirugías —y autopsias— puertas afuera bajo un árbol. Sus descripciones de los temores y supersticiones de los campesinos rusos me recuerdan lo que en ocasiones encontré en la India rural, en donde teníamos que competir con los remedios tradicionales. Por ejemplo, puesto que las familias supersticiosas pensaban que era importante que su hijo naciera debajo de un buen signo del horóscopo, las parteras empleaban una variedad de métodos para alterar el tiempo del nacimiento. Con la madre en posición sentada la partera hacía que un hombre fuerte se sentara sobre los hombros de la parturienta a fin de poner presión sobre el canal de nacimiento y demorar el alumbramiento. En forma alterna, para acelerar el parto la partera golpeaba el abdomen de la pobre mujer.

El obstáculo singular más difícil que enfrentamos en el trabajo de la salud era el agua impura. Sin duda, más niños del tercer mundo han muerto por la deshidratación debida a la diarrea que por cualquier otra causa. Pudimos controlar la calidad del agua en el hospital, pero en las aldeas la provisión de agua por lo general era la fuente de la enfermedad. En la cura estaba la enfermedad: mientras más agua bebía el niño para combatir la deshidratación, más infectado quedaba. Extrañamente, la abundancia de cocotales en el sur de la India ofreció una manera de evitar este dilema.

En Londres había trabajado con Dick Dawson, cirujano que había sido capturado por los japoneses durante la guerra y asignado a las cuadrillas de trabajo que construyeron la infamante vía férrea entre Birmania y Siam. Las condiciones eran espantosas. Las cuadrillas trabajaban en pantanos, y puesto que sus captores no proveían letrinas, pronto toda el agua quedó contaminada por los desperdicios. La disentería cundió y los prisioneros británicos mal nutridos morían por docenas. Como oficial médico del regimiento, Dawson se preocupó cada vez más, impotente para prevenir las muertes de los soldados.

De repente un día, sentado en su tienda en medio de esa escena infernal, Dick Dawson tuvo una revelación. Contemplando el pantano putrefacto y maloliente, notó árboles altos y hermosos que crecían en medio de una ciénaga. De la copa de los árboles colgaban relucientes cocos verdes. Allí estaba: ¡Una provisión abundante de fluido estéril lleno de nutrientes! Dawson ordenó a los soldados más sanos que pelaran los árboles y derribaran los cocos más verdes (solo los cocos más verdes servirían, antes de que su jugo se espesara para convertirse en leche blanca de coco). Con ellos Dawson se las arregló para rehidratar a la mayoría de los casos de disentería con transfusiones de agua de coco. Hacía secar varitas delgadas y huecas de bambú para usar como agujas, y las sujetaba a tubos de caucho. Una aguja entraba en el coco, y la otra en la vena del soldado.

La técnica de Dawson fue muy útil en algunas partes de la

India, en donde no se podían obtener fluidos estériles. Por lo general le dábamos el agua de coco a los pacientes por la boca, pero en los hospitales de las aldeas a veces usamos cocos como fuente temporal de fluidos intravenosos (IV). Para los visitantes que venían de Inglaterra o los Estados Unidos era espantoso ver un soporte de metal para IV del que colgaba un tubo de caucho que iba del brazo del paciente hasta un coco fresco. Sin embargo, la mezcla de fructuosa en el coco sellado era tan estéril como cualquier producto de cualquier empresa de provisiones médicas. Casos incontables de cólera y disentería han sido salvados mediante tal tratamiento que tiene su base en las aldeas.

El calor, las condiciones a veces primitivas, las peculiaridades de la medicina en la India, los brotes regulares de disentería y fiebres tropicales, todo esto exigía que uno se acostumbrara a ello, pero las dificultades eran más que superadas por la pura emoción de ejercer la medicina. Los habitantes de la India no van a ver al médico para quejarse de una nariz que gotea o de una garganta irritada; ellos vienen al hospital solo cuando necesitan atención médica urgente. Me sentía como un detective forense. En Inglaterra, si un paciente se aparecía con una úlcera tratábamos esa úlcera; en la India, atendíamos la úlcera y también examinábamos para hallar lombrices, malaria, malnutrición y otra docena de enfermedades.

Me asombraba la resistencia de los pacientes de la India y su actitud calmada ante el sufrimiento. Incluso después de haber estado sentados por horas en una atiborrada sala de espera, no se quejaban. Para ellos el dolor era parte del paisaje de la vida, y no había ningún medio de evadirlo. La filosofía del karma embotaba todo sentido de desigualdad en cuanto al dolor; simplemente había que soportarlo.

A veces pensaba de modo iluso en la sala de operaciones y los laboratorios de clima controlado y con los últimos adelantos del hospital University College de Londres. Pero mi relación con los pacientes como individuos, y la libertad que sentía para ejercer mi llamamiento, compensaban con facilidad cualquier sentido de pérdida. Nunca había sentido un desafío tan intenso ni una mejor realización. Algunos miran a los médicos expatriados en los países del tercer mundo como héroes autosacrificados. Sé muy bien sobre esto. La mayoría están disfrutando de la mejor satisfacción de su vida. Conozco demasiados médicos en occidente que pasan la mitad de sus horas llenando formularios de seguros, bregando con programas gubernamentales de salud, escogiendo entre sistemas computarizados de fichas médicas, comparando seguros por práctica equivocada y escuchando a representantes de ventas de fármacos. Denme la India cualquier día.

Una manera más lenta y más sabia

El primer año en Vellore serví como cirujano general, atendiendo a todo el que se asomaba por la puerta. Era joven, anhelante, y estaba ebrio con la aventura de la medicina real. Al empezar mi segundo año comencé a especializarme en ortopedia, todavía sin ninguna idea de lo que constituiría mi obra de por vida. Al principio, como cualquier cirujano nuevo, meramente ponía en práctica lo que había aprendido en la preparación. Con el tiempo, sin embargo, hallé que la India me estaba enseñando nuevos métodos de tratamiento. Mi recuerdo favorito de esos días tiene que ver con la atención de un pie zambo o *talipes equinovaro*. La condición, una deformidad genética, hace que el pie gire y se dé la vuelta hacia adentro.

En el hospital de la calle Great Ormond de Londres había visto muchos casos de pies zambos porque mi jefe, Denis Browne, era un experto conocido internacionalmente en ese campo. (Una férula para pies zambos todavía lleva el nombre de Denis Browne.) Recuerdo haberle observado con los ojos anhelantes de un estudiante mientras él, un hombre corpulento, manipulaba el diminuto pie de un bebé con manos tan grandes que su pulgar cubría la planta entera del pie del recién nacido. Con gran habilidad manipulaba quirúrgicamente esos pies, forzándolos a la posición correcta y sujetándolos con esparadrapo en el sujetapies de una férula rígida. Insistía en la corrección completa en la primera manipulación, y lo lograba. A veces yo oía la ruptura de los ligamentos mientras él obligaba al pie a adoptar su nueva posición.

Se me asignó a la clínica de seguimiento en donde se cambiaban las férulas, y en esa clínica empecé a atender a pacientes que volvían años más tarde con problemas que requerían zapatos especiales y cirugía correctiva. Nunca perdí mi admiración por Denis Browne, un auténtico genio médico, pero con todo me temo que él no apreciaba por completo el daño hecho a una extremidad por las cicatrices que resultaban de la presión coactiva. El pie que él corregía resultaba con una forma hermosa, pero sin flexibilidad y con mucha rigidez debido a los muchos tejidos rasgados.

Al poco tiempo de haber llegado a la India abrí una clínica

para pies en el hospital Vellore y casi me atropella una estampida. La noticia de nuestro proyecto se propagó, y antes de que tuviéramos el personal adecuado nos hallamos enfrentando a más pacientes de los que podíamos atender. Mirando hacia el patio, veía a personas de todas las edades apoyadas en muletas y arrastrándose lastimeramente por el suelo. Al contemplar a esa multitud, me sentí aturdido e impotente.

Examiné en busca de los síntomas familiares, y pronto los hallé en la forma de pies zambos. Veintenas de madres desconsoladas habían traído a los bebés afligidos por el problema. Establecimos una clínica de talipes solo para esas criaturas, y entrené al personal de Vellore en la rutina familiar de cirugía y férulas que había aprendido de Denis Browne. Compramos un fragmento grande de un avión derribado durante la Segunda Guerra Mundial, y un herrero local cortó el revestimiento de metal y con un martillo preparó férulas pequeñas para nuestro uso.

Mientras tanto, también empecé a atender a los pacientes mayores. Entre ellos noté que algunos caminaban con un paso espasmódico y con las piernas arqueadas, algo que nunca había visto antes. En realidad estaban andando sobre la superficie exterior de sus pies, con sus tobillos casi tocando tierra. Las plantas de sus pies, vueltas hacia adentro y hacia arriba, estaban una frente a la otra. Era también inquietante ver a alguien acercarse a mí con las plantas de ambos pies rosadas y plenamente visibles a cada paso. Me percaté de que por primera vez estaba mirando a las víctimas de pies zambos en su vida adulta, las cuales nunca habían sido atendidas en la infancia. Espesos callos cubrían la «parte superior» de sus pies, y muchos se habían infectado y ulcerado debido a que la piel de la parte de arriba del pie no está diseñada para que se camine sobre ella.

Seleccioné a un paciente de diecinueve años para tratamiento, esperando un largo proceso de férulas seguido por una operación del tipo más radical para enderezar el pie y hacer que su planta quedara hacia abajo. Al examinarle, casi ni podía creer lo que mis manos me decían. Al masajear y hacer girar sus pies, los hallé dóciles y que respondían a la manipulación suave, en gran contraste con la rigidez que había encontrado en mis pacientes mayores en Inglaterra. No se había formado ninguna cicatriz porque ningún médico jamás había forzado sus pies a una nueva forma ni los había corregido quirúrgicamente. Se me ocurrió que no debía introducir cicatrices en este tejido virgen mediante el uso de la fuerza coercitiva. Así que simplemente presioné sus pies de regreso en la dirección de su posición correcta hasta que él sintió el aguijonazo del dolor, y entonces los enyesé en su lugar. Después de una semana, al cambiar el enyesado, hallé que los tejidos se habían aflojado. Semana tras semana los presioné un poco más, con férulas progresivas, hasta que casi la mitad de la deformidad fue corregida sin cirugía.

Cuando al fin vi a ese joven alejarse, caminando por primera vez en su vida usando las plantas de sus pies, supe con certeza que tenía que aplicar el principio de corrección lenta a los pies zambos de los bebés. Anuncié en la clínica infantil que íbamos a usar este nuevo método. No más manipulación a la fuerza. No más cirugías que producían cicatrices. De ahora en adelante estimularíamos a los tejidos a corregirse por sí mismos. Había un problema: de alguna manera teníamos que calcular la cantidad de fuerza que tuviera la suficiente intensidad como para estimular al lado corto del pie a que creciera, y sin embargo, que no fuera demasiado fuerte como para que dañara los tejidos o causara cicatrices.

No voy a mencionar todo los métodos que intentamos para llegar a este cálculo, solo nuestro método final y más exitoso. La clínica de talipes atendía bebés, y en la India las madres dan el pecho a sus criaturas por lo menos por un año. En esto, hallamos una clave. Instruimos a las madres a que trajeran a los bebés con hambre a la clínica; a ninguno debían darle de mamar antes del tratamiento en la mañana.

La clínica ya tenía una bien merecida reputación como la sala más ruidosa del hospital, y ahora la sala de espera se convirtió en una cacofonía de bebés que chillaban. Tan pronto como se mencionaba el nombre de un bebé, la madre entraba y se sentaba frente a mí. Ponía a su hijo sobre sus rodillas y abría su sari, dejando al descubierto al fin su pecho repleto de leche. Mientras que el bebé mamaba codiciosamente el pecho, yo le quitaba la vieja férula y le lavaba el pie. Entonces empezaba a moverlo de un lado a otro para examinar la amplitud de su movimiento. A veces el bebé volvía sus ojos hacia mí y fruncía el seño, pero la leche era una prioridad abrumadora. Después de evaluar el problema, preparaba un rollo de yeso, lo mojaba y empezaba a trabajar con el pie.

Ahora venía el momento crítico. Contemplaba con fijeza los ojos del pequeñín. En ese momento él todavía tenía solo un interés: la comida. Yo movía su pie gentil pero firmemente hacia una posición más correcta. A la primera señal de incomodidad los ojos del bebé cambiaban de dirección y empezaban a mirar a su pie y a mí, la fuente del problema. ¡Esa era la señal! Con rapidez envolvía el vendaje de yeso húmedo alrededor del pie y la pierna, enderezando el pie a la posición más distante que podíamos lograr sin que el bebé se quedara mirándonos y encogido.

Si el niño soltaba el pezón de la madre para chillar, perdíamos el juego. Habíamos ido demasiado lejos, forzando al pie a una posición que pondría el tejido bajo demasiada tensión. Al primer grito de protesta teníamos que aflojar, desenvolver el yeso, y empezar con un nuevo vendaje mientras el bebé volvía al pecho. Aprendimos que si cruzábamos esta barrera del dolor, aunque no pudiéramos ver una lesión obvia, la hinchazón y la rigidez aparecerían luego.

Usando este método obtuvimos resultados dramáticos de corrección total sin recurrir a la cirugía. Un niño puede requerir hasta veinte tratamientos con férulas, con cada sucesivo enyesado permaneciendo como por cinco días, tiempo suficiente para permitir que la piel, los ligamentos, y finalmente las células del hueso se adaptaran a las tensiones gentiles que se les había impuesto. Después del tratamiento final conservábamos los pies en férulas Denis Browne hasta que el niño andaba. La influencia correctiva tenía que ser a la vez suave y persistente; si dejábamos el pie sin yeso por unas pocas semanas la deformidad volvía de inmediato. Si el tratamiento resultaba exitoso, el niño acababa con piernas flexibles y pies en posición correcta para andar, sin ninguna señal de hinchazón o cicatriz. En los pocos casos que exigieron cirugía en una etapa más tardía fue una alegría operar debido a la ausencia de tejido cicatrizado.

Mediante mi experiencia con talipes aprendí un principio fundamental de la fisiología celular: la persuasión gentil funciona mucho mejor que la corrección violenta. Colgamos un lema sobre la puerta de la clínica de pies: «Lo inevitable de lo gradual». Aunque me había preparado como cirujano, un especialista de corrección radical, resultó que prefería la gran emoción de ayudar al cuerpo en los maravillosos procesos de adaptarse a la tensión y sanarse a sí mismo. Por muy diestro que pudiera ser al operar, siempre dejaría una herida, sangre derramada y tejido rasgado: los mismos factores que llevan a cicatrices como las que había hallado en los pacientes de Denis Browne. Si podía persuadir al cuerpo a corregirse por sí mismo sin cirugía, entonces toda célula local podía dedicarse a trabajar para resolver el problema original, y no ningún problema nuevo que yo podía introducir. Los cambios más lentos y más sabios del cuerpo no dejaban cicatrices.

En el camino aprendí otra lección por igual; una lección en cuanto al dolor que llegaría a ser un principio director de mi carrera. En la clínica de pies zambos empecé a escuchar, casi por instinto, a las señales de dolor del cuerpo.

Nuestro ritual con las madres que daban de lactar funcionó por una razón: nos ayudó a sintonizarnos con la tolerancia al dolor del niño o niña. Sabía que si mi movimiento del pie de ese bebé solo causaba irritación, el cuerpo podía manejar esa tensión sin ningún daño. Muchas cosas pueden irritar a un pequeñín: la cara de un extraño, los pañales mojados, un ruido fuerte. El estado avanzado de hambre, sin embargo, descartaba todas las interrupciones excepto el dolor. Si yo hacía girar su pie demasiado como para que causara dolor real —suficiente como para que el bebé soltara el pezón— entonces había cruzado esa barrera que fue diseñada para proteger. El dolor protege de daño sin discriminación, ya sea que el daño lo cause el mismo paciente o su médico.

Muy pronto usaría principios similares para corregir las manos rígidas por la lepra. Pero estos pacientes presentaban todo un nuevo conjunto de problemas, problemas que me dejarían aturdido por una década. No podía escuchar al dolor... no existía ninguno.

Parte dos

UNA CARRERA
EN EL DOLOR

7
DESVÍO A CHINGLEPUT

> *Yo era un humano reconocible; por lo menos tenía el complemento usual de piernas y brazos; pero bien pudiera haber sido algún vergonzoso trozo de basura. Había algo indecente en la manera en que se me estaba furtivamente escamoteando la vida.*
>
> Peter Greaves, paciente de lepra

Yo estaba contento estableciéndome en la rutina diaria de enseñar cirugía hasta que el Dr. Robert Cochrane, el indómito escocés que me había reclutado para la India al principio, puso punto final a esta rutina invitándome a su leprocomio.

Sabía muy poco con relación a la enfermedad en la cual Cochrane había adquirido renombre mundial. Recordaba bien la aterradora escena de mi niñez, cuando mi padre nos había confinado a mi hermana y a mí a la casa mientras él atendía a los leprosos. En Vellore con frecuencia había visto lastimeros mendigos con las deformidades características de la lepra. «¿Por qué no viene a mi clínica?», les preguntaba a esos mendigos. «Por lo menos podríamos examinarle y vendar la llagas».

«No, *daktar*, jamás podríamos ir», respondían. «Ningún hospital nos permitiría entrar. Somos leprosos». Verifiqué con el hospital, y los mendigos tenían razón. Vellore, como todo otro hospital general en la India, tenía una póliza estricta en contra de admitir pacientes de lepra, creyendo que «los leprosos» asustarían y alejarían a los demás pacientes. Alejé de mi mente el asunto... hasta que Bob Cochrane insistió en que visitara su sanatorio de lepra en Chingleput.

Bob tenía la apariencia clásica escocesa: piel rojiza, una cabeza llena de canas, y cejas espesas que usaba para lograr un efecto máximo. Nunca había conocido a nadie tan dinámico, confiado y que trabajara tan duro. Además de supervisar las operaciones diarias en su sanatorio de lepra de mil pacientes en Chingleput, Cochrane también servía como director temporal en la Universidad Médica Vellore y encabezaba programas gubernamentales sobre la lepra para todo el estado. Levantándose a las cinco de la mañana todos los días, trabajaba sin detenerse —incluso en los días más candentes del verano— hasta las diez de la noche, cuando se retiraba para una o dos horas de estudio bíblico.

La guerra de Cochrane contra la lepra era la médula de su cruzada religiosa. «No me interesa el cristianismo. Me interesa Cristo, lo que es un asunto diferente por completo», decía. Citando el ejemplo de Jesús, que había roto con los tabúes culturales al atender a las víctimas de lepra, Cochrane encabezaba una campaña contra el extendido estigma social. Él levantó protestas en toda la comunidad médica al emplear pacientes de lepra (casos «quemados» que consideraba no infecciosos) para que trabajaran en su casa, uno como su cocinero personal y otro como su jardinero.

Más significativamente, Cochrane fue pionero en la India en el uso de la nueva droga sulfona de los Estados Unidos que impedía que la lepra progresara. Por primera vez podría ofrecer a los pacientes de lepra una genuina esperanza de detener la enfermedad, y posiblemente incluso de una cura.

Un sacudón repentino

Todos miraban al sanatorio administrado por la Iglesia de Escocia como una instalación modelo. Los pacientes de lepra tendían a vivir lejos de la sociedad, formando sus propias comunidades junto a algún basurero o en algún otro lugar remoto. Incluso las instituciones de lepra alojaban a sus pacientes en instalaciones escuálidas lejos de los centros de población. En contraste, Chingleput era un establecimiento encantador, que se extendía con nítidos edificios amarillos con tejados rojos. Años antes, los misioneros habían sembrado largas hileras de mangos y tamarindos, y como resultado Chingleput ahora se levantaba como un oasis en el terreno rocoso y de arcilla al sur de Madrás.

Fue en un día templado y soleado de 1947 cuando finalmente visité a Bob Cochrane en Chingleput. Mientras caminamos por un sendero sombreado, él llenó mis oídos con más información sobre la lepra de la que a mí me hubiera interesado saber. «Casi ni es contagiosa del todo», dijo. «Solo uno en veinte adultos es incluso susceptible; el resto no puede contraerla aunque se lo propusiera. La lepra solía ser terrible pero ahora, gracias a las drogas sulfona, podemos detener la enfermedad en una etapa temprana. Si tan solo pudiéramos lograr que la sociedad se igualara con los avances del frente médico, podríamos cerrar este lugar. Estos pacientes podrían regresar a sus comunidades y volver a retomar sus vidas».

Entre estas miniconferencias, Cochrane me mostró con orgullo las industrias que había establecido: tejidos, encuadernación y zapaterías; huertos de legumbres y carpinterías. Parecía ajeno a la apariencia fantasmagórica de los pacientes de lepra avanzada, pero yo tenía que luchar contra la tentación de desviar mis ojos de las caras más desfiguradas. Algunos tenían las características llamadas leoninas de la lepra: nariz aplastada, sin cejas, una frente grandemente endurecida, y áreas huesudas. Unos cuantos tenían tan poco control sobre sus músculos faciales que hallé difícil distinguir entre una sonrisa y una mueca. Noté una película sanguinolenta o lechosa en muchos ojos, y Cochrane me informó que la lepra a menudo deja ciega a las víctimas.

Después de pocos minutos dejé de mirar las caras, sin embargo, porque las manos de los pacientes de lepra habían llamado mi atención. Al pasar, los pacientes nos saludaban a la manera tradicional de la India: levantando las manos y juntando las palmas antes de hacer una ligera inclinación de la cabeza. Nunca en mi vida había visto tantos muñones y manos como garras. Dedos acortados se abrían en ángulos no naturales, con sus coyunturas congeladas en esa posición. Vi otros dedos doblados hacia abajo contra la palma en una posición fija como la de una garra, con las uñas en realidad incrustadas en la carne de la palma. Algunas manos carecían de pulgares y dedos por completo.

En el taller de tejidos noté a un joven trabajando vigorosamente en un telar, disparando la lanzadera por la corredera con su mano derecha y luego extendiendo su mano izquierda para empujar una barra de madera contra las hebras, obligándolas a juntarse. Él aceleró la velocidad, probablemente para hacer alarde ante el director y su invitado, y las briznas de algodón flotaron por el aire como polvo. Cochrane gritó por encima del estruendo del telar: «Como ves, Paul, estos trabajadores habrían tenido que recurrir a mendigar fuera del leprocomio. A pesar de sus habilidades, nadie se atreve a emplearlos». Hice un gesto para interrumpir a Bob y señalé un rastro de manchas oscuras en la tela de algodón. ¿Sangre?

«¿Me permites revisarte la mano?», le grité al tejedor. Él soltó los pedales y puso a un lado la lanzadera, y al instante el nivel de ruido en el cuarto decayó varios decibeles. El hombre extendió una mano deformada y retorcida con dedos acortados. El índice había perdido tal vez como un centímetro de largo, y al examinarlo más de cerca vi el hueso pelado saliendo de una horrible herida séptica. ¡Este muchacho estaba trabajando con un dedo abierto hasta el hueso!

«¿Cómo te cortaste?», pregunté. Me dio una respuesta impasible: «Ah, no es nada. Tuve una ampolla en el dedo, y antes sangró un poco. A lo mejor se abrió de nuevo». Tomé unas pocas fotos de su mano para añadir a mis archivos ortopédicos, y lo envié a la clínica para que lo vendaran.

«Eso es un problema real aquí», explicó Bob después de que el muchacho se fue. «Estos pacientes parecen anestesiados. Pierden todo sentido del tacto y del dolor, así que tenemos que vigilarlos con todo cuidado. Se lastiman sin saberlo». *¿Cómo podría alguien no notar una cortada como esa?*, pensé para mis adentros. Por la investigación de Tommy Lewis sabía que hasta veintiún mil sensores de calor, presión y dolor se atiborran en una pulgada cuadrada de la punta de un dedo. ¿Como podía él no sentir ningún dolor por tal herida? Sin embargo, el muchacho no había mostrado la menor señal de incomodidad.

Continuamos la gira y Cochrane, un dermatólogo, empezó a describir las variaciones sutiles en el color y en la textura de los parches de piel seca que son síntomas de la lepra.

—Nota las diferentes reacciones en una mácula y una pápula, entre un nódulo y una placa —dijo, señalando a los pacientes en cuya piel se había infiltrado la enfermedad.

Yo estaba todavía pensando en el joven tejedor con el dedo sangrando, y la conferencia incesante estaba empezando a fastidiarme.

—Bob, ya he oído suficiente en cuanto a la piel —dije por fin—. Háblame de los huesos. Mira las manos de esa mujer. Ya no le quedan dedos, sino solo muñones. ¿Qué les sucedió a sus dedos? ¿Se le cayeron?

—Lo lamento, Paul. No lo sé —replicó él bruscamente, y retomó su perorata sobre la piel.

—¡No lo sabes! Pero, Bob, estos pacientes necesitarán sus manos en cualquier tipo de actividad para ganarse la vida —interrumpí de nuevo—. Algo está destruyendo el tejido. No se puede simplemente dejar que las manos se desbaraten.

Las cejas de Cochrane se arquearon hacia arriba en una señal que reconocí como la advertencia final antes de un estallido. Me insertó el dedo en el estómago.

—¡Y quién es el ortopedista por aquí! —exigió— Yo soy dermatólogo, y he estudiado esta enfermedad por veinticinco años. Sé casi todo lo que hay que saber en cuanto a cómo la lepra afecta la piel. Pero tú regresa a la biblioteca médica en Vellore y averigua sobre la investigación en cuanto a la lepra y los huesos. Te puedo decir lo que vas a hallar: ¡nada! Ningún ortopedista jamás ha prestado atención a esta enfermedad, aunque lisia a más personas que la polio y cualquier otro padecimiento.

¿Podría ser cierto que ninguno de los miles de cirujanos ortopedas se haya interesado en una enfermedad que producía tan terrible deformidades? Una mirada de incredulidad debe haber cruzado mi cara porque Cochrane respondió como si hubiera leído mi mente.

—Estás pensando de la lepra como otras enfermedades, Paul —dijo—, pero los médicos, como la mayoría de las personas, la ponen en una categoría separada por completo. Ven a la lepra como una maldición de los dioses. Todavía tiene el aura de un castigo sobrenatural sobre ella. Hallarás sacerdotes, misioneros y unos pocos locos trabajando en los establecimientos de lepra, pero rara vez un buen médico y jamás un especialista en ortopedia.

Guardé silencio, rumiando lo que Cochrane había dicho. Estábamos caminando bajo el corredor principal arqueado de árboles que iba hacia el comedor. Cochrane hacía una leve venia y hablaba con los pacientes con quienes nos cruzábamos. Parecía conocer a todos por su nombre.

Un hombre nos hizo señas para que nos detuviéramos y preguntó si podríamos ver una llaga en su pie. Se acuclilló en el suelo y trató de desatarse las sandalias, pero no podía hacerlo con su mano retorcida en posición de garra. Cada vez que trataba de poner la correa de la sandalia entre su pulgar y la palma a fin de sacarla de la hebilla, la correa se le escurría. «Parálisis por daño del nervio», comentó Cochrane. «Eso es lo que hace la enfermedad. Parálisis, la más completa anestesia. Este amigo ni siquiera puede sentir la correa de su sandalia tal como el muchacho del telar no podía sentir su dedo cortado».

Le pregunté al hombre de las sandalias si podía ver sus manos. Se levantó del suelo, con la sandalia todavía sujeta a su pie, y me extendió su mano derecha. Los dedos tenían todo su largo y estaban intactos, pero eran prácticamente inútiles. El pulgar y los cuatro dedos estaban curvados hacia adentro y comprimidos uno contra otro en una posición que reconocí como «la mano de garra de la lepra». Mientras examinaba la mano del hombre, sin embargo, para mi sorpresa los dedos se sentían suaves y flexibles, muy diferentes a los dedos engarrotados de la artritis y otras enfermedades paralizantes. Abrí sus dedos y deslicé mi propia mano entre su pulgar doblado y sus dedos. «Aprieta lo más fuerte que puedas», le dije.

Esperando un leve apretón de músculos casi paralizados, quedé perplejo al sentir un sacudón de dolor dispararse por mi mano. ¡El hombre tenía el apretón de un gimnasta! Las uñas de sus dedos doblados se incrustaron en mi piel como espolones. «¡Basta!», grité. Alcé la vista para ver una expresión aturdida en la cara del hombre. Qué visitante más extraño, debe haber pensado. Me pide que le apriete duro la mano y después me grita cuando lo hago.

Sentí más que dolor en ese momento. Experimenté un repentino despertamiento, un diminuto aguijonazo eléctrico señalando el principio de una búsqueda larga e interminable. Tuve el sentido intuitivo de haber tropezado con una senda que lanzaría mi vida en una nueva dirección. Acababa de pasar una mañana muy deprimente, viendo cientos de manos que clamaban tratamiento. Como cirujano que amaba las manos había sacudido mi cabeza con tristeza por el desperdicio, porque hasta este momento había pensado de ellas como arruinadas de forma permanente. Ahora, en el apretón de este hombre tenía una prueba fehaciente de que una mano «inútil» escondía músculos vivos y poderosos. ¿Parálisis? Mi propia mano todavía me dolía por su apretón.

La expresión aturdida del hombre solo añadía al misterio. Hasta que grité él no tenía ni idea de que me estaba haciendo daño. Había perdido todo contacto sensorial con su propia mano.

Muerte lenta

Aceptando el reto de Cochrane, cuando volví a Vellore verifiqué la literatura sobre los aspectos ortopédicos de la lepra. Aprendí que se calculaba que de diez a quince millones de personas en todo el mundo sufrían por la enfermedad. Puesto que un tercio de ellos sufría un daño significativo en las manos y los pies, la lepra probablemente representaba la causa singular más grande de mutilaciones ortopédicas. Una fuente sugería que la lepra causaba más parálisis de la mano que todas las demás enfermedades combinadas. Sin embargo, pude hallar solo un artículo que describía algún procedimiento quirúrgico aparte de la amputación, un artículo que llevaba el subtítulo «Robert Cochrane».

La tarde en Chingleput había encendido un interés que no podía ignorar, y me sentí obligado a estudiar más esta cruel enfermedad. El patrón de parálisis me dejaba aturdido porque contradecía de modo obvio mi experiencia previa con la parálisis. El hombre de la sandalia podía doblar sus dedos hacia adentro, pero no extenderlos hacia afuera: podía apretar mi mano como una entenalla, pero no podía separar sus dedos lo suficiente para recoger un lápiz. ¿Por qué solo una parte de su mano se había paralizado? Como punto de partida necesitaba determinar cuál de los tres nervios principales de la mano era responsable por la parálisis parcial.

Me dispuse a visitar semanalmente Chingleput. Cada jueves después de mis rondas en el hospital tomaba el tren de la noche desde Vellore, y luego contrataba una carreta tirada por caballos para que me transportara los pocos kilómetros hasta el sanatorio. Los Cochrane pusieron a mi disposición un cuarto de invitados, y después de una buena noche de sueño me levantaba para empezar un día entero de examen a los pacientes. Después de la cena con los Cochrane el viernes por la noche, me retiraba temprano, poniendo mi despertador para las cuatro y media de la mañana. Bob enseñaba una clase el sábado por la mañana en la Universidad Médica de Vellore, y podía volver con él en su coche.

Organicé a un equipo de técnicos como una línea de ensamblaje, y uno por uno examinamos a los miles de pacientes en Chingleput. Haciendo exámenes con una pluma y un alfiler, cartografiamos la sensibilidad al tacto y al dolor en varias regiones de la mano. Luego medimos la amplitud de movimiento del pulgar, los dedos y la muñeca, y repetimos el procedimiento con los dedos de los pies y los pies. Registramos la longitud precisa de los dedos de las manos y los pies, anotando cuáles dígitos se habían acortado y cuáles músculos parecían estar paralizados. Si había parálisis facial presente, también lo anotábamos. En los casos más interesantes, tomamos radiografías.

Puesto que yo pasaba solo un día a la semana en Chingleput, el estudio se alargó por varios meses. No obstante, desde temprano noté un patrón claro entre los pacientes (el ochenta por ciento, según resultó) que habían experimentado algún grado de parálisis en la mano. Casi todos habían perdido el movimiento en los músculos controlados por el nervio cubital. El cuarenta por ciento también mostraba evidencia de parálisis en área suplidas por la parte baja del nervio mediano. Extrañamente, no encontré parálisis en los músculos del antebrazo suplidos por la parte superior del nervio mediano. Muy pocos músculos controlados por el nervio radial estaban afectados y también no hallamos ninguna parálisis encima del antebrazo. Esto fue la anomalía que noté primero en el hombre de la sandalia, que podía doblar sus dedos pero no extenderlos.

Nunca había visto ese patrón peculiar. En algunas enfermedades la parálisis avanza de forma implacable hacia el tronco, afectando todos los nervios en su camino. En otras, como la polio, la parálisis es completamente al azar. La lepra parecía atacar nervios específicos en forma muy selectiva, con una extraña consistencia. ¿Qué podía explicar este progreso inusual?

Para entonces mis instintos científicos habían sido despertados por completo. Incluso los pacientes severamente afectados por la lepra retenían algunos nervios y músculos buenos, como el hombre de la mano de garra me lo había demostrado de modo tan poderoso, un hecho que me abrió a la aturdidora posibilidad de la corrección quirúrgica. Un paciente con mano de garra todavía podía doblar sus dedos hacia adentro; si yo podía figurarme cómo liberarlos para que se enderezaran hacia fuera, él recuperaría una mano que funcionaba.

Antes de proceder, sin embargo, tenía que aprender mucho más. Leí todo lo que había disponible en cuanto a la lepra. Pronto descubrí por qué Bob Cochrane se había convertido en tal luchador. Ninguna enfermedad en la historia había sido tan marcada por el estigma, mucho de lo cual era resultado de la ignorancia y los falsos estereotipos.

La histeria en cuanto a la lepra brotaba en parte de un gran temor al contagio. En los tiempos del Antiguo Testamento se dijo que el leproso o el que tenía enfermedades infecciosas de la piel «se vestirá de harapos y no se peinará; con el rostro semicubierto irá gritando: "¡Impuro! ¡Impuro!"» (Levítico 13:45). Los leprosos vivían aislados fuera de los muros de la ciudad. En la mayoría de las sociedades de la historia, por cierto, un temor similar de contagio condujo a pólizas gubernamentales de cuarentena.

No obstante, como Bob Cochrane me había asegurado, tal temor era en su mayor parte infundado. La lepra se puede extender solo a las personas susceptibles, una pequeña minoría. En 1873 el científico noruego Armauer Hansen identificó al agente responsable de la lepra —el *Mycobaterium leprae,* un bacilo que estrechamente se parece al bacilo de la tuberculosis— y desde entonces la lepra ha demostrado ser una de las menos comunicables de todas las enfermedades contagiosas. El compatriota de Hansen, Daniel Cornelio Danielsen, «el padre de la lepralogía», trató por años de contraer la enfermedad con propósitos experimentales, inyectándose el bacilo con agujas hipodérmicas en sí mismo y cuatro trabajadores del laboratorio. Estos esfuerzos demostraron un increíble valor pero casi nada más: todos los cinco colegas eran inmunes.*

(El acertijo de la transmisión sigue sin resolverse hasta este día. El grupo más vulnerable parecen ser los niños que han tenido contacto prolongado con personas infectadas, y por esta razón en muchos países a los niños se les separa de sus padres infectados. La mayoría de los expertos favorecen la teoría de que la lepra se esparce por el sistema respiratorio superior, mediante gotas nasales comunicadas por la tos o el estornudo. Las normas altas de higiene tienden a reducir las posibilidades de contagio: los que trabajan con lepra tienen una tasa muy baja de infección a pesar de su contacto regular con los pacientes. Algunos sostienen la teoría de que el bacilo de la lepra crece en colonias en el suelo, lo que explica por qué obstinadamente persevera en los países de bajos ingresos, donde la gente anda descalza y vive en casas con pisos de tierra. La enfermedad perdió su influjo en Europa central, que en un tiempo era un terreno principalmente de cultivo, conforme el estándar de

---

*Hansen fracasó de modo similar en sus esfuerzos de transmitir el bacilo. Cuando no logró el éxito en los conejos, probó con un ser humano inyectando gérmenes de lepra en la córnea del ojo de la paciente. La mujer no contrajo la enfermedad, pero sí sufrió el dolor de la inyección y lo informó a las autoridades. Por esta ruptura de ética a Hansen se le prohibió ejercer en los hospitales de Noruega por el resto de su vida.

vida subía, y la misma tendencia es cierta en la actualidad en los países en desarrollo.)

Como quiera que se esparza, la lepra rara vez afecta a más del uno por ciento de la población de una región dada. Hay pocas excepciones a esa regla, según aprendí, y la región que rodea a Vellore, India, resultó ser una de ellas; en la década de los cuarenta más del tres por ciento de la población en sus alrededores había resultado ser positiva en cuanto a la lepra.

La mayoría de los pacientes infectados tienen una buena posibilidad de sanar de la enfermedad por cuenta propia. Estos casos «tuberculoides» pueden sufrir parches de piel muerta, pérdida de sensación, y algo de daño en los nervios, pero ninguna desfiguración extensa. Muchos de los síntomas resultan de la respuesta furiosa autoinmune propia del cuerpo ante el bacilo extraño.

Uno de cada cinco pacientes, sin embargo, carece de toda inmunidad natural. Estos pacientes desprotegidos, clasificados «lepromatos», por lo general son los que acaban en instalaciones como Chingleput. Sus cuerpos parecen extender una alfombra de bienvenida para los invasores foráneos, y millones de millones de bacilos los asedian en una infiltración masiva que, de tratarse de cualquier otro tipo de bacteria, significaría la muerte segura. Pero la lepra rara vez demuestra ser fatal. Ella arruina el cuerpo de manera lenta y debilitadora. Mis pacientes a veces usan una expresión local para la lepra que quiere decir literalmente «muerte lenta».

Las llagas aparecen en la cara, las manos y los pies, y si no se las trata, la infección puede avanzar. Los dedos de las manos y de los pies misteriosamente se acortan. Los mendigos que vi en las calles de la India por lo general tenían llagas abiertas y supurantes, y manos y pies deformados. Careciendo de sensación de dolor, estos mendigos tenían una escasa preocupación por los peligros de la infección, y más bien explotaban sus heridas por su potencial de lucro. Los mendigos más agresivos a veces trataban de tocar a un transeúnte a menos que les diera limosna.

La ceguera, manifestación posterior de la enfermedad, complica en gran manera la vida de una persona con lepra: habiendo perdido las sensaciones de tacto y dolor, no puede usar sus dedos para «explorar» el mundo y tantear el peligro.

Conforme estudiaba la historia de la lepra, llegué a tener el más alto respeto por los pocos santos que, desafiando el estigma de la sociedad, miraron más allá de los síntomas desagradables de la lepra y ministraron a sus víctimas. Por siglos tales personas no tuvieron nada más que ofrecer sino solo compasión humana. Cuando la enfermedad asoló a Europa en la Edad Media, las órdenes religiosas dedicadas a Lázaro, el santo patrón de la lepra, establecieron hogares para los pacientes. Estas mujeres podían hacer muy poco, aparte de vendar heridas y cambiar vendajes, pero los hogares en sí mismos, llamados *lazaretos,* pueden haber ayudado a romper la garra de la enfermedad en Europa, aislando a los pacientes de lepra y mejorando sus condiciones de vida. En los siglos diecinueve y veinte los misioneros cristianos que se esparcieron por todo el globo establecieron muchas colonias para pacientes de lepra, tal como la que había en Chingleput, y como resultado muchos de los principales avances científicos para comprender y tratar la lepra vinieron de estos misioneros; siendo Bob Cochrane el último en una larga lista.

En Chingleput la introducción de las drogas sulfonas representó una irrupción tan emocionante como la que había experimentado en la facultad de medicina con la penicilina. El tratamiento anterior, inyectar aceite destilado del árbol de caulmugra directamente en los parches de piel del paciente, tenían efectos colaterales casi tan malos como la enfermedad. Algunos médicos preferían muchas inyecciones pequeñas, tantas como unas trescientas veinte por semana, lo que dejaba la piel pulposa e inflamada. Los pacientes desesperados buscaban tales tratamientos sin importarles eso, y algunos informaban de una mejoría. La nueva droga sulfona tenía la ventaja distintiva de ser un remedio oral. Para cuando visité Chingleput, después de cinco años de probar con sulfonas, los pacientes en realidad mostraban informes negativos de bacteria activa. La lepra prácticamente había desaparecido de sus cuerpos.

Los trabajadores de la vieja guardia en la lepra como Cochrane quedaron en éxtasis. Al ya no ser contagiosos, con sus enfermedades ahora inactivas, los pacientes podían teóricamente ser dados de alta para que volvieran a sus poblaciones. Las esperanzas se esfumaron, sin embargo, puesto que fue evidente que los pobladores no tenían interés en recibir a nadie que tuviera un historial de lepra. En casi todos los casos, los pacientes tuvieron que quedarse en Chingleput, incluso después de haber sido curados.

Yo no estaba seguro de qué contribución podría ofrecer a los pacientes de lepra, pero mientras más tiempo pasaba con ellos, más sentía confirmado mi llamamiento. Mientras realizaba las pruebas de investigación había escuchado cientos de historias de rechazo y desesperación. Proscritos de su lugar y aldea, los pacientes iban a Chingleput porque literalmente no tenían ningún otro lugar adonde ir. Se habían convertido en parias sociales solo debido a su mala suerte de contraer una enfermedad temida y mal entendida. Por primera vez capté la tragedia humana de la lepra. Con el estímulo de Cochrane, también vislumbré un leve soplo de esperanza de que se pudiera hacer un progreso para invertir esa tragedia.

Revelación al amanecer

Después de analizar Chingleput y otros sanatorios de lepra cerca de Vellore, revisé los datos recogidos de dos mil pacientes. Cada historial de una mano dañada incluía diagramas de la insensibilidad y la amplitud de movimiento, así como fotografías del daño en el hueso y en la piel. El patrón que había notado primero en Chingleput, y que desafiaba toda secuencia convencional de parálisis, resultó cierto: parálisis frecuente en áreas controladas por el nervio cubital, parálisis moderada en el nervio mediano, y muy poca en el nervio radial. No podía pensar otra razón lógica de por qué el nervio cubital en el codo causaba parálisis mientras que el mediano, a apenas unos dos centímetros de distancia, permanecía sano; o por qué el nervio mediano se moría en la muñeca mientras ninguno de los músculos del nervio radial quedaban paralizados.

Para aumentar mi conclusión, había enviado muestras de tejidos de dedos acortados al profesor de patología de Vellore, Ted Gault. «¿Qué anda mal en estos tejidos, Ted?», pregunté. Vez tras vez él informó: «Nada, Paul. Están perfectamente normales excepto por la pérdida de terminaciones nerviosas».

¿Normales? Yo había tomado algunas biopsias de dedos que se habían acortado varios centímetros de largo, meros muñones de dedos. ¿Cómo podían ser normales? Difícilmente podía creer los informes hasta que Ted me permitió mirar por el microscopio y ver por mí mismo. Los tejidos mostraban cicatrices de infecciones previas, por supuesto, pero los huesos, tendones y músculos parecían bien, igual que la piel y la grasa. ¿Qué estaba causando este daño a las manos? Los datos no añadían nada.

Anhelaba tratar algo de cirugía correctiva en la mano de los pacientes con parálisis motora, la mayoría de los cuales no habían sufrido mucho daño en sus manos porque estas estaban demasiado débiles para meterse en problemas. Este grupo representaba la mejor esperanza para restaurar a algún paciente de lepra a una vida productiva, y sin embargo no me atrevía a lanzarme antes de aprender por qué ciertos músculos se quedaban sanos mientras otros se paralizaban. Necesitaba saber si algunos músculos permanecerían «buenos», sin ser afectados por la enfermedad, y para hacerlo necesitaría examinar los nervios afectados a todo el largo del brazo. Por supuesto, no podía éticamente operar en un paciente vivo con el solo propósito de sacar nervios. Las autopsias eran la única solución.

No obstante, en la India las autopsias eran más un problema que una solución. Los mullahs musulmanes prohibían la mutilación corporal después de la muerte, incluso con el propósito de donar órganos para la ciencia. La fe hindú requería que todo el cuerpo fuera reducido a cenizas en un fuego purificador, y así los hindúes más estrictos resistían toda amputación por cualquier razón, incluso si la gangrena amenazaba la muerte; mejor morir ahora, razonaban, que ser privado de una extremidad por todas las futuras encarnaciones. Para suplir sus necesidades de trasplantes de órganos y trabajos de laboratorio el hospital de Vellore trabajaba duro para persuadir a las familias de que permitieran las autopsias. También usaban los cuerpos de presos muertos y criminales que no tenían familias. (Mi esposa, que había dado a conocer su necesidad de ojos para usar en injertos de cornea, recuerda vívidamente un leve llamado a su puerta tarde una noche. Abrió para hallar una figura más bien fantasmagórica recubierta en una tela. Le estiró una nota manuscrita de un juez local que ella leyó a la luz de su linterna: «Ahorcamiento judicial al amanecer. Esté allí para sacar los ojos».)

Debido a que la lepra no es una enfermedad terminal, sus pacientes tendían a tener una vida larga. Para lograr nuestra autopsia, tendríamos que esperar la muerte natural en el hospital de algún paciente lepromatoso cuyos parientes no tuvieran objeciones religiosas. Envié un mensaje urgente a toda clínica de lepra a una distancia conveniente, hasta ciento cincuenta kilómetros de distancia, pidiendo notificación inmediata si se presentaba alguna posibilidad. «Llámeme por teléfono o envíeme un telegrama en cualquier momento del día o de la noche», dije. Mi ayudante portugués-cingalés, la Dra. Gusta Buultgens, preparó cajas de instrumentos quirúrgicos, frascos de formalina, y todo lo demás que pudiéramos necesitar para una autopsia. Y nos dispusimos a esperar.

Por más de un mes esperamos, hasta que una noche el teléfono sonó al mismo final de un día entero de cirugía. Un paciente había muerto en Chingleput, a más de cien kilómetros de distancia. El hospital de Chingleput no tenía refrigeración, y tenía programada una cremación para el día siguiente, pero nos concedería acceso al cadáver por la noche. Tres de nosotros —la Dra. Buultgens, un técnico patólogo indio, y yo— engullimos la cena, cargamos la caja de provisiones en un Land Rover y tomamos la carretera.

Me sentía en especial tenso y ansioso al dirigirnos cruzando por el campo negro como hollín hacía Chingleput. Conducir siempre es una aventura en la India, en donde los camiones y autos deben compartir la misma calzada con los peatones, las carretas de bueyes, las bicicletas y las vacas sagradas (hay doscientos millones de ellas y tienen un derecho de vía inviolable). La caída de la noche añade a la aventura porque muchas carretas de bueyes no tienen luces. Además, algunos conductores de la India practican una cortesía peculiar cuando ven que se acerca otro vehículo: apagan sus faros por un tiempo como para no encandilar al otro conductor, y luego de repente encienden y apagan furiosamente sus luces altas varias veces antes de apagarlas de nuevo. Uno ve total oscuridad, una breve erupción hipnótica de luz, y luego oscuridad de nuevo. Debido a que los conductores compensan la ausencia de luz con el uso liberal de la bocina, los ecos resuenan de forma amenazadora en la oscuridad.

Como a medio camino hacia Chingleput sentí una sensación de intenso calor. Al mirar hacia abajo vi llamas saliendo por los agujeros de los pedales y lamiendo mis pies y mis sandalias. Retiré mis pies del piso y saqué el Land Rover de la carretera a un montón de matorrales. Nos apilamos fuera del vehículo, casi cayendo en un pozo abierto. Nadie salió lastimado, y un poco de puñados de arena apagaron el fuego de inmediato. Pero cuando levanté la cubierta del motor, mi linterna de mano reveló un conjunto derretido de alambres y metal ennegrecido. Era evidente que un ladrón había aflojado una tuerca de unión a fin de robarse la gasolina del tanque de combustible; más tarde, las vibraciones aflojaron la tuerca, haciendo que la bomba de combustible rociara gasolina sobre el motor caliente.

Los tres caminamos por la carretera a la luz de la luna, equilibrando las cajas para la autopsia sobre nuestros hombros. Para entonces ya era pasada la medianoche, y no encontramos ni un solo vehículo motorizado durante unos tres kilómetros. Al fin llegamos a una escuela misionera, donde pude levantar a un profesor y contratar a un conductor renuente para que nos llevara el resto del camino hasta Chingleput. Llegamos como a las dos y media de la mañana para hallar que el leprocomio estaba por completo a oscuras. Transcurrió más tiempo mientras tratábamos de persuadir al vigilante nocturno de que nos permitiera empezar nuestra dudosa tarea. Con alguna renuencia nos llevó por el sendero estrecho y rocoso hacia las colinas detrás del sanatorio. Allí, después de una larga caminata, encontramos una diminuta choza de barro, en lugar de muerte. El vigilante nos prestó una lámpara: la choza no tenía electricidad, y se retiró con rapidez. Estirado sobre una mesa de madera ante nosotros estaba el muerto.

El cuerpo, de un anciano, mostraba evidencias de severa deformidad: manos de garra, dedos de las manos y los pies acortados, y deformidades faciales. Era el clásico «caso quemado»: el bacilo de la lepra había hecho todo el daño que podía hacer, y luego había muerto. Para nuestros propósitos, su cuerpo era ideal.

Sabíamos que teníamos que apurarnos. Le habíamos prometido al superintendente de Chingleput que terminaríamos nuestro trabajo para el amanecer, ahora apenas a cuatro horas, de modo que los ritos religiosos normales pudieran continuar. Colgamos la lámpara de una viga del techo, usando la linterna de mano para alumbrar el trabajo más de cerca, y nos pusimos delantales y guantes de caucho. En pocos segundos estábamos cubiertos de sudor. El cuerpo había estado en una choza sin ventilación todo el día bajo un sol ardiente, y para decirlo de una forma delicada, estaba avanzando rápidamente hacia un estado de demasiada madurez. El ambiente, una noche de luna callada, el calor, el aislamiento, un cadáver lleno de gérmenes... todo era digno de una película de horror.

Nos dividimos la tarea. La Dra. Buultgens trabajó a un lado, sacando especímenes de nervios cada dos pulgadas o algo así para un estudio posterior bajo el microscopio. El técnico preparó etiquetas detalladas y ponía cada pedazo de nervio en su propio frasco de formalina. Yo trabajé en el lado opuesto pero no saqué especímenes. Quería ver los nervios enteros de forma detallada en relación con los huesos y los músculos. Los procedimientos rápidos y crudos de la autopsia iban en contra de todos mis instintos quirúrgicos, pero sabía que este cadáver tenía una sola cosa de valor para nosotros: los nervios. Después de hacer largos cortes laterales por el brazo y la pierna, pelé la piel, la grasa y los músculos, sosteniendo los tejidos a un lado con tenazas conforme avanzaba.

Por lo menos por tres horas diseccionamos a ritmo rápido,

cortando hondo en busca de los nervios, sacando muestras, sosteniendo hacia atrás el tejido. Esperábamos dejar al descubierto todo nervio periférico de la mano y los pies, todo el recorrido más allá del brazo y del hombro, el muslo y la cadera, hasta las raíces de los nervios que surgían de la columna espinal. No fue sino hasta que hubimos obtenido algunas muestras de todos los medios afectados por la lepra que pudimos empezar a relajarnos.

Ninguno de los tres dijo gran cosa. Los únicos sonidos eran el chasquido de los instrumentos y el quejido en un tono elevado de las chicharras afuera. Después de terminar con los brazos del hombre, pasamos a las piernas, y finalmente a la cara. Mi mente rememoró mi proyecto en Cardiff, Gales, pero esta vez dejé al descubierto solo el quinto y el séptimo nervios faciales, en búsqueda de algún indicio de por qué los párpados sufrían una parálisis temprana.

Por lo menos habíamos logrado nuestro objetivo. Me enderecé y sentí como si me acabaran de apuñalear. La tensión del viaje, combinada con mi postura agachada para la autopsia, habían hecho su efecto en mi espalda. No había dormido en veinticuatro horas, y mis ojos me ardían por el constante goteo del sudor. Respiré hondo unas cuantas veces, con mi nariz ahora inmune al rancio olor en el diminuto cuarto.

La luz de la lámpara de queroseno flameó sobre el cadáver, y los nervios frescos y expuestos relucieron blancos en contraste con el oscuro tejido del cuerpo. La primera luz gris del amanecer apareció por las colinas, filtrándose por la puerta abierta. Me limpié la frente con un pañuelo y estiré los músculos acalambrados de mi espalda y dedos. El sol que salía de pronto apareció por las colinas y entró en torrente por la puerta, iluminando en una vista amplia todo lo que hasta aquí habíamos percibido solo a través de los débiles círculos de la luz de la interna. Mis ojos recorrieron hacia arriba y hacia abajo cada brazo y cada pierna, revisando nuestra obra. No estaba mirando nada en particular, sino solo tomando un descanso para recuperar la fuerza para la fase final de la autopsia.

Y entonces lo vi. «Mire la hinchazón de los nervios», le dije a la doctora Buultgens. «¿Ve el patrón?» Una impresionante anormalidad era fácilmente visible. Ella se inclinó sobre el costado del cuerpo en que yo había trabajado, rastreando con la vista la plena longitud de los lustrosos nervios, y entonces asintió con entusiasmo. En ciertos lugares, detrás del tobillo, justo por encima de la rodilla, y también en la muñeca, los nervios se hinchaban hasta tener varias veces su tamaño normal. Las hinchazones también se veían ligeramente en las ramas de los nervios faciales en la quijada y la mejilla, y eran casi marcadas justo por encima del codo sobre el nervio cubital.

Ambos sabíamos que los nervios se hinchaban en reacción a una infección de gérmenes de lepra, pero ahora veíamos con claridad que las hinchazones de los nervios tendían a ocurrir en solo unos pocos sitios. En verdad, las hinchazones surgían justo donde el nervio está cerca de la superficie de la piel, y no en tejidos profundos. El nervio cubital, que sufría parálisis, se hinchaba enormemente en el codo. El nervio mediano, apenas a dos centímetros de distancia, parecía bien; tal vez debido a que estaba ubicado dos centímetros más adentro, debajo de tejido muscular.

Por primera vez percibí alguna racionalidad detrás del misterio de la parálisis inducida por la lepra. Había un patrón después de todo: un delgado nervio blanco distendiéndose de forma gradual al acercarse al codo, y luego encogiéndose al tamaño normal al hundirse más profundo entre los músculos del antebrazo, e hinchándose de nuevo al abrirse paso alrededor de la muñeca, y reduciéndose ligeramente en el túnel carpiano a la mano. El mismo patrón se aplicaba a la pierna: cada vez que un nervio se acercaba a la superficie se hinchaba, y cada vez que estaba debajo de fibras musculares volvía a la normalidad. La Dra. Buultgens y yo especulamos en voz alta sobre lo que pudiera haber causado la hinchazón. «Tal vez los nervios más cerca a la superficie están más sujetos al daño por impacto», sugirió ella.

En cualquier caso, ese vistazo del patrón global aclaró uno de los misterios persistentes: los músculos controlados por los nervios ubicados hondo en el tejido corporal parecían no correr peligro. Incluso en un viejo plagado por la lepra, esos músculos seguían siendo de un rojo rico y saludable. En contraste, los músculos controlados por las ramas nerviosas que pasaban cerca de la superficie de la piel estaban rosáceos y encogidos por la atrofia. La presencia de los músculos saludables en un hombre en un estado tan avanzado de infección confirmaba mi corazonada de que la enfermedad siempre dejaba ciertos músculos sin afectar. Ahora podía identificar los músculos del antebrazo para usar en cirugía reconstructiva, posiblemente transfiriéndolos para reemplazar los músculos paralizados, sin temor de que más tarde pudieran paralizarse. Teníamos una simple pauta para usar al seleccionar los músculos «buenos»: escoger músculos cuyos nervios motores no hubieran estado cerca de la superficie de una extremidad.

Sentí un segundo fogonazo de energía y entusiasmo. Tomé fotografías de los nervios largos y expuestos mientras cortábamos más segmentos para un estudio posterior. Esas muestras contenían nuestro mejor indicio sobre cómo la enfermedad destruía los nervios. Tenía el vago presentimiento de que acabábamos de tropezar con un secreto médico de gran importancia, pero ¿qué sería?

Después de la autopsia los patólogos de Vellore se dedicaron a la ardua tarea de examinar secciones cruzadas de nuestras muestras, contemplando lo que Hansen había llamado las masas «como huevos de ranas» de los ganglios leprosos, buscando los diminutos bacilos en forma de varas teñidos de rojo por nuestros fármacos. Pasarían años antes de que pudiéramos desentrañar todo el misterio, pero a la larga aprenderíamos que la predilección de la lepra por las rodillas, las muñecas, las quijadas y las mejillas no tenía nada que ver con el daño de impacto o cualquier otra conjetura que pudiéramos haber hecho esa noche en la choza de la muerte. La solución, cuando llegó, fue sencilla: para multiplicarse, el bacilo de la lepra prefiere las temperaturas frías que prevalecen cerca de la superficie (esto también explica por qué buscan refugio en los testículos, los lóbulos de las orejas, los ojos y los pasajes de la nariz).

Conforme el bacilo de la lepra migra a los nervios en las regiones más frías, tales como los alrededores de las coyunturas, el sistema inmune del cuerpo despacha escuadrones de macrófagos y linfocitos que acuden en enjambre, hinchando la funda aisladora del nervio por dentro y asfixiando la nutrición vital. Las hinchazones de nervios que estábamos contemplando a la temblorosa luz eran en verdad una evidencia de la propia respuesta defensiva del cuerpo a una invasión.

No apreciamos por completo lo que habíamos descubierto en esa cámara mortuoria improvisada y asfixiante en Chingleput. Si lo hubiéramos hecho, tal vez hubiéramos celebrado con algún gesto más dramático (¡Cuando Pitágoras demostraba un teorema sacrificaba cien bueyes a los dioses que le enviaron la idea!) Más bien nosotros cosimos el cadáver, nos dirigimos arrastrando los pies a la casa de Bob Cochrane para desayunar, y pedimos prestado un coche que nos llevara de regreso a Vellore, pasando junto a nuestro carbonizado vehículo Land Rover en el camino.

8
CÓMO AFLOJAR LA GARRA

La mano es la parte visible del cerebro.

Immanuel Kant

Después de la autopsia de Chingleput casi ni podía esperar para intentar la cirugía reconstructiva en las manos de garra. Había una posibilidad, apenas una probabilidad, de que al transferir la fuerza de los músculos «buenos» que la lepra había dejado sin tocar pudiéramos libertar los dedos retorcidos y restaurar el movimiento de las manos dañadas.

Sin embargo, cuando pedí el permiso del hospital de Vellore para hacer tal cirugía, las barreras surgieron. Incluso el personal que respaldaba nuestros esfuerzos cuestionaba la sabiduría de admitir pacientes de lepra. «Ya estamos escasos de camas, Paul», dijo uno de los administradores, «y tú sabes bien que los pacientes de lepra no pueden pagar por los servicios». (Esto era cierto en el sentido de un callejón sin salida: no podían pagar debido a que las manos paralizadas hacían imposible que se ganaran una vida decente; la misma condición que yo quería atender.) El hospital mantenía algunas camas gratuitas para casos de caridad, pero como el administrador me lo recordó, estaban reservadas para casos urgentes que tenía alguna perspectiva de cura. Los pacientes ortopédicos de lepra no calificaban.

Apelando a su simpatía, le conté a otro personal del hospital de algunos de los pacientes de lepra que había conocido. En una nación con una tradición de cinco mil años de castas, las víctimas de lepra ocupaban el escalón más bajo de la escalera social. Sus propias familias por lo general los expulsaban, aunque por una buena razón: de otra manera, la aldea expulsaría de la población a toda la familia. Examiné a un muchacho con ganglios por todo su cuerpo que había estado encerrado en una buhardilla por siete años. Otro adolescente, antes de ir al sanatorio de Chingleput, había mantenido su brazo izquierdo en su bolsillo para esconder los parches indicativos de la piel: debajo de la piel bronceada su mano estaba suave y pálida como la de un bebé, y muy débil debido a la falta de uso. La lepra ataca dos veces más a los hombres que a las mujeres, nadie sabe por qué, pero en la India oí las historias más intensas de muchachas que contrajeron la enfermedad. Incapaces de encontrar esposos o trabajos, muchas de ellas acababan mendigando por las calles, asignadas a un pedazo de pavimento por un padrote que explotaba sus ganancias. Algunas pasaron un tiempo en un burdel hasta que la enfermedad fue notoria para sus clientes.

«Paul, estas son historias conmovedoras, pero no podemos ayudarlos desde el punto de vista médico», respondió un respetado doctor del personal del hospital. «Tienen la carne mala. Esa es la naturaleza de la enfermedad; incluso las heridas accidentales no sanan. Si procedes con tus planes de operar carne leprosa, las heridas quirúrgicas nunca sanarán de forma apropiada. Si hallas un buen músculo y lo arreglas hoy, es probable que quede paralizado el próximo año. La enfermedad solo progresa. No desperdicies tu tiempo».

Una objeción para admitir a los pacientes de lepra probablemente estaba en la raíz de la resistencia del personal. «Si se riega la palabra de que estamos tratando leprosos aquí», me dijo un administrador sin ambages, «otros pacientes huirán del hospital por miedo. No podemos arriesgarnos a eso. ¿Por qué no vas y atiendes la lepra en los centros a los que pertenecen los leprosos?»

No obstante, después de muchas gestiones, el hospital en efecto concedió permiso para que abriéramos una «Unidad de Investigación de la Mano» —no nos atrevimos a usar la palabra lepra— en una bodega de paredes de lodo junto a la pared exterior del plantel del hospital. Los pacientes de lepra empezaron a acudir a nuestra clínica de inmediato, y parecían agradecidos de recibir cualquier ayuda. Su falta de ira o resentimiento en cuanto a su suerte me asombraba. Musulmanes o hindúes aceptaban su condición con un espíritu de fatalismo melancólico. No tenían ninguna expectación, ninguna esperanza de una mejor vida. Me preguntaba si, habiendo sido tratados como inhumanos por tanto tiempo, ahora se veían a sí mismos de esa manera.

La barrera del temor

Cuando empecé a tratar a los pacientes de lepra tuve que confrontar mi propio prejuicio y temor hondamente asentado. Los pacientes presentaban las llagas más horribles y purulentas para tratamiento, y a menudo el acre hedor del pus y la gangrena llenaba la bodega. Aun cuando había oído las seguridades de Bob Cochrane en cuanto a la baja tasa de contagio, yo, como la mayoría de personas que trabajaban con la lepra en ese entonces, me preocupaba de continuo por la infección. Empecé a llevar un mapa de mis manos. Cada vez que me hincaba accidentalmente durante la cirugía con alguna aguja o alguna astilla de hueso, marcaba el punto en un mapa, anotando el tiempo y el nombre del paciente que había estado tratando, de modo que si contraía lepra pudiera rastrear la fuente. Abandoné esa práctica cuando el total de pinchazos, cortes y arañazos llegó a trece.

Mi esposa, Margaret, encabezó el camino para ayudarme a superar el temor del contacto estrecho. Un fin de semana cuando yo estaba lejos, una calesa de bicicleta llegó a nuestra casa en el plantel de la Universidad Médica. De allí salió un hombre delgado en sus veinte y Margaret fue a recibirlo. Notó que sus zapatos estaban abiertos por delante, y sus pies fuertemente vendados. Cicatrices blancas cubrían mucho de la superficie de un ojo, y él bajaba de modo constante sus ojos para evitar el resplandor del sol. «Discúlpeme, Madam», dijo el hombre con mucho respeto, «¿podría decirme dónde puedo hallar al Dr. Paul Brand?» Margaret le contestó que el Dr. Brand, su esposo, no volvería sino hasta el martes, tres días después. Obviamente alicaído, el hombre le agradeció y se volvió para irse. Su calesa ya se había ido, así que el hombre empezó a caminar hacia la ciudad con un rengueo incómodo.

Mi esposa, que tiene un corazón de oro, no pudo soportar el despedir a un necesitado. Le llamó de vuelta. «Usted tiene algún lugar adonde ir, ¿verdad?», preguntó. Le llevó algo de esfuerzo, pero a los pocos minutos Margaret se las arregló para extraerle su historia a Sadán, una historia demasiado típica de rechazo y ultraje. Al principio había notado parches en la piel a los ocho años. Expulsado de la escuela se convirtió en un paria social. Los que habían sido sus amigos cruzaban la calle para evadirlo. Los restaurantes y almacenes se rehusaban a servirle. Después de seis años desperdiciados al fin halló una escuela en una misión que lo aceptó, pero incluso con un diploma nadie quería contratarlo. Se las había arreglado para reunir el dinero para el pasaje en tren hasta Vellore. Una vez que llegó allí, sin embargo, el conductor del autobús público se había rehusado a permitirle embarcarse. Sadán había gastado entonces todo su dinero restante para contratar a la calesa que le trajo los seis kilómetros a la Universidad de Medicina. Ahora no tenía ninguna parte adónde ir. Incluso si un hotel lo admitía, no tenía con qué pagar por la habitación.

Al instante Margaret le invitó a que durmiera en nuestro portal. Le hizo una cama cómoda y él pasó tres noches allí hasta que volví. Admito con alguna vergüenza que no reaccioné bien cuando mis hijos salieron corriendo a contarme de nuestro nuevo invitado, el amable hombre con lepra. ¿Habían estado nuestros hijos ahora expuestos a la enfermedad? Margaret ofreció una explicación de un renglón: «Pero, Paul, él no tenía adonde ir». Un poco más tarde ella me contó que justo esa mañana había leído el pasaje del Nuevo Testamento en el que Jesús dijo: «Porque tuve hambre y ustedes me dieron algo de comer, tuve sed y me dieron algo de beber, fui extraño y me invitaron a entrar, necesitaba ropa y ustedes me vistieron, estuve enfermo y ustedes me cuidaron». En ese espíritu había invitado a Sadán a nuestra casa, decisión por la que ahora le estoy eternamente agradecido. Además de enseñarnos en cuanto a nuestros temores exagerados, Sadán se convirtió en uno de nuestros amigos más queridos.

Una misionera fisioterapista llamada Ruth Thomas también nos ayudó a superar la barrera del temor. Ella había huido recientemente de China debido a la revolución maoísta, comprando un pasaje en Hong Kong de regreso a su tierra natal, Inglaterra. Poco antes de salir, oyó que un ortopedista estaba haciendo un trabajo experimental con pacientes de lepra en la India. Al instante cambió sus planes y llegó a Vellore. Ruth estableció un área de fisioterapia en nuestra clínica, aprovisionándola con un equipo para tratamiento con parafina caliente y estímulos eléctricos en los músculos. Ella era una pionera, una de las primeras fisioterapistas en el mundo que trabajó con pacientes de lepra.

Ruth creía que el masaje vigoroso de mano a mano ayudaría a impedir que las manos se pusieran rígidas. Todos los días se sentaba en una esquina masajeando, masajeando, masajeando, las manos de los pacientes de lepra. «¡Ruth, esto es un contacto íntimo de piel a piel!», le advertía. «En realidad deberías usar guantes». Ella sonreía, asentía, y seguía masajeando. Ruth Thomas logró un éxito asombroso con su terapia sencilla, éxito que yo atribuyo tanto a su don de contacto humano como a cualquier técnica de masaje.

Unos pocos meses después de que abrimos la unidad estaba examinando las manos de un brillante joven, tratando de explicarle en mi limitado tamil que podía detener el progreso de la enfermedad y tal vez restaurar algo de movimiento a su mano, pero que podía hacer poco en cuanto a sus deformidades faciales. Tratando de bromear, le puse mis manos sobre su hombro. «No se te ve tan mal», le dije con un guiño, «y no se va a poner peor si tomas la medicina. Después de todo, los hombres no tenemos que preocuparnos tanto por nuestras caras. Son las mujeres las que se ponen frenéticas por todo grano y arruga». Esperaba que sonriera en respuesta, pero en lugar de eso empezó a estremecerse con gemidos contenidos.

«¿Dije algo malo?», le pregunté a mi ayudante en inglés. «¿Me entendió mal?» Ella se lo preguntó en tamil y me informó: «No, doctor. Dice que llora porque usted le puso la mano sobre el hombro. Hasta que vino aquí nadie le había tocado en muchos años».

El primer corte

Nos decidimos por los muchachos adolescentes como nuestro grupo primario para la cirugía de la mano. Los adolescentes parecían tener más probabilidades de beneficiarse de nuestras cirugías, y había muchos más pacientes varones entre los cuales escoger. Puesto que ningún ortopedista había trabajado jamás con lepra, no tenía manuales específicos ni casos de estudio para seguir. Me sentía muy solo, como si acabara de entrar en un país extranjero sin un guía.

Primero examiné el libro de texto recién publicado sobre cirugía de la mano de Sterling Bunnell, un libro destinado a convertirse en clásico. Me consoló que Bunnell también empezó sin ningún entrenamiento en el campo. Se había especializado en ginecología antes de la Segunda Guerra Mundial, cuando fue asignado al Cuerpo Médico. En el campo de batalla se encontró de continuo con la parálisis de la mano causada por heridas de bala. Bunnell no tenía ningún concepto previo en cuanto a cuáles procedimientos serían apropiados, así que inventó sus propias técnicas, lo que le ganó la reputación de «padre de la cirugía de la mano». Para tratar la parálisis resultante del daño del nervio cubital, por ejemplo, Bunnell usaba músculos y tendones controlados por el nervio mediano, cortándolos para liberarlos y moviéndolos a nuevos lugares como sustitutos para los músculos paralizados. La operación llegó a conocerse como la «transferencia de tendón Bunnell», y una ilustración a color de ese método formaba la cubierta de su primer libro sobre cirugía de la mano.

Aunque mi preparación como cirujano general me daba poco conocimiento directo de la mecánica de la mano, por lo menos mi trasfondo en el oficio de constructor me había provisto de un sólido cimiento en ingeniería. En la facultad de medicina había escuchado con asombro cuando Illingworth Law, experto en hidráulica, explicaba la compleja ingeniería detrás de los movimientos de la mano. Ahora, buscando maneras de reparar las manos dañadas, estudié esos procesos con un creciente sentido de asombro. «En ausencia de toda otra prueba, solo el pulgar me convencería de la existencia de Dios», dijo Isaac Newton. Un solo movimiento de la mano puede incluir hasta cincuenta músculos trabajando juntos en concierto. Incluso más impresionante, los poderosos y delicados movimientos de los dedos son puramente el resultado de una fuerza transferida. No hay músculos en los dedos (de otra manera se agrandarían hasta alcanzar un tamaño gigantesco e indomable); los tendones transfieren la fuerza de los músculos del antebrazo.

Para un mecanismo tan exquisito como la mano humana, los manuales de cirugía eran desalentadoramente imprecisos. «Sujete el tendón de modo que ejerza fuerza moderada», decían. ¡Fuerza *moderada!* No podía imaginarme tal imprecisión en un conjunto de instrucciones para construir un puente o incluso una cochera. La diferencia de unos pocos gramos de tensión y un par de milímetros de palanca podría determinar si un dedo se movía o no.

A fin de ganar experiencia quirúrgica, practiqué en la sala de autopsias en pacientes fallecidos del hospital. Tenía solo unas pocas horas para poder ir al lugar, abrir la mano, examinar los movimientos de algunos tendones, y después coserla antes de que hubiera que preparar el cuerpo para el entierro. Felizmente, me las arreglé para obtener una mano de cadáver para practicar a un ritmo más calmado. Después de negociar con mi esposa en cuanto al precioso espacio, la almacené envuelta en aluminio en nuestro diminuto compartimiento del congelador. (Le di al cocinero instrucciones estrictas de dejar el paquete en paz, pero dos veces lo sacó y le preguntó sospechosamente a Margaret: «Señora, ¿es esto tocino?») Probé varias técnicas en la mano del cadáver, trasplantando tendones a nuevos sitios y anclándolos a diferentes huesos. La disección me proporcionó una experiencia valiosa, pero al final la mano de cadáver demostró ser de uso limitado, porque le faltaban las fuerzas de contrabalance de una mano viva. Podía probar solo un tendón y un músculo a la vez, pero no las interacciones simultáneas de veintenas de músculos. Se hizo claro que solo la cirugía real en un paciente vivo podía decirme lo que necesitaba saber.

En mi próximo viaje a Chingleput reuní a un grupo de pacientes de lepra, seleccionados previamente por su estado avanzado de parálisis. Quería voluntarios cuyas manos no podían empeorar. «En el hospital en Vellore estamos planeando algunos experimentos que *a lo mejor tendrían la posibilidad* de ayudar a una mano paralizada», les dije. «Necesitamos unos pocos voluntarios. Los procedimientos nunca han sido probados, y no hay absolutamente ninguna garantía de que resultarán. Tendrán que venir al hospital para una larga estadía, la cual incluye varias operaciones, y el proceso de rehabilitación será agotador. Repito, a lo mejor no hay ninguna mejoría». Hice que el proceso sonará lo menos atractivo posible a fin de apaciguar las expectaciones. Cuando pedí voluntarios, para mi asombro todos se pusieron de pie. Podía seleccionar a quien quisiera.

Después de consultar con Bob Cochrane examiné y entrevisté a un adolescente hindú llamado Krishnamurthy. Su salud general parecía buena, pero la lepra había arruinado sus manos y pies. Tenía enormes úlceras en las plantas de ambos pies, dejando al descubierto el hueso. Aunque no se lograra nada más, pensé, una estadía en el hospital por cierto mejoraría esa condición. Sus dedos, casi de su largo original, estaban retorcidos formando una garra cerrada y rígida. Tenía un fuerte movimiento de agarre pero no podía abrir sus dedos lo suficiente como para sostener lo que quería agarrar.

Cochrane me dijo que Krishnamurthy podía leer en seis idiomas y era uno de sus pacientes más brillantes. Nunca podría haberlo adivinado. Vestía harapos, su cabeza colgaba y sus ojos estaban en blanco y sin luz. Krishnamurthy hablaba con el quejido practicado de los mendigos, y respondía a la mayoría de mis preguntas en monosílabos. Principalmente parecía interesado en un viaje gratis lejos del sanatorio. Le reiteré que era probable que su mano necesitara varias operaciones diferentes y que no podíamos darle ninguna garantía. Se encogió de hombros e hizo un gesto casual, pasando el borde de una mano sobre la muñeca de la otra como para decir: «Córtela si quiere. No me sirve para nada». Llevamos a Krishnamurthy a Vellore y lo metimos de contrabando en una sala privada lejos de otros pacientes.

Todo músculo de la mano de Krishnamurthy estaba paralizado, más unos pocos músculos del antebrazo. Su pulgar se doblaba con bastante fuerza, puesto que este músculo es provisto por el nervio mediano del antebrazo. Pero el movimiento opuesto estaba controlado por la longitud del nervio mediano muerto debajo de la muñeca, y no podía lograr que su pulgar se enderezara y se pusiera frente a los otros dedos, un movimiento esencial para agarrar.

Decidimos tomar prestado un músculo del antebrazo que normalmente ayuda a doblar el dedo anular. Un largo tendón corre desde ese músculo hacia abajo por la palma de la mano hasta el dedo anular. Hice una incisión en la base del dedo anular, liberando el tendón. Luego dice otra incisión en la muñeca y saqué por completo el tendón, de modo de ponerlo en la mesa como un largo pedazo de cuerda sinuosa. Luego hice un túnel para este tendón bajo la palma de la mano, ajusté su longitud, y lo sujeté a su nuevo sitio en la parte posterior del pulgar.

La cirugía duró como tres horas, mucho de ese tiempo consumido por mis esfuerzos para medir cuánta tensión aplicar al tendón. Usé mi mejor cálculo basado en lo que había aprendido en la mano del cadáver, suturé las incisiones, y enyesé la mano.

Esperamos por tres semanas. Krishnamurthy se adaptó bien a su nuevo ambiente. Le encantaba la comida de la cocina del hospital y el aire de secreto en la sala con la cama clandestina de lepra. Toda la atención le hacía sentirse muy importante. Mientras tanto, el descanso en la cama y los tratamientos regulares estaban haciendo maravillas en las úlceras de sus pies. Le examinaba a diario, y descubrí que Cochrane había juzgado de forma correcta su potencial. Este «mendigo» de Chingleput estaba volviendo a la vida.

Sin ninguna duda yo estaba más nervioso que el mismo Krishnamurthy el día que le quitamos los vendajes. Él era el primer paciente de lepra en la historia que se sometía a tal procedimiento. Otros médicos se habían quejado de que yo estaba desperdiciando mi tiempo tratando de invertir la parálisis progresiva, y deseaba demostrar que estaban equivocados. Abrí el yeso, desenvolví la gaza, y verifiqué las suturas. Las incisiones habían sanado hermosamente. *Ajá, esto silenciará a los dudosos que aducen que la carne leprosa es «carne mala»*, pensé para mis adentros. Insensible al dolor, Krishnamurthy no mostró ninguna señal de sensibilidad postoperatoria, y me permitió mover su dedo para arriba y para abajo, a un lado y a otro. El tendón trasplantado parecía estar firme.

«Pruébalo», le dije, como una prueba final. Él se quedó mirando fijo a su pulgar, como dispuesto a obedecer. A su cerebro le tomó unos pocos segundos figurarse un nuevo patrón de movimiento del pulgar... ¡pero entonces lo movió! De forma rígida y pausada al principio, pero luego de modo inequívoco. Él sonrió y la enfermera que estaba a mi lado aplaudió con fuerza. Krishnamurthy agitó su pulgar de nuevo, disfrutando de ser el centro de la atención.

Yo solo podía imaginarme lo que estaba sucediendo dentro de esa mano. Por años él había procurado controlar su pulgar. Había tratado de enderezarlo, usando su otra mano, pero el pulgar siempre volvía obstinado en un instante a la posición de garra antes de que pudiera usarlo. Era algo olvidado, el vestigio de un apéndice que ni se movía ni sentía sensación. Ahora, una parte de su cuerpo dada por muerta por mucho tiempo estaba volviendo a la vida.

Extensión hacia afuera

Pocas semanas más tarde operé de nuevo, trasplantando otros tendones para ayudar al índice liberado de Krishnamurthy y su dedo medio. (Un sexto de los músculos del cuerpo humano están dedicados a los movimientos de la mano, así que tenía abundancia de donde escoger.) El progreso vino con lentitud, puesto que laboriosas horas de fisioterapia tenían que seguir a cada cirugía. Ruth Thomas hundía las manos de Krishnamurthy en parafina caliente para aflojar las coyunturas, y milímetro a milímetro obligaba a cada dedo a una nueva amplitud de movimiento.

Hasta que Krishnamurthy dominó los movimientos independientes de cada dedo su mano de garra trabajaba en forma cruda, como el gancho de agarre que lleva un amputado. Aprendió a sostener una pelota de goma, que pasaba muchas horas oprimiendo, luego una cuchara, e incluso un lápiz. Después de mucha práctica podía abrir y cerrar los dedos a voluntad, casi formando un puño. Un día me llamó con orgullo para demostrar una nueva habilidad: recogió arroz y salsa de su plato de comida, lo hizo una pelotita con ayuda de su pulgar opuesto, y luego lo dejó caer en su boca sin derramar ni un solo grano.

Con cada nuevo paso hacia adelante emergían nuevos aspectos de la personalidad de Krishnamurthy. Se reía de nuevo, le jugaba bromas prácticas al personal de enfermeras, y se escurría a la biblioteca del hospital buscando libros que todavía no había leído. La luz volvió a sus ojos. Se convirtió en un seguidor de Cristo y adoptó el nombre cristiano de Juan. Al poco tiempo aprendió a escribir a máquina, y se ofreció para traducir algunos de los materiales de salud a los dialectos locales. Al pasar por su habitación una mañana y verlo alegremente dándole al teclado de la máquina de escribir, pensé en el haraposo mendigo que una vez se había agazapado como un animal herido, con sus manos colgando inútiles a su costado.

Sabía que había llegado el tiempo para que Juan Krishnamurthy avanzara cuando un día eche un vistazo por su ventana desde el patio y lo sorprendí abriéndose las heridas del pie con un palo. ¡Así que por eso es que las llagas de sus pies nunca curaron! El pillo, sabiendo que habíamos agotado nuestras ideas sobre cómo mejorar sus manos quirúrgicamente, había hallado una manera de prolongar su estadía. Las camas eran un espacio demasiado precioso como para permitir la atención a largo plazo, y otros pacientes de lepra estaban clamando por ayuda, así que unas pocas semanas más tarde enviamos a Juan a empacar con los pies sanos, manos que funcionaban pasablemente, y una nueva identidad de acuerdo a su nombre.

Después del éxito inicial el hospital puso a nuestra disposición otros dos cuartos de aislamiento para el uso de pacientes de lepra indigentes, y pronto los pacientes estaban entrando y saliendo del ala. Un excelente joven cirujano llamado Ernest Fristchi se me unió, y los dos juntos exploramos cualquier técnica que ofreciera alguna promesa para restaurar las manos dañadas.

Ernest se preguntaba si podríamos moldear un pulgar artificial para una mano sin pulgar. Tratamos de injertar hueso de un dedo del pie y rodearlo como un tubo de piel abdominal para formar un pulgar y alargar los dedos cercenados, pero estos apéndices rara vez funcionaron. Los pacientes demostraron que no eran mejores para proteger sus nuevos dedos de lo que había sido para proteger los originales. Más bien, de forma misteriosa, el cuerpo parecía absorber el hueso trasplantado y el pulgar o los dedos se acortaban de nuevo. No tenía explicación para estas desapariciones desconcertantes.

Los trasplantes del tendón mostraron mucho más potencial, y mediante pruebas y errores llegamos a las tensiones mecánicas correctas. Si se le colocaba demasiado estirado, un músculo podría causar que el pulgar se levantara como un poste; el paciente no podía doblarlo si quería. O, si colocaba un tendón tenso a través de una coyuntura de un dedo, el paciente podría formar un puño, pero tenía problemas para enderezar el dedo.

Hallamos una manera mejorada de corregir la mano de garra al tomar prestado un fuerte tendón muscular de la parte superior del antebrazo, por encima de la región normal de parálisis, un músculo que antes había servido para mover la muñeca. Mediante una pequeña incisión cerca de la muñeca sacábamos el tendón, le injertábamos un segmento extraído de la pierna, e insertábamos por un túnel el tendón alargado hasta cruzar la muñeca y llegar a la palma de la mano. Haciendo otra incisión tirábamos del tendón hacia fuera de nuevo, lo dividíamos en cuatro ramas separadas, e insertábamos cada rama por un túnel hasta un dedo diferente. El paciente podía entonces doblar todos los cuatro dedos simultáneamente y enderezarlos, mientras antes su mano había sido como una garra, utilizando la fuerza transferida del poderoso músculo del antebrazo.

Los pacientes a veces pedían un tratamiento a la medida, a lo que tratábamos de acomodarnos dentro de lo razonable. Un hombre quería que ajustáramos el ángulo de su pulgar doblado para poder darle cuerda a su reloj. Otro, dueño de una plantación de caucho, nos pidió que pusiéramos sus coyunturas rígidas en una posición casi derecha; aunque nunca pudiera volver a cerrar sus dedos en puño, prefería una mano que pareciera normal a una funcional. Mejoramos la apariencia de su mano usando injertos de grasa para engrosar los vacíos dejados por los músculos que habían quedado atrofiados de forma permanente, una mejora cosmética que pronto empezamos a ofrecer a otros pacientes. Un clarinetista pidió que estiráramos sus dedos para que encajaran en los botones del clarinete, y que luego fundiéramos las coyunturas en su lugar. «Pero no va a poder comer arroz; se le caerá por entre los dedos», protesté. Él fue contundente: «Siempre puedo usar una cuchara. ¡Pero si no puedo tocar mi clarinete, no tengo dinero para comprar arroz!»

Mientras tanto, Ernest Fritschi dirigió su atención al pie. En un estudio en Chingleput descubrió que un elevado número de pacientes sufría de «caída del pie» debido a la parálisis en los músculos responsables por levantar los pies y los dedos de los pies.

Cada vez que uno de estos pacientes levantaba del suelo una pierna, el pie se caía y el talón no bajaba. Con el tiempo el tendón de Aquiles se acortaba, así que cada paso colocaba una enorme presión en los dedos de los pies que apuntaban hacia abajo. Con todo el peso de su cuerpo completo cayendo sobre los dedos de los pies en lugar de en el talón diseñado para soportar ese peso, la piel se abría y se desarrollaban las llagas. Adaptando lo que habíamos aprendido en cuanto a la transferencia de tendones de la mano, pudimos corregir este problema en el pie por igual, y pronto Chingleput empezó a ver una reducción marcada en las úlceras en los pies.

Esos fueron los días pioneros de la humilde Unidad de Investigación de la Mano. Sufrimos fracasos, por supuesto, como cuando un paciente llamado Lakshamanán se lanzó a un pozo y se ahogó después de enterarse de que no podíamos hacer nada para salvar dos de sus dedos. Sin embargo, puesto que habíamos seleccionado una base de pacientes con grotescas deformidades y defectos, la mayoría de los procedimientos que tratamos produjeron una mejoría significativa. Los mismos pacientes parecían honrados de que un equipo médico les brindara tanta atención. Aun si lográbamos mejorar sus manos y pies solo ligeramente, casi siempre se iban de Vellore con un nuevo entusiasmo y esperanza.

Reprogramación

«Al fin de la mente, el cuerpo. Pero a fin del cuerpo, la mente», decía Paul Valéry. Vi esas palabras llevadas a la práctica como si fueran una parábola conforme mis pacientes de lepra luchaban en el proceso de rehabilitación. Al transferir quirúrgicamente los tendones de un lugar a otro, estábamos forzando a la mente a ajustarse a un conjunto de realidades nuevo por completo.

Las neuronas del cerebro están organizadas entre cincuenta y cien áreas especializadas. Una región controla la sensación en los labios, otra el movimiento de ellos. Áreas específicas gobiernan la sensación y el movimiento del pulgar, y el cerebro y el pulgar de forma gradual «llegan a conocerse uno al otro» conforme la persona madura, formando una rica asociación de sendas nerviosas. Debido a su constante uso, el pulgar acaba con una enorme área de representación en la corteza cerebral, casi tan grande como la región dedicada a la cadera y a la pierna. Pronto aprendí que cuando reparaba quirúrgicamente un pulgar dañado debía tener en cuenta también su área de especialización dentro del cerebro.

Casi al principio realicé una transferencia de tendón en un paciente que, como Juan Krishnamurthy, tenía un pulgar paralizado y parálisis de mano de garra. Realicé la misma operación que le había hecho a Krishnamurthy moviendo un tendón del dedo anular a su pulgar. Era evidente que no le había explicado los resultados con tanto cuidado como se los expliqué a Juan. Cuando desenvolvimos los vendajes varias semanas después de la cirugía, le dije: «Ahora puede mover su dedo hacia adelante». Pude ver que luchaba, con una mirada consternada en su cara, porque le había prometido un dedo movible y nada estaba pasando. No podía lograr ningún movimiento de ese pulgar.

«Pues bien, trate de mover el dedo anular», le dije. ¡Su pulgar saltó hacia adelante y el hombre saltó hacia atrás! Nos reímos juntos, y le expliqué que tendría que volver a entrenar a su cerebro para que pensara en el *pulgar* en lugar de en el *anular*. Habíamos confundido al cerebro, en efecto, al realambrar los nervios motores. Varios días después cuando pasaba por su cuarto lo veía sentado en una estera, estudiando su pulgar, moviéndolo, cartografiando de nuevo las sendas neurales en su cerebro.

En cierto aspecto los pacientes de lepra eran afortunados. Podían concentrarse exclusivamente en cartografiar de nuevo el movimiento, puesto que el nervio dañado ya había bloqueado los mensajes sensoriales de dolor y tacto que confundían más al cerebro. De otra manera, habrían encontrado imposible ajustarse. Muchas cirugías de la mano fracasan debido a la resistencia de la mente, y no al sitio lesionado.

Una vez realicé una «transferencia de colgajo» en un hombre de sesenta años cuyo nervio mediano había sido dañado por un disparo accidental. No tenía sensación en su pulgar ni en su dedo índice, pero su dedo meñique y el dedo anular, alimentados por un nervio diferente, trabajaban bien. La cirugía recomendada era transferir dos colgajos de piel sensible junto con su provisión de nervios de dedos menos importantes al pulgar y al dedo índice. Hice el procedimiento y varias semanas más tarde juzgué la operación como un éxito. Él ahora tiene sensación y una amplia amplitud de movimiento en su pulgar y dedo índice.

Sin embargo, después de que habían pasado varios meses, el atormentado paciente empezó a cuestionar si debía haberse sometido a la cirugía después de todo. El problema estaba en su mente. Por sesenta años su cerebro había almacenado todo los mensajes de esos dos colgajos bajo dos categorías: «dedo anular» y «dedo meñique». Ahora las acciones que su cerebro ordenaba no encajaba con las sensaciones que recibía de regreso, y el cerebro no podía reorientarse a sí mismo. Si el hombre recogía algo caliente y el cerebro daba la orden de emergencia de que lo soltara, soltaba el dedo meñique, y no su pulgar. Por más que se esforzaba, a su edad, no podía reprogramar su cerebro para pensar «pulgar» en lugar de «meñique».

El aislamiento del cerebro dentro de su caja de marfil del cráneo, que había visto tan gráficamente durante la disección en Cardiff, es lo que hace tan difícil la reprogramación. El cerebro aprende a confiar en las señales eléctricas de *este* nervio para representar al pulgar, y de *ese otro* para representar al meñique. El tacto es normalmente la más fidedigna de las sensaciones. La visión puede resultar ilusoria y el oído puede mentir, pero el tacto lo incluye a uno mismo... hace impresión en mi piel. Desde la perspectiva del cerebro, parece que estoy mintiéndome a mí mismo si nuevas sensaciones de pronto empiezan a llegar en torrente del sitio «errado». Si alguien traviesamente cambiara las conexiones de mi casa para que el interruptor que siempre ha controlado la cafetera ahora controle mi radio, aprendería a adaptarme después de unos pocos intentos. Pero las sendas neurales están dentro de mí, son una parte de mí, y contribuyen de forma fundamental a mi concepto de la realidad.

La mente no puede confiar con facilidad en señales que contradicen toda su historia, y un paciente nunca se adaptará a menos que aprenda a superar el sentido de engaño reeducando al cerebro.* En un joven, según aprendí, es posible transferir un músculo para que haga la acción opuesta de lo que al inicio hacía. Por ejemplo, en el caso de Juan Krishnamurthy, seleccionamos uno de los dos músculos usados para doblar el dedo y lo volvimos a colocar de modo que enderezara ese dedo. Su cerebro tuvo que aprender que uno de los mandatos previos: «¡Doblarse!», todavía

---

*En los primeros días de la cirugía guiada por el microscopio los cirujanos de la mano se entusiasmaron. Ahora que poseían la capacidad de reconectar de forma individual las diminutas arterias y las fibras nerviosas, podían volver a unir dedos y manos cercenados. Sin embargo, el entusiasmo se ha moderado, incluso cuando los procedimientos quirúrgicos se han perfeccionado. Algunos de mis colegas siguen una política de no transferir sensación y rara vez vuelven a unir dedos o manos amputadas en ancianos. Reprogramar la mente simplemente es demasiado difícil.

producía un dedo doblado, en tanto que el otro producía el resultado opuesto. Conforme las personas avanzan en edad, tales cambios de reprogramación en el cerebro se hacen cada vez más difíciles. En última instancia tuvimos que dejar de realizar transferencias radicales de tendones para cualquiera de nuestros pacientes de lepra de más de sesenta años. Si tratábamos de convertir músculos para que hicieran una tarea nueva por completo, sus cerebros más viejos no podían hacer los ajustes de reprogramación.

Yo intentaba animar a mis pacientes de lepra en sus esfuerzos de reprogramación. «Ustedes tienen cierta "ventaja"», les decía. «Pueden concentrarse en el movimiento. Simplemente piensen en lo confuso que sería si tuvieran que lidiar con falsas sensaciones también». Sin embargo, recibía la impresión distintiva de que la mayoría de ellos hubiera preferido los mensajes falsos a no tener ninguno. Por mucho que les advertía de antemano, parecían desilusionarse al hallar que nuestras cirugías no restauraban la sensación. Sí, ahora podían doblar los dedos alrededor de una bola gomosa de arroz, pero el arroz se sentía neutral, lo mismo que si fuera madera, o hierba, o terciopelo. Adquirían la capacidad de estrechar la mano, pero no podían sentir el calor y la textura, ni la firmeza de la mano que estaban estrechando. Tuve que enseñarles a no estrechar la mano de otra persona con demasiada fuerza; como el hombre de las sandalias de Chingleput, no podían ni siquiera distinguir cuándo estaban haciéndole daño a otra persona. Para ellos, el tacto había perdido todo significado. Y lo mismo el dolor.

Al poco tiempo de haber empezado a intentar la transferencia de tendones recibí una visita inesperada del doctor William White, profesor de cirugía plástica de Pittsburgh, Pennsylvania. En gira después de completar una visita de profesorado en Lahore, Paquistán, se detuvo en Vellore por unos pocos días para investigar el trabajo con relación a la lepra. White convino con amabilidad

---

Como un grueso cable telefónico, un solo nervio empaqueta miles de axones que llevan mensajes separados de calor, tacto y dolor. Si se corta el cable, incluso con la ayuda de un microscopio es imposible alinear cada axón individual a su posición original. Un joven puede aprender nuevas sendas de modo que a la larga el cerebro automáticamente reinterprete las sensaciones sin tropiezo. Los pacientes de mayor edad, no obstante, rara vez hacen el ajuste. Se quejan con amargura en cuanto a una sensación de cosquilleo y un sentimiento como de «estática» en los nervios. Sus nervios les están mintiendo. A veces incluso piden que se les vuelva a amputar el dedo o la mano.

en mostrarme una nueva técnica de transferencia de tendones. Preparamos al paciente, nos restregamos y nos dispusimos a trabajar. Me sentí aliviado de hacerme a un lado y observar a un cirujano experimentado de la mano. El procedimiento llevó casi tres horas, con White dando explicaciones detalladas a cada paso.

El paciente, insensible al dolor, necesitó poca o ninguna anestesia, y permaneció alerta, observando todo el proceso. Lo suturamos, White dijo unas pocas palabras de aliento, y luego levantó su mano en demostración. «Pronto podrá mover los dedos de esta manera», dijo enderezando sus dedos. Observamos boquiabiertos cómo el paciente, todavía reclinado en la mesa de operaciones, imitó al médico enderezando sus propios dedos. De inmediato su mano retrocedió a su posición de garra. White se rió para sus adentros mientras se daba cuenta de lo que había sucedido: el hombre, al no sentir ningún dolor, acababa de arrancar de sus anclajes los tendones recién cosidos. Abrimos las heridas y nos dispusimos para otra sesión de volver a anclar tendones.

Esa experiencia, y otras parecidas, nos obligaron a concebir salvaguardas rigurosas para la recuperación después de la operación. De forma habitual el dolor fija los límites: una persona que acaba de someterse a una cirugía de la mano no doblará sus dedos, así como un paciente de apendectomía no hará cuclillas en la cama. Pero nuestros pacientes de lepra, sin reflejos de dolor, no tienen salvaguardas integrales para la reparación y la sanidad. Teníamos que imponérselos desde afuera.

La mayoría de los fisioterapistas en las cirugías de la mano tienen que obligar a sus pacientes en recuperación a que muevan sus dedos un ápice más cada día. A menos que el paciente empuje un poco más allá de la zona de dolor, los tendones y ligamentos se adherirán, impidiendo el movimiento de forma permanente. Al trabajar con pacientes de lepra luchábamos con el problema opuesto de impedirles que movieran sus dedos en exceso y demasiado pronto. Todo el día oía las palabras «suave ahora» y «solo un poquito» de parte de Ruth Thomas y otros fisioterapistas. Un mismo terapista de la mano que tratara a dos pacientes que habían recibido transferencias idénticas de tendones, el uno debido a la poliomielitis y el otro a la lepra, podía urgir a uno a hacer mayor esfuerzo y procuraría contener al otro. Varias veces tuve que reparar tendones que habían sido arrancados de sus anclajes por un paciente de lepra demasiado ansioso.

Nuestros terapistas preferían mucho más trabajar con pacientes de lepra, porque nunca se quejaban de dolor y sus manos rara vez se ponían rígidas por falta de movimiento. En la recuperación de la cirugía, la extraña cualidad de insensibilidad al dolor parecía ser al principio como una bendición. Pero pronto, como una terrible ironía, descubrí que la falta de dolor era el aspecto singular más destructivo de esta terrible enfermedad.

9
PESQUISA DE DETECTIVE

Si tuviera que escoger
entre el dolor y nada,
escogería el dolor.

William Faulkner

El padre Damián, el sacerdote belga de
Hawaii, supo a ciencia cierta que tenía
lepra cuando, al rasurarse una mañana,
derramó un tazón de agua hirviendo sobre su
pie y no sintió dolor. Eso fue en 1885. Los
que trabajaban con los enfermos de lepra habían reconocido desde hacía mucho tiempo
que la ausencia de señales de dolor de la
enfermedad dejaba al paciente vulnerable
a las lesiones. Sin embargo, los pacientes
y los trabajadores de la salud creían por
igual que la lepra causaba incluso un
daño peor directamente. Algo en la enfermedad hacía que la carne se pudriera
y se muriera.

Mientras más trabajaba con pacientes de lepra, no obstante, mas cuestionaba la noción común de cómo la enfermedad realizaba su horrible obra. Aprendí temprano que las escenas mostradas
en las novelas y películas populares (*Papillón, Ben-Hur*) se basan
en mitos: las extremidades y apéndices de los pacientes de lepra
simplemente no se caen. Los pacientes me contaron que perdieron
sus dedos de las manos o de los pies en un largo período de tiempo,
y mis propios estudios confirmaron ese cambio gradual. Incluso un
muñón de dedo de dos centímetros de largo por lo general retenía el
lecho de la uña, lo que quería decir que la coyuntura más exterior no
había sido cercenada del resto del dedo. Los rayos equis revelaban

huesos que de forma misteriosa se habían acortado, evidentemente por sepsis, con la piel y otros tejidos suaves encogiéndose a la longitud del hueso. Algo estaba haciendo que el cuerpo consumiera su propio dedo desde adentro.

Le pregunté a Bob Cochrane sobre el tema en Chingleput. «Ya he examinado cientos de dedos acortados», le dije. «Dime, ¿cómo puedo saber si un dedo se lastimó por accidente o si la lepra ha hecho el daño?» Cochrane replicó que si él veía una mano con todos sus dedos acortados más o menos al mismo largo, daba por sentado que el daño se debía a una infección de lepra. Si uno o dos dedos eran más cortos y los otros normales, él juzgaba que algún accidente o infección secundaria había causado la lesión.

Esa explicación me satisfizo, aunque parecía extraño que algo tan desusado como la pérdida de un dedo, una rareza en cualquier enfermedad, tuviera dos causas diferentes en la lepra. Pero entonces empecé a comparar las medidas de los dedos en un período de meses y años. Descubrí que la más severa pérdida de dígitos ocurría en las personas que ahora probaban ser negativas a la lepra. En otras palabras, el tejido continuaba deshaciéndose mucho después de que la enfermedad había sido curada. Con la lepra dormida, ¿por qué el tejido normal estaba deshaciéndose de un modo espontáneo?

No hay carne mala

No tenía solución para este acertijo cuando empecé la cirugía de transferencia de tendones en la Unidad de Investigación de la Mano, y el misterio continuo reducía nuestro entusiasmo por los primeros éxitos. Todavía nos sentíamos acosados por las predicciones de otros médicos acerca de que nuestros esfuerzos a la larga fracasarían. Aunque los pacientes podrían disfrutar a corto plazo de algunos de los beneficios de la cirugía, decían algunos, a la larga los dedos que con tanto esfuerzo habíamos corregido se pudrirían. Si estos escépticos tenían razón, estaba desperdiciando un tiempo valioso del personal y haciendo surgir de modo cruel las esperanzas de los pacientes.

Incluso al adquirir confianza debido a la sanidad rápida de las heridas quirúrgicas de los pacientes, otras señales me daban una razón para preocuparme. Oía un eco de la frase condenatoria «carne mala» casi cada vez que me detenía en la clínica que habíamos instalado para tratar las úlceras de los pies. Típicamente el paciente de lepra, insensible al dolor, se olvidaba de visitar la clínica hasta que el hedor era ofensivo, un punto en el que la úlcera ya había penetrado profundamente en el pie. Nosotros limpiábamos toda señal de sepsis, cortábamos el tejido necrótico, y bañábamos la herida en el agente antiséptico violeta de genciana. Una semana más tarde, cuando el paciente volvía para que se le cambiaran los vendajes, no veíamos mejoría. De nuevo limpiábamos y vendábamos las heridas de modo meticuloso, y enviábamos al paciente a casa... solo para verle volver después de una semana con la úlcera en peor condición.

Sadán, el joven gentil que habían dormido en nuestro portal, ejemplificaba este patrón. Tuvimos buen éxito con sus manos, y después de pocos meses de cirugía y recuperación consiguió un trabajo como secretario y mecanógrafo. Pero nada parecía ayudarle con sus pies. Él tuvo que volver a Vellore como último recurso después de que varios médicos le habían aconsejado la amputación de ambas piernas por debajo de la rodilla. Sus pies se habían acortado casi a la mitad, y una furiosa úlcera roja persistía en la bola de cada pie redondeado y sin dedos. Experimentamos con ungüentos, sulfato de magnesio, crema de penicilina y otros tratamientos que podían ayudar a limpiar las úlceras. Pero ellas solo parecían empeorar.

Este ciclo frustrante se sucedió por meses. En varias ocasiones Sadán nos pidió que dejáramos de desperdiciar el tiempo en sus pies. «Adelante y ampútenlos como han recomendado otros médicos», dijo. Yo no podía hacerlo. Sin embargo, tampoco podía hallar una solución para las llagas de sus pies. Estaba perplejo porque las heridas de sus manos sanaron según lo programado en tanto que las úlceras de los pies en el mismo paciente no sanaban. ¿Era la «carne mala» la explicación?

Sadán no sentía dolor por las úlceras de los pies, y nunca se quejó. Un día cambié sus vendajes por lo menos por décima vez. Casi no podía resistir verle y quitarle los calcetines. Había llegado a querer a Sadán, y sabía que él me quería y se aferraba a mí como su última esperanza. Me partió el corazón tener que decirle que era probable que los otros médicos tuvieran razón. A lo mejor tendríamos que amputar, porque simplemente no podíamos impedir que se extendiera la infección. Sadán recibió las noticias con triste resignación. Le puse un brazo sobre los hombros y lo acompañé por el corredor del hospital hasta la puerta, tratando de pensar en alguna palabra para animarle. No tuve nada que ofrecerle. Compartía por completo su sentido de desesperanza.

En lugar de regresar a mi sala de exámenes, me quedé parado y contemplé a Sadán descender por los escalones, cruzar una vereda, y alejarse por el camino. Su cabeza y sus hombros caídos tenían una postura de derrota. Entonces, por primera vez, noté algo. ¡No cojeaba! Yo acababa de pasarme una hora limpiando una herida grotescamente infectada en la bola de su pie, y él estaba poniendo todo su peso exactamente en el punto que con tanto cuidado habíamos tratado. ¡No es sorpresa que la herida nunca sanara!

¿Cómo podía haber pasado esto por alto antes? La violeta de genciana, la penicilina y todo otro remedio no tenían la menor posibilidad de ayudar a Sadán mientras él, sin la menor intención y como resultado de su falta de dolor, mantuviera al tejido en perpetuo estado de trauma. Al fin había hallado al culpable y al responsable de que la herida no sanara: el mismo paciente.

Intentamos entrenar a los pacientes con llagas en los pies a cojear, pero rara vez parecían recordar. A mi ayudante, Ernest Frischi, se le ocurrió la mejor solución. «Usamos enyesados en nuestros pacientes de la mano y sus heridas quirúrgicas sanan de forma apropiada», dijo. «¿Por qué no aplicamos el mismo tratamiento a las úlceras de los pies?» Esta sencilla idea demostró ser más valiosa que todos los demás tratamientos juntos. (Más tarde, oímos un informe de Colombo, Ceilán, de un doctor DeSilva que había usado la misma técnica de enyesados para sanar úlceras en pies leprosos.) Encerradas en yeso suficiente tiempo, las úlceras de los pies sanaban hermosamente. Puesto que no podíamos darnos el lujo de usar mucho yeso, tuvimos que tragarnos nuestras inquietudes y dejar cada yeso en su lugar por un mes. Aprendimos, para nuestra sorpresa, que una llaga escudada en un yeso sanaba mucho mejor que una llaga envuelta en vendajes, aunque se cambiaran los vendajes todos los días. A menudo el yeso hedía hasta más arriba del cielo cuando lo quitábamos, pero después de limpiar el material muerto y el pus hallábamos debajo un tejido saludable, reluciente y rojo.

Tres o cuatro meses de descanso dentro de un enyesado eran suficientes para sanar la más obstinada de las úlceras. Como la armadura de un caballero medieval, el enyesado de toda la extremidad daba una concha dura de protección para el tejido suave, proveyendo un sustituto externo para el sistema interno de advertencia del dolor. Los pacientes sensibles al dolor no necesitan tal protección, porque la advertencia del dolor nunca les permitiría apoyar todo el peso de su cuerpo en un pie ulcerado como Sadán lo hacía. Estudios comparativos pronto revelaron que nuestros pacientes de lepra enyesados estaban sanando tan rápido como los pacientes no leprosos. La tasa de amputación entre pacientes de lepra empezó a reducirse de forma dramática. Otros médicos del hospital, escépticos de nuestro trabajo con la lepra, quedaron atónitos por los resultados. ¿En donde estaba la «carne mala»?

A menudo me he reprochado yo mismo por no identificar el problema más temprano. El entrenamiento médico me había sintonizado a las quejas de los pacientes con relación al dolor, pero nada me había preparado para el dilema singular de las personas que no sienten el dolor. No tenía idea de cuán vulnerable el cuerpo se vuelve cuando le falta un sistema de advertencia. Pronto noté que los médicos y las enfermeras que trabajamos en pacientes insensibles perdemos nuestro enfoque normalmente cuidadoso y tentativo, casi como si la falta de dolor de los pacientes se hubiera transferido a nosotros. Tuve que aprender a no usar con demasiado vigor un instrumento de sondeo de metal al explorar una úlcera en un paciente. El instrumento en sí mismo podía causar daño, porque los pacientes, careciendo del instinto protector del dolor, no me advertían cuando había ido demasiado lejos y dañado el tejido bueno. (Una vez vi a una enfermera empujar tanto un instrumento de sondeo desde la planta del pie de un paciente que atravesó la piel de la parte de arriba del pie. El paciente ni siquiera pestañeó.)

Trabajar con pacientes tales como Sadán despertó una revolución en mi pensamiento en cuanto al dolor. Por largo tiempo había reconocido su valor para informarme de la lesión después del hecho, pero no tenía un aprecio real por las muchas maneras leales en que el dolor protege *de antemano*. Sanar las úlceras demostró ser una cuestión sencilla comparada con evitarlas en los que carecían de este sistema de advertencia de antemano.

Tuve que insistir con firmeza en que nuestros pacientes usaran zapatos. Aunque me encanta andar descalzo, se hizo evidente que los pacientes insensibles necesitaban la barrera adicional de protección contra las espinas, los clavos, el cristal y la arena caliente. Incluso después de que les dimos sandalias o zapatos a todos los pacientes, los problemas no desaparecieron. Un hombre anduvo todo el día con un diminuto tornillo de metal encajado en su talón; no notó el tornillo sino cuando se quitó el zapato por la noche y lo halló incrustado en su talón. Di por sentado con optimismo que el número de lesiones declinaría una vez que los pacientes aprendieran a examinar sus zapatos buscando tales peligros. Me equivoqué.

Le llevó a nuestro personal años de investigación infructuosa, y a nuestros pacientes años de sufrimiento, antes de que captáramos plenamente un hecho básico de la fisiología humana: la tensión suave aplicada de forma repetida en el mismo punto puede destruir el tejido vivo. Uno puede palmotear una vez sin hacerse daño; mil palmoteos consecutivos pueden causar dolor y daño real. Al caminar, la fuerza mecánica del milésimo paso no es mayor que la del primero, pero por diseño el tejido del pie es vulnerable al impacto acumulativo de la fuerza.* El principal enemigo del pie no resultó ser las espinas o clavos, sino las tensiones normales y de todos los días al caminar.

Toda persona sana sabe algo de este fenómeno. Compro un nuevo par de zapatos, me los pongo, y empiezo a caminar por la casa o por el patio. Durante las primeras pocas horas me sentiré bien, pero después de un tiempo el cuero duro y rígido empieza a hacerme daño en el dedo pequeño del pie, y una costura áspera roza el talón. Instantáneamente cojeo, acortando mi paso y redistribuyendo la tensión a otras partes de mi pie. Si ignoro las señales de advertencia, surgirá una ampolla y experimentaré un agudo dolor. En ese punto, o bien empiezo a cojear con más severidad o, lo más probable, me quitaré los zapatos nuevos y me pondré pantuflas suaves en busca de alivio. Como promedio, me lleva alrededor de una semana domar los zapatos nuevos, proceso que incluye adaptaciones tanto en el cuero de mi zapato como en el cuero de mi pie. El zapato se suavizará y se ajustará más a la forma de mi pie, en tanto que este último hará crecer capas adicionales de callos para protegerse en los puntos de tensión.

Este proceso entero es ajeno al paciente de lepra. Debido a que no siente dolor en su dedo pequeño del pie o en el talón, su

---

*La tensión repetitiva solo daña al tejido vivo. Si golpeo mi mano contra la mano de un cadáver, aun cuando el fallecido haya muerto muy recientemente, la mano muerta no cambiará. Después de media hora de continuo palmoteo en la mano de un cadáver, mi propia mano estaría roja e hinchada; y después de varias horas es probable que mi mano tendría una úlcera abierta. Pero la mano del cadáver se vería igual. Este hecho ha complicado la ciencia de la fisiología, porque los fisiólogos a menudo usan cadáveres para probar la fuerza y la durabilidad del tejido. Los tejidos de un cadáver simplemente no responden a la tensión repetitiva de bajo nivel, tal como no sanan una herida. En los tejidos vivos, el fenómeno de la *inflamación* eleva la respuesta defensiva a la tensión repetitiva tal como ayuda a sanar. La inflamación aumenta la sensibilidad al dolor y así previene que la persona palmotee demasiado o camine demasiado con zapatos nuevos.

paso nunca se ajusta. Después de que surge una ampolla, él sigue caminando, ajeno por completo. Luego la ampolla se revienta, y empieza a formarse una úlcera. Incluso así, él se vuelve a poner los zapatos al día siguiente, y al siguiente, dañando cada día más tejido. La infección empieza. Si no se la trata, esa infección candente se extiende al hueso, en donde no sana a menos que obtenga completo descanso. Estudiando una sucesión de radiografías aprendimos lo perniciosa que puede ser una infección profunda: diminutos pedazos de fragmentos de hueso se rompen y son expulsados con la supuración de las heridas hasta que a la larga la infección conduce a la pérdida de los dedos de los pies o incluso el pie entero. Todo este tiempo el paciente de lepra puede continuar andando sobre el sitio lastimado sin mostrar la menor señal de cojeo.

Habíamos resuelto el misterio de los dedos de los pies faltantes: los destruye poco a poco la infección, pero ¿cómo romper el ciclo? Para combatir el problema de la tensión repetitiva en un pie insensible tuvimos que volvernos expertos en zapatos. Empezando desde la ignorancia total, probé cientos de modelos, ensayándolos en una ruta regular al caminar del hospital a la estación del ferrocarril. Necesitábamos material suave que se adaptara a la forma del pie del paciente y que repartiera la tensión en un área grande, combinado con una suela firme que impidiera que el pie del paciente se doblara. Probamos molduras de plástico, zapatos de madera finamente lijada, y zapatos de plástico formados en moldes de cera. Viajé a Calcuta para aprender cómo mezclar cloruro de polivinilo y a Inglaterra para probar plásticos rociados. Finalmente logramos hallar la combinación apropiada: una plataforma de caucho microcelular, con una firme barra «contrafuerte» para guiar el movimiento al caminar, y un forro de cuero ajustado a la medida. Sadán fue uno de los primeros pacientes que recibió sus nuevos zapatos moldeados a la medida de su deformado pie.

El sostenimiento para este proyecto vino de muchas fuentes, incluyendo la Compañía Cauchera Madrás y Zapatos Bata. Con el tiempo construimos nuestra propia fábrica de caucho microcelular y empleamos a una media docena de zapateros aprendices en un taller cerca de Vellore. Perseveramos porque sabíamos que podíamos beneficiar a muchos más pacientes de lepra al capacitar a unos pocos buenos zapateros que ayudaran a prevenir las deformidades que al enseñar a veintenas de cirujanos ortopédicos a corregirlas.

Señales de la mano

Todavía estábamos trabajando en el problema de las úlceras de los pies cuando un problema potencialmente devastador afloró en nuestros primeros pacientes de cirugía de la mano. Algunos volvieron a la clínica con las noticias desalentadoras de que sus nuevos dedos móviles se estaban acortando. Abochornados, porque sabían cuánto tiempo y esfuerzo habíamos dedicado a la Unidad de Investigación de la Mano, admitieron que sus dedos estaban desarrollando llagas y úlceras a un ritmo más rápido que antes de la cirugía.

Mi corazón se encogió al examinar sus manos recientemente lesionadas. «No desperdicies tu energía en la lepra, Paul», me habían advertido los colegas. Tal vez tenían razón. Habíamos hecho mucho progreso en la técnica de cirugía, pero ¿de qué servía una mano liberada si el paciente acababa destruyéndola de todas maneras? Vendamos las heridas y las enyesamos. Meses después los mismos pacientes volvían con nuevas señales de tejido dañado.

El patrón me dejó perplejo por meses, y amenazaba con descarrilar todo nuestro programa con la lepra. Antes de avanzar cualquier paso, teníamos que hallar la causa de las lesiones de la mano, así como lo habíamos hecho con las lesiones de los pies. Decidí dedicar mucho más tiempo a los pacientes rehabilitados quirúrgicamente a fin de observar sus rutinas normales. Muchos de los adolescentes estaban ahora viviendo en una población improvisada de chozas de barro y techos de paja cerca de Vellore. Le pedimos a estos muchachos, como veinticinco en total, que nos ayudaran a desentrañar el misterio de las heridas espontáneas.

Primero hice una encuesta básica, cartografiando la periferia de las manos de los muchachos en hojas de papel y notando toda cicatriz o señal de daño en los dedos. Por semanas, incluso meses, los vi casi a diario, examinando y midiendo sus manos, observándolos mientras trabajaban, estudiando inclusive la más minúscula anormalidad. No llevó mucho tiempo descubrir por qué los muchachos que se las habían arreglado para estar libres de lesiones antes de la cirugía de alguna manera se metían en más problemas después. Con la nueva movilidad y la fuerza en sus manos, trabajaban más duro con mayor probabilidad, y por lo tanto corrían más riesgos.

A algunos de los culpables los descubrí de inmediato. Un

joven trabajaba como carpintero. Había dejado nuestra clínica con el ánimo bien alto varios meses antes, orgulloso de que sus dedos una vez paralizados podían de nuevo doblarse para sujetar el mango del martillo, y entusiasmado por volver a retomar una ocupación que pensaba que había perdido para siempre. Yo también estaba emocionado porque hubiera hallado una fuente de ingresos. Pero ni él ni yo habíamos previsto los peligros de la carpintería sin dolor.

Cuando apareció una larga ampolla en su mano, con facilidad la compaginé con una astilla en el mango del martillo: él había martillado todo el día con una astilla de madera ensartada en la carne de su palma. Hice un mango más grueso y acolchonado para su martillo, resolviendo el problema de las astillas. Luego noté que sus dedos empezaron a mostrar signos de abuso, así que le enseñe a sostener los clavos con un par de tenazas. Tuve que retroceder en el tiempo a mis días de construcción para diseñar cubiertas que protegerían sus manos del cepillo, de la sierra y de otras herramientas potencialmente peligrosas. Desde la escuela de medicina me había preguntado si había desperdiciado esos cinco años en el campo de la construcción. Ahora estaba agradecido de hallar un propósito redentor para el camino en circuito de mi carrera.

Cada oficio tenía sus propios peligros. Un joven agricultor usó un azadón todo el día, sin notar un clavo que sobresalía de su mango hacia su palma. Otro muchacho dañó su mano con una pala con un mango quebrado que había sido envuelto en alambre. Un barbero perdió su dedo anular y casi su dedo medio debido a la presión repetida al trabajar con las tijeras. Unos pocos cambios de diseño sencillos hicieron estos mangos muchos más seguros.

Uno de nuestros pacientes más cuidadosos, un muchacho llamado Namo, experimentó su primer revés serio cuando se ofreció para sostener un reflector para un visitante estadounidense que se presentó de paso para filmar nuestro trabajo. Insensible al calor, Namo no notó cuando el mango empezó a calentarse (el aislamiento se había roto). Tan pronto como dejó el reflector, sin embargo, vio ampollas relucientes y rosadas ya formadas en sus manos. Salió corriendo del cuarto y le seguí. Sin pensar le pregunté: «Namo, ¿te duele?»

Nunca olvidaré su penetrante respuesta: «¡Usted sabe que no me duele!», gritó. «Sufro mentalmente porque no puedo sufrir en mi cuerpo».

Durante todo el tiempo que estuve rastreando lesiones una sospecha estaba creciendo en mi mente. Un día les dije mi idea a los pacientes. «Hemos visto que los que hablan de la "carne mala" de la lepra están equivocados. La carne de ustedes es tan buena como la mía. El problema es que ustedes no sienten el dolor y por eso es tan fácil lastimarse. Ya nos han ayudado mucho al identificar la causa de muchas lesiones de la mano. Tengo una teoría y necesito su ayuda para probarla. ¿Qué tal si damos por sentado que *todas* las heridas ocurren debido a accidentes y no debido a la lepra misma?»

Les pedí a los pacientes que se unieran a mí en una cacería de detectives: juntos rastrearíamos la causa de toda lesión. Nos reuniríamos como grupo semanalmente y cada muchacho tendría que aceptar la responsabilidad por sus lesiones. Nunca nadie podría decir de una lesión: «Simplemente se asomó sola», o «Eso es lo que hace la lepra». Si detectaba una nueva ampolla en la parte posterior de un nudillo o veía una mancha de inflamación en el pulgar, quería alguna explicación, por peregrina que pareciera.

Algunos de los muchachos escondieron sus heridas al principio. Los años de rechazo los habían condicionado a esconder sus lesiones, y encontraban vergonzoso reconocer sus heridas con tanta sinceridad. En contraste, unos pocos (los «revoltosos», como los llamamos) parecían deleitarse morbosamente en su ausencia de dolor. Estos malandrines disfrutaban al asustar a la gente. Un muchacho se atravesó una espina por la palma de la mano hasta que salió por el otro lado como una aguja de coser. A veces me sentía como un maestro de escuela, con un extraño sentimiento de que estaba presentándoles a los muchachos sus propias extremidades, suplicándoles que sus mentes le dieran la bienvenida a las partes insensibles de sus cuerpos.

Era fácil pensar que los muchachos eran descuidados o irresponsables hasta que empecé a entender su punto de vista. El dolor, junto con su primo el tacto, está distribuido universalmente en el cuerpo, proveyendo una especie de perímetro de *uno mismo*. La pérdida de sensación destruye ese perímetro, y ahora mis pacientes de lepra ya no sentían sus manos y pies como parte de sí mismos. Incluso después de la cirugía tenían la tendencia de ver sus manos y pies reparados como herramientas o apéndices artificiales. Carecían del instinto básico de autoprotección que el dolor provee de modo habitual. Uno de los muchachos me dijo: «No siento que mis manos o pies sean parte de mí. Son como herramientas que puedo usar. Pero en verdad no son realmente yo. Puedo ver mis extremidades, pero en mi mente están muertas». Oía comentarios similares a menudo, subrayando el papel crucial que el dolor desempeña para unificar el cuerpo humano.

Con el paso de las semanas, al fin el mensaje se consolidó y el grupo se unió en la pesquisa de detectives. Cada vez que notábamos una herida la examinábamos con cuidado en busca de una causa, luego aplicábamos un yeso para mantener el dedo o la mano fuera de acción hasta que sanaba. Descubrimos causas comunes así como extraordinarias para las heridas espontáneas, sintiéndonos en especial orgullosos cuando nos las arreglábamos para resolver un caso difícil. Por ejemplo, algunos de los muchachos habían desarrollado horribles llagas entre sus dedos de los pies. Descubrimos que las burbujas de jabón tienden a quedar atrapadas en las grietas entre los dedos de una mano o de un pie parcialmente paralizados; la piel se ablanda, se macera, y a la larga las grietas se abren.

Una vez que habíamos localizado el origen de una lesión, por lo general podíamos prevenirnos para que no volviera a ocurrir. Nos llevó semanas descifrar las ampollas que a veces aparecían en los nudillos de los pacientes durante la noche. Un muchacho parecía en especial susceptible. Por la noche lo examinábamos y hallábamos sus manos sanas y sin marcas; a la mañana siguiente una diminuta hilera de ampollas había aparecido de modo misterioso. ¿Cómo podían ocurrir las lesiones mientras él dormía? ¿Acaso eran llagas de presión? Le preguntamos en cuanto a sus posiciones para dormir, y examinamos su cuarto en busca de perillas u objetos cortantes.

Finalmente, el ojo alerta de sus compañeros de cuarto identificó el problema. Al muchacho de las ampollas le gustaba leer por la noche en la cama. Justo antes de dormirse estiraba la mano y apagaba la lámpara de mecha dándole la vuelta a una perilla de metal para recoger la mecha. Al hacerlo así, el revés de su mano, insensible tanto al calor como al dolor, rozaba el globo de cristal, quemándose la carne en un patrón regular en tres dedos. Pusimos en todas las lámparas de mecha perillas largas y grandes, y así los que se quedaban tarde en la noche leyendo no tenían que preocuparse en cuanto a las ampollas.

Los pacientes aprendieron a explicar el noventa por ciento de las heridas espontáneas. Las lesiones que más nos aturdían fueron las desapariciones repentinas de casi todo un segmento de un dedo de la mano o del pie. De vez en cuando un paciente de lepra se asomaba a nuestras reuniones diarias y exhibía una llaga cruda y sangrando con la carne alrededor de una sección como de tres centímetros de un dedo de la mano o del pie que faltaba, dejando al descubierto el hueso pelado. Este extraño caso desafió todo lo que habíamos aprendido, y mientras no resolviéramos el misterio, ponía toda nuestra teoría en peligro. No me atreví a decirles el problema a otro personal del hospital, porque parecía confirmar los peores mitos en cuanto a los dedos de la mano y del pie de los leprosos simplemente «cayéndose».

Casi siempre el que sufría esto notaba la falta del dedo a la mañana. Algo ominoso estaba teniendo lugar durante la noche. Un paciente resolvió el misterio quedándose despierto toda la noche en un lugar de observación desde donde pudo observar una escena directamente sacada de una película de horror. En medio de la noche una rata se subió a la cama de otro paciente, husmeó por todos lados tentativamente, sacó un dedo, y al no hallar resistencia empezó a roerlo. El vigilante gritó, despertando a todo el cuarto y haciendo huir a la rata. Por lo menos teníamos la respuesta: los dedos de las manos y de los pies de los muchachos no se habían caído... ¡alguien se los estaba comiendo!

Esta causa de la más repugnante de las heridas espontáneas tuvo un remedio fácil. Primero pusimos trampas para los roedores e hicimos barreras alrededor de las camas de nuestros pacientes. Cuando el problema continuó, hallamos una solución más efectiva: nos dedicamos a criar gatos, usando el abolengo de un macho siamés que era excelente para cazar ratas. Desde ese momento en adelante ningún otro paciente de lepra podía dejar el centro de rehabilitación sin un compañero felino. El problema de los pedazos faltantes de dedos desapareció casi de la noche a la mañana.

Nunca libre

Empecé a trabajar con la lepra con el deseo singular de reparar las manos dañadas. En el camino encontré un reto incluso mayor: sencillamente impedirles a mis pacientes de lepra que se destruyeran a sí mismos. Nuevos peligros brotaban, tipo hidra, para reemplazar a los que eliminábamos. Hicimos listas de reglas para los pacientes. Nunca andar descalzos. Inspeccionar sus manos y pies todos los días. No fumar (con frecuencia tuvimos que tratar las «heridas de beso», nombradas por las marcas adyacentes de quemadura que el cigarrillo deja si se le sostiene demasiado tiempo entre los dedos insensibles). Envolver los objetos calientes con un trapo. Si hubiera dudas, emplear guantes. Usar aceite de coco para suavizar la piel y prevenir que se agrietara. No comer en la cama (para no atraer ratas y hormigas). En un autobús o vehículo, no sentarse cerca del motor caliente ni poner el pie sobre el metal desnudo. Siempre usar una tasa modificada con un mango de madera. Con el tiempo invertimos el flujo de la batalla, y la incidencia de las heridas espontáneas cayó en picada. En verdad, mis pacientes más cuidadosos ahora estaban manteniendo sus manos y pies libres de todo daño serio. Incluso los pacientes más renuentes, los que se habían unido al grupo solo por hacerme un favor, captaron la visión que yo había esperado. Más que promover una teoría fría y científica, nuestro pequeño grupo de Vellore estaba librando una cruzada: ayudar a invertir el antiguo prejuicio contra la lepra. Las drogas sulfonas ahora podían detener la enfermedad; tal vez el cuidado apropiado detendría la deformidad que la hacía tan terrible.

Al trabajar día tras día con los pacientes, nos complació mucho ver que, de forma gradual e inexorable, el sentido tan importante del «yo» empezaba a extenderse a las partes de sus cuerpos que ya no podían sentir. En verdad estaban asumiendo un tipo de responsabilidad moral por sus extremidades insensibles, una actitud de bienvenida en contraste con su apatía anterior. Con este sentido del «yo» venía la esperanza, y con la esperanza vino a veces la desesperanza. La historia del orgulloso Ramán viene a mi mente.

Ramán, un adolescente delgado pero fuerte de descendencia anglo-india, era uno de los detectives más diligentes. Como muchos anglo-indios, tenía una dosis saludable de confianza propia, y se enorgullecía de sus manos sin marcas. Nunca tuvimos que acicatear la cooperación de Ramán en nuestro proyecto: él se deleitaba en informar sobre otros pacientes que tal vez estaban tratando de esconder una herida.

Un fin de semana Ramán pidió permiso para visitar Madrás y pasar unos días festivos con su familia. «Quiero volver a donde me rechazaron», me dijo. Antes, cuando sus dedos habían estado retorcidos como una garra, la gente lo trataba como un paria. Ahora, con las manos liberadas, quería probar su nueva identidad en la gran ciudad de Madrás. Repasamos todos los peligros que podría encontrar, y Ramán entusiasmado se embarcó en el tren para Madrás.

Volvió dos días más tarde como una figura patética y desalentada, un Ramán diferente del que yo había visto jamás. Gruesos vendajes de gaza le cubrían ambas manos. Tenía los hombros caídos, y casi ni podía hablar sin llorar. «Ay, Dr. Brand, mire mis manos, mire mis manos», se lamentaba. Pasaría algún tiempo antes de que me contara toda la historia.

En su primera noche en casa Ramán había celebrado en una reunión gozosa con su familia. Les dijo que ahora era negativo certificado, y después de unas pocas cirugías más en sus manos podía empezar a buscar trabajo. Al fin se sintió plenamente aceptado por su familia. Más feliz de lo que había estado en años, se retiró a su antiguo dormitorio, vacante por años, y se quedó dormido sobre un tablero en el piso.

A la mañana siguiente Ramán inspeccionó sus manos de inmediato, como lo habíamos entrenado para hacerlo. Para horror suyo halló una herida sangrando en el envés de su dedo índice izquierdo. El dedo en que yo había trabajado ahora no tenía piel en el envés. Ramán sabía las señales indicativas: gotas de sangre y marcas en el polvo confirmaban que una rata lo había visitado durante la noche. Él no había pensado en llevar su gato para una visita de fin de semana.

Todo el día Ramán había agonizado. ¿Debería adelantar su regreso a Vellore? Se fue a comprar una trampa para ratas, pero las tiendas estaban cerradas por los días festivos. Decidió pasar una noche más, esta vez con un palo a su lado. Se obligaría a quedarse despierto para vengarse de la rata.

El domingo por la noche Ramán se sentó con las piernas cruzadas sobre su tablero, y su espalda contra la pared, leyendo un libro. Se las arregló para mantener sus ojos despiertos hasta como las cuatro de la mañana, cuando le venció el sueño y ya no pudo luchar. Todavía en posición sentada, se quedó dormido. El libro cayó hacia sus rodillas, y su mano se deslizó hacia un lado contra la lámpara caliente.

Esto explicaba la otra mano vendada de Ramán. Cuando se despertó a la mañana siguiente vio que un pedazo grande de piel se había quemado en la parte superior de su mano derecha. Se quedó contemplando con incredulidad y desesperación sus dos manos. Él, que había amonestado a otros en cuanto a los peligros de la lepra ahora no había logrado protegerse a sí mismo.

Hice lo mejor que pude para consolar a Ramán. No era tiempo para regaños. Después de meses de expectaciones elevadas en Vellore, un viaje de fin de semana a Madrás había destrozado su confianza. «Siento como si hubiera perdido toda mi libertad», me dijo cuando al fin pudo hablar sobre el incidente. Y entonces, entre lágrimas, hizo la pregunta que quedó clavada en mi mente: «Dr. Brand, ¿cómo puedo alguna vez ser libre sin sentir dolor?»

La noticia se esparce

Para la mayoría de las personas impedir las lesiones evitables no exige un pensamiento consciente. El reflejo del dolor hará que se retire de un objeto caliente la mano al instante, ordenará que se cojee si el zapato aprieta demasiado, y despertará al dormilón si una rata incluso husmea su mano. Privados de tal reflejo, los pacientes de lepra deben considerar de antemano de modo consciente lo que pudiera hacerles daño. Sin embargo, la mente consciente puede hacer maravillas para compensar la pérdida del reflejo. Nuestra constante insistencia sobre los peligros finalmente surtió su efecto. Al fin de un año, determinamos que ningún dedo se había acortado entre los muchachos en nuestro experimento.

Les había pedido a nuestros pacientes que supusieran, simplemente por causa de nuestra «pesquisa de detectives», la teoría radical de que todo daño a las manos y los pies se relacionaba con la insensibilidad al dolor. Se habían vuelto tan expertos en rastrear las causas de las lesiones que ahora estaba listo para hacer pública la teoría de que la falta del dolor era el único enemigo real. La lepra meramente silencia el dolor, y el daño ulterior surge como un efecto colateral de la falta de dolor. En otras palabras, todo daño subsiguiente era prevenible.

Sabía que tal noción iría en contra de cientos de años de tradición, y era probable que la comunidad médica recibiera una teoría nueva con escepticismo. Pero mis pacientes: el carpintero, los muchachos con úlceras en los pies, Namo, Ramán, me habían convencido de que la falta de dolor, y no la lepra, era la villana. Ahora podíamos identificar la causa subyacente de prácticamente todas las lesiones en Vellore, y todas eran efectos secundarios. Habíamos eliminado para siempre las excusas que los pacientes nos daban todo el tiempo: «La herida apareció por sí sola. Es simplemente parte de la lepra».

Si teníamos razón, el enfoque normal al tratamiento de la lepra consideraba solo la mitad del problema. Detener la enfermedad mediante tratamientos de sulfas no era suficiente ni con mucho; los trabajadores de la salud también necesitaban alertar a los pacientes de lepra en cuanto a los peligros de una vida sin dolor. Ahora entendíamos por qué incluso un «caso quemado» sin bacilo activo continuaba sufriendo desfiguración. Incluso después de que la lepra había sido «curada», sin educación apropiada, los pacientes continuarían perdiendo los dedos de las manos y de los pies, así como otros tejidos, debido a que esa pérdida resultaba de su falta de dolor. Empecé a sentir que el tiempo había llegado para llevar este mensaje a otros centros de lepra.

Viajé a un hospital misionero de lepra cercano, Vadathro-rasalur, con cierta aprehensión, porque este sería mi primer intento de persuadir a otros para que adoptaran el nuevo enfoque de prevención de heridas. La directora, una fornida enfermera llamada la Srta. Lillelund, se enorgullecía de sus normas escandinavas de higiene y eficiencia en su hospital, y gobernaba a los pacientes y al personal con poderes dictatoriales absolutos. Su hospital se especializaba en la atención a niños con lepra, y detrás de la severa máscara de la enfermera Lillelund, yo sabía que había un profundo amor y preocupación por sus niños. Sabía que si podía convencer a la enfermera Lillelund de un nuevo enfoque, todo el leprocomio pronto seguiría sus pasos.

Nuestro equipo quirúrgico visitaba Vadathrorasalur cada seis semanas, y cada vez seguíamos un régimen prescrito. Primero venía la ceremonia de bienvenida: la enfermera Lillelund había entrenado a sus pacientes para que se reunieran en el patio en formación. Luego nos retirábamos a las oficinas de la directora para tomar té en la mañana. Para tales ocasiones, ella nombraba a uno de los pacientes escolares para hacer de *punkaj ualaj*, u operador del abanico. El abanico punkaj consistía en una estera grande de varas sujeta a un palo colgado del techo con dos cadenas. El punkaj ualaj tenía la tarea honorable y monótona de tirar de las sogas y poleas de manera que la estera de varas se mantuviera moviendo hacia atrás y hacia adelante a un ritmo continuo, agitando el aire del cuarto. Sentados, conversando con la enfermera Lillelund mientras tomábamos el té, la oscilación de la estera se hacía cada vez más y más lenta, hasta que de repente ella gritaba: «¡Punkaj ualaj!» Nosotros nos mirábamos en nuestros asientos, y el abanico de repente aceleraba y la conversación continuaba.

Fue durante uno de esos momentos en las mañanas que le presenté a la enfermera Lillelund por primera vez nuestros hallazgos en cuanto a la lepra. Describí en detalle las pruebas que habíamos realizado en Vellore y le mencioné nuestra conclusión preliminar de que todo el daño de los tejidos en los pacientes de lepra se podía evitar. «Su peor problema es que no sienten dolor», dije. «Nuestra tarea es enseñarles cómo vivir sin dolor».

La enfermera Lillelund escuchó con interés, pero pude ver señales de advertencia en su ceño fruncido y la nube que se formaba detrás de sus ojos. «¿Por qué no vamos a las salas y habitaciones y visitamos algunos pacientes», sugerí. Ella convino, y mientras caminábamos por los inmaculados corredores noté marcas sospechosas en manos y pies de inmediato. Señalé una úlcera en la palma de un muchacho. «Allí está la clase de lesión de la que hemos estado hablando. Como sabe usted, todos los senderos hacia acá está bordeados de arbustos suculentamente espinosos. Me pregunto si esa úlcera empezó a formarse cuando el muchacho se trepó por algún arbusto y se hincó con alguna espina sin saberlo».

«¡No!», dijo la enfermera Lillelund. Luego estalló: «¡No! ¡No! ¡Mis muchachos jamás harían eso! Además, si les aparece la menor lesión de inmediato se presentan en mi clínica. Esto que estamos mirando son infecciones de *lepra*. No son lesiones». Ahora percibí el asunto real: la enfermera Lillelund consideraba como una afrenta personal cualquier sugerencia de que sus pacientes de alguna manera eran negligentes para protegerse a sí mismos.

Felizmente, la enfermera Lillelund también tenía una consagración nórdica al método científico. Convino en permitirme examinar a sus pacientes buscando lesiones significativas de la mano. Pronto todos estuvieron reunidos en formación, en posición firme con sus manos extendidas. Examiné de arriba abajo las hileras, anotando cualquier problema. Conté ciento veintisiete pacientes que mostraban señales de piel abierta o inflamada. Sugerí razones posibles conforme las examinaba: astillas de madera áspera, quemaduras de la tasa de café de metal o sartenes.

Al principio la enfermera Lillelund, a mi lado, trató de defender a sus pacientes. «Ah, eso no es nada», dijo en cuanto a una pequeña úlcera en el pliegue interior del pulgar de un niño. Comenté que las úlceras pequeñas tendían a crecer, y le dije que algunos pacientes habían perdido sus pulgares como resultado de infecciones en el mismo sitio. Como relámpago se volvió hacia el niño: «¿Por qué no me informaste de esto, jovencito?»

Como a la mitad de la ronda de exámenes a la enfermera Lillelund se le habían bajado los humos por completo. Ya no trató de defender sus métodos. Las visiones de tantas lesiones en la mano la habían convencido de la importancia de la prevención, y se mostró mortificada, enojada consigo mismo y abochornada. «¡Créame, yo *restauraré* el orden!», prometió, y ni por un solo instante dudé de ella. Después que terminamos el examen reunió a todos los pacientes y me pidió que les diera una conferencia sobre cómo prevenir lesiones. Hablé con ellos por media hora, permitiendo que la enfermera Lillelund recobrara su compostura y concibiera un plan.

Los pacientes de lepra se quedaron con respeto de pie en el patio mientras hablaba, evidentemente bien acostumbrados al formato de conferencia. La mayoría de ellos tenían expresiones impasibles, y me preguntaba cuántos estaban captando mi mensaje. No había necesidad de que me preocupara. La enfermera Lillelund habló después de mi conferencia con un discurso propio.

«La reputación de nuestra institución está en juego», declaró. «¡Deberíamos estar avergonzados! Ustedes, muchachos, se están lastimando a sí mismos, y no están informándolo. De ahora en adelante yo misma realizaré una inspección personal completa cada tres días. Cualquiera que sea hallado teniendo una herida que no ha informado de antemano no recibirá más raciones para cocinar comida casera. Todas las comidas deberán comerse en la cafetería». Un gemido recorrió la multitud. La enfermera Lillelund había encontrado el persuasivo singular más efectivo. Todos detestaban las comidas insípidas de la cafetería y disfrutaban del privilegio de cocinar comidas caseras, al estilo indio, en estufas de carbón en sus viviendas.

Dejé Vadathrorasalur con emociones mezcladas, sin estar seguro de haber logrado nuestra meta de comunicar un espíritu de esperanza y estímulo a los pacientes del hospital de la enfermera Lillelund. Pero seis semanas más tarde vi los resultados innegables. Realizamos otra inspección de las manos y esta vez hallé no ciento veintisiete sino seis heridas, todas las cuales estaban apropiadamente recubiertas de vendas o yeso. La enfermera Lillelund mostraba una sonrisa radiante, y con buenas razones. Quedé abrumado por el resultado de su campaña. Con unas pocas enfermeras más como ella, podríamos cambiar el curso de la lepra.

10
CAMBIO DE CARAS

*... no somos nosotros mismos
cuando la naturaleza, al ser oprimida,
ordena a la mente sufrir con el cuerpo.*

Shakespeare, *King Lear*

En 1951 Vellore llegó a ser el primer hospital general que construyó toda un ala para tratamiento de pacientes de lepra. Cuando se regó la noticia de que un hospital en Vellore podía hacer que una mano de garra funcionara de nuevo, los predios se llenaron de pacientes, muchos de ellos mendigos desesperadamente pobres que se instalaron en los patios y establecieron puestos de mendicidad a la entrada del hospital. Incluso la nueva ala no podía acomodar a todas esas personas, y de nuevo nuestro énfasis en la lepra atrajo críticas de parte de algunos del personal.

Esta vez nos ayudó un poderoso político de la India, un campeón del movimiento de independencia que había trabajado con Mahatma Gandhi. El Dr. T. N. Jagadisan vino al inicio a Vellore como paciente de lepra, siendo con certeza el paciente más ilustre que habíamos tratado. Se fue a casa enorgullecido de sus «manos nuevas flamantes», y me nominó para el comité que administraba los fondos del fideicomiso establecido después de la muerte de Gandhi. Gandhi siempre había mostrado gran compasión por la casta de los intocables —él les cambió el nombre a *jarishan* o «hijos de Dios»— y por las víctimas de lepra, muchas de las cuales venían de esa casta. Rompiendo tabúes, personalmente había cuidado a un paciente de lepra cerca de su *ashram*. Era un tributo apropiado, entonces, que algo de las contribuciones memoriales fueran a la Fundación de Lepra Memorial de Gandhi, encabezada por el propio hijo de Mahatma, Devadas Gandhi.

Yo era el único extranjero en ese comité. Nos reuníamos en la choza en donde Gandhi había pasado sus últimos años, sentados al estilo yoga sobre el suelo en un círculo alrededor de la sencilla estera del gran hombre. Los demás, todos discípulos de Gandhi que habían llegado a ser políticos destacados, vestían *dhotis* de algodón burdo, y siguiendo la práctica de Mahatma, usaban un hilador de bronce para retorcer pequeñas hebras de algodón burdo mientras realizábamos nuestros negocios.

Cuando se enteraron de nuestras necesidades, la Fundación Gandhi ayudó a comprar una casa grande cerca del hospital de Vellore para que sirviera como hospedaje para los pacientes de lepra, aliviando el problema de los mendigos en los predios del hospital. Al principio los vecinos, a los que no les agradaba tener que vivir cerca de los pacientes de lepra, lanzaban piedras a las ventanas y defecaban en el umbral. Con el tiempo, sin embargo, el vecindario se adaptó, y nuestros pacientes que estaban en recuperación o los que serían tratados en un futuro se mudaron al «Nº 10».

Nueva vida

Después de que aprendimos cómo sanar viejas heridas y prevenir nuevas, había esperado que nuestra obra con la lepra se estableciera en una rutina manejable de cirugía de la mano y rehabilitación. Pero una crisis nueva e inesperada surgió cuando algunos de nuestros mejores pacientes empezaron a volver a Vellore, desalentados. Juan Krishnamurthy, el primer voluntario de cirugía, era típico. Cuando se apareció para una visita inesperada varios meses después de su cirugía correctiva, lo saludé calurosamente, y recibí una respuesta más bien hosca.

—Juan, ¿algo anda mal? —le pregunté—. Ciertamente se te ve bien.

—Dr. Brand, estas manos no son buenas —anunció, como si hubieran repasado el renglón del discurso.

Esperé, pero él no dijo nada más.

—¿Qué quieres decir, Juan? —pregunté por fin—. Se ven bien. Es obvio que estás haciendo tus ejercicios de rehabilitación, y ahora puedes mover todos los diez dedos. Te has cuidado para evitar más lesiones. Ambos hemos trabajado muchos meses en esas manos, Juan. Pienso que son hermosas.

—Sí, sí, pero son manos malas *de mendigo* —dijo Juan.

Explicó que los ciudadanos caritativos de buen grado daban a los mendigos que tenían las características «garras de leproso». Al abrirle sus dedos de esa posición de garra, le habíamos arruinado su principal fuente de ingreso.

—La gente no nos da con generosidad ahora. Y todavía nadie quiere darme trabajo y ni siquiera rentarme un cuarto.

Aunque habíamos matado la bacteria activa y reparado sus manos, las cicatrices en su cara le delataban como alguien que había tenido lepra.

Sentí un nudo en el estómago conforme Juan me contaba el rechazo que había encontrado en el mundo de afuera. Cuando trataba de abordar un autobús público, a veces el conductor literalmente lo lanzaba afuera. Él, un hombre educado, ahora estaba desempleado e indigente, durmiendo en una plaza al aire libre. A duras penas ganaba suficiente dinero mendigando como para comprar comida. ¿Qué había hecho yo, reparado su cuerpo lo bastante como para arruinarle la posibilidad de ganarse la vida?

Hallamos una posición de escritorio en el hospital para Juan, pero sabía que eso ofrecía solo una solución a corto plazo para un único paciente. ¿Qué tal con todos los demás pacientes de transferencia de tendón, les habíamos arruinado también la vida a ellos? Verifiqué y hallé que muchos tenían historias como las de Juan. Era evidente que nuestros esfuerzos por reparar sus manos y pies no los había equipado de forma adecuada para la vida fuera de las paredes del hospital.

Se hizo obvio que necesitábamos un hogar intermedio para alojarlos, un tipo de cámara de descompresión para preparar a los pacientes para la vida afuera. Así nació el Centro Nueva Vida. Seleccionamos un sitio en los predios sombreados del plantel de la Universidad de Medicina como a seis kilómetros fuera de la ciudad. Si lo que nos proponíamos era que los pacientes volvieran a sus poblaciones, no tenía sentido construir viviendas más elaboradas de lo que hallarían en casa, y así, usando un donativo de quinientos dólares de un misionero que se jubilaba, construimos cinco chozas sencillas de ladrillo y barro, cada una dividida en cuatro cuartos. Las pintamos de blanco y las cubrimos con techos de palma. El ambiente pacífico, escudado entre colinas boscosas y rocosas, hacía un gran contraste con el ajetreo del centro de Vellore.

Treinta pacientes se mudaron al Centro Nueva Vida en 1951. Todos eran hombres, puesto que la lepra afecta mucho más a los hombres que a las mujeres, y en ese tiempo mezclar sexos hubiera sido culturalmente inaceptable. Sembramos un huerto grande de legumbres, criamos pollos y abrimos una hiladora. Instalamos un taller de carpintería para fabricar juguetes de madera, y enseñamos a los que habían perdido dedos cómo trabajar con una sierra de calar. Pronto estábamos produciendo una línea de animales de juguete, trenes, carros, marcos y rompecabezas para la venta en la comunidad. (Aunque los juguetes eran mejores que cualquier cosa disponible en el área, no se vendieron bien hasta que tomamos la precaución innecesaria de almacenarlos en vapor de formaldehído para «esterilizarlos».)

Un edificio en ruinas ya existía en el sitio del Centro Nueva Vida, el cual utilicé como edificio de operaciones. Como de cuatro metros cuadrados, con paredes de adobe y techo de teja, tenía escaso parecido al reluciente salón blanco que habíamos estado usando en el hospital de Vellore. No tenía lavamanos, así que tenía que restregarme antes de entrar al cuarto. Añadimos mosquiteros en las ventanas, a martillo le dimos forma a una hoja de aluminio como una parábola para reflejar luz sin sombras desde un bombillos de cien vatios, y modificamos una mesa de madera de cocina con soportes para los brazos y la cabeza para las cirugías. Compramos una olla de presión y la instalamos sobre una estufa de queroseno para usarla como esterilizador. (Esto funcionó bien hasta que un día el cocinero la dejó alcanzar demasiada presión y explotó, abriendo un hermoso hueco del tamaño de la tapa en el techo de tejas.)

Cada vez pasaba más de mi tiempo en ese diminuto salón. Fue allí donde Ernest Fritschi y yo establecimos los mejores procedimientos quirúrgicos para corregir la mano de garra y las deformidades de pie caído, y aquí también empezamos a captar plenamente el reto que nos fue presentado primero por Juan Krishnamurthy. A fin de equipar a los pacientes de lepra para la vida «afuera», tendríamos que cambiar nuestro método de forma radical. Levantamos nuestra vista del estrecho campo de la cirugía de manos y pies, y nos enfocamos en la persona como un todo.

Cejas

Un joven llamado Kumar vino un día al centro presentando un certificado que declaraba su lepra inactiva. Le examiné rápidamente. Habíamos trabajado en sus manos, que ahora no mostraban ni la menor señal de garra o lesión accidental, y sus pies no mostraban ninguna señal de parálisis de nervios.

El cuerpo de Kumar siempre había dado evidencia de alguna resistencia natural a la enfermedad. El bacilo de la lepra había seguido el patrón típico de primero infiltrarse en las regiones más frías de su cara (frente, nariz y oído) e incluso se había escondido en los folículos pilosos de sus cejas. Por un tiempo esto había hecho su piel brillante e hinchada. Pero las defensas del cuerpo, ayudadas por un tratamiento agresivo de sulfas, habían matado toda la bacteria, y ahora la piel facial de Kumar había vuelto casi a la normalidad. Las arrugas que cruzaban las áreas de la hinchazón anterior le hacían parecer ligeramente más viejo de los veinticinco años que tenía.

Pude distinguir un solo recordatorio visual de la enfermedad, parches desnudos en donde una vez estuvieron sus cejas, y esto difícilmente parecía digno de notarse. Me animó ver a alguien que había luchado contra la enfermedad con tanto éxito, y felicité a Kumar por cuidarse a sí mismo. «¿Por qué ha venido?», le pregunté, después de completar mi examen. «Como sabe, nos especializamos en cirugía de las manos y los pies, y los suyos parecen bien». Kumar señaló sus cejas, o más bien el lugar de su cara en donde solían estar las cejas, y me contó su historia.

Antes de contraer lepra, había atendido un quiosco en el mercado de su pueblo. Vendía paquetes de nueces de betel y tabaco que envolvía a mano con un ápice de cal muerta. A la gente de la población le encantaba masticar esta mezcla, llamada *pan,* y una parada en el quiosco de Kumar se convirtió en rutina para muchos compradores. Bromeaba con ellos y se contaban noticias, envolviendo de forma atareada más paquetes de betel en hojas mientras hablaba.

Los pobladores de las aldeas a menudo son más astutos que los médicos para detectar las primeras señales de lepra, y cuando en la piel de Kumar empezó a mostrar un brillo no natural, los clientes regaron las noticias y su negocio se desplomó. Al poco tiempo nadie compraba sus productos y pocos se detenían para hablar con él. Kumar, demasiado orgulloso como para mendigar, cerró su quiosco y se dirigió al más cercano leprocomio.

Cuando volvió a su población varios años más tarde, con el certificado negativo de salud en su mano, dio por sentado que podría volver a su negocio. Todas las señales de la enfermedad habían desaparecido excepto las cejas desnudas. Para los pobladores supersticiosos de la aldea, sin embargo, esa sola característica les daba suficiente razón para marginarlo. Mostrar el certificado no importaba. Tenía que parecer libre de la enfermedad. Tenía que tener cejas.

«Nadie compra nada de un hombre sin cejas», me informó Kumar con tristeza. «Por favor, doctor, ¿puede ponerme cejas? No puedo resistir que los clientes me contemplen y busquen pelos si no tengo ninguno».

Escuché a Kumar con emociones mezcladas. Aunque su historia me conmovió, por cierto no tenía ningún deseo de dedicarme a la cirugía cosmética. Teníamos una lista de espera de candidatos para cirugía correctiva, muchos de ellos con manos paralizadas que podían ser puestas en libertad. Una petición de nuevas cejas parecía algo casi trivial. Y sin embargo, recordaba la lección que había aprendido de Juan Krishnamurthy. A menos que pudiéramos hallar una manera de restaurar a los pacientes a una vida útil en sus poblaciones, estábamos creando una clase permanente de dependientes. Si la apariencia facial creaba una barrera a la aceptación, teníamos que hallar alguna manera de derribarla.

Kumar se quedó en el Centro Nueva Vida unos pocos días mientras yo investigaba técnicas de cirugía plástica que pudieran ayudarle. Los japoneses habían desarrollado procedimientos de trasplante de pelo en el que trasplantaban pelos individuales, folículo por folículo, como plantas jóvenes en un arrozal. Otro procedimiento, que consumía menos tiempo, consistía en el trasplante de fragmentos con forma de cejas del cuero cabelludo a una nueva ubicación. Si lográbamos preservar la provisión de sangre, el trasplante garantizaría a Kumar copiosas cejas... tan copiosas como el pelo negro espeso de su cabeza. Le expliqué el proceso, y consintió con entusiasmo.

El truco estaba en hallar un pedazo de cuero cabelludo conectado a vasos sanguíneos lo suficiente largos como para llegar hacia abajo hasta el sitio de las cejas. Antes de la cirugía recorté el pelo de Kumar muy corto y le dije que saliera a correr. Quince minutos más tarde, cuando subió por las escaleras a mi oficina, su corazón latía fuertemente y pude ver las arterias palpitando debajo de su cuero cabelludo. Usando un marcador tracé el perímetro de su arteria temporal, seleccioné algunos ramales largos, y dibujé dos formas de cejas fuertes y amplias, una de cada lado de su cabeza afeitada.

Al día siguiente Kumar estaba acostado en la mesa de madera de operaciones. Corté las formas de cejas que había marcado y las saqué de su cuero cabelludo. Todavía sujetas a una arteria y vena, colgaban como dos ratones guindando de sus colas. Luego saqué la piel del lugar donde habían estado las cejas antes, e hice túneles bajo la piel de cada ceja hacia arriba hasta la apertura en su cuero cabelludo. Usando tenazas largas las inserté por el túnel, agarré las secciones colgantes de cuero cabelludo, y con todo cuidado las halé hacia sus nuevos sitios encima de los ojos de Kumar. Las secciones de cuero cabelludo transplantadas parecían tan grandes que me vi tentado a recortarlas un poco, pero temí cortar las arterias curvadas que mantendrían vivas las nuevas cejas.

No hubo necesidad de que me preocupara por su tamaño. Desde el instante en que se le quitaron las vendas, Kumar quedó encantado con sus nuevas cejas. Conforme el pelo empezó a crecer, y siguió creciendo, su deleite aumentó. Cuando le expliqué que tendría que recortar sus nuevas cejas, o de otra manera crecerían tan largas como el pelo, Kumar insistió en que las quería largas. Antes de salir de Vellore, copiosas cejas colgaban sobre sus ojos.

Con el tiempo, por supuesto, Kumar en efecto se recortó las cejas. Pero en su población su misma exuberancia causó una gran sensación. Los clientes anteriores se formaban en hilera para mirar las nuevas cejas de Kumar, y esta vez cuando les mostró su certificado de lepra curada, le creyeron.

Narices

Nuestra experiencia con las cejas de Kumar abrió un campo nuevo por completo para la cirugía correctiva: la cara. Luego nos vimos frente a las narices. Las cejas calvas era un problema menor comparado con las «narices de silla de montar» que desfiguraban a muchos pacientes.

Debido a que el bacilo de la lepra prefiere las áreas frías, la nariz se vuelve un campo de batalla principal. La respuesta del cuerpo a los invasores causa inflamación, la cual, si persiste, puede bloquear las vías respiratorias. Con el tiempo el recubrimiento mucoso se ulcera debido a infecciones secundarias, y la nariz parece encogerse hasta quedar casi en nada. La cresta elevada del cartílago desaparece, dejando un parche hundido de piel y dos fosas nasales aplastadas que se abren directamente hacia fuera. Es más bien desconcertante, por decir lo menos, mirar a la cara de una persona que tiene lepra y mirar justo dentro de las cavidades nasales.

Todos en la India reconocían una nariz hundida como señal de lepra; algunos creían que las narices «se pudrían» como los dedos de los pies y de la mano, y cualquier persona afligida así enfrentaba una vida de estigma y ostracismo. Una mujer con tal nariz no tenía la menor probabilidad de matrimonio, aunque tuviera un certificado negativo y no llevara ninguna otra marca de la enfermedad.

Conforme llegaban a nuestra clínica más de estos pacientes con deformidades faciales, me sentí agradecido de haber tenido alguna exposición a la cirugía plástica durante los días de la guerra en Londres. Uno de los pioneros en el campo, Sir Archibald McIndoe, había obtenido la aclamación nacional en la Segunda Guerra Mundial por sus esfuerzos heroicos para reconstruir las caras quemadas de los pilotos de la Real Fuerza Aérea, y yo había hecho algún estudio de seguimiento en varios de estos pilotos derribados.

En esos días antes de la cirugía microvascular, los injertos de la piel del abdomen y del pecho tenían que ser transferidos en dos etapas, con el brazo sirviendo como hospedador temporal. Un cirujano plástico recortaba una franja de piel, digamos, del vientre, dejando un extremo sujeto a la antigua provisión de sangre y conectando el otro extremo al brazo a la altura de la muñeca. Se sujetaba el brazo al abdomen por tres semanas, permitiendo que una nueva provisión de sangre creciera entre el injerto y el brazo. En ese punto el cirujano separaba del abdomen la franja de piel y la movía a su nuevo sitio en la frente, mejilla o nariz, sujetando de nuevo el brazo en ese lugar. Con el tiempo la provisión de sangre se desarrollaba en el injerto facial y se podía separar del brazo la franja de piel. Para un estudiante joven de medicina, la escena en las salas de Archie eran a la vez estrafalarias y emocionantes: brazos que parecían salir de las cabezas, un largo tubo de piel extendiéndose de la cavidad nasal como trompa de elefante, y párpados temporales formados de franjas de piel demasiado espesas para abrirse.

Nuestra clínica siguió el método de Archie por un tiempo, usando injertos en dos etapas para construir las narices de los pacientes de lepra. De muchas maneras la piel abdominal era inherentemente inapropiada para la rinoplastia: siendo espesa e indócil, ofrecía una escasa mejoría visual sobre la nariz de silla de montar. Sin embargo, aunque estos primeros crudos intentos tal vez no hayan producido narices hermosas, por lo menos las nuevas no parecían ser deformidades de la lepra, así que los pacientes se iban satisfechos.

Entonces aprendí una nueva técnica que tenía mucho en común con mis trasplantes de cejas. Levantábamos toda la piel de la frente en una sola hoja, manteniendo intacta la provisión de sangre, y la colgábamos hacia abajo para formar una nueva nariz, sujetándola a los bordes cortados donde había estado la nariz antigua. (Usamos injertos divididos de piel del muslo para llenar el área abierta dejada en la frente.)* Los pacientes parecían incluso más complacidos con las nuevas narices que resultaban, pero los que estábamos en el equipo de cirugía no participábamos de su entusiasmo. Dejábamos una cicatriz permanente en la frente, y los bordes gruesos de la nueva nariz no se combinaban perfectamente con la piel delgada de la mejilla. A veces parecía como si alguien les hubiera colocado una nariz de barro en la cara.

Otro cirujano plástico británico, Sir Harold Gillies, nos

---

*Aprendí este método de Jack Penn, un renombrado cirujano plástico de África del Sur que había adaptado un procedimiento realizado primero por el antiguo cirujano hindú Susruta once siglos antes de Cristo. Los guerreros hindúes a veces castigaban a sus enemigos vencidos cortándoles la nariz con un sable, y Susruta diseñó una técnica asombrosamente avanzada para trasplantar una sección de piel de la frente al área de la nariz.

Un extraño suceso en 1992 reveló lo común que había sido esta antigua forma de venganza. Para corregir un mal histórico, Japón aceptó devolver veinte mil narices que su ejército había amputado de soldados coreanos y civiles durante la invasión militar en 1597. Las narices, junto con algunas cabezas de generales coreanos, habían sido preservadas en un memorial especial por casi cuatrocientos años.

Por cierto, una vez atendí a un terrateniente hindú cuyos arrendatarios se habían levantado contra él y le habían aplicado este antiguo castigo cortándole la nariz y el labio superior con un sable. Un cirujano más bien sin experiencia había tratado de usar el método de Susruta de mover una sección de la piel de la frente hacia abajo para formar una nueva nariz y el labio superior del hombre. A fin de conseguir una franja suficientemente larga de piel, incluyó un parche de cuero cabelludo con pelo más arriba la frente, doblando la piel en dos para formar el lado interior del labio. (Habiendo afeitado primero la piel, tal vez no se dio cuenta de que había incluido este pedazo de cuero cabelludo con pelos.) Ahora, un año más tarde, el paciente vino a vernos en agonía. El pelo tieso del cuero cabelludo estaba creciéndole dentro de la boca, restregándose contra sus encías hinchadas y sangrantes cada vez que hablaba o comía. Hubo que reemplazar esa piel peluda con injertos de membrana mucosa de debajo de sus mejillas, procedimiento que dejó al antiguo terrateniente mucho más contento.

enseñó una manera mucho mejor. Había venido a Bombay cerca de su jubilación por invitación del doctor N. H. Antia, cirujano plástico local que había estudiado en Inglaterra. Encontrando pacientes de lepra en Bombay, Gillies recordó una técnica que había tratado en pacientes de esta enfermedad muchos años antes en un viaje a Argentina. Gillies probablemente fue el primer cirujano que operó en una nariz leprosa, y por sugerencia del Dr. Antia los dos viajaron a Vellore para enseñarnos la técnica.

En Argentina, Gillies había observado que la lepra se incrusta en el recubrimiento mucoso de la nariz, dañando ese revestimiento interior de una forma mucho más severa que lo que daña la piel. La inflamación resultante destruye el cartílago, y sin el cartílago para sostenerla la oquedad de piel se colapsa como una carpa sin estacas. «¿Por qué fastidiarse con trasplantar piel cuando se tiene piel perfectamente buena reposando allí sin usar?», preguntó Gillies. «El recubrimiento mucoso ha sido destruido, pero siempre se puede reemplazar con injertos una vez que se ha vuelto a dar forma a la nariz con su piel original».

Preparamos a un paciente para cirugía. Mirando su nariz hundida, encontré difícil imaginar algo que valiera la pena de salvarse en ese pedazo arrugado de piel. Gillies tomó un bisturí y lo demostró. Pelando hacia arriba el labio superior, cortó dentro de la boca, entre los dientes y la encía y el labio hasta que pudo levantar el labio superior lo suficiente como para dejar al descubierto la cavidad nasal. Liberó todo el labio superior y después la nariz de sus anclajes a los huesos faciales. «Ahora observen», dijo. Tomó un rollo de gaza y lo insertó centímetro a centímetro en la cavidad de la nariz encogida. Como por arte de magia, la piel se separó, se estiró, y se infló con la forma de una nariz muy respetable. Casi ni podía creerlo. La capa exterior de la piel nasal se había extendido como una burbuja soplada en un pedazo de goma de mascar. Gillies nos aseguró que si se la sostenía de forma apropiada, la nariz retendría su nueva forma.

En los años que siguieron experimentamos con varias estructuras de soporte. Usamos prótesis de plástico con forma de nariz, después acrílico, y después injertos de hueso de la periferia pélvica. Para los pacientes que tenían una insuficiente provisión de sangre en el tejido nasal para sostener un injerto de hueso, pedimos prestado material de los dentistas. Aprendimos a moldear un pedazo suave de cera caliente prácticamente en casi cualquier forma. El paciente, despierto, podía escoger su nariz al punto: «Un poquito más larga, y no tan ancha, por favor». De ese modelo de cera formábamos un soporte permanente hecho de una sustancia rosada dura usada para las dentaduras postizas. Un alambre dental sujeto a los dientes sostenía la estructura en su lugar.

Hoy, muchos pacientes de lepra en la India y en todo el mundo andan con narices que parecen perfectamente normales por fuera pero que están sostenidas por una prótesis artificial debajo de la nariz. Las nuevas narices les sirven bien en tanto sigan un procedimiento de mantenimiento más bien estrambótico: deben sacarse el soporte artificial periódicamente para limpiarlo a fin de eliminar toda materia foránea y prevenir la infección. Debido a la manera en que recubrimos ambos lados con membrana mucosa, la apertura entre labio superior y la mandíbula no vuelve a cerrarse, y es asunto sencillo que el paciente levante el labio superior y saque el soporte rosado brillante de debajo de la nariz. La nariz externa se hunde de nuevo a su forma aplastada y arrugada, y vuelve a inflarse cuando el soporte limpio se vuelve a insertar.

Como con las cejas trasplantadas, nuestras narices artificiales surtieron un efecto inmediato en la aceptación social de los pacientes. Recuerdo una joven muy hermosa que vino a Vellore sin ninguna marca o ganglio en su cara, pero con una nariz hundida por completo. Su familia había tratado febrilmente de hallarle esposo, sin ningún resultado. Ella escogió justo la nariz que quería, una nariz delgada, elegante, que nos aseguró que se vería mucho mejor que la original. Pocos meses más tarde me envió una foto de ella vestida en su traje de bodas. Su enfermedad había sido curada; y ahora el estigma también estaba sanando.

Párpados

Todo este tiempo, al experimentar con varias maneras de reconstruir manos y pies, y al mejorar la apariencia facial de los pacientes, estábamos descuidando una de las peores aflicciones de la lepra: la ceguera. Cuando empecé a trabajar con pacientes de lepra, los veteranos me dijeron que la ceguera, como la parálisis y la destrucción de los tejidos, era una consecuencia trágica e inevitable de la enfermedad. El ochenta por ciento de los pacientes de lepra sufren de algún daño en los ojos, y los expertos de la salud estiman que la lepra es la cuarta causa principal de ceguera en el mundo.

Como ya he mencionado, la ceguera presenta una tragedia desusada para los pacientes de lepra que también han perdido el sentido del tacto y del dolor. Una vez observé a un paciente ciego que carecía de sensación en sus dedos. Para vestirse, se doblaba sobre la ropa y la tocaba con sus labios y lengua todavía sensibles para orientarse, procurando ubicar las mangas, los botones y los ojales. Le llevó como una hora vestirse. Una persona a la vez ciega e insensible no puede leer Braille, ni aprender a reconocer la cara de sus amigos tocando con las puntas de sus dedos. Tendrá dificultades para abrirse paso por un cuarto lleno de muebles. Una tarea de todos los días como cocinar llega a ser casi imposible para alguien que no puede ni ver ni sentir los peligros.

Sin duda, la ceguera es la complicación más temida de la lepra. Me habían dicho en algunas instituciones que el temor a la ceguera lleva a muchos pacientes a intentar suicidarse. Uno de nuestros pacientes, que ya había perdido la vista en un ojo, dijo con franqueza: «Mis pies ya han desaparecido y mis manos también, pero eso no me importó mucho mientras podía ver. La ceguera es otra cosa. Si quedo ciego, la vida no tendrá sentido para mí, y todo lo que podré hacer es acabarla».

Mi esposa hizo uno de los primeros estudios sistemáticos del brote de ceguera en los pacientes de lepra. Margaret, que había llegado a Vellore con cierta experiencia en la atención a la familia, se hizo cargo de la oftalmología cuando la universidad médica tenía extrema escasez de personal y no tenía a nadie que cubriera esa especialización. Con rapidez se volvió una experta en cirugía de cataratas y pronto organizó «campamentos de ojos» en los poblados cercanos. Trabajando en un edificio escolar prestado, o incluso puertas afuera bajo un árbol, el equipo quirúrgico realizaba hasta cien o ciento cincuenta cirugías de catarata en un solo día. Fue en uno de esos campamentos que ella se dio cuenta por primera vez del problema de los ojos de los pacientes de lepra.

«Acababa de terminar la cirugía activa y estaba cargando el equipo en el vehículo para volver a casa», recuerda ella, «cuando noté a un grupo de personas sentadas sobre el suelo como a unos cincuenta metros. Le pregunté a uno de los trabajadores si eran pacientes que se habían atrasado y necesitaban atención. "Ah, son simplemente leprosos", dijo él. Me ofrecí examinarlos de todas maneras, para gran sorpresa de mis ayudantes y de los pacientes.

»Había visto todo tipo de problemas de los ojos en la India, pero nunca en mi vida había visto ojos como estos. La superficie del ojo, de forma habitual húmeda y transparente, estaba oscurecida con capas espesas de tejido blanco cicatrizado. Iluminé con una linterna el ojo y no recibí ninguna respuesta. La mayoría de estas personas estaban ciegas de un modo total e irremediable. Dos de los jóvenes estaban en camino a eso pero todavía no estaban ciegos por completo, y los persuadí para que vinieran conmigo a Vellore para hospitalizarlos».

A partir de ese encuentro el trabajo de por vida de Margaret empezó a cobrar forma. Ella sabía que al bacilo de la lepra le gusta reunirse en las córneas, una de las partes más frías del cuerpo, y las drogas contra la lepra podían ayudar a detener el daño del ojo. Las gotas de cortisona ayudaron a controlar la inflamación aguda y a veces salvaron un ojo. También, al pintar con gotas pequeñas de tinta china el tejido blanco cicatrizado de la córnea, ella podía reducir el resplandor brillante que atormentaba a algunos pacientes de lepra. Todas esas medidas, sin embargo, palidecían junto a la más importante observación que Margaret hizo al examinar a cientos de pacientes de lepra: muchos estaban quedándose ciegos por no parpadear.

El reflejo del parpadeo es una de las maravillas del cuerpo humano. Ningún sensor de dolor es más sensible que los que están en la superficie del ojo: una ceja suelta, una brizna de polvo, un rayo de luz, una bocanada de humo e incluso un ruido fuerte dispara una respuesta muscular instantánea. El párpado se cierra al instante y con fuerza, poniendo una cubierta de piel protectora sobre el ojo vulnerable y atrapando en las pestañas cualquier sustancia foránea.

Incluso más impresionante, el reflejo del parpadeo intermitente opera a un nivel de mantenimiento todo el día, abriendo y cerrando los párpados cada veinte segundos o algo así para asegurar que el ojo esté lubricado. La espléndida mezcla de aceite, mucosidad y fluido acuoso que conocemos como lágrimas provee a la córnea una provisión constante de nutrición y limpieza. Sin esa lubricación, la superficie de la córnea se seca y se vuelve mucho más susceptible al daño y a la ulceración.

Margaret notó que algunos pacientes de lepra nunca se molestaban por parpadear. Tenían una mirada fija impávida, y sus lágrimas se reunían estancándose en el párpado inferior hasta que se derramaban. En la atmósfera polvorienta de la India, un surco de lágrimas desperdiciadas corría por las caras de estos pacientes de lepra, con sus células corneales privadas del beneficio limpiador de los párpados que parpadean.

Ella descubrió que la lepra interfería con el reflejo de

parpadeo de dos maneras. Ya conocíamos la primera, porque yo había estudiado segmentos de estos nervios hinchados después de la autopsia en Chingleput. Debido al daño en el nervio, algunos pacientes de lepra (como el veinte por ciento) sufrían parálisis del músculo de los párpados, perdiendo la capacidad de parpadear. Estos pacientes dormían con sus ojos bien abiertos, y al poco tiempo la córnea se secaba y empezaba a deteriorarse. Margaret me mostró los efectos de la parálisis parcial en un muchacho: su ojo izquierdo parpadeaba cómo es debido, mientras que el derecho permanecía abierto.

Sin embargo, no nos habíamos dado cuenta de que muchos más pacientes sufrían de la némesis familiar de la falta de dolor. Trate de no parpadear y después de un minuto o algo así usted sentirá una irritación ligera. El dolor susurra antes de gritar. Mantenga sus ojos abiertos, no obstante, y la irritación poco a poco se convertirá en un dolor intenso, obligándolo a parpadear. Los pacientes de lepra con su insensibilidad no perciben estas señales de dolor. Así como el bacilo daña los nervios en las puntas de los dedos de las manos y de los pies, también daña los sensores de dolor que se activan con rapidez provocando el parpadeo. Anestesiados, los sensores de la superficie del ojo nunca inician el reflejo del parpadeo.

Muy pronto Margaret vio una vívida ilustración de la clase de maltrato que puede tener lugar en un paciente cuyos ojos son insensibles al dolor: un hombre levantó la mano y se frotó los ojos con vigor con esta mano cubierta con callos enormes y ásperos. ¡No era una sorpresa que sus pacientes se estuvieran quedando ciegos!

La investigación de Margaret confirmó que la mayor parte de la ceguera causada por la lepra no era una consecuencia inevitable de la infección, sino más bien un producto colateral causado por la interrupción en los nervios. Ella escogió trabajar primero con los pacientes insensibles que no habían perdido sus nervios motores. Para este gran grupo la solución parecía sencilla: necesitaba solo examinarlos con regularidad y entrenarlos para que parpadearan de forma consciente en lugar de por reflejo. Si educaba a los jóvenes pacientes en cuanto al peligro, con certeza ellos podían aprender a parpadear cada un minuto o algo así. La alternativa era la ceguera.

Con gran esperanza Margaret empezó una campaña de educación entre estos pacientes, haciéndoles realizar ejercicios de parpadeo cada vez que ella levantaba una tarjeta. Ellos siguieron su dirección con entusiasmo por una hora o algo así, pero más tarde en el día, cuando ella pasó a verlos, notó la misma mirada impasible de sus ojos abiertos y sin parpadear. Entonces probó con contadores de tiempo, timbres y otros artefactos. Esto también sirvió por un tiempo, pero los pacientes o bien perdían interés o se volvían sordos a la señal. Puso tapaojos en los pacientes para proteger los ojos contra objetos foráneos, pero todavía les faltaban los beneficios esenciales del parpadeo.

Con desesperación, investigamos procedimientos quirúrgicos que pudieran ayudar. Sir Harold Gillies había diseñado una técnica elegante para ayudar a las personas con parálisis de Bell, las cuales también tienen problemas con el músculo del parpadeo. Su proceso innovador ofrecía una promesa aun para los que tenían parálisis completa en los párpados. Incluía desprender un extremo de parte del músculo temporal, que controla el apretón de la quijada y el acto de masticar, y conectarlo a una fibra de fascia corriendo por el párpado. Este ajuste hacía más fácil que los pacientes parpadearan de forma consciente, porque ahora el mismo músculo controlaba tanto el movimiento de masticar como el de cerrar el párpado. Margaret solo tenía que enseñar a sus pacientes a apretar sus dientes periódicamente, o mejor todavía, a masticar goma de mascar, y el ojo recibiría la lubricación que necesitaba.

El procedimiento sirvió bien, y todavía se usa ampliamente en la India. Si un paciente mastica con vigor goma de mascar cada vez que sale puertas afuera en un día polvoriento, su ojo debe recibir la protección que necesita. La cirugía produce algunos efectos colaterales desusados: una persona parpadea con rapidez al masticar un pedazo de carne, pero un paciente consciente puede literalmente impedir la ceguera solo con masticar.

No obstante, se nos recordó nunca subestimar la contribución del dolor. Resolver los problemas motores para restaurar en un paciente la capacidad de parpadear no resolvió el mucho más difícil problema sensorial. Incluso nuestros pacientes más fervientes, que persistieron con su poder consciente en desarrollar la capacidad de impedir la ceguera, recaían. A menos que retuvieran alguna sensación residual de dolor en la superficie del ojo para darles una sensación de ardor o sequedad, se olvidaban de parpadear. Simplemente habían perdido el motivo; para que parpadearan con perfecta regularidad tenía que dolerles. Necesitaban la compulsión del dolor.

Cuando un paciente carecía de toda sensación de dolor, teníamos que recaer en un procedimiento mucho menos satisfactorio. Usando aguja e hilo cosíamos los párpados superior e inferior con fuerza en las esquinas, dejando una abertura suficiente en el centro para permitir la visión. Debido a que tan poco del ojo estaba expuesto, las lágrimas lubricadoras se recogían alrededor de la córnea y la bañaban aun cuando el paciente nunca parpadeara. Los pacientes detestaban el efecto global de su apariencia, así como detestaban cualquiera cosa que les hiciera verse no naturales, pero por lo menos esto preservaba su vista. Incluso hoy, este procedimiento sencillo, aunque un pobre sustituto para las células silenciadas del dolor, sirve como un asombroso salvador de la vista para los pacientes de lepra.

11
SALIDA A LA LUZ

*Compras el dolor
con todo lo que la alegría puede dar,
y mueres de nada
sino de una furia de vivir.*

Alexander Pope

Mi trabajo con los pacientes de lepra poco a poco afectó otros deberes de enseñanza y ortopédicos en el hospital. A menudo me quedaba despierto por la noche pensando en los pacientes. ¿Qué nuevas innovaciones quirúrgicas pudieran reducir el estigma que enfrentaban? ¿Cómo podría mejorar la calidad de sus vidas? Cada vez más, el trabajo con la lepra se convirtió para mí en una vocación, y no meramente en una ocupación accesoria.

En 1952 recibí una generosa y muy inesperada oferta de la Fundación Rockefeller. «Su trabajo con la lepra muestra buen potencial», me dijo su representante. «¿Por qué no viaja por el mundo y busca el mejor consejo posible. Vea a quienquiera que desee: cirujanos, patólogos, leprólogos, y tómese todo el tiempo que necesite. Nosotros pagamos la cuenta».

La oferta vino como del cielo. Yo había operado muchas manos y pies, y unas pocas narices y cejas, pero siempre con la inquietante conciencia de que no había sido entrenado de forma apropiada para tales procedimientos. Ahora tenía la libertad de estudiar bajo expertos de clase mundial. Es más, podía visitar a neuropatólogos que tal vez podrían arrojar alguna luz sobre cómo la lepra daña los nervios. Nuestro propio estudio no nos había llevado a ninguna parte. Desde el tiempo de la autopsia en Chingleput había sabido que los nervios se hinchan en extraños lugares, lo que conduce a la parálisis y a la pérdida de la sensación, pero no tenía ni idea de qué es lo que en realidad mata a los nervios. Con ansia desempaqué los diminutos frascos que había recogido en la autopsia y seleccioné algunos segmentos para teñir y montar en portaobjetos de microscopio para llevar conmigo.

Sir Archibald McIndoe, mi primer contacto en Londres, pareció intrigado por la transferencia de tendones que habíamos hecho en Vellore. Organizó una reunión con el Club de la Mano, un grupo élite de trece cirujanos de la mano, y me nominó para una conferencia en el Colegio Real de Cirujanos. Mi presencia en estas reuniones abrió la puerta para todo cirujano de la mano notable en Londres, y como joven interno con los ojos bien abiertos, fui a algunos de ellos y observé su trabajo.

Tuve menos éxito, sin embargo, con el segundo objetivo del viaje, descubrir la patología nerviosa de la lepra. En varios centros de investigación mostré mi colección de portaobjetos de la autopsia y describí los misteriosos patrones de hinchazones que había hallado en los nervios del codo, la rodilla y la muñeca. «No tengo ni la menor idea de qué es lo que mata ese nervio», decía un experto dando una respuesta típica. «Nunca he visto nada parecido a esa patología».

Después de completar mis rondas por Inglaterra, volví a empacar con cuidado mi caja de portaobjetos y especímenes y me embarqué en el trasatlántico *Queen Mary* para mi primera visita a los Estados Unidos. Tenía citas con notables cirujanos de la mano y neurólogos, e incluso esperaba examinar mis especímenes nerviosos bajo el poderoso microscopio electrónico de la Universidad de Washington en St. Louis.

Para mí, como cirujano, el punto clímax del viaje fue el mes que pasé en California estudiando bajo la dirección de Sterling Bunnell, «el padre de la cirugía de la mano» mismo. De allí fui al único leprocomio existente en los Estados Unidos de América continentales, el Hospital de Servicio de Salud Pública en Carville, Louisiana, y me entrevisté con el doctor Daniel Riordan, el único cirujano fuera de la India que había operado en manos de lepra. Dan y yo disfrutamos intercambiando ideas, pero en Carville también recibí algo del sabor de la resistencia que pronto enfrentaríamos al publicar nuestras teorías en cuanto a la lepra y el daño de los nervios.

Carville encabezaba al mundo en la terapia experimental con drogas para la lepra, pero el personal parecía desinteresado en nuestros hallazgos en cuanto a la insensibilidad al dolor. En una conferencia describí cómo habíamos tenido éxito en refutar el mito de la «carne mala» y recalqué que las lesiones de los pies, manos y ojos se pueden reducir grandemente si los pacientes aprenden unas pocas precauciones básicas. Al bajar de la plataforma el director me dio está típica respuesta: «Muchas gracias, Dr. Brand, por hablarnos de su trabajo. Todos hemos notado que usted usa la palabra lepra. Aquí en Carville la llamamos enfermedad de Hansen». Se sentó, y yo tuve mi primera lección sobre la importancia de usar el lenguaje políticamente correcto de los Estados Unidos de América. Entonces el director me llamó aparte y me dijo en tono condescendiente: «Su gente en la India parece estar haciendo un trabajo interesante. Concuerdo que la lesión y la tensión pueden causar daño en las manos de los pacientes. Pero yo he estado en este asunto por largo tiempo, y puedo asegurarle que la enfermedad de Hansen en sí misma causa que esos dedos se acorten».*

Recibí un último regaño en Carville cuando averigüé sobre algunas biopsias de nervios. En mi viaje al oeste me había detenido en St. Louis para usar el microscopio electrónico, solo para descubrir que los nervios fijos en formalina no servían. Necesitaba nervios frescos. Pensé que hallaría una solución en Carville: si había programada alguna cirugía, podía simplemente pedirle al cirujano

---

*Años más tarde, cuando me mudé a los Estados Unidos de América, aprendí la peculiar costumbre estadounidense de resolver un problema cambiándole el nombre. Hay ciertamente escenarios en los cuales usaría el término *enfermedad de Hansen* para evitar ofensas (aunque he descubierto que cuando estoy dando una conferencia y uso ese término, a menudo se me quedan mirando desconcertados; sin embargo, cuando hago una pausa y explicó que me estoy refiriendo a la lepra, el público entiende y el interés se despierta). Pero creo que el estigma que rodea a la lepra no tiene que ver tanto con el nombre como con la enfermedad y los conceptos errados que la rodean. Otros países, tales como Brasil, han hallado que cambiar el nombre de una palabra estigmatizada no afecta en sí mismo al estigma social. Yo preferiría mucho más cambiar el estigma educando a la gente en cuanto a la realidad de la enfermedad causada por el organismo *Mycobacterium leprae*: que la mayoría de la gente es inmune a ella, que se puede tratar con facilidad, y que con un cuidado apropiado no necesita conducir a complicaciones serias. En la India los nombres tamil e hindi para la lepra conllevan un estigma fuerte, pero en donde los programas efectivos de rehabilitación han estado en efecto, el estigma se ha derretido sin cambiar el nombre.

que recogiera pequeñas hebras de nervios que habían muerto y que ya no estaban en uso. Nuestros pacientes en la India con gusto donaban nervios muertos para nuestro estudio. Pero aquí estaba en los Estados Unidos de América, y no en la India, y el personal recibió mi petición con espanto. «¡Nuestros pacientes están muy conscientes de sus derechos y no aceptarían que se los use como conejillo de indias!», dijeron. Tenía mucho que aprender en cuanto al concepto estadounidense de derechos personales.

Los gatos de Denny-Brown

El viaje auspiciado por la Fundación Rockefeller logró casi todo lo que yo quería, incluso sin el microscopio electrónico. Según resultó, una reunión inesperada en Boston ayudó a resolver para mí el desconcertante misterio de la destrucción de los nervios. Todos, excepto uno de los expertos neurólogos que conocí, me dieron la misma reacción aturdida a mis especímenes de nervios («Nunca he visto nada como esa patología»). La única excepción fue el Dr. Derek Denny-Brown, un neozelandés y brillante neurólogo que ejercía en un hospital de beneficencia en Boston.

Sin duda, la oficina de Denny-Brown era la oficina más atiborrada que visité en los Estados Unidos, con montones de cajas, archivadores, recipientes de portaobjetos y negativos de rayos X. De forma habitual, los médicos a quienes visité miraban de reojo sus relojes cada media hora o algo así. Denny-Brown no. Cuando le presenté el problema, sus instintos se pusieron en plena alerta y se volvió ajeno por completo al tiempo. Era un científico puro.

Le describí brevemente nuestra investigación en cuando a la insensibilidad. «Hemos rastreado casi todos los efectos colaterales destructivos de la lepra a la causa raíz del daño de los nervios. Pero no puedo establecer ninguna teoría o convencer a otros a menos que conciba alguna explicación de *cómo* la lepra daña los nervios. Hasta aquí, ninguno de los especialistas que he visitado ha reconocido este patrón de patología de los nervios».

Denny-Brown se levantó a la altura del reto. «Permítame echar un vistazo», dijo. Pasó largo tiempo en silencio, agazapado sobre un microscopio, examinando los especímenes de la autopsia de Chingleput. «Sabe, Brand, estos especímenes me recuerdan a mis gatos», dijo por fin. Empezó a revolver entre las cajas de fichas de microscopios en sus archivos, y mientras lo hacía me contó de sus experimentos con gatos... el tipo de experimentos que se podían hacer antes de los días de activismo sobre los derechos de los animales.

«Solía anestesiar gatos y luego dejar expuesto un nervio, por lo general el nervio que controla la pata derecha de adelante. Ponía una diminuta grapa de acero sobre la superficie de ese nervio, como una presilla de papel sobre un alambre. Si la grapa apretaba lo suficiente, según descubrí, la presión dañaba el nervio y la pata se paralizaba. Ocurría un daño permanente del nervio. Luego traté de colocar un cilindro pequeño, como una funda de acero, alrededor del nervio, pero no pude lograr que el cilindro apretara lo suficiente para causar algún problema. Entonces probé un trauma. Golpeé el nervio expuesto con un instrumento pesado. El gato estaba anestesiado, por supuesto, así que no sentía nada, pero el trauma hacía que el nervio se hinchara hasta el doble de su tamaño normal. A pesar de la hinchazón, sin embargo, noté que no ocurría parálisis. El nervio seguía funcionando.

»Finalmente, se me ocurrió la idea de golpear al nervio primero, y *luego* recubrirlo con la pequeña cubierta de acero. El nervio se quedó hinchado, pero esta vez no tenía ninguna parte donde expandirse debido al cilindro. Entonces en realidad tuve una reacción. Muy rápidamente el gato perdió toda sensación y movimiento en los músculos que ese nervio controlaba. Aprendí mucho en cuanto a daño de nervios, pero no sabía para qué servirían esos hallazgos, así que simplemente los puse a un lado. Eso fue hace más de diez años. Pero en alguna parte por aquí tengo algunos especímenes».

Me impresionó la memoria visual de Denny-Brown de un patrón que había visto muchos años antes. Al fin ubicó una polvorienta caja de fichas de microscopio, las sacó, y las puso lado a lado con los especímenes de nervios de Chingleput. Bajo el microscopio, encajaban perfectamente. Ahora teníamos dos demostraciones independientes del mismo patrón misterioso.

«Pues bien, ahora, eso dice algo», dijo Denny-Brown con obvio orgullo. «Sus nervios leprosos están siendo dañados por la isquemia. Algo les está haciendo hincharse, y la funda del nervio [una funda de proteína grasa que se parece al aislamiento alrededor de un alambre] restringe la hinchazón. Lo que sucede es que la presión dentro de la funda se vuelve tan intensa que oprime e impide la provisión de sangre y causa la isquemia. Y como cualquier tejido, el nervio muere si se le priva lo suficiente de su provisión de sangre».

Esa tarde con Denny-Brown resultó ser la sesión más valiosa de todo mi viaje de cuatro meses por los Estados Unidos. Sabía de la isquemia de primera mano, porque eso fue lo que había experimentado como uno de los voluntarios de Sir Thomas Lewis en la facultad de medicina. Recordaba la agonía que había sentido cuando la funda de medir la presión arterial cerró toda la sangre que venía y mis músculos sufrieron los espasmos. Irónicamente, el mismo mecanismo que me había causado tanto dolor ahora estaba haciendo lo opuesto en los pacientes de lepra: estaba destruyendo su sensación de dolor. Si yo hubiera mantenido la funda de medir la presión por suficiente tiempo, horas en lugar de minutos, también hubiera dañado los nervios de mi brazo, conduciendo a la parálisis y a la pérdida de sensación.

Por primera vez tenía una explicación sensible del ataque de lepra al nervio. Cuando el bacilo de la lepra invade los nervios, el cuerpo reacciona con una respuesta clásica de inflamación, haciendo que el nervio se hinche. Los bacilos se multiplican, el cuerpo envía refuerzos, y antes de mucho el nervio que se hincha está oprimiéndose contra su funda. Tal como las fundas de acero de Denny-Brown habían comprimido la hinchazón de los nervios del gato, la propia funda que recubre el nervio invadido por la lepra actúa como un constrictor, y a la larga el nervio hinchado aprieta tanto que cierra toda su provisión de sangre y se muere. Un nervio muerto ya no transmite las señales eléctricas para la sensación y el movimiento.

Al atisbar por el lente del microscopio en la atiborrada oficina de Denny-Brown, algunas de las piezas finales del rompecabezas de la lepra cayeron en su lugar. Por siglos la medicina se había enfocado en el daño visible que la lepra le hacía a los dedos de las manos y de los pies y a la cara... y de aquí el mito de la «carne mala». Mi propio trabajo con los pacientes, así como la autopsia de Chingleput, me habían convencido de que el problema real estaba en otra parte, en las sendas de los nervios, pero hasta ese momento no había entendido cómo los nervios sufrían daño. La explicación de Denny-Brown de la isquemia resolvió el acertijo.*

Por lo menos estaba empezando a concatenar un cuadro

---

*Años más tarde el Dr. Tom Swift identificó otra causa menos común de la parálisis que ocurre cuando la lepra a veces invade a los nervios directamente y destruye el revestimiento de mielina de las fibras.

global de la lepra como, en esencia, una enfermedad de los nervios. Los bacilos en verdad proliferan en lugares fríos tales como la frente y la nariz, provocando una respuesta defensiva, pero esos invasores hacen principalmente un daño cosmético. Los síntomas en realidad devastadores resultan cuando los bacilos invaden los nervios cercanos a la superficie de la piel. Cada nervio principal es un conducto de fibras motoras y sensoriales, y un fallo en el nervio afecta a ambas. Los axones motores ya no llevan mensajes del cerebro, y los músculos de la mano, el pie o el párpado se paralizan; los axones sensoriales ya no llevan mensajes de tacto, temperatura y dolor, y el paciente se vuelve vulnerable a la lesión. Cuando en efecto ocurre una lesión, a menudo surge la infección, y la reacción del cuerpo puede causar que se destruya el hueso o se absorba, lo que resulta en dedos acortados de la mano o del pie.

Pensé en retrospectiva a mi primer contacto con las víctimas de lepra: los mendigos en las calles de Vellore. Sus síntomas: la ceguera, las caras estropeadas, las manos paralizadas, los dedos acortados en la mano y en los pies, las úlceras debajo de los pies, ciertamente apuntaban a una enfermedad de la piel y de las extremidades. Me había llevado un largo tiempo ser más preciso para hallar a quién echarle la culpa. Ahora tenía confirmación de que las más grotescas deformidades y temidos síntomas de la lepra tenían la misma fuente cruel: los nervios dañados.

Oasis

Volví del viaje auspiciado por la Fundación Rockefeller armado con nuevas habilidades quirúrgicas y cargado con municiones para nuestras teorías sobre la ausencia de dolor, pero también traje conmigo el aleccionador conocimiento de que debíamos valernos por nuestros propios medios en la India. Ninguno de los más destacados neuropatólogos jamás había estudiado nervios dañados por la lepra, y de todos los connotados cirujanos que visité solo uno había trabajado con las víctimas de esta enfermedad. Por lo tanto, Vellore mismo era el puesto de avanzada pionero en la campaña de rehabilitación de la lepra.

Nuestro programa todavía carecía de un elemento importante: un hospital de lepra a escala completa y un centro de investigación dedicado, el sueño largamente esperado de Bob Cochrane. El mismo año de mi viaje auspiciado por Rockefeller el gobierno del estado ofreció un sitio de alrededor de cien hectáreas en una región rural llamada Karigiri, como a ocho kilómetros de la Universidad de Medicina. Recuerdo muy bien el desaliento que sentí al inspeccionar este sitio pedregoso y desolado por primera vez. Los vientos candentes barrían el adusto paisaje, y cuando salí del vehículo me golpearon en la cara como gases de escape de un horno. Nadie en la tierra escogería vivir en tan desolado lugar, pensé para mis adentros. Pero los pacientes de lepra rara vez tienen el lujo de la selección personal: los vecinos habían impedido nuestra compra de varios encantadores sitios más cerca a la ciudad. Aceptamos el terreno con agradecimiento y pusimos la primera piedra. Los planes eran construir un hospital de ochenta camas, un bien equipado laboratorio de investigación e instalaciones para la capacitación.

Karigiri pronto nombró al Dr. Ernest Fritschi para el puesto de cirujano en jefe y más tarde superintendente médico, decisiones sabias por razones que iban más allá de sus habilidades médicas. El padre de Fritschi, misionero agrícola suizo, le había enseñado a su hijo principios básicos de botánica y ecología, y Ernest ahora adoptó la tierra desolada de Karigiri como su «paciente» más retadora. Construyó trincheras, presas de contorno y diques de filtración en un esfuerzo para controlar la erosión y aumentar la capa freática. Buscó plantas resistentes a la sequía para estabilizar el escaso suelo. Plantó como tres mil árboles al año, cuidando a los retoños en su propia casa, trasplantándolos con mucho cuidado y regándolos con un tanquero tirado por bueyes.

Karigiri fue transformándose de forma gradual. Yo visitaba el establecimiento todas las semanas, y al principio los edificios pintados de gris y blanco del centro de investigación se levantaban adustos contra el brillante horizonte del desierto. Con el tiempo, un bosque verde lustroso creció para escudar los edificios, reduciendo la temperatura del suelo y domando los vientos implacables. Empecé a esperar mis visitas como un alivio bienvenido al calor de la ciudad. Volvieron las aves, como cien diferentes especies, y yo eché en mi maletín mis binoculares.

El trabajo de investigación en Karigiri continuó a la par de las mejoras físicas. Una vez que habíamos identificado los peligros que una persona insensible puede encontrar, pudimos reducir de modo dramático el número de lesiones. Los equipos móviles salían todos los días hábiles para educar a los pacientes de lepra en las poblaciones.

Mientras tanto, empecé a publicar artículos y a viajar por todo el mundo, tratando de comunicar lo que había aprendido en cuanto al tratamiento de la lepra. Los médicos que tenían experiencia en el trabajo con la lepra a veces parecían indiferentes y en ocasiones hostiles a nuestros hallazgos. Recuerdo una conversación con un médico obstinado y anciano en África del Sur. Al explicarle nuestras teorías, señalé las ampollas grandes en la palma de uno de sus pacientes de lepra. «Sin duda esas ampollas provienen de quemaduras», dije. «Probablemente levantó una olla de metal al cocinar. No posee mensajes de dolor que le adviertan soltarla».

El médico se erizó. «Joven, tú has estado con esta enfermedad por menos de una década. Yo he estado trabajando con la lepra toda mi vida, y *sé* que la lepra produce ampollas en las palmas de las manos». Se mofó de mi refutación. Para él, el diagnóstico era claro y contundente: la lepra seguía un patrón predecible de destrucción de tejido que ningún tratamiento podía invertir.

La Organización Mundial de la Salud designó a la lepra como una de las cinco enfermedades que eran el blanco de su prioridad, y empezó a invertir millones de dólares en investigación y tratamiento, pero incluso la OMS mostró escasa consideración para la rehabilitación. Una vez que las drogas habían matado al bacilo activo en un paciente, la OMS declaraba al paciente curado. El daño subsiguiente en los ojos, manos y pies era lamentable, pero en realidad no era su preocupación.

En Karigiri argumentábamos que los pacientes tienen estándares de «cura» diferentes a los de la OMS, y la noción de los pacientes a menudo determina si el tratamiento es efectivo. «Nosotros estamos tratando a una persona, no a una enfermedad», decía yo, «por consiguiente nuestros programas deben incluir entrenamiento y rehabilitación. Si un hombre que está recibiendo terapia de drogas continúa hallando úlceras en sus pies, en las manos y en los ojos, simplemente puede dejar de tomar las píldoras». Mis pacientes verían la letra en términos del daño obvio a sus cuerpos, y no de conteo bacterial. Una persona libre de lepra activa que se deja con las manos y los pies lisiados difícilmente puede pensar de sí misma como curada, sin que importe lo que la OMS o algún médico afirme.

Al fin, en 1957, un productor de cine italiano nos ayudó a proveer el progreso que yo estaba buscando. Carlo Marconi, que vivía entonces en Bombay, convino en producir un documental de nuestro trabajo con fondos provistos por la Leprosy Mission de Londres. El resultado, *Lifted Hands* [Manos levantadas], mostraba la historia de la vida de un muchacho campesino desalentado que vino a nosotros con terribles manos de garra y después de una extensa cirugía se fue con las manos restauradas y una nueva posibilidad de vida. Marconi, un perfeccionista, pasó muchas semanas con nosotros, creando caos en nuestro horario normal pero deleitando a los campesinos a quienes empleaba como extras y asistentes.

Lifted Hands demostró su valía casi de inmediato. Terminada justo a tiempo, la película hizo una vívida impresión en una conferencia en Tokio a la que asistieron expertos de lepra de cuarenta y tres países. Finalmente parecía que habían captado la importancia de prevenir y corregir deformidades. Solo uno que disintió, un científico estricto que insistía en los datos rigurosos, impidió que el comité adoptara una nueva política. «No tenemos prueba de la exactitud de las afirmaciones del Dr. Brand en cuanto al papel de la insensibilidad en conducir a las deformidades», dijo. «No debemos aprobar ninguna resolución sin una investigación exhaustiva».

De modo irónico, esa disensión demostró ser decisiva en esta campaña. Un equipo de investigación de cirujanos de la mano, científicos médicos connotados y leprólogos descendió a Vellore para la investigación. Felizmente, habíamos guardado historiales meticulosos de cada uno de nuestros pacientes de cirugía. Seguíamos un procedimiento estándar de dictar diecinueve párrafos descriptivos de cada operación (1, el sitio externo antes del procedimiento; 2, la preparación de la piel; 3, la anestesia; 4, la incisión, y así sucesivamente). Además, teníamos un historial fotográfico completo de cada mano para demostrar su amplitud progresiva de movimiento y flexibilidad: seis fotos antes de la cirugía, seis fotos después de la cirugía, seis fotos después de la fisioterapia posterior a la operación, y fotografías de seguimiento después de uno y cinco años. Abrimos todos esos archivos a los expertos y también les permitimos examinar a nuestros pacientes de largo plazo.

Por primera vez en la historia teníamos cirujanos de clase mundial y expertos en lepra reunidos en un cuarto enfocándose en los mismos asuntos médicos, y la mezcla fue explosiva. Los cirujanos de la mano se entusiasmaron por lo que se podía hacer por una mano paralizada; los leprólogos se emocionaron en cuanto a nuestra tasa de éxito para sanar heridas y prevenir lesiones. El grupo entero captó la visión de la rehabilitación que nos había estado motivando desde nuestros primeros días en la clínica de la mano de paredes de lodo. Con gran entusiasmo, este comité emitió un informe oficial apoyando nuestro enfoque en la rehabilitación. Al poco tiempo la OMS me contrató como consultor, y Karigiri se convirtió en escala obligada para los expertos internacionales en lepra y para todos los nuevos estudiantes en entrenamiento auspiciados por la OMS.

En verdad, en los próximos años que siguieron cirujanos y fisioterapistas de más de treinta naciones hallaron su camino a la diminuta población en el desierto del sur de la India. Podían estudiar medicina y epidemiología en otras partes, pero en ninguna parte ofrecían experiencia práctica en cirugía y rehabilitación de pacientes de lepra. En mis visitas semanales a Karigiri por lo general cenaba en el comedor de invitados, en donde me reunía con obreros de la salud de tal vez una docena de países. El sueño original de Bob Cochrane de un centro internacional de entrenamiento en Karigiri al final estaba convirtiéndose en realidad.

Restauración

Para los que conocimos Karigiri en sus primeros días, lo que transpiraba en el desierto parecía un milagro de la naturaleza, un oasis de belleza y nueva esperanza brotando en un paisaje de muerte. Vi en esa transformación una metáfora de lo que esperábamos lograr en nuestros pacientes. Estábamos intentando moldear de nuevo las vidas de seres humanos, muchos de los cuales habían venido a nosotros desprovistos de toda esperanza. ¿Podría la atención amorosa hacer por ellos lo que estaba haciendo por la tierra? En los próximos años la metáfora se acercó a la realidad.

Mi madre, Granny Brand, todavía estaba activa en las montañas y nos traía algunos de nuestros casos más retadores. Dos o tres veces al año ella se aparecía después de un viaje de veinticuatro horas a caballo, autobús y tren arrastrando consigo un espécimen miserable de la humanidad, por lo general un mendigo medio muerto por el hambre con las extremidades severamente paralizadas y con dedos faltantes y llagas abiertas en las manos y en los pies. Le explicábamos que no teníamos camas vacantes y que teníamos que escoger nuestros pacientes con cuidado basándonos en quiénes mostraban el mayor potencial. Mi madre sonreía con dulzura y decía: «Ah, yo lo sé, Paul; pero hazlo solo esta vez por tu madre vieja. Y ora en cuanto a lo que Jesús quiere que hagas». Como siempre, ella ganaba la discusión.

La complicada atención en Karigiri a menudo estaba dirigida a «don nadies» como estos. Pero el personal, muchos de los cuales habíamos contratado de las poblaciones locales, no se cohibían ni volteaban la cara. El temor y la superstición se habían derretido conforme entendían la naturaleza de la enfermedad. Escuchaban las historias de los pacientes sin repulsión, sin temor. Usaban la magia del toque humano. Un año o algo así más tarde veía a estos pacientes, parecidos a Lázaro, salir del hospital y orgullosamente encaminarse al Centro Nueva Vida para aprender un oficio. Un donativo de la Cruz Roja Suiza pronto hizo posible una fábrica de mediano tamaño diseñada en especial para emplear trabajadores con lepra, poliomielitis y otras enfermedades paralizantes.

Conforme el conocimiento en cuanto a la letra se esparció y las barreras del estigma cayeron, en ocasiones tuvimos éxito para restaurar a pacientes de lepra a su situación anterior en la vida. Vijay, un abogado de Calcuta, fue uno de nuestros pacientes menos típicos porque venía de una casta alta. Había disfrutado de una carrera exitosa en los tribunales hasta el día en que descubrió las señales de la lepra. Buscó consejo médico y pasó varios meses fuera de su trabajo a fin de someterse a un tratamiento intensivo con sulfas. Pronto la infección estuvo controlada y Vijay recibió un certificado de negatividad. Aunque ahora no presentaba peligro, otros abogados en la corte presentaron una petición para impedirle que volviera a ejercer. Las manos dobladas en garra serían una desgracia en un tribunal, protestaron.

Vijay me telegrafió sumido en la desesperación, y le insté a que fuera de inmediato a nuestro hospital. Él voló a Madrás y tomó un tren a Karigiri. «La audiencia en la corte para determinar mi futuro tiene lugar en cinco semanas», dijo. «Debo tener nuevas manos para entonces». Nunca antes habíamos operado ambas manos de un paciente al mismo tiempo —siempre dejábamos una mano libre para comer y otros menesteres esenciales— pero el caso de Vijay era diferente. Operamos en todos los dedos y pulgares de ambas manos al mismo tiempo, lo vendamos y lo pusimos un yeso. Inútil por completo con ambas manos enyesadas, las enfermeras y asistentes fueron las que tuvieron que darle de comer y vestirlo. Tres semanas más tarde le quitamos los yesos y le dimos un curso acelerado en terapia física. En el último día de la fecha límite de cinco semanas, llevamos a Vijay de regresó al tren, practicando sus ejercicios de los dedos en todo el camino, para su regreso al aeropuerto de Madrás.

Vijay tenía una inclinación por el drama en la corte. En la audiencia, según me contó más tarde, mantuvo sus manos escondidas hasta que se hubieron presentado todas las quejas. Cuando le llegó su turno habló largamente en cuanto a la hipocresía de los que habían mirado a un defecto físico como algo que pudiera restarle dignidad a la corte. Esperó hasta el párrafo final para mencionar su propio caso. «En cuanto a mi propia situación, mis acusadores se han quejado acerca de mis manos deformadas. Le pregunto a esta corte, ¿de qué deformidades están hablando?» Sacó ambas manos de sus bolsillos y las levantó, con los dedos bien estirados, sin revelar ninguna señal de garra. Los abogados acusadores se aglomeraron asombrados. El caso fue descartado.

En la década que siguió, al trabajar con pacientes como Vijay en las nuevas instalaciones ampliadas en Karigiri, me di cuenta de que nunca había experimentado un sentido mayor de realización personal. De forma muy inesperada el trabajo con la lepra había compilado todos los vectores diferentes de mi vida. Tenía toda la cirugía que podía atender, un excelente laboratorio en el cual realizar investigaciones, e incluso la oportunidad de retroceder en el tiempo y resucitar habilidades de mis días en el oficio de carpintería. Recuerdo haber sentido un intenso sentimiento de remembranza al sentarme con una docena de muchachos en la aldea Nueva Vida, supervisándoles sobre cómo usar en la carpintería sus manos reconstruidas. De repente me sentí transportado de regreso al banco de trabajo en donde fui aprendiz, con mi supervisor guiándome. Tuve un sentido agudo y luminoso de la mano de Dios conduciéndome hacia adelante, por caminos que en un tiempo pensé que eran callejones sin salida.

El proceso de seguir a los pacientes por todo el ciclo de rehabilitación a la larga fue un reto a mi enfoque hacia la medicina. En alguna parte, tal vez en la facultad de medicina, los doctores adquieren una actitud que se asemeja sospechosamente al orgullo desmesurado: «Ah, usted viene justo a tiempo. Confíe en mí. Pienso que podré salvarle». Trabajar en Karigiri me despojó de ese orgullo desmesurado. Yo no podía «salvar» a los pacientes de lepra. Podía detener la enfermedad, sí, y reparar algo del daño. Pero todo paciente de lepra que tratábamos tenía que volver y, contra probabilidades abrumadoras, intentar construir una nueva vida. Empecé a ver mi principal contribución como algo que no había estudiado en la facultad de medicina: unirme a mis pacientes como socio en la tarea de restaurarle la dignidad a un espíritu quebrantado. Ese es el verdadero significado de la rehabilitación.

Cada uno de nuestros pacientes estaba desempeñando un

papel principal en un drama personal de recuperación. Nuestros arreglos mecánicos de músculos, tendones y huesos eran solo un paso en la reconstrucción de una vida dañada. Los pacientes mismos eran los que recorrían la difícil senda.

12
HACIA EL PANTANO

El dolor tiene un elemento en blanco;
no puede rememorar
cuándo empezó, o si hubo
un día cuando no existía.

No tiene futuro excepto él mismo,
sus campos infinitos contienen
su pasado, iluminado para percibir
nuevos períodos de dolor.

Emily Dickinson

En 1965, después de casi veinte años en la India, tomamos la difícil decisión de avanzar. El personal hábil de la India había asumido el control de la mayoría del trabajo con la lepra, y puesto que yo pasaba varios meses al año viajando por el mundo, mis vínculos con Karigiri habían empezado a aflojarse. La familia Brand ahora consistía de seis hijos, algunos acercándose a la edad universitaria, y parecía buen tiempo para mudarnos. Volvimos a Inglaterra esperando establecernos de forma permanente allí.

Esos planes cambiaron cuando una gira de conferencias me llevó de regreso a Carville, Louisiana, en donde esta vez tuve una recepción más cordial. El Dr. Edgar Johnwick, director del hospital de lepra, se quedó hipnotizado mientras yo describía el programa en Karigiri. Debo haber despertado sus instintos competitivos estadounidenses, porque me llamó aparte esa tarde. «Es muy evidente que sus pacientes en la India reciben un mejor programa de rehabilitación que nuestros pacientes en los Estados Unidos», dijo con obvia preocupación. «Como funcionario del Servicio de Salud Pública de los Estados Unidos de América (SSPEUA) no puedo aceptar eso. ¿Consideraría venir acá y establecer un programa similar?»

Mi esposa y yo, súbditos británicos que habíamos servido en la India, estábamos renuentes a introducir una tercera cultura en las vidas de nuestros hijos. Pero el Dr. Johnwick demostró ser un consumado vendedor. Carville establecería un cargo en oftalmología para Margaret, prometió, y el SSPEUA respaldaría por completo todo mi trabajo de consultoría en el extranjero. «Es lo menos que podemos hacer», dijo después de hacer unas pocas llamadas telefónicas a Washington pidiendo autorización.

Hablé como por media hora grabando en una cinta, describiendo las oportunidades en Carville y mis impresiones del campo pantanoso de Louisiana, y envíe la cinta a Londres. Cuando llegó, Margaret y mis seis hijos se sentaron oyendo y volviendo a oír la cinta, y buscando a Carville en un mapa. (El hospital está junto a un arco del río Mississippi aproximadamente una tercera parte del camino hacia abajo desde Baton Rouge hasta Nueva Orleans.) Todos mis hijos emitieron su voto, y los seis votaron porque la familia debía mudarse a los Estados Unidos, aunque nuestra hija mayor, Jean, decidió quedarse en Londres para terminar la escuela de enfermería.

En enero de 1966 la familia Brand entró en el mundo extraño de la cocina cajun, la política al estilo Huey Long, y las leyendas de barcos de río, mientras nos mudamos a una casa de paredes de madera en los predios del hospital junto a un dique del río Mississippi. La inmersión en una nueva cultura presentó muchos ajustes. Por algún tiempo Margaret y yo nos resistimos a la súplica de la familia por un televisor, pero finalmente cedimos a la abrumadora presión («¡Somos los únicos en los Estados Unidos que no tienen televisión!») y compramos un televisor en blanco y negro. Nuestros hijos, acostumbrados a las escuelas británicas en las cuales los estudiantes se ponen de pie cuando el profesor entra en el salón o los llama, se asombraron por la conducta casual de los escolares estadounidenses. Asistiendo a la escuela y al colegio en el sur de los Estados Unidos a fines de los sesenta, también se hallaron atrapados en un torbellino de asuntos de derechos civiles.

En reclusión

Nuestra familia, sin embargo, estaba más sintonizada con una clase diferente de perjuicio. Al inicio el hospital Carville había estado administrado por una orden de monjas como lugar de refugio para pacientes acosados de Nueva Orleans. Más tarde, bajo la administración estatal, y después federal, atravesó una larga historia de tratamiento discriminatorio a los pacientes de lepra, y nuestros hijos se sorprendieron de hallar una política oficial menos ilustrada que la que habíamos conocido en la India. En una época tan reciente como la década de los cincuenta, los pacientes llegaban al hospital en cadenas. Todo correo de los pacientes que salía tenía que pasar por un horno esterilizador, práctica absurda y médicamente inútil a la que la administración del hospital por largo tiempo se había opuesto pero que la burocracia de Washington no había abolido todavía.* El hospital también tenía reglas prohibiendo a los pacientes visitar las casas del personal y prohibía que los hijos menores de dieciséis años entraran en las áreas de los pacientes, dos reglas que nuestros hijos hallaron la manera de romper.

Mi hija Mary se resistió a la idea de celebrar su recepción de bodas en el salón de la vieja plantación Carville porque en ese edificio no habrían admitido a los pacientes. Otra hija, Estelle, terminó casándose con un antiguo paciente y mudándose a Hawaii. Mi hija menor, Pauline, siguió un enfoque diferente, prefiriendo burlarse de los temores exagerados de la enfermedad. Carville era bien conocido en el área de Louisiana, y los turistas a veces pasaban por la cerca del hospital, estirando sus cuellos para ver a los «leprosos» dentro. Pauline se paraba por la cerca hasta que

---

*Un amigo fisioterapista de la India afirma que, de forma paradójica, las sociedades más educadas estigmatizan la enfermedad con mayor probabilidad. Cita Nueva Guinea y África Central, que tienden a tener más aceptación de los pacientes de lepra que Japón, Corea y los Estados Unidos de América. Yo solía discutir con él, pero una política del gobierno estadounidense adoptada justo después de la guerra de Vietnam me puso a pensar. Decenas de miles de «gentes de barco» refugiadas estaban buscando asilo en los Estados Unidos, y nosotros en el Servicio de Salud Pública recomendamos de modo enérgico que se les examinara para buscar señales de lepra. Vietnam tenía una incidencia moderadamente alta de lepra, y parecía necio al extremo admitir portadores activos sin examinarlos y hacer arreglos para su tratamiento. Pero el gobierno rechazó nuestra petición. Era demasiado riesgoso, dijeron. Si se filtraba la noticia a la prensa de que algunas de las personas del barco tenían lepra, el público general se volvería en contra de todo el proyecto.

veía un carro reduciendo la velocidad, y en ese momento retorcía sus dedos, distorsionaba su cara, y hacía lo mejor que podía para asemejarse al estereotipo, con la esperanza de asustar y alejar a los mirones.

Los veteranos de Carville nos hacían cuentos del pasado oscuro del hospital. El estigma de la lepra impuesto en el hospital en un tiempo fue tan grande que muchos pacientes habían adoptado nuevos nombres para proteger a sus familias afuera. (Oí historias acerca de la fallecida «Ann Page», que había escogido su nombre de una marca de un supermercado.) Por largo tiempo a los pacientes de lepra se les negó el derecho al voto, como si fueran criminales. Se les exigía sumergir el dinero de bolsillo en desinfectante antes de gastarlo. «Este lugar solía ser como una prisión», me dijo un paciente. «Como muchos de estos individuos, yo tenía esposa e hijos. Pero en ese entonces la lepra era una base legal para el divorcio y la encarcelación, y un día vino el sheriff y me mandó a Carville. Podía haberme salido por debajo de la cerca, supongo. Pero cualquiera que era atrapado escapándose de Carville se arriesgaba a pasar un tiempo en la cárcel. Y es difícil que un paciente de lepra se esconda».

Gracias al sobresaliente liderazgo del Dr. Johnwick, sin embargo, el Carville moderno estaba emergiendo de su sombrío pasado. Se habían abolido las leyes de cuarentena para la lepra. El alambre de púas que rodeaba los predios del hospital había sido quitado, y se ofrecían giras a visitantes tres veces al día. Johnwick murió de un repentino ataque cardíaco poco antes de que nosotros llegáramos, pero sus humanas reformas estaban en plena marcha y las últimas barreras discriminatorias pronto cayeron.

Me encantó el ambiente en Carville: largas hileras de robles recubiertas de musgo español, caballos y ganado pastando en potreros abiertos cubiertos de césped y flores silvestres. Con la bandera de cuarentena eliminada, Carville ahora era un lugar atractivo para que los pacientes vivieran. Tenían cuartos individuales, una cancha de béisbol, un lago con peces, un campo de golf de nueve agujeros. Podían pasear a voluntad por los predios de la plantación de alrededor de doscientas hectáreas, caminar por el dique, o incluso embarcarse en un ferry para cruzar el río y visitar un restaurante de mariscos.

Con un medio ambiente agradable, alojamiento y comida gratuita, excelente atención médica, recreación y diversión costeada por el gobierno, y edificios con aire acondicionado, el nivel de comodidad de mis pacientes en este escenario de plantación excedía por un gran margen cualquier cosa que hubiera conocido en la India. Pero la lepra halla su manera de trabajar en un patrón peculiar de destrucción sea cual sea el escenario.

Cuando llegué a Carville en 1966 el paciente más celebrado era un hombre llamado Stanley Stein. Nacido en 1899 era más viejo que el siglo, aunque las cicatrices de la lepra en su cara hacían difícil juzgar su edad. Stanley era un hombre caballeroso y sofisticado, que había jugueteado con una carrera como actor antes de llegar a ser farmacéutico. A los treinta y un años se le diagnosticó lepra y se le envió con rapidez a Carville, en donde pasó el resto de su vida. Había escrito una penetrante autobiografía, *Alone No Longer* [Ya no solitario], y había fundado *The Star*, un periódico para pacientes que tenía suscriptores en todo el mundo. Fue de Stanley que oí muchas de las historias del pasado de Carville.

Para cuando lo conocí, Stanley había perdido todo contacto sensorial en sus manos y en sus pies, y poco tiempo atrás había quedado ciego. Cicatrices y úlceras cubrían sus manos, cara y pies, siendo testigos mudos del maltrato que su cuerpo había soportado sin intención debido a que le faltaba la sensación del dolor. Stanley me contó que cuando sus ojos empezaron a secarse había tratado de aliviarlos cubriéndolos con compresas húmedas. Se paraba sobre el lavamanos y dejaba que el agua corriera hasta que alcanzaban la temperatura apropiada. Por desgracia, debido a que había perdido la sensación y no podía juzgar la temperatura, a veces se escaldaba las manos y la cara, resultando en más cicatrices y más deformidad.

La ceguera complicó grandemente la vida de Stanley, y cada vez más simplemente se quedaba en su cuarto. Se las arreglaba para desempeñar sus responsabilidades en *The Star* haciendo que le leyeran los artículos y usando un dictáfono para redactar sus propios escritos. Tenía una mente despierta, y me encantaba conversar con él. Sensible a la más ligera inflexión de la voz, percibía con rapidez el significado detrás de lo que yo decía. Me preguntó en cuanto a las actitudes hacia la enfermedad en diferentes países, y quería oír de cualquier nuevo avance en el tratamiento de la lepra.

Conforme la enfermedad progresaba en el cuerpo de Stanley, no obstante, el bacilo desarrolló una resistencia a nuestras mejores drogas y sus médicos habían acudido a la estreptomicina, un poderoso antibiótico que tenía el efecto ocasional colateral de causar sordera por los nervios. Trágicamente, Stanley Stein empezó a perder su oído, su último enlace con el mundo externo. Ya no podía escuchar los noticieros ni los libros parlantes, y la conversación con sus amigos se hizo en extremo difícil.

A diferencia de Hellen Keller, Stanley ni siquiera podía usar el lenguaje de las señales táctiles, porque la lepra había destruido su sentido del tacto. Recuerdo que entraba en el cuarto de Stanley y esperaba para hacerle saber de mi presencia. Él no podía verme y era tan insensible al tacto que tenía que agarrar su mano y estrechársela con vigor para que sintiera algo. Su cara se iluminaba cuando se daba cuenta de que alguien había venido a visitarlo, y estiraba la mano tanteando en su mesita de noche buscando en vano su auxiliar auricular. Yo lo hallaba por él y entonces gritaba muy de cerca directamente en el auxiliar auditivo, logrando así comunicarnos por un tiempo todavía. Pero pronto la sordera fue total.

Una visita a Stanley durante los últimos meses de su vida fue casi insoportable. Incapaz de ver, incapaz de oír, incapaz de sentir, se despertaba desorientado. Estiraba sus manos y no sabía qué era lo que estaba tocando, y hablaba sin saber si alguien lo oía o le contestaba. Una vez lo hallé sentado en una silla murmurando para sí mismo de forma monótona: «No sé dónde estoy. ¿Hay alguien en el cuarto conmigo? No sé quién es usted y mis pensamientos dan vueltas y más vueltas. No puedo tener nuevos pensamientos».

De pronto tuve una visión angustiosa de la absoluta soledad de Stanley Stein. «La soledad aguda», escribió Rollo May, «parece ser la ansiedad más dolorosa que un ser humano puede sufrir. Los pacientes a menudo hablan de que el dolor es una angustia física en su pecho, o como el corte de una cuchilla de afeitar en la región de corazón». Por la falta de dolor, Stanley Stein sufría incluso mayor dolor. Su cerebro, con toda su vivacidad, talento y erudición, seguía intacto. Pero las sendas al cerebro se habían secado, conforme, uno por uno, los nervios principales murieron. Incluso el sentido del olfato desapareció cuando la lepra invadió el recubrimiento de la nariz de Stanley. Excepto por el gusto, todas las demás entradas del mundo externo estaban bloqueadas, y la caja ósea de marfil que había sido la armadura de su mente se convirtió en su prisión.

Con todos los recursos del Servicio de Salud Pública de los Estados Unidos a nuestra disposición, poco pudimos hacer para lograr que los últimos días de Stanley Stein fueran lo más cómodos posibles. Murió en 1967.

Nuevas herramientas

Vine a los Estados Unidos de América en un momento propicio para la investigación científica. El gobierno había provisto fondos generosos para programas médicos incluso cuando, como en nuestro caso, beneficiaban primordialmente a personas en otros lugares. (La población registrada de lepra en los Estados Unidos era, y todavía lo es, como de seis mil individuos.) Carville tenía tantos miembros del personal como pacientes, y pudimos obtener un equipo de investigación que habría parecido extravagante en la India. Por ejemplo, pronto aprendí de una emocionante tecnología, la termografía, la cual mostraba una gran promesa para las aplicaciones médicas, y ordenamos una unidad de cuarenta mil dólares para nuestra clínica. El termógrafo era una complicada máquina para medir temperaturas.

En la India habíamos reconocido la importancia de monitorear la temperatura de los pies y las manos de los pacientes. Insensibles al dolor, por lo general no sabían cuándo habían dañado el tejido más allá de la superficie, pero el cuerpo respondía de todas maneras enviando un torrente aumentado de sangre al área dañada. Una mancha de infección en el pie, por ejemplo, requiere de tres a cuatro veces la provisión normal de sangre a fin de sanar la herida y controlar la infección. Yo había entrenado mis manos para detectar estos «puntos calientes», practicando de modo que con el tiempo aprendí a percibir un cambio de temperatura tan pequeño como uno y medio grados Celsius y a veces incluso de un grado y cuarto. Si sentía un punto caliente en el pie del paciente, sabía que probablemente quería decir inflamación y por consiguiente mantenía un ojo vigilante en él. Si la temperatura persistía, tomaba una radiografía para ver si el hueso de adentro se había agrietado.

Ahora, en el monitor del termógrafo o en una ficha impresa, podía ver todo el pie a la vez, mostrando variaciones de temperaturas tan pequeñas como de un cuarto de grado. Las áreas frías de la piel se mostraban como verde o azul; los espacios más calientes aparecían violeta, anaranjado o rojo; las áreas más calientes de todas brillaban en amarillo o blanco. El termógrafo fue fascinante, y era un gusto operarlo porque producía mapas muy coloridos de la mano o del pie. Experimentamos con la máquina por varios meses antes de darnos cuenta de su verdadero potencial: la precisión del termógrafo nos permitía detectar problemas en etapas tan tempranas que ayudaba a compensar por la pérdida del dolor.

De forma habitual, en el instante en que el pie hace contacto con una tachuela y empieza a poner presión sobre ella, las terminaciones de dolor gritan, evitando que uno reciba una herida seria. Mis pacientes de lepra, careciendo de este avanzado sistema de advertencia, seguían caminando y se clavaban la tachuela en el pie, problema que habíamos aprendido a tratar resueltamente atendiendo de inmediato esas lesiones visibles. Mucho más difícil era el daño causado por las llagas formadas por la presión: estas se desarrollaban debajo de la superficie y solo se abrían como úlceras en una etapa posterior. El termógrafo nos ofreció por primera vez la capacidad de atisbar debajo de la piel y observar tal información antes de que se delatara a sí misma en la superficie. Ahora en verdad podíamos *prevenir* las úlceras, contrarrestando más pronto la destrucción del tejido.

Si el termógrafo revelaba un punto caliente en la mano o en el pie, podíamos inmovilizar la extremidad por unos pocos días, o por lo menos reducir su carga de peso, para proteger al paciente de un daño adicional y sanar el problema que comenzaba. Comparado con un sistema sano de dolor, por supuesto, el termógrafo de alta tecnología era más bien crudo, porque detectaba un problema después del hecho, y no antes (la belleza del dolor es que le permite a uno saber de inmediato cuándo está haciéndose daño). Con todo, nos dio nueva precisión para monitorear problemas potenciales. Empezamos a pedir a los pacientes de Carville que vinieran para hacerles análisis regulares del pie y de la mano con el termógrafo.*

Los primeros meses de estas consultas demostraron ser frustrantes. Recuerdo mi primera sesión de termógrafo con José, un paciente «negativo certificado» que venía de California para

---

*Principalmente usábamos el termógrafo para buscar temperaturas elevadas, lo que significaba inflamación. Pero en un caso demostró ser valioso para revelar temperaturas frías. Tuve un paciente que era un fumador empedernido. Como muchos pacientes insensibles, a menudo se había hecho daño en los dedos al permitir inadvertidamente que el cigarrillo ardiera hasta quedar demasiado corto. Le advertí que, además de causarse estas llagas crónicas, los cigarrillos eran malos para él de maneras más serias. La nicotina que inhalaba reducía la circulación de sangre a sus dedos al reducir sus vasos sanguíneos. Sin embargo, sus dedos necesitaban una buena provisión de sangre para reparar las muchas lesiones que tienden a afligir las manos leprosas. Él no hizo caso de mi consejo hasta que un día le pedí que viniera a la clínica sin haber fumado por las pasadas pocas horas.

monitoreo una vez cada seis meses. Los dedos de los pies de José se habían encogido como resultado de la absorción del hueso, y llagas debidas a la presión impedían que la infección sanara. Sin embargo, se rehusaba con obstinación a ponerse zapatos ortopédicos. «Son demasiado horribles», decía. José tenía una cara limpia y sin marcas y nadie sospechaba que era un paciente de lepra. «Tengo un buen trabajo vendiendo muebles. Si me pongo zapatos feos, alguien puede adivinar que tengo alguna enfermedad, y entonces perderé mi trabajo».

Yo tenía altas esperanzas de que el termógrafo pudiera persuadir a José de tragarse su orgullo. Él nunca había tomado muy en serio nuestras advertencias porque sus pies se veían bien en la superficie. Ahora podría mostrarle a José en un termograma exactamente en dónde estaba desarrollándose la inflamación. «Mire este punto candente blanco en su dedo pequeño del pie. ¿Puede ver en donde el zapato estrecho está apretándole demasiado?» Él asintió con la cabeza y yo me sentí animado. Juntos miramos su pie. «Usted no puede ver nada todavía, ni siente dolor. Pero ese color blanco es una señal de un daño severo causado por el problema debajo de la superficie. Pronto tendrá una úlcera ahí». Usé mi tono más severo de voz. «José, oiga mis palabras. Usted puede perder ese dedo del pie si no hace algo».

José escuchó cortésmente, pero siguió rehusándose a ponerse zapatos terapéuticos. «Pues bien, entonces», le dije, «vaya a comprarse zapatos nuevos y compre los que le gusten. Pero compre una talla más grande, y permítame fabricar en los puntos de presión acojinamientos suaves para esparcir la tensión». El convino con

---

Yo había preparado el termógrafo para que registrara el color azul cuando la temperatura fuera dos grados más fría que la temperatura normal de sus dedos. Él sostuvo sus manos ante la máquina, y cuando se lo indiqué, encendió un cigarrillo y empezó a inhalar profundamente. Las imágenes de sus dedos empezaron de color verde, luego se convirtieron en azules como en dos minutos. Y después de cinco minutos desaparecieron por completo de la pantalla. El alto nivel repentino de nicotina había contraído sus arterias y capilares, enfriando sus dedos a temperaturas por debajo del nivel mínimo que el termógrafo podía registrar. Mi paciente quedó tan atónito a la vista de sus dedos desapareciendo de la pantalla que tiró lejos su paquete de cigarrillos y nunca más volvió a fumar. Vivía entre pacientes a los que nos les quedaban dedos, y la experiencia lo convenció de que era mejor que les diera a sus dedos una buena provisión de sangre para mantenerlos lo más sanos posibles.

este plan, pero cuando se fue de Carville yo no tenía la más mínima confianza de que en realidad se pondría los zapatos nuevos.

Sin falta, seis meses más tarde José volvió con una úlcera abierta en su dedo pequeño del pie. El dedo se había encogido visiblemente, y las radiografías revelaron absorción progresiva de hueso debido a la infección crónica. José recibió estas noticias sin inmutarse. Debido a que su pie no le dolía, lo ignoró. Nada que yo dijera lo convenció de que lo cuidara. En los años que siguieron observé con un sentimiento de total impotencia cómo José permitía que otros huesos en sus dedos de los pies fueran absorbidos. Terminó con dos muñones severamente acortados con pequeños bultos en donde habían estado los dedos de sus pies, simplemente porque se rehusó a ponerse zapatos diferentes. El termógrafo podía darnos una advertencia visual, sí, pero era una señal que carecía de la compulsión del dolor.

También enfrenté una resistencia inicial de parte de la Federación de Pacientes, cuyos oficiales objetaron cualquier análisis que pudiera amenazar los trabajos de sus pacientes. Uno de los análisis más tempranos reveló un punto caliente de inflamación en el pulgar de un paciente. Después de averiguar, me enteré de que su trabajo incluía la tarea de rastrillar hierba detrás de una podadora. «Debe dejar de hacerlo por un tiempo, hasta que esta inflamación se cure», le aconsejé. De inmediato le informó nuestra conversación a la Federación de Pacientes. Ni él ni la Federación pudieron entender por qué yo me preocupaba por un pulgar que no parecía estar lastimado y no dolía.

Con el tiempo, sin embargo, el termógrafo demostró tener razón. Nuestra clínica trabajó con la Federación de Pacientes para hallar empleos sustitutos para los pacientes en peligro, y empezamos a ver una reducción marcada de las úlceras e infecciones crónicas. Nuestra inversión en la máquina se pagó a sí misma muchas veces.*

---

*Publiqué artículos sobre los beneficios del diagnóstico de la termografía, describiéndolos como «una indicación objetiva de dolor». Esto condujo a una excursión más bien curiosa en el campo de los derechos de los animales. Un veterinario del gobierno que vio uno de mis artículos en una oscura revista me preguntó si podía ayudarle a acusar judicialmente a algunos millonarios dueños de caballos. Ciertos entrenadores de caballos de Caminadores Tennessee estaban adquiriendo una ventaja injusta debido a la práctica cruel (e ilegal) conocida como «llagar». Los entrenadores aplicaban aceite de mostaza a las patas delanteras de los caballos y luego colocaban pesadas abrazaderas de metal alrededor de las coyunturas.

Gritos y susurros

Gracias a los donativos generosos del gobierno, contratamos nueve miembros adicionales como personal del departamento de rehabilitación en Carville. Trabajando como equipo, ingenieros, científicos, expertos en computadoras y biólogos investigaron de forma exhaustiva todos los aspectos de los peligros producidos por la insensibilidad al dolor. En la mayoría de casos, como con el termógrafo, no estábamos abriendo nuevos surcos, sino más bien añadiendo sofisticación y precisión a los principios que habíamos aprendido en la India.

Gradualmente surgió una nueva comprensión de cómo el dolor protege las extremidades normales, y empezamos a ver la falta del dolor como una de las más grandes maldiciones que pueden abatir a un ser humano. En la India habíamos descansado

---

Al andar o trotar los caballos, la irritación y el dolor de las pesadas abrazaderas les hacían retroceder y poner más peso sobre las patas traseras, haciendo que las patas delanteras se levantaran con violencia más arriba, lo que servía para mejorar el paso con las patas elevadas que los jueces admiraban en los Caminadores Tennessee. Frotar aceite de mostaza caliente causaba inflamación e incluso más dolor. Sin embargo, los entrenadores se cuidaban de evitar que la piel se abriera, de modo que nadie pudiera probar que habían estado usando la técnica ilegal de entrenamiento. En el momento del espectáculo, se les quitaban las abrazaderas de plomo, y el público que aplaudía nunca sospechaba que el brinco de los caballos era en realidad una respuesta al dolor.

«Los entrenadores de caballos con conciencia están siendo obligados a dejar el negocio», me dijo el veterinario. «Hemos llevado a los tribunales a algunos dueños inescrupulosos —algunos de ellos con conexiones con la mafia— pero nunca hemos podido lograr que se les halle culpables. No tenemos manera de demostrar que los caballos sufren. ¿Podría ayudarnos?»

Con el permiso de un entrenador que se ofreció a cooperar, cargué nuestra máquina termógrafa hasta una granja de caballos cerca de Baton Rouge y tomé mediciones de base. Luego realizamos algunas pruebas de «llagar» y el daño de inmediato se hizo evidente en los termogramas. La temperatura en las patas delanteras del caballo subía hasta cinco grados Celsius después del tratamiento con aceite de mostaza y la abrazadera de plomo. No tenía ninguna duda de que los caballos sufrían de dolor debido a la inflamación. Armados con estos resultados de los exámenes, el gobierno volvió a la corte. En tres casos sucesivos en la corte, el veterinario hizo termogramas en los caballos que se sospechaba eran víctimas, y luego anunció que el autor del artículo sobre «indicaciones objetivas de dolor» estaba dispuesto a testificar en la sala. Los acusados en todos los tres casos cambiaron su declaración y aceptaron ser culpables. Algunos espectáculos de caballos instalaron termógrafos, y gradualmente la cruel práctica se extinguió.

principalmente en señales visuales: ampollas de una lámpara, mordeduras de rata, en tanto que en Carville los instrumentos a nuestra disposición nos permitían resolver los misterios más oscuros de la destrucción del tejido. Adquirí un sentido cada vez más creciente de asombro y gratitud por las maneras extraordinarias en las cuales el dolor protege a diario a toda persona sana. Nuestra investigación confirmó que hay por lo menos tres maneras básicas en las que el peligro constantemente se presenta ante una persona insensible al dolor: lesión directa, tensión constante y tensión repetitiva.

Lesión directa

Muchas lesiones directas eran familiares cuando llegamos a Carville, porque las habíamos rastreado extensamente en el Centro Nueva Vida en Vellore. Reconocí los dedos de los fumadores por las «heridas de beso», y los dedos de los cocineros por las marcas de quemaduras de las ollas. Algunas lesiones directas en Carville fueron nuevas para mí. En un caso que mi esposa Margaret atendió, una mujer llamada Alma se lastimó usando un aplicador de maquillaje para las cejas. De forma característica, había perdido sus cejas y pestañas debido a la invasión del bacilo de la lepra. Cada día ella se aplicaba máscara en ambas áreas con un cepillo, pero debido a que su mano y ojo eran insensibles a menudo erraba el margen del párpado y se ponía pigmento en el ojo. Margaret le advirtió con severidad que podía pronto dañarse el ojo de modo irreversible. Alma ignoró esas advertencias y explicó por qué. «Usted no entiende», dijo. «Es más importante cómo el mundo me ve que cómo yo veo al mundo».

Como cirujano de la mano estuve llamado a tratar un desfile continuo de lesiones directas. A. E. Needham, biólogo británico, calcula que la persona típica sufre una herida menor a la semana, o como cuatro mil en toda la vida. Los dedos y los pulgares constituyen el noventa y cinco por ciento de estas heridas: cortaduras con papel, quemaduras de cigarrillos, espinas, astillas. Los pacientes de lepra, sin la salvaguarda del dolor, experimentan heridas mucho más frecuentemente, y debido a que continúan usando la mano afectada, a menudo el daño resulta severo. Por lo menos el noventa por ciento de las manos insensibles que examiné muestran cicatrices y señales de deformidad o lesión.

Las lesiones directas eran para nosotros relativamente fáciles de atender. Los pacientes las entendían porque podían ver el daño. Solo teníamos que mantener el dedo entablillado hasta que sanaba y entonces, tal como lo habíamos hecho en el Centro Nueva Vida, enseñar a los pacientes la necesidad de vigilancia constante. Les instábamos a asumir la responsabilidad por las partes de sus cuerpos que no podían sentir, apoyándose en otros sentidos para tener indicios. «Pruebe el agua del baño con un termómetro de antemano», les advertía. «Y nunca empuñen el mango de una herramienta sin mirar primero si hay algún borde que pudiera cortarlos, o una astilla que pueda enterrársele». Colocamos afiches ilustrando los peligros más comunes.

La incidencia de lesiones directas en Carville empezó a disminuir, en especial conforme nos apoyábamos en instrumentos como el termógrafo para monitorear temprano los problemas debajo de la piel. Igual de importante fue que los pacientes mejoraron en cuidar sus heridas después de una lesión. Una herida en el pie sanaba si el paciente la cuidaba. No obstante, si el paciente seguía caminando sobre el pie lastimado, la infección surgía y se esparcía por todo el pie, destruyendo huesos y coyunturas, y haciendo inevitable la amputación. En los seis años antes de que empezáramos la campaña contra las lesiones, en Carville se habían hecho veintisiete amputaciones; en los próximos pocos años el número se redujo a cero.

Tensión constante

Otro daño fue mucho más difícil de rastrear. La piel humana es dura: de forma habitual se requieren más de quinientas libras de presión por pulgada cuadrada para penetrar la piel y causar daño. Pero una presión constante e implacable tan leve como una libra por pulgada cuadrada puede hacer daño. Oprima una ficha de cristal contra la punta de un dedo y la piel se podrán blanca. Téngala allí por unas pocas horas y la piel, privada de provisión de sangre, morirá.

Una persona sana puede percibir el peligro creciente debido a la tensión constante. Al principio un dedo de la mano o del pie se siente perfectamente cómodo. Después de tal vez una hora empieza a sentirse la irritación, seguida por un ligero dolor. Por último, el dolor intolerable interviene poco antes del punto de daño real. Puedo observar este ciclo funcionando cada vez que asisto a un banquete. El culpable es la moda: cuando las mujeres se visten para ocasiones especiales caen bajo el conjuro maléfico de los zapatos de diseñador que favorecen modelos estrechos, puntiagudos y de tacones altos. Si doy un vistazo debajo de la mesa como una hora o dos después de la cena y los discursos, observo que la mitad de las mujeres se han quitado sus zapatos a la moda; están dándole a sus pies unos pocos minutos de circulación sin obstáculos antes de sujetarlos de nuevo a otra ronda de privación de sangre.*

Aprendí mucho en cuanto a la tensión constante de un cerdo amistoso llamado Sherman, el cual se constituyó en el sujeto ideal para nuestros experimentos por cuanto la piel del cerdo tiene propiedades similares a las de la piel humana. Anestesiábamos a Sherman, le poníamos un enyesado por la mitad para mantenerlo inmóvil, y aplicábamos una presión muy ligera en puntos designados en su lomo. Un pistón cilíndrico mantenía la presión a un nivel bajo pero constante por cinco a siete horas. Subsecuentes termogramas demostraron de forma clara que esta presión tan ligera causaba inflamación en la piel y debajo de ella. El punto de presión se enrojecía, y las cerdas dejaban de crecer de modo permanente allí. Si hubiéramos mantenido la presión más tiempo, se hubiera desarrollado una úlcera en el lomo de Sherman.

Tengo muchas fotografías de los puntos de presión en el lomo de Sherman que ilustran con nitidez el proceso detrás de las llagas debido a la cama, el azote de los hospitales modernos. He tratado muchas llagas producto de la permanencia en cama, y algunas tan horribles como cualquier herida superficial que uno pueda hallar en un hospital en el campo de batalla. Todas estas llagas se rastrean a la misma causa: la tensión constante. Una persona paralizada o insensible tiende a quedarse acostada en el mismo sitio, hora tras hora, impidiendo la debida provisión de sangre, y después de algo así como cuatro horas de tensión implacable el tejido empieza a morirse. Las personas con un sistema nervioso que funcione bien no desarrollan llagas debido a la cama. Un torrente continuo de

---

*Un ingeniero de la Boeing una vez recibió una llamada de una compañía de carga preguntando con relación al transporte de un elefante en un avión diseñado por la Boeing. «¿Necesitaremos reforzar el piso?», preguntó el ejecutivo de la compañía de carga. El ingeniero se rió y replicó. «No se preocupe. Diseñamos nuestros pisos para una mujer con tacones de aguja». Luego pasó a explicar que si una mujer de cien libras de peso permanece de pie con tacones que se reducen a un cuarto de pulgada cuadrada en la punta (un cuarto de pulgada de largo por un cuarto de pulgada de ancho) ejerce una fuerza de mil quinientas libras por pulgada cuadrada, mucho más que lo que un elefante ejerce con sus anchas patas.

mensajes silentes de la red de dolor mantendrá a un cuerpo activo dando vueltas y moviéndose en la cama, redistribuyendo la tensión entre las células del cuerpo. Si se ignoran estos mensajes callados, la región en tensión envía un grito más fuerte de dolor real que obliga a la persona a cambiar de posición o voltearse de costado para aliviar la presión.

(Noto un patrón claro cada vez que dicto una conferencia. Mientras me las arreglo para mantener la atención del público, veo mucho menos actividad de intranquilidad. Están prestando atención de forma consciente a lo que estoy diciendo, y por consiguiente apagando o ignorando los mensajes sutiles de incomodidad. Sin embargo, tan pronto como mi conferencia se vuelve aburrida, su concentración mental divaga e instintivamente sintonizan los tenues mensajes de incomodidad de las células que han estado sentadas por demasiado tiempo. Puedo juzgar la efectividad de mi discurso observando la frecuencia con que los miembros del público cruzan y descruzan sus piernas y se mueven en sus asientos.)

Nuestros estudios de tensión constante nos ayudaron a entender por qué un paciente de lepra tiene tanta dificultad para domar los zapatos. Cuando vine a Carville me sorprendió hallar que los pacientes de los Estados Unidos tenían casi la misma incidencia de pies amputados que sus contrapartes en la India, muchos de los cuales andaban descalzos. El problema, descubrimos, fue que estaban poniéndose zapatos diseñados para pacientes que pueden sentir el dolor. El riesgo de la tensión constante de los zapatos diseñados defectuosamente es tan peligroso como el riesgo de la lesión directa si se anda descalzo. Si mis propios zapatos están demasiado apretados, aflojo los cordones o me los quito y me pongo pantuflas suaves. El paciente de lepra, que no siente dolor, deja un zapato apretado en su pie incluso después de que la presión ya ha cerrado por completo la provisión de sangre. José, el vendedor de muebles de California, perdió algunos de sus dedos de los pies debido al tedio callado de la tensión constante. Los terapistas de Carville empezaron a exigir que los pacientes se cambiaran de zapatos por lo menos una vez cada cinco horas, medida sencilla que, si se obedecía, impedía las úlceras de la presión isquémica.

Tensión repetitiva

En retrospectiva, el producto más valioso de dos décadas de investigación del dolor fue una nueva noción de cómo las tensiones ordinarias «inocuas» pueden causar daño severo a la piel si se las repite miles de veces. Nos dimos cuenta de este síndrome por primera vez en la India mientras probábamos diferentes clases de calzado, pero los laboratorios de investigación de Carville nos dieron los instrumentos para discernir exactamente cómo la tensión repetitiva hace su trabajo.

Por varias décadas me había desconcertado por qué el simple hecho de andar representaba tal amenaza para un paciente de lepra. ¿Cómo es que, me preguntaba, una persona sana puede andar quince kilómetros sin lastimarse en tanto que un paciente de lepra a menudo no puede? En un esfuerzo por responder a esta pregunta, los ingenieros de Carville modificaron una máquina de tensión repetitiva que reproducía las tensiones de andar o correr. El diminuto martillo mecánico de la máquina repetidamente golpeaba el mismo espacio con una fuerza calibrada similar a la que una pequeña región del pie puede soportar al caminar.

Usamos ratas de laboratorio para estos experimentos, poniéndolas a dormir y sujetándolas a la máquina que procedía a darle golpecitos a sus patas con una fuerza continua y rítmica. Mientras las ratas dormían, sus patas realizaban una carrera simulada. Los resultados demostraron de forma concluyente que una fuerza «inocua», repetida lo suficiente, en efecto causa daño en el tejido. Si le dábamos a una rata suficiente descanso entre carreras, podía desarrollar capas de callos; sino, una llaga abierta se desarrollaba en la planta de su pata.

Varias veces probé la máquina en mis propios dedos. El primer día puse mi dedo debajo del martillo y no sentí ningún dolor sino hasta después de alrededor de un millar de golpes. La sensación se sentía más bien agradable, como un masaje de vibración. Después de un millar de golpes, sin embargo, empecé a sentir molestia. Al segundo día se requirieron muchos menos golpes del diminuto martillo para que desarrollara la molestia. Al tercer día sentí dolor casi de inmediato.

Ahora sabía que las presiones diminutas, si se repiten con la frecuencia suficiente, pueden dañar el tejido, así que bajo ciertas circunstancias el hecho común de caminar puede en verdad ser peligroso. No obstante, todavía no había contestado la pregunta subyacente: ¿Qué hace que los pies de los pacientes de lepra sean más vulnerables a la tensión repetitiva? Yo podía caminar quince kilómetros sin sufrir daño, ¿por qué no podían ellos?

Otra invención, el calcetín pantufla, nos ayudó a resolver

ese misterio. Había oído de una nueva manera de aplicar herbicidas a los campos cultivados usando microcápsulas solubles en agua: la misma lluvia que estimulaba el crecimiento de las malas hierbas también disolvía las cápsulas, dejando en libertad un herbicida que mataba las hierbas malas. Esta ingeniosa invención me dio la idea de contratar a una compañía de investigación química para que desarrollara una diminuta microcápsula que se rompería como resultado de la presión, y no del agua. Después de muchos intentos fracasados acabamos con un calcetín pantufla formado de una espuma plástica delgada que incorporaba miles de microcápsulas de cera dura. Las cápsulas contenían bronfenol azul, un tinte que se torna azul en un medio alcalino. Se requería bastante fuerza para romper las cápsulas, pero la cera, exactamente como la piel humana, también se rompe cuando se la sujeta a una tensión repetitiva de muchas fuerzas pequeñas. Ahora tenía una manera conveniente de medir los puntos de presión que resultan al caminar.

Fabricamos nuestras propias máquinas para hacer las microcápsulas y suspendimos el tinte en un medio ácido para hacerlo amarillento. El calcetín que las rodeaba era alcalino, así que cuando la cápsula se rompía, el tinte se derramaba y se volvía azul de inmediato. El personal voluntario se puso estos calcetines, luego sus zapatos, y empezó a caminar. Después que habían avanzado unos pocos pasos les quitábamos los zapatos y notábamos dónde estaban los puntos de presión más alta: los primeros puntos que se hicieron azules. Al caminar más distancia, las áreas azules se esparcían más, y los puntos iniciales de presión aumentaban en color. Después de como cincuenta pasos o algo así teníamos un buen cuadro de todas las áreas de peligro. Luego probamos los calcetines pantuflas con los pacientes.

Después de examinar como un millar de calcetines pantuflas usados, aprendí mucho en cuanto a caminar, pero nada más importante que esto: una persona con pies insensibles nunca cambia su paso. En contraste, una persona sana cambia su paso de forma constante.

Un terapista físico de mi oficina se ofreció como voluntario para correr doce kilómetros por los corredores de cemento del hospital de Carville en calcetines, deteniéndose cada tres kilómetros para permitirme tomar lecturas termográficas y probar su paso en el calcetín pantufla. La primera impresión del calcetín pantufla mostró su patrón normal de caminar, un paso largo con alta elevación y un empuje del dedo grande del pie. El termograma tomado después de tres kilómetros reveló un punto caliente en su dedo grande del pie que había trabajado más que todos, y el calcetín pantufla mostró que el principal punto de presión estaba en el lado interior de su planta. Después de seis kilómetros, las señales de presión cambiaron conforme su paso se ajustaba de modo espontáneo. Ahora el lado externo de su pie estaba delineado en azul brillante, mostrando que su peso había cambiado al lado de afuera de su planta, lejos del dedo grande, mientras el lado de adentro se tomaba un largo descanso. Para cuando corrió los últimos tres kilómetros tanto el termograma y el calcetín pantufla confirmaron que nuevamente había cambiado la manera en que ponía su pie sobre el suelo: ahora era el borde exterior de su pie el que estaba poniéndose caliente y rompiendo las microcápsulas.

El conjunto entero de termogramas y calcetines pantuflas reveló un asombroso fenómeno: reunidos en conjunto, los calcetines mostraban un mapa completo de su pie, con tinte azul fuerte en muchos puntos diferentes. Mientras el terapista mismo se concentraba en trotar, su pie estaba enviando mensajes subconscientes de dolor. Aunque estos leves susurros de células individuales de presión y de dolor nunca recorrieron todo el trayecto hasta su cerebro consciente, sí llegaron hasta su médula espinal y el cerebro inferior, que ordenaron ajustes sutiles en su paso. En todo el curso de su carrera, el pie distribuyó la presión en forma pareja, impidiendo que un solo punto recibiera demasiada tensión repetitiva.

Nunca he hecho que un paciente de lepra corra doce kilómetros, porque eso sería irresponsable por completo. La razón se muestra de forma vívida en los calcetines pantuflas usados en las carreras mucho más cortas de un paciente: las impresiones antes y después de la carrera son prácticamente idénticas. El paso del paciente de lepra nunca cambia. Con sus sendas de dolor silenciadas, su sistema nervioso central nunca percibe la necesidad de hacer ajustes y así la misma presión, diez, veinte o incluso sesenta libras por pulgada cuadrada, continua golpeando las mismas pulgadas cuadradas de la superficie del pie. Si hubiera enviado a un paciente de lepra en una carrera de doce kilómetros, los termogramas hubieran mostrado simplemente una o dos áreas de puntos furiosamente candentes, señales de tejido dañado. Pocos días después, con toda probabilidad hubiera visto una úlcera en la planta del pie. Los corredores sanos de larga distancia rara vez sufren de úlceras en las plantas de los pies; los pacientes de lepra a menudo las tienen.

En estos días las lesiones por tensión repetitiva son ampliamente reconocidas como un problema serio en los medio ambientes de alta tecnología. Más de unos doscientos mil trabajadores de oficinas y de fábricas en los Estados Unidos cada año reciben atención por tales condiciones, lo que representa el sesenta por ciento de las enfermedades ocupacionales de la nación. La frecuencia se ha duplicado en menos de una década, principalmente debido a que la tecnología tiende a reducir la variedad de movimientos requeridos, y por consiguiente aumenta la tensión repetitiva. Por ejemplo, una acción tan inocua como mecanografiar u operar un controlador de un juego de vídeo, puede, debido a la repetición constante, sujetar a la muñeca a presiones que producen el síndrome de túnel carpiano. Los teclados de las computadoras causarán lesiones con mayor probabilidad que las máquinas de escribir mecánicas, porque el mecanógrafo ya no tiene el alivio de alzar la mano para retroceder el carro o hacer una pausa para cambiar el papel. En los Estados Unidos las lesiones por tensión repetitiva en el presente cuestan como siete mil millones de dólares al año en pérdida de productividad y costos médicos.

Sintonización

Me llevó muchos años de investigación reunir un cuadro completo, pero al fin entendí. El dolor emplea una amplia variedad de tonos de conversación. Nos susurra en sus primeras etapas: a nivel subconsciente sentimos una ligera incomodidad y cambiamos de posición en la cama, o ajustamos el paso al trotar. Habla más fuerte conforme el peligro aumenta: una mano siente la molestia después de un largo rato de rastrillar hojas, o el pie siente fastidio con unos zapatos nuevos. Y el dolor grita cuando el peligro se vuelve severo: obliga a la persona a cojear o incluso a brincar o a dejar por completo de correr.

Nuestros proyectos de investigación en Carville nos estaban dando maneras aun más poderosas de «sintonizar» el dolor, de una forma no muy diferente a como los astrónomos apuntan radiotelescopios incluso más poderosos a los cielos. Nuestros propios instrumentos estaban dirigidos al incesante murmullo de conversación intercelular que tan descuidadamente hemos dado por sentado... o incluso desdeñado. Como resultado de nuestros experimentos, hice un esfuerzo consciente para empezar a escuchar mis mensajes de dolor.

Me encanta dar caminatas por las montañas. El hecho de

vivir en Louisiana redujo esa actividad, pero cada vez que tenía oportunidad, en un viaje de regreso a las montañas rocosas de la India o en las montañas del oeste estadounidense, daba una caminata y trataba de prestar atención a mis pies. De forma habitual empezaba el día con un paso largo y enérgico, levantando mi talón y empujando vigorosamente con mis dedos de los pies. Conforme la mañana avanzaba, podía sentir que el paso se acortaba un poco, y el peso cambiaba de mi dedo gordo a los dedos de afuera. Había tomado muchas impresiones de calcetines pantuflas de mis propios pies, así que me era fácil visualizar los cambios que estaban teniendo lugar. Después del almuerzo, según notaba, avanzaba con un paso incluso más corto. Hacia el fin de día, casi ni alzaba mi talón para nada, levantando simplemente un pie plano y asentado un pie plano... como el paso de un viejo. Esta forma de andar usa toda la superficie de la planta para cada paso, manteniendo así la presión baja en cualquier punto.

Antes siempre había pensado en estos ajustes como una evidencia de la fatiga muscular. Pero como nuestra investigación había mostrado, se debían en verdad mucho más a la fatiga de la piel que del músculo. Ahora entendía los cambios como la manera leal de mi cuerpo de distribuir las tensiones, compartir la carga de caminar entre los diferentes músculos y tendones, así como en diferentes áreas de la piel. En ocasiones desarrollaba ampollas. En lugar de resentirme contra ellas, ahora las entiendo como la fuerte protesta de mi cuerpo contra el uso en demasía. La propia incomodidad me obliga a actuar, a quitarme mis zapatos y descansar, a ajustar mi paso incluso más, o a añadir una capa de calcetines para aliviar la fricción.

Una vez, en el leprocomio, tuve un encuentro abrupto con un «grito» potente de dolor. Estaba caminando por una acera con mis ojos mirando hacia arriba, buscando en las copas de los árboles la fuente de un encantador pájaro cantor, cuando, ¡catapún!, lo siguiente que supe fue que estaba de cara sobre el suelo. Sentí un fogonazo instantáneo de bochorno y miré por todos lados para ver si alguien me había visto caer. Me sentí irritado, incluso furioso. Pero entonces, al levantarme y ver si me había lastimado, me di cuenta de lo que había sucedido. Mientras mis ojos miraban hacia arriba buscando al pájaro, mi pie se había desviado hasta el borde de la vereda. Estaba en el proceso de poner todo mi peso sobre el pie, que colgaba peligrosamente sobre el borde del concreto. Mi tobillo empezó a torcerse hasta que el diminuto ligamento colateral del tobillo sintió que estaba siendo estirado al punto de ruptura. Sin consultármelo ese diminuto ligamento disparó un poderoso mensaje de dolor que me obligó a aflojar de inmediato el músculo principal del muslo. En la forma más perentoria esa acción privó a mi rodilla de su sostenimiento muscular y se colapsó. En resumen, me caí.

Mientras más reflexionaba en la caída, más orgullo sentí, y no irritación. Un ligamento pequeño, en el nivel más bajo de jerarquía, de alguna manera le había dado órdenes a todo mi cuerpo. Me sentí agradecido por su voluntad de hacerme parecer un necio por la seguridad del cuerpo, ahorrándome una indudable torcedura del tobillo o tal vez algo peor.

Al sintonizarme de forma consciente en el dolor durante tales experiencias, una perspectiva diferente empezó a tomar forma y a reemplazar mi aversión natural. El dolor, la manera en que mi cuerpo me alerta del peligro, usará cualquier nivel de volumen que sea necesario para captar mi atención. Es la misma sordera a este coro de mensajes lo que hacía que mis pacientes de lepra se destruyeran a sí mismos. No notaban los «gritos» del dolor, lo que conducía a las lesiones directas que trataba todos los días. Tampoco notaban los susurros del dolor, los peligros de lo ordinario que resultan de la tensión constante o repetitiva.

Sin este coro de dolor, un paciente de lepra vive en constante peligro. Puede dejarse puestos sus zapatos demasiado apretados todo el día. Puede caminar ocho, diez o veinte kilómetros sin cambiar su paso ni alternar el peso. Y, como había visto tan a menudo en la India, aun si las llagas se abren por completo dentro del zapato, no cojeará.

Una vez vi a un paciente de lepra pisar en el filo de una piedra tal como me había pasado a mí en esa acera en Carville. Se torció por completo su tobillo de modo que la planta del pie quedó hacia adentro; y él siguió caminando sin perder el paso. Más tarde descubrí que se había roto el ligamento izquierdo lateral, dañando de forma severa su tobillo. En el momento él ni siquiera miró su pie. Le faltaba la indispensable protección del dolor.

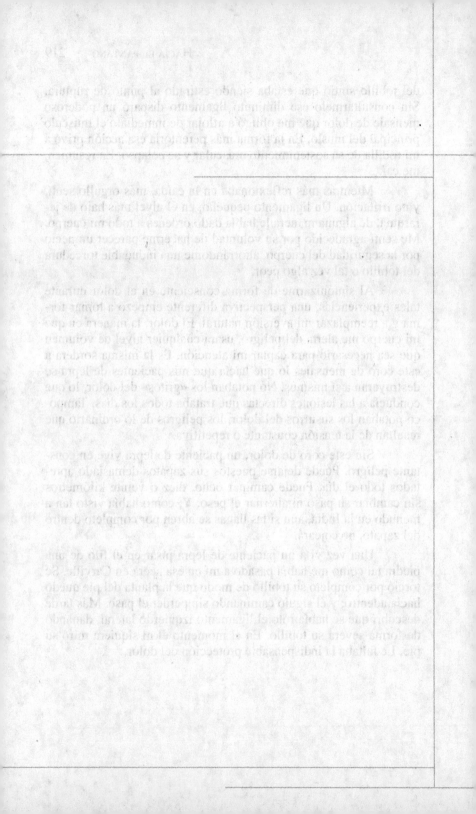

13
AMADO ENEMIGO

*Con la ayuda de una espina
en mi pie,
salto más alto que cualquiera
con pies sanos.*

Søren Kierkegaard

Debo confesar que a veces cuestiono mi cruzada para mejorar la imagen del dolor. En una sociedad que de continuo pinta el dolor como un enemigo, ¿habrá alguien que escuche a un mensaje contrario que exalta sus virtudes? ¿Refleja mi propia perspectiva la singularidad de una carrera entre pacientes con una aflicción estrambótica de ausencia de dolor? El gobierno de los Estados Unidos a la larga se empezó a hacer estas mismas preguntas. ¿Por qué el dinero para la investigación en Carville se dedica a restaurar y aumentar el dolor cuando los investigadores en todas partes se están enfocando en cómo suprimirlo?

En los primeros años nuestras propuestas de asignaciones para máquinas de termografía, calcetines pantuflas llenos de tinta y traductores de presión por lo general eran aprobados. Los visionarios en Washington apoyaban la investigación básica del dolor aun si tuviera pertinencia práctica inmediata solo para unos pocos miles de pacientes de lepra (y algunos caballos Caminadores Tennessee). A fines de la década de los setenta, sin embargo, un nuevo espíritu de ahorro hizo cada vez más difícil justificar tal investigación. Cada año el Servicio de Salud Pública de los Estados Unidos escudriñaba el presupuesto del hospital de Carville, analizando para ver si podían darse el lujo de invertir tanto dinero en una investigación que primordialmente beneficiaría a los pacientes de lepra en otros países.

Más o menos por ese tiempo, más bien por accidente me tropecé con una nueva aplicación práctica para lo que habíamos aprendido en cuanto al dolor en Carville, un giro afortunado de hechos que pronto validaría toda nuestra inversión en la investigación básica. Aunque solo unos pocos miles de pacientes de lepra viven en los Estados Unidos de América, millones de diabéticos viven aquí, y hallamos que nuestras ideas en cuanto al dolor tenían pertinencia directa para ellos también.

Tarde una noche estaba hojeando una revista médica y noté la frase «osteopatía diabética». Me pareció extraña: ¿Desde cuándo la diabetes, enfermedad del metabolismo de la glucosa, afecta a los huesos? Volteando la página, vi reproducciones de radiografías que se parecían exactamente a las radiografías de los cambios de los huesos en los pies insensibles de mis pacientes de lepra. Escribí a los autores, dos médicos de Texas, que cortésmente me invitaron a visitarlos y a conversar sobre el tema.

Unos pocos meses más tarde me encontré en su consultorio en Houston, participando en una amistosa competencia de «duelo de rayos X». Ellos ponían una radiografía de hueso deteriorado sobre una mesa iluminada, y yo rebuscaba en mi maletín hasta que hallaba una radiografía similar de absorción de hueso en un paciente de lepra. Comparamos las radiografías de todos los huesos del pie, y casi sin excepción yo podía duplicar cada problema osteopático que ellos presentaban. La demostración causó una gran impresión en los médicos e internos reunidos, porque la mayoría de ellos no tenía ninguna experiencia con pacientes de lepra, y pensaban que habían descrito un síndrome peculiar a la diabetes.

El club de azúcar

Después, los médicos de Texas me invitaron a hablar en el Southern Sugar Club [Club de Azúcar Sureño], un grupo caballeroso de especialistas en diabetes para los estados del sur que se reunía con regularidad para revisar los últimos descubrimientos sobre la diabetes. Yo traté del tema del pie, cuestionando la presuposición de que el problema común con los pies diabéticos —la ulceración tan severa que con frecuencia conducía a la amputación— era primordialmente causado por la diabetes misma o por la pérdida de provisión de sangre que ocurría en la diabetes. Mis propias observaciones me habían convencido de que las heridas eran, como las de la lepra, causadas por la pérdida de la sensación del dolor.

En un círculo vicioso, los nervios se mueren debido a los problemas metabólicos de la diabetes,* los pacientes se hacen daño a sí mismos debido a la falta de dolor, y las heridas resultantes no sanan con facilidad porque el paciente continúa caminando sobre ellas. Es verdad, la provisión reducida de sangre causada por la diabetes complicaba la curación, pero yo había concluido que el pie diabético típico todavía tiene abundante provisión de sangre para controlar la infección y sanar las heridas, siempre y cuando se le proteja de la tensión adicional.

Recapitulé para el Club de Azúcar nuestra larga historia de rastrear lesiones similares entre los pacientes de lepra en la India, y luego resumí nuestros hallazgos de Carville sobre la tensión repetitiva y constante. «He examinado las radiografías de los diabéticos», les dije, «y francamente pienso que la mayoría de las lesiones de los pies que ustedes atienden son prevenibles. Son causadas por la tensión mecánica que pasa desapercibida porque el paciente ha perdido la sensación de dolor. Andar en un pie herido empuja la infección más adentro de manera que incluye los huesos y las coyunturas, y con el andar continuo los huesos son absorbidos y las coyunturas se dislocan. Hemos descubierto con nuestros pacientes de lepra que descansar el pie lesionado en un enyesado

---

*Hay una diferencia contundente en cómo ocurre el daño del nervio en la lepra comparado con la diabetes. Como he dicho, los gérmenes de la lepra se congregan en áreas frías, destruyendo los nervios más cercanos a la piel y produciendo un patrón errático de parálisis. La diabetes, que no es una enfermedad de gérmenes, altera el metabolismo del azúcar y los nervios *más largos* sufren primero el déficit nutricional El rasgo crítico parece ser la longitud del axón que se extiende hasta las terminaciones nerviosas. Los dedos de los pies tienden a ser afectados primero; luego un número mayor de axones de nervios muere más arriba del pie hacia el tobillo, avanzándose gradualmente hacia arriba por la pierna. Para cuando la pérdida de sensación alcanza la altura de la rodilla, los axones más largos del brazo tienen aproximadamente la misma longitud que los axones residuales de la pierna. En ese punto, el déficit nutricional empieza a afectar los axones del brazo: las puntas de los dedos de la mano pierden la sensación, luego en última instancia la mano, la muñeca y el antebrazo. El daño de los nervios progresa con lentitud, y la mayoría de los diabéticos se morirá antes de experimentar severos problemas en la mano. Pero la pérdida de sensación en el pie es muy común.

acelera la recuperación. Proveerle al paciente zapatos apropiados evitará lesiones adicionales. Casi puedo garantizarles que los zapatos apropiados reducirán de forma dramática el número de lesiones de pies que ustedes atienden».

El presidente del Club de Azúcar hizo unos pocos comentarios después de mi conferencia. «Fascinante conferencia, Dr. Brand. Estoy seguro de que tenemos mucho que aprender de sus experiencias en Carville. Pero, por supuesto, usted debe reconocer que los diabéticos tienen ciertos problemas singulares. Estoy hablando en especial de la pérdida vascular. Los diabéticos simplemente carecen de las propiedades sanadoras de sus pacientes de lepra». Mi mente retrocedió a las reuniones de especialistas de lepra, en donde había oído en cuanto a «la carne que no sana». Parecía que dondequiera que iba encontraba un escepticismo en cuanto a los peligros del largo alcance de la carencia de dolor.

Al volver a Carville les informé a los médicos locales que nuestra clínica de pies ofrecería consulta para cualquiera de sus pacientes diabéticos con problemas en los pies. Además de las pruebas de sensación, también evaluaríamos la provisión global de sangre a los pies. Sus pies infectados se sentían cálidos al toque, y el termógrafo reveló que las úlceras en la mayoría de los diabéticos producían puntos candentes casi con tanta regularidad como en los pacientes de lepra. Tal evidencia confirmó que la mayoría de estos pacientes diabéticos tenían abundante sangre disponible para sanar.

Las pruebas de sensibilidad verificaron que todos los diabéticos que tenían úlceras en verdad habían perdido la sensación: algunos de los que tenían las peores úlceras no tenían sensibilidad al dolor en las plantas de los pies. Además, las úlceras en los pies diabéticos tendían a ocurrir en los mismos sitios de las de los pacientes de lepra. Nos parecía claro que la causa fundamental de la úlcera era la misma en ambos casos, un trastorno en el sistema del dolor. Al parecer, nada alertaba a los diabéticos cuando habían cruzado el umbral de peligro, y continuaban caminando sobre el tejido inflamado o dañado, causándose más daño. Cuando probé en los diabéticos los calcetines pantuflas hallé un patrón familiar. Tal como mis pacientes de lepra, andaban con un paso invariable, golpeando la misma superficie del pie vez tras vez con tensión repetitiva. Ahora sabía que los diabéticos estaban destruyéndose los pies por la misma razón que mis pacientes de lepra: carecían del sentido del dolor.

Estudié la literatura médica sobre la diabetes. Aconsejaba a los médicos a esperar lesiones e infección en el pie diabético, a menudo echándole la culpa a la escasa circulación. Los cirujanos daban por sentado que los diabéticos, con su reducida provisión de sangre, tendrían lesiones que no sanarían. A mi mente volvieron los argumentos acerca de la «carne mala», contrarios a tratar a los pacientes de lepra, que había encontrado en la India. Como había sido la práctica entre especialistas de lepra, cuando las úlceras se infectaban en un pie diabético los cirujanos a menudo cortaban la pierna por debajo de la rodilla antes de que la gangrena tuviera tiempo de esparcirse.

Quedé atónito al enterarme de que los diabéticos estaban sometiéndose a cien mil amputaciones cada año, lo que representaba la mitad de todas las amputaciones en los Estados Unidos de América. Un paciente mayor de sesenta y seis años tenía casi una posibilidad en diez de sufrir la amputación de un pie. Si nuestras teorías eran correctas, decenas de miles de personas estaban perdiendo sus extremidades de forma innecesaria. Pero, ¿cómo podía yo, con un trasfondo en el campo más bien oscuro de la lepra, captar la atención de los expertos de otra especialidad?

Un médico de Atlanta, Georgia, proveyó la solución. El Dr. John Davidson, renombrado experto en diabetes, había asistido al Club de Azúcar Sureño, y recuerdo bien nuestra conversación después de mi conferencia. «Dr. Brand, dirijo la clínica de diabetes en el Hospital Grady, hospital de beneficencia que trata a más de diez mil diabéticos al año», me dijo. «Debo decirle que soy un escéptico en cuanto a lo que usted dice. No he visto ni siquiera una cantidad aproximada a la que usted dice que debería haber atendido de lesiones de pie. Y tengo serias dudas de si todo el daño que en efecto veo resulta de la pérdida de dolor. Pero quiero tener la mente abierta, así que verificaré sus teorías».

De regreso a su clínica en Atlanta, Davidson contrató a un podiatra e instituyó una regla sencilla: todos los pacientes tenían que quitarse los zapatos y calcetines cada vez que venían para un examen diabético. El podiatra examinaba cada pie, incluso si el paciente no tenía ninguna queja en cuanto a ellos. Unos pocos meses más tarde me llamó, y esta vez oí entusiasmo en lugar de escepticismo en su voz. «No va a creer lo que hallé», empezó. «Descubrí que ciento cincuenta de nuestros pacientes tuvieron amputaciones el año pasado... ¡la mayoría de las cuales ni siquiera conocíamos!»

«El asunto es más o menos así», explicó. «Vienen a mi consultorio para un chequeo de rutina, caminando con una úlcera, y ni se molestan en mencionarla. Los pacientes vienen a verme para la regulación de insulina, pruebas de orines, monitoreo del peso y cosas parecidas. Cuando se lesionan un pie, van a ver más bien a un cirujano. El problema es que la mayoría de estos pacientes no informan úlceras ni uñeros en las primeras etapas porque no siente ningún dolor. Para cuando visitan al cirujano la llaga del pie está muy mal. Y eso explica todas las amputaciones. El cirujano verifica su historial, halla que son diabéticos, y dice: "Ah, será mejor que amputemos de inmediato, porque de lo contrario la pierna se volverá gangrenosa". ¡En todo este tiempo ni siquiera me entero de que mis pacientes tienen problemas con los pies! La próxima vez que los veo para un chequeo, vienen andando con una pierna artificial, lo cual ni siquiera se molestan en mencionar».

Contando ahora con los servicios de un podiatra en su clínica, Davidson pudo interrumpir la secuencia. Detectando los problemas de los pies en una etapa temprana, podía tratar las llagas y prevenir la infección seria. Con la medida sencilla de exigir que los pacientes se quitaran los zapatos y los calcetines para una inspección visual, la clínica pronto se las arregló para reducir a la mitad la tasa de amputación de sus pacientes.

John Davidson se convirtió en el principal respaldo de nuestra clínica del pie. Envió a todo su personal de médicos, enfermeras y terapistas a Carville para un entrenamiento. Me pidió que escribiera un capítulo sobre los pies insensibles en su libro de texto sobre la diabetes, y empezó a reimprimir nuestros panfletos sobre los zapatos apropiados y el cuidado de los pies. La clínica del pie de Carville cobró nueva vida, y más tarde un nombre formal: el Centro de Cuidados del Pie. Su presupuesto, en lugar de ser recortado por el Servicio de Salud Pública, fue aumentado. Los terapistas, fabricantes de zapatos ortésicos, y médicos de todo los Estados Unidos empezaron a venir a Carville para conferencias de entrenamiento programadas con regularidad. Una sociedad de zapateros ortésicos, que se llamaron a sí mismos «piedortistas», desarrolló estándares de certificación para proveer un calzado apropiado para pies insensibles.

A la larga los pacientes diabéticos en nuestra clínica del pie superaron en número a los pacientes de lepra. En la mayoría de los casos, la noción de «heridas que no sanan» probó ser un mito tan grande en la diabetes como lo había sido en la lepra. Nuestra técnica sencilla de mantener las heridas en enyesados para su protección sirvió casi igual de bien para los diabéticos. Las úlceras crónicas de años a menudo sanaban dentro de las seis semanas de la rutina del enyesado. (A diferencia de los pacientes de lepra, en una minoría de pacientes diabéticos la provisión de sangre está tan reducida que la curación se demora y la gangrena puede desatarse incluso con un buen tratamiento.)

También hallamos que las llagas en los pies de los diabéticos, como aquellas en los pies de los pacientes de lepra, son prevenibles. Remojar los pies a diario en una palangana de agua y usar crema humectante hace mucho para inhibir las grietas profundas de queratina en la piel. Y cuando les pusimos a los diabéticos calzado especial y les enseñamos el cuidado apropiado de los pies, las úlceras tendían a no volver a aparecer. Por un tiempo el gobierno consideró proveer zapatos gratis para los diabéticos necesitados, pero, como otras propuestas que se enfocan en la prevención y no en la cura, el proyecto nunca recibió aprobación. Como regla, encontré que en los Estados Unidos de América es más fácil obtener buenas extremidades artificiales que buenos zapatos.

Indiferente por completo

El Centro de Cuidados del Pie, ahora frecuentado por diabéticos tanto como por pacientes de lepra, atendía un interminable desfile de pies dañados. Envolver en gaza un centenar de heridas malolientes e infectadas causadas por las lesiones autoinfligidas produce una impresión, y noté un cambio gradual en la perspectiva de las enfermeras y terapistas de Carville. Cuando aparecía un nuevo paciente para evaluación, primero cartografiábamos su amplitud de insensibilidad. Empecé a ver las caras del personal iluminándose cada vez que hallábamos un paciente que retenía algo de sensación. El dolor era bueno; mientras más potencial para el dolor tuviera un paciente, más fácil era mantenerlo libre de lesiones.

Un memorable paciente de lepra, un hispano llamado Pedro, había retenido un solo punto de sensibilidad en la palma de su mano izquierda. Esa mano se volvió para nosotros un objeto de gran curiosidad. Los termogramas revelaban que el punto sensible estaba seis grados más caliente que el resto de la mano, lo suficiente caliente como para resistir la invasión del bacilo de la lepra, que busca el frío. Notamos que Pedro se aproximaba a los objetos con el borde de su mano, tal como un perro se dirige con su nariz que husmea. Levantaba una taza de café solo después de probar la temperatura con el sitio que sentía. Gracias a ese solo punto sensible, del tamaño de una moneda, Pedro se las había arreglado para mantener su mano libre de daño por quince años. (Después de mucha especulación Pedro nos contó que años antes un médico le había quemado una marca de nacimiento allí; y la maraña de arterias debajo de la superficie continuaba llevando una provisión aumentada de sangre a ese punto.)

Los pacientes más difíciles de todos eran aquellos con la rara condición que los hacía insensibles por completo al dolor. En el capítulo inicial de este libro conté la historia de Tanya, una paciente que tenía este mal. Habían tres de tales pacientes en Carville cuando llegué, todos originalmente diagnosticados de modo erróneo como teniendo lepra debido a sus deformidades. (Desde entonces, al visitar un hospital de lepra por primera vez, he aprendido a pedir que se me permita ver a los pacientes jóvenes más deformados del hospital. El personal trae a unos pocos niños a los que les faltan partes de las manos y los pies, y tal vez lleven una extremidad artificial. De forma habitual descubro que estos niños no tienen lepra, sino más bien, como Tanya, sufren de un defecto congénito de falta de dolor. En la lepra, lleva algunos años para que se pierda la sensación, así que los niños pequeños rara vez se hacen daño a sí mismos de modo severo. Cuando encuentro a estos niños con diagnóstico errado puedo conseguir que les den de alta del leprocomio, pero por lo general les va mejor cuando están bajo la estrecha supervisión de una institución. Afuera, la vida sin dolor es demasiado peligrosa.)

Más de un centenar de casos de falta de dolor congénita se han anotado en la literatura médica. En la década de los veinte, Edward H. Gibson, que no sentía dolor, participó en una gira de vodevil como alfiletero humano para demostrar su «talento», invitando al público a que le clavara alfileres. En verdad, un aura de monstruosidad rodea a todo los relatos de este extraño mal. Un adolescente se dislocaba los hombros a voluntad para divertir a sus amigos. Una niña de ocho años se sacó todos sus dientes excepto nueve, y se extrajo ambos ojos de sus cuencas. Otro joven se mordió la lengua por la mitad mientras masticaba goma de mascar.

Para el que no siente dolor, el peligro acecha en todas partes. Una laringe que no siente nunca un cosquilleo no desata el reflejo de la tos que reubica la flema de los pulmones a la faringe, y la persona que nunca tose corre el riesgo de contraer neumonía. Las articulaciones de las personas insensibles se deterioran porque no hay susurros de dolor que animen un cambio de posición, y pronto un hueso choca contra otro. Ya sea que se trate de una garganta irritada, apendicitis, un ataque al corazón o una embolia, el cuerpo no tiene manera de anunciar estas amenazas a la persona que no siente dolor. A menudo el médico que la atiende recibe los primeros indicios de la causa de la muerte al momento de la autopsia.

En una visita a la Universidad McGill en Canadá vi ejemplos de esto en la autopsia de Jane, una universitaria que acababa de cumplir los veinte años. Como los segmentos de un árbol viejo, su cuerpo daba un historial visible de los desastres naturales del pasado. Vi señales de congelación, probablemente de un reciente invierno riguroso. El interior de la boca de Jane estaba cicatrizado, sin duda escaldado por bebidas y comidas hirviendo. Algunos de sus músculos estaban desgarrados, algo inevitable en alguien que nunca sintió el dolor de sus músculos que advierte en contra de que se les use más allá de su resistencia. Sus manos y pies se parecían a los modelos de yeso que había hecho de mis pacientes de lepra más deformados, con muchos dedos faltando o acortados.

El Dr. McNaughton, el neurólogo en jefe, me contó algo de la historia de esta joven. «Jane era por lo general muy cuidadosa, nuestra paciente más preciada. Como usted sabe, los veinte es una edad bastante avanzada para alguien con esta condición. Sus recientes problemas empezaron con un accidente de vehículo. Su coche resbaló en una carretera congelada y fue a dar a una cuneta, y cuando ella aceleró el motor las ruedas patinaron. Debe haberse dejado ganar por el pánico, porque salió del auto y sin pensarlo trató de levantar una rueda para meter debajo de ella una lona de tracción. Algo salió mal, oyó un sonido de algo que se trizaba, y perdió la fuerza. Por supuesto, no sintió nada.

»Cuando logró sacar su coche, condujo directamente hasta acá para un chequeo. Le hicimos radiografías y hallamos que su espina dorsal se había abierto por completo. ¡Imagínese eso, una columna dorsal rota y ella no sintió nada! Entonces le pusimos un enyesado».

La insensibilidad a menudo afecta los nervios simpáticos por igual, interfiriendo con la capacidad de sudar. Después de pocas semanas, dijo el Dr. McNaughton, Jane empezó a sentir calor en su enyesado, tanto calor que lo partió con sus manos desnudas, abriéndose los dedos en el proceso. La espalda sanó de forma indebida, con una falsa coyuntura entre las vértebras (me mostró sus radiografías de la coyuntura mal alineada). Un día cuando Jane se agachó, la falsa juntura se resbaló por la columna vertebral, cercenándola. Los pocos meses finales de su vida Jane los pasó paralítica.

No obstante, la gente no se muere de parálisis, así que no fue la lesión en la espalda lo que mató a Jane. Ella murió de una simple infección urinaria. Complicada por la incontinencia y su incapacidad de sentir cualquier señal de advertencia de dolor, la infección causó un daño irreversible en sus riñones.

Volví a Carville decidido a usar a Jane como lección objetiva para mis propios pacientes que no sentían dolor. «¡Nunca bajen la guardia!», les advertía. «Deben ser diligentes todo el día. Nunca deben dejar de pensar en las maneras en que pueden hacerse daño ustedes mismos».

Me encantaría poder informar de un éxito en mi campaña de educación, pero en verdad no puedo. Al poco tiempo de mi viaje a Canadá, hallé a James, un paciente congénitamente insensible al dolor, a horcajadas sobre el motor caliente de un automóvil con sus dos muñones de amputado, poniendo todo su peso sobre una llave con una arista cortante para intentar aflojar una tuerca. Nunca hallé una manera de comunicarles a las personas que no sienten dolor las lecciones que nos enseña de forma tan innata y contundente un sistema saludable de dolor.

Cuando se apaga el dolor

Tanya, James y otros como ellos reforzaron de un modo dramático lo que ya habíamos aprendido de los pacientes de lepra: el dolor no es el enemigo, sino el explorador leal que anuncia al enemigo. Y sin embargo —y aquí está tal vez la paradoja central de mi vida— después de pasar toda una vida entre personas que se destruyen a sí mismas por la falta de dolor, todavía encuentro difícil comunicar un aprecio del dolor a las personas que no tienen tal defecto. El dolor en verdad es el don que nadie quiere. No puedo pensar en nada más precioso para los que sufren de insensibilidad congénita al dolor, lepra, diabetes y otros desórdenes nerviosos. Pero la gente que ya tiene este don raramente lo valora. Por lo general se resienten contra él.

Mi estimación por el dolor va tan en contra de la actitud común que a veces me siento como subversivo, en especial en las naciones occidentales modernas. En mis viajes he observado una ley irónica de inversión obrando: conforme una sociedad adquiere la capacidad de limitar el sufrimiento, pierde la capacidad para hacerle frente al sufrimiento que queda. (Son los filósofos, teólogos y escritores del occidente afluente, no los del tercer mundo, los que se preocupan de modo obsesivo con relación al «problema del dolor», y señalan con un dedo acusador a Dios.)

Ciertamente, las sociedades «menos avanzadas» no le temen tanto al dolor físico. He observado a etíopes sentarse con calma, sin anestesia, mientras el dentista empuja y hala con sus tenazas un diente cariado. Las mujeres en África a menudo dan a luz sin usar drogas y sin ninguna señal de temor o ansiedad. Estas culturas tradicionales tal vez carezcan de los analgésicos modernos, pero las creencias y el sistema de respaldo familiar integral de la vida cotidiana ayuda a equipar a los individuos para hacerle frente al dolor. El campesino promedio de la India conoce bien el sufrimiento, lo espera y lo acepta como un desafío inevitable de la vida. De una manera asombrosa las personas de la India han aprendido a controlar el dolor al nivel de la mente y del espíritu, y han desarrollado una resistencia que nosotros en el oeste hallamos difícil de entender.

Los occidentales, en contraste, tienden a ver el sufrimiento como una injusticia o un fracaso, como una infracción de su derecho garantizado a la felicidad.

Poco después de que me mudé a los Estados Unidos vi un anuncio comercial que expresaba con descaro la actitud moderna hacia el dolor. Con el volumen bajo, estaba sentado frente al televisor y observaba las imágenes que cruzaban por la pantalla. Primero, un hombre con una bata de laboratorio señalaba con entusiasmo un dibujo grande de una cabeza humana. Brillantes franjas rojas, como relámpagos en una caricatura, convergían sobre la cabeza justo por encima de los ojos y en la base cerca del cuello. El locutor, que mostraba una sonrisa perpetua, describía un dolor de cabeza.

Luego vi una mesa de laboratorio. Un papel blanco cubría dos botellas enormes; la tercera estaba audazmente marcada con la marca comercial. Conforme el hombre del laboratorio seleccionaba las botellas una por una, la cámara cambiaba a un gran gráfico de barras mostrando cuántos miligramos de analgésico contenía cada producto. Sin que fuera sorpresa, la botella con la marca anunciada tenía el mayor número de miligramos.

Después la cámara mostró un gran reloj verde con una

sola manecilla, el segundero, moviéndose por su esfera. El hombre señaló al reloj y después a la botella rotulada. La cámara mostró una vista de cerca de la botella y estas palabras aparecieron en la pantalla: «Más analgésico. Acción más rápida».

En la noción moderna el dolor es un enemigo, un invasor siniestro que hay que expulsar. Y si el Producto X elimina el dolor treinta segundos más rápido, es mejor. Este método tiene un defecto crucial y peligroso: una vez que se le considera como enemigo, y no como señal de advertencia, el dolor pierde su poder de instruir. Silenciar al dolor sin considerar su mensaje es como desconectar una alarma de incendio que está sonando para evitar recibir malas noticias.

Anhelo ver un comercial que por lo menos reconozca algún beneficio del dolor: «Primero, escuche a su dolor. Es su propio cuerpo hablándole». Yo también puedo tomar una aspirina para aliviar la tensión de un dolor de cabeza, pero solo después de detenerme a preguntarme qué fue lo que produjo la tensión nerviosa que provocó el dolor. He tomado antiácidos para el dolor estomacal, pero no sin antes considerar qué pude haber comido que me provocó tal dolor. ¿Comí demasiado? ¿Demasiado aprisa? El dolor no es un enemigo invasor, sino un mensajero leal despachado por mi propio cuerpo para alertarme sobre algún peligro.

Los esfuerzos frenéticos para silenciar las señales de dolor en realidad pueden tener un efecto paradójico.* Los Estados Unidos consumen treinta mil toneladas de aspirinas por año, lo que en promedio resulta en unas doscientos cincuenta píldoras por persona. Analgésicos más nuevos y mejores se están introduciendo de modo constante, y los consumidores los engullen: un tercio de todas las drogas vendidas son agentes que funcionan sobre el sistema nervioso central. Los estadounidenses, que representan el cinco por ciento de la población del mundo, consumen el cincuenta por

---

*Una posible explicación para este fenómeno se puede hallar en el deseo del cuerpo humano de conservar la energía. Deje de usar un músculo y se atrofiará. De la misma manera, si inyecto una dosis artificial de adrenalina y cortisona en un paciente la glándula adrenal, que normalmente produce esas hormonas, reducirá su producción; y con el tiempo puede dejar de producirla por completo. Algunos investigadores del dolor creen que una adicción a los medicamentos que alivian el dolor puede tener un efecto similar en el cerebro. Si suprimimos la necesidad de endorfinas cerebrales (los analgésicos naturales del cuerpo) proveyéndole sustitutos artificiales, el cerebro puede «olvidar como» producir las sustancias naturales.

ciento de todos los remedios que se fabrican. Sin embargo, ¿qué se gana con esta obsesión? Veo una escasa evidencia de que los estadounidenses se sientan mejor equipados para vérselas con el dolor y el sufrimiento. La adicción a las drogas y al alcohol, medio primario para escapar de la lóbrega realidad, ha crecido como un hongo. En los años en que he vivido aquí, más de un millar de centros de dolor se han abierto para ayudar a las personas a combatir al enemigo que no se rinde. El surgimiento del «síndrome de dolor crónico», fenómeno que rara vez se ve en los países no occidentales o en la literatura médica del pasado, debería activar las alarmas para una cultura consagrada a expulsar el dolor.

Con todos nuestros recursos, ¿por qué no podemos «resolver» el dolor? Muchos esperan una solución que les dé la capacidad de eliminar el dolor, pero yo miro con horror lo que puede suceder si los científicos alguna vez triunfan en perfeccionar una píldora «que elimine el dolor». Ya veo algunas señales inquietantes, conforme la tecnología halla maneras más efectivas de apagar el repicar del dolor. Dos ejemplos, uno de los deportes profesionales y uno de un centro de tratamiento de congelación, dan un vistazo previo ominoso de las consecuencias.

Los entrenadores deportivos profesionales sobresalen en la supresión de las señales de dolor. Los jugadores de fútbol estadounidense lesionados desaparecen en los vestidores para una inyección analgésica, y luego vuelven al campo con un dedo roto o una costilla vendada con cinta. En un juego de baloncesto de la NBA a un jugador estrella, Bob Gross, se le pidió que abriera el juego a pesar de tener el tobillo seriamente lesionado. El médico del equipo inyectó Marcaine, un fuerte analgésico, en tres lugares diferentes del pie de Gross. Durante el juego, mientras Gross luchaba por un rebote, se oyó un fuerte *chasquido* por todo el coliseo. Completamente ajeno, Gross corrió de arriba a abajo por la cancha dos veces, y luego se desplomó al piso. Aunque no sentía dolor, un hueso se

---

Los adictos a la heroína muestran el resultado final: el cerebro del adicto exige cada vez más de las sustancias artificiales porque ya no puede satisfacer el deseo de sus propios sitios receptores drogados. Los adictos a la heroína a largo plazo a veces desarrollan una hipersensibilidad al dolor después que dejan la droga. La más ligera presión de una sábana o ropa les causa un dolor intenso porque el cerebro ya no manufactura los neurotransmisores que lidiarían con esos estímulos de rutina.

había roto en su tobillo. Al cancelar el sistema de advertencia del dolor, Gross se había predispuesto a sí mismo a una lesión que causó un daño permanente y puso punto final de forma prematura a su carrera en el baloncesto.

El segundo ejemplo viene de una visita que hice en la década de los sesenta al doctor John Boswick, una autoridad en cuanto a lesiones de congelación en el Hospital Cook County de Chicago. Me llevó a una sala grande y abierta en donde se encontraban treinta y siete víctimas de congelación severa, con sus sábanas levantadas hacia atrás para dejar al descubierto setenta y cuatro pies horriblemente ennegrecidos. (Al tratar la congelación, los médicos dejan las partes afectadas al aire libre para que puedan secarse; el cuerpo pronto descarta el tejido necrótico, que entonces se puede quitar.) El enfermizo olor de la gangrena llenaba el aire. No había visto nada como esa escena en ninguna otra parte, y quedé estupefacto. «¡Pensaría que una ciudad como Chicago proveería un refugio para estos indigentes!», dije.

Boswick se rió. «Estos no son indigentes, Paul. Todos tienen acceso a un lugar de refugio, y algunos de ellos son de clase media. Ellos son o bien alcohólicos o drogadictos. Salen para ir a fiestas, y no pueden hallar su camino de regreso a casa. O tal vez alguien los deja frente a su puerta pero están tan borrachos que no pueden abrir la cerradura. Así que se acuestan y se quedan dormidos en su propio umbral, o tal vez se apoyan en un banco de nieve. El alcohol ha embotado toda sensación de dolor y frío para entonces, y ahora la nieve se siente bien. Se siente muy bien, en realidad. Se quedan dormidos, y a la mañana siguiente la familia los halla en su portal, durmiendo muy contentos. Yo atiendo el daño que resulta de las células de dolor adormecidas. Mira a estos tipos; alguno de ellos pueden perder el pie entero».

Estos dos ejemplos sirven como una metáfora de advertencia para la sociedad moderna, mostrando al extremo lo que puede suceder cuando se silencia al dolor. He vivido muchos años entre personas que no sienten el dolor, y se les debe compadecer, no envidiar. Antes de tratar de «resolver» el dolor, eliminándolo, debemos aprender a escucharlo, y entonces manejarlo. Ese cambio exigirá un cambio radical en nuestra perspectiva, uno que va por completo en contra de la corriente optimista estadounidense de que nosotros-podemos-arreglarlo.

Pobre sustituto

Durante un período realizaba dos consultas regulares cada semana, una en Baton Rouge que atendía principalmente a pacientes de artritis reumatoide, y la otra en Carville para la diabetes y la lepra. La artritis reumatoide es un desorden autoinmune en el cual las coyunturas se hinchan con una inflamación dolorosa y el cuerpo ataca su propio tejido. A veces usé a los pacientes de lepra como lección objetiva para los que tenían artritis reumatoide, en un esfuerzo para convencerlos del valor del dolor. «Miren a estos pacientes de lepra», decía. «¿Los envidian? La enfermedad que tienen ustedes es mucho más destructiva para el cuerpo que la infección de la lepra misma. [En la artritis reumatoide el hueso se ablanda y se vuelve frágil, los ligamentos ceden y se separan de las coyunturas, los músculos se estiran y se alinean de modo errado]. ¡Y sin embargo, miren las excelentes manos de ustedes! Tienen todos los cinco dedos intactos. Han hecho mucho mejor trabajo en protegerse a sí mismos que los individuos que tienen lepra; simplemente porque ustedes sienten el dolor. Ellos tienen huesos fuertes y coyunturas, pero noten todo los dedos que les faltan. Agradézcanle al dolor. Este evita que ustedes abusen de sus dedos».

Mis pequeños sermones cayeron en oídos sordos. Los pacientes de artritis reumatoide no expresaban a menudo una gratitud por el dolor que les salvaba las manos y los pies; más bien, me suplicaban que aliviara su dolor. Algunos, en búsqueda de alivio, toman esteroides en dosis tan masivas que sus huesos se descalcifican y las falanges de sus dedos giran hacia todos lados, descoyuntadas. Un paciente con sobrepeso, recluido en su cama, tomó tantos esteroides que cuando al fin se aventuró a salir de la cama los huesos de sus pies se deshicieron como tiza. La artritis reumatoide a menudo presenta a sus víctimas un dilema clásico: silenciar el dolor y destruir el cuerpo, o escuchar al dolor y preservar el cuerpo. En una competencia pareja, el dolor rara vez gana.

¿Por qué? Para mí ese era el enigma del dolor, en esencia. ¿Por qué nuestras mentes nos inflingirían un estado en contra del cual escogeríamos de forma automática? Yo podría demostrar con facilidad el beneficio global del dolor: solo necesitaría llevar a un escéptico en una guía dirigida por un leprocomio. Pero ciertas objeciones al sistema del dolor, las cuales había resumido a dos preguntas, no se resolvieron con facilidad.

Para la primera pregunta —¿Por qué el dolor debe ser desagradable?— sabía la respuesta, una respuesta que subyace en todo mi enfoque al dolor. El mismo rasgo desagradable del dolor, la parte que detestamos, es lo que lo hace tan efectivo para protegernos. Conocía esa respuesta teóricamente, pero el efecto debilitador del dolor en los pacientes a veces me hacía cuestionarla. Una pregunta relacionada seguía: ¿Por qué debe persistir el dolor? De seguro que apreciaríamos el dolor mejor si nuestros cuerpos vinieran equipados con un interruptor de encendido y apagado, permitiéndonos encender a voluntad la advertencia.

Estas dos preguntas me acosaron por años. Seguía volviendo a ellas, como si estuviera rascando una vieja cicatriz. A pesar de los esfuerzos de mi cruzada para mejorar la imagen del dolor, nunca resolví en mi propia mente de forma plena las dos preguntas sino hasta cuando me embarqué en un nuevo proyecto de investigación, uno de los proyectos más ambiciosos hasta la fecha en Carville.

Mi solicitud de donativo llevaba el título: «Un sustituto práctico para el dolor». Nos proponíamos desarrollar un sistema artificial de dolor para reemplazar el sistema defectuoso en las personas que sufrían de lepra, ausencia congénita de dolor, neuropatía diabética, y otros desórdenes de los nervios. Nuestra propuesta recalcaba los beneficios económicos potenciales: al invertir un millón de dólares para hallar una manera de alertar a tales pacientes en cuanto a los peores peligros, el gobierno bien podría ahorrar millones en tratamiento clínico, amputaciones y rehabilitación.

La propuesta creó todo un revuelo en el National Institutes of Health [Instituto Nacional de Salud] en Washington. Ellos habían recibido solicitudes de científicos que querían disminuir o abolir el dolor, pero nunca de uno que quería crearlo. Con todo, recibimos los fondos para el proyecto.

Planeábamos, en efecto, duplicar el sistema nervioso humano en muy pequeña escala. Necesitaríamos un «nervio sensor» sustituto para generar señales en una extremidad, un «axón nervioso» o sistema de alambrado para trasmitir el mensaje de advertencia, y un artefacto de respuesta para informarle al cerebro en cuanto al peligro. El entusiasmo creció en el laboratorio de investigación de Carville. Estábamos intentando algo que, hasta donde sabíamos, jamás se había intentado.

Contraté al departamento de ingeniería eléctrica de la Universidad Estatal de Louisiana (UEL) para que desarrollara un sensor en miniatura para medir la temperatura y la presión. Uno de los ingenieros allí bromeó en cuanto al potencial de lucro: «Si nuestra idea funciona, tendremos un sistema de dolor que nos advertirá del peligro pero que no duele. ¡En otras palabras, tendremos la parte buena del dolor sin la mala! Los sanos demandarán estos artefactos para sí mismos en lugar de sus propios sistemas de dolor. ¿Quién no va a preferir una señal de advertencia mediante un auricular por sobre el dolor real de un dedo?»

Los ingenieros de la UEL pronto nos mostraron prototipos de transductores, delgados discos de metal más pequeños que el botón de una camisa. Una presión suficiente en estos transductores alteraría su resistencia eléctrica, disparando una corriente eléctrica. Ellos le pidieron a nuestro equipo de investigación que determinara cuáles niveles de presión deberían ser programados en los sensores miniatura. Volví a recordar mis días de universidad en el laboratorio del dolor de Tommy Lewis, con una gran diferencia: ahora, en lugar de meramente examinar las propiedades integrales de un cuerpo humano bien diseñado, tenía que pensar como el diseñador. ¿Qué peligros enfrentaría ese cuerpo? ¿Cómo podía cuantificar esos peligros de una manera que los sensores pudieran medir?

Para simplificar las cosas, nos concentramos en las yemas de los dedos y las plantas del pie, las dos áreas que causaban la mayoría de los problemas en nuestros pacientes. Pero, ¿cómo podríamos lograr un sensor mecánico que distinguiera entre la presión aceptable de, digamos, sostener un tenedor, y la presión inaceptable de agarrar un pedazo de vidrio roto? ¿Cómo podríamos calibrar los niveles de tensión del andar ordinario y sin embargo permitir la tensión ocasional adicional al pisar en la esquina de una acera o saltar sobre un charco? Nuestro proyecto, que había empezado con tanto entusiasmo, parecía cada vez más aturdidor.

Recordé de mis días de estudiante que las células nerviosas cambian su percepción del dolor de acuerdo a las necesidades del cuerpo. Decimos que un dedo está sensible: miles de células nerviosas en el tejido dañado reducen de forma automática su nivel de tolerancia al dolor para desalentarnos en el uso del dedo. Un dedo infectado parece como si siempre estuviera recibiendo golpes —«sobresale como un pulgar lesionado»— debido a que la inflamación lo ha hecho diez veces más sensible al dolor. Ningún transductor mecánico podía dar una respuesta tan delicada a las necesidades del tejido vivo.

Cada mes el nivel de optimismo de los investigadores descendía un escalón. Nuestro equipo de Carville, que había hecho hallazgos significativos en cuanto a las tensiones repetitivas y la tensión constante, sabía que los peores peligros no venían de las tensiones anormales, sino de las mismas tensiones normales repetidas miles de veces, como en el acto de caminar. Y el cerdo Sherman había demostrado que una presión constante tan baja como una libra por pulgada cuadrada podía causar un daño en la piel. ¿Cómo podríamos posiblemente programar todas esas variables en un transductor en miniatura? Necesitaríamos una ficha de computadora en cada sensor solo para rastrear la cambiante vulnerabilidad del tejido al daño debido a la tensión repetitiva. Adquirimos un nuevo respeto por la capacidad del cuerpo humano para discernir de forma instantánea tales difíciles opciones.

Después de llegar a un acuerdo establecimos los niveles básicos de presión y temperaturas para activar los sensores, y luego diseñamos un guante y un calcetín en los cuales incorporamos varios transductores. Al fin podríamos probar nuestro sistema sustituto del dolor en pacientes reales. Pero ahora nos tropezamos con problemas mecánicos. Los sensores, miniaturas electrónicas de lo más avanzadas, tendían a deteriorarse debido a la fatiga del metal o a la corrosión después de unos pocos cientos de usos. Los cortocircuitos hacían que dispararan falsas alarmas, lo que fastidiaba a nuestros pacientes voluntarios. Peor, los sensores costaban como cuatrocientos cincuenta dólares cada uno... ¡y un paciente de lepra que daba una larga caminata por los predios de hospital podían desgastar por completo un calcetín de dos mil dólares.

En promedio, un conjunto de transductores resistía el uso y abuso normal por una o dos semanas. En realidad no podíamos darnos el lujo de permitir que un paciente llevara uno de nuestros guantes más costosos para una tarea como rastrillar hojas o martillar: las mismas actividades que estábamos tratando de hacer seguras. Antes de mucho tiempo los pacientes estaban preocupándose más por proteger nuestros transductores, sus supuestos protectores, que por protegerse ellos mismos.

Incluso cuando los transductores funcionaban correctamente, el sistema entero era contingente al libre albedrío de los pacientes. En forma altisonante habíamos hablado de retener «las buenas partes del dolor sin las malas», lo que quería decir diseñar un sistema de advertencia que no lastimaría. Primero tratamos un artefacto como auricular que hacía un ronroneo cuando los sensores recibían presiones normales, timbraba cuando existiera un ligero peligro, y emitía un sonido penetrante cuando percibía un daño real. Pero cuando un paciente con una mano dañada hacía girar un destornillador con demasiada fuerza, y se disparaba la señal de advertencia de alto volumen, él simplemente la descartaba —*Este guante siempre está dándome señales falsas*— y seguía dándole vueltas al destornillador. Las luces intermitentes fracasaron por la misma razón.

A los pacientes que percibían el «dolor» solo en lo abstracto no se les podía persuadir a confiar en los sensores artificiales. Se aburrían de las señales y las ignoraban. Dedujimos la noción aleccionadora de que a menos que integráramos una calidad de compulsión, nuestro sistema sustituto nunca serviría. Ser alertado del peligro no era suficiente; a nuestros pacientes había que obligarlos a que respondieran. El profesor Tims de UEL me dijo, casi con desesperanza: «Paul, es inútil. Nunca podremos proteger estas extremidades a menos que la señal en realidad duela. Con certeza debe haber alguna manera de hacerle doler a tus pacientes lo suficiente para que presten atención».

Tratamos toda otra alternativa antes de recurrir al dolor, y al final concluimos que Tims tenía razón: el estímulo tenía que ser desagradable, tal como el dolor es desagradable. Uno de los estudiantes avanzados de Tims desarrolló una bobina operada por batería que, cuando se activaba, disparaba una descarga eléctrica de alto voltaje pero bajo amperaje. Era inocua pero dolorosa, por lo menos cuando se la aplicaba a partes del cuerpo que podían sentir dolor.

El bacilo de la lepra, prefiriendo las partes frías del cuerpo, por lo general dejaba sin perturbar las regiones calientes tales como las axilas, así que empezamos a colocar las bobinas eléctricas en las axilas de los pacientes para nuestras pruebas. Algunos voluntarios abandonaron el programa, pero unos pocos valientes persistieron. Noté, sin embargo, que veían el dolor de nuestros sensores artificiales de una manera diferente que el dolor de las fuentes naturales. Tendían a ver las descargas eléctricas como castigo por romper las reglas, no como mensajes de una parte del cuerpo en peligro. Respondían con resentimiento, y no con un instinto de autoconservación, porque nuestro sistema artificial no tenía ningún enlace con su sentido de *uno mismo*. ¿Cómo podía tenerlo cuando sentían una descarga en la axila por algo que le sucedía a la mano?

Aprendí una distinción fundamental: una persona que nunca siente dolor se orienta a la tarea, en tanto que una persona que tiene su sistema de dolor intacto se orienta a sí misma. La persona sin dolor tal vez pueda saber por una señal que cierta acción es dañina, pero si en realidad lo quiere, la hace de todas maneras. La persona sensible al dolor, sin que importe cuánto quiera hacer algo, dejará de hacerlo debido el dolor, porque dentro de su psiquis sabe que preservar su propio ser es más significativo que cualquier cosa que pueda querer hacer.

Nuestro proyecto avanzó por muchas etapas, consumiendo cinco años de investigación de laboratorio, miles de horas de trabajo, y más de un millón de dólares de fondos del gobierno. Al final tuvimos que abandonar todo el esquema. Un sistema de advertencia apropiado apenas para una mano tendría un costo exorbitante, estaría sujeto a frecuentes daños mecánicos, y sería irremediablemente inadecuado para interpretar la profusión de sensaciones que constituyen el tacto y el dolor. Más importante todavía, no hallamos ninguna manera de circunvalar la debilidad fundamental de nuestro sistema: seguía estando bajo el control del paciente. Si el paciente no quería prestar atención a las advertencias de nuestros sensores, podría hallar una manera de descartar todo el sistema.

Mirando hacia atrás, puedo señalar un instante en particular cuando supe con certeza que el proyecto del sustituto para el dolor no tendría éxito. Estaba buscando una herramienta en el taller de artes manuales cuando Carlos, uno de nuestros pacientes voluntarios, vino para reemplazar un empaque en el motor de una motocicleta. Hizo rodar la motocicleta por el piso de concreto, con el pie bajó el soporte del vehículo, y se dispuso a trabajar en el motor de gasolina. Yo le observaba con el rabillo del ojo. Carlos era uno de nuestros voluntarios más conscientes, y esperaba de forma anhelante ver cómo funcionarían los sensores artificiales del dolor de su guante.

Era evidente que uno de los pernos del motor se había oxidado, y Carlos hizo varios esfuerzos para aflojarlo con una llave de tuercas. No cedió. Le vi aplicar fuerza sobre la llave, y luego se detuvo de modo abrupto, dando un brinco hacia atrás. La bobina eléctrica debe haberle dado una descarga. (Nunca pude evitar estremecerme cuando veía a nuestro sistema de dolor hecho por el hombre funcionar como estaba diseñado para funcionar.) Carlos estudió la situación por un momento, luego metió la mano debajo de su axila y desconectó un alambre. Con una llave grande de tuercas obligó al perno a aflojarse, metió su mano debajo de la camisa de nuevo, y volvió a conectar el alambre. Entonces supe que habíamos fracasado. Cualquier sistema que les permitiera a nuestros pacientes la libertad de elección estaba condenado al fracaso.

Nunca logré realizar mi sueño de «un sustituto práctico para el dolor», pero el proceso en efecto aclaró las dos preguntas que por largo tiempo me habían acosado. ¿Por qué el dolor debe ser desagradable? ¿Por qué debe el dolor persistir? Nuestro sistema falló precisamente porque no podíamos reproducir efectivamente esas dos cualidades del dolor. ¡El misterioso poder del cerebro humano puede obligar a una persona a DETENERSE!... algo que yo jamás lograría con mi sistema sustituto. Y el dolor «natural» persistirá mientras el peligro amenace, sea que lo queramos o no; a diferencia de mi sistema sustituto, no se le puede apagar.

Al trabajar en el sistema sustituto a veces pensaba en mis pacientes de artritis reumatoide, que anhelaban simplemente el tipo de interruptor de encendido y apagado que estábamos instalando. Si los pacientes reumatoides tuvieran un interruptor o un alambre que pudieran desconectar, destruirían sus manos en días o semanas. Qué afortunados somos, pensé, porque la mayoría de nosotros tenemos el interruptor de dolor siempre fuera de nuestro alcance.

En noviembre de 1972, más o menos para el tiempo cuando me estaba adaptando al fracaso de nuestro proyecto, recibí la noticia de que mi hija Mary había dado a luz a nuestro primer nieto. Pasaron algunos meses antes de que pudiera viajar a Minnesota para conocer a este nuevo fenómeno. Cuando llegué, Mary me presentó con orgullo a un muchacho sano llamado Daniel. Confieso que por unos minutos retrocedí a mi papel de ortopedista, examinando las coyunturas de sus dedos, la curvatura en su espalda y el ángulo de sus pies, todo lo cual resultó espléndido. Había una prueba más que realizar, sin embargo, esperé a que Mary saliera del cuarto para intentarla.

Con un alfiler ordinario realicé una evaluación sencilla del sistema del dolor en la yema de un dedo. Fui gentil, por supuesto, pero tenía que hacerlo. Daniel retiró violentamente su mano, frunció su ceño, se miró el dedo, y después me miró a mí. ¡Era normal! Sus reflejos trabajaban conforme al diseño, y ya a su tierna edad estaba aprendiendo una importante lección en cuanto a los alfileres. Lo apreté contra mi pecho y elevé una oración de agradecimiento por ese dedo diminuto. El guante más elaborado que habíamos fabricado en Carville incluía un gran total de veinte transductores y nos costó casi diez mil dólares. Este bebé de brazos vino equipado con diez mil detectores del dolor apenas en la yema de ese dedo, cada uno calibrado para un nivel de tolerancia específico para esa

yema. Sentí un poco del orgullo de abuelo, porque mi propio código genético personal había participado en la hechura de ese pequeñín. Como ingeniero había fracasado para crear un sistema del
dolor con costosos transductores electrónicos, pero mi ADN había
triunfado de una manera sobreabundante.

No cabía dentro de mi comprensión que los transductores
en miniatura de Daniel pudieran discernir las muchas variedades
de tensiones traumáticas, constantes y repetitivas, e informarlas a
la columna vertebral, sin ningún cortocircuito en el alambrado ni
necesidad de mantenimiento externo, por un período de setenta u
ochenta años. Es más, estos sensores del dolor funcionarían ya sea
que él lo quisiera o no; el interruptor estaba fuera de su alcance.
Los sensores eran precisos, instantáneos, y exigían una respuesta,
incluso de un cerebro demasiado joven para captar el significado
del peligro. Terminé mi oración con un estribillo familiar: «¡Gracias, Dios, por el dolor!»

Parte tres

CÓMO APRENDER A ENTABLAR AMISTAD CON EL DOLOR

14
EN LA MENTE

El inglés, que puede expresar los pensamientos de Hamlet y la tragedia de Lear, no tiene palabras para el escalofrío o el dolor de cabeza ... La más común de las chicas escolares cuando se enamora tiene a Shakespeare o a Keats para decir lo que tiene en su mente; pero permite que un sufriente trate de describirle a su médico un dolor que siente en su cabeza y el lenguaje al instante se seca.

Virginia Woolf

No soy un «experto en el dolor» en el sentido tradicional. Nunca he trabajado en una clínica del dolor y tengo experiencia limitada en el manejo del sufrimiento. Más bien, llegué a apreciar las sutilezas del dolor tratando a los que no lo sienten. En realidad nunca dije: «¡Gracias, Dios, por el dolor!» durante mi niñez en las montañas Kolli o en la escuela de medicina durante el Blitz; esa perspectiva vino después de años de trabajar con víctimas que no sienten dolor.

Otros pacientes, para no mencionar a mis propios hijos, me daban constantes recordatorios de la actitud más común hacia el dolor: «¡Duele! ¡Cómo hago para que no me duela!» Con el correr de los años he tratado de combinar un enfoque que incluye lo que aprendí de los que experimentan la falta de dolor así como también de aquellos que lo sentimos. No podemos vivir bien sin el dolor, pero, ¿cómo podemos vivir mejor con él? El dolor es un don invaluable, esencial; de eso no tengo duda. Y sin embargo, solo al aprender a dominar el dolor podemos impedir que nos domine.

Yo divido la experiencia del dolor en tres etapas. Primero está la *señal* del dolor, una alarma que suena cuando las terminaciones nerviosas en la periferia perciben el peligro. Mi malogrado proyecto para desarrollar «un sustituto práctico para el dolor» fue un esfuerzo de reproducir el dolor en su primer y más básico nivel.

En una segunda etapa del dolor, la columna espinal y la base del cerebro actúan como una «compuerta espinal» para discernir cuáles de los muchos millones de señales merecen ser enviados como un *mensaje* al cerebro. El daño o la enfermedad a veces pueden interferir: si se corta la médula espinal, como en la paraplejia, las terminaciones nerviosas periféricas debajo de la ruptura pueden continuar descargando señales de dolor, pero esas señales no llegan al cerebro.

La etapa final del dolor tiene lugar en el cerebro superior (en especial en la corteza cerebral), que filtra los mensajes que ya han sido discernidos previamente y decide una *respuesta*. En realidad, el dolor en verdad no existe mientras no se haya completado el ciclo entero de señal, mensaje y respuesta.

Un accidente sencillo, de todos los días, como una niña que se cae al correr, ilustra la interacción entre las tres etapas del dolor. Cuando su rodilla primero se araña contra el suelo, ella rueda sobre su costado para evitar más contacto. Esta maniobra de emergencia, ordenada por la columna vertebral, tiene lugar a nivel reflejo (etapa uno). Medio segundo pasa antes de que la niña llegue a estar consciente de la sensación de ardor de la rodilla raspada. La forma en que ella responde entonces dependerá de la severidad del arañazo, la constitución de su propia personalidad y lo demás que tiene lugar a su alrededor.

Si la niña está corriendo una carrera con sus amigas, las posibilidades son que el ruido y el entusiasmo global del juego producirán mensajes competidores (etapa dos) que bloquean el progreso siguiente del dolor. Es posible que ella se levante y termine la carrera sin siquiera mirarse la rodilla. Cuando la carrera se acaba, sin embargo, y el entusiasmo se reduce, los mensajes del dolor probablemente llegarán en torrente por la compuerta espinal a la parte pensante del cerebro (etapa tres). La niña se mira la rodilla, ve sangre, y ahora el cerebro consciente se hace cargo. El temor aumenta el dolor. Las madres llegan a ser importantes, y allá es a donde la niña acude. Una madre sabia primero abraza a su hija, reemplazando el temor con seguridad. Luego sopla la llaga, limpia la sangre, cubre la herida con un vendaje adhesivo decorativo, y envía a la niña de nuevo jugar. La niña se olvida del dolor. Más tarde en la noche, cuando nada está distrayendo la mente, el dolor puede volver, y los padres de la niña serán llamados de nuevo a su tarea.

Todo el tiempo las señales reales de dolor no han cambiado gran cosa. Las neuronas fieles de la rodilla han estado enviando informes del daño toda la tarde y toda la noche. La percepción de dolor de la niña varía principalmente en dependencia del punto hasta el cual el dolor fue bloqueado en la etapa dos, debido a el afán de competencia, y, en la etapa tres, por la efectividad de los recursos de los padres para calmar la ansiedad.

En los adultos, que tenemos un conjunto más grande de experiencias y emociones del cual echar mano, la mente juega un papel global. Como médico he adquirido un aprecio cada vez creciente por la capacidad de la mente para alterar la percepción del dolor en una dirección u otra. Podemos volvernos adeptos a llevar el dolor hasta la etapa más seria que llamamos *sufrimiento*. O, por el contrario, podemos aprender a echar mano de los vastos recursos de la mente consciente para ayudar a vérnoslas con el dolor.

El sentido huérfano

En la escuela de medicina encontré en especial el dolor en la etapa uno. Los pacientes venían a verme con quejas específicas en cuanto a señales en la periferia («Me duele el dedo». «Me duele el estómago». «Mis oídos tintinean».) Ningún paciente jamás me dijo algo como esto: «Entre las muchas transmisiones que entran en mi médula espinal, las señales de dolor de mi dedo han sido juzgadas de valor significativo como para que se les permita avanzar hasta el cerebro». O, «Estoy sintiendo dolor en el estómago, ¿me haría el favor de administrarle a mi cerebro alguna droga similar a la morfina de manera que ignore las señales de dolor que salen de mi barriga?»

Aunque tenía que apoyarme en el informe del paciente de la etapa uno para ayudarme a diagnosticar la causa del dolor, pronto me di cuenta de la importancia de responder a la etapa tres desde el principio. Ahora probablemente catalogaría las etapas del dolor en orden inverso, dando prominencia primero a la tercera etapa. Lo que tiene lugar en la mente de la persona es el aspecto más importante del dolor; y el más difícil de tratar o siquiera comprender. Si podemos aprender a manejar el dolor en esta tercera etapa, con mayor probabilidad triunfaremos en mantener el dolor en su lugar apropiado, como siervo y no como amo.

Conocí una vez a una bailarina que sentía un severo dolor en sus pies cada vez que realizaba un paso de baile en particular en las puntas de sus dedos. *El lago de los cisnes* de Tchaikovsky exigía esa maniobra treinta y dos veces durante el ballet, y por esa razón ella le tenía terror a esta danza. Cada vez que la música sonaba en la radio saltaba y la apagaba. «En realidad puedo sentir el dolor en mis pies cuando oigo esos acordes», decía. Lo que tenía lugar en su mente afectaba lo que percibía en sus pies.

Me di cuenta por primera vez del poder de la mente cuando traté al soldado llamado Jake, el héroe de guerra con piernas destrozadas que se encogía por el temor ante una aguja hipodérmica llena de penicilina. Más tarde aprendí que la actitud de Jake en el frente, por extraña que pudiera haber parecido en ese momento, era una respuesta clásica a la lesión de combate. El Dr. Henry K. Beecher, de la Facultad Médica Harvard, acuñó la expresión «efecto de Anzio» para describir lo que observó entre doscientas quince víctimas del ataque a la playa de Anzio durante la Segunda Guerra Mundial. Solo uno de cuatro soldados con lesiones serias (fracturas, amputaciones, pechos o cerebros penetrados) pidieron morfina, aunque estaba a su disposición. Simplemente no querían ayuda con el dolor, y en verdad muchos de ellos negaron sentir ningún dolor.

Beecher, anestesista, contrastó la reacción de los soldados a lo que había visto en el ejercicio privado de la medicina, en donde el ochenta por ciento de los pacientes que se recuperaban de lesiones quirúrgicas suplicaban morfina u otros narcóticos. Él concluyó: «No hay relación directa sencilla entre la herida *per se* y el dolor que se siente. El dolor es en gran parte determinado por otros factores, y de gran importancia aquí es la significación de la herida ... En el soldado herido la respuesta a la lesión era alivio, agradecimiento por haber escapado con vida del campo de batalla, e incluso euforia; para el civil, su cirugía sería era un suceso deprimente y calamitoso».

Mi estudio del cerebro, en especial en el proyecto de disección en Cardiff, me ayudó a entender por qué la mente juega un papel tan importante en el dolor. La estructura del cerebro lo requiere. Solo un décimo del uno por ciento de las fibras que entran en la corteza cerebral llevan información sensorial nueva, incluyendo los mensajes del dolor; todas las otras células nerviosas se comunican unas con otras, reflexionando, escudriñando a través de la memoria y la emoción. ¿Tengo miedo? ¿Está el dolor produciendo algo de valor? ¿En realidad quiero recuperarme? ¿Alguien siente lástima de mí?

Es más, el cerebro consciente compila su respuesta a este torbellino de información dentro del cráneo, recluido de los estímulos que causaron el dolor para empezar. La mayoría de las sensaciones tiene un referente «allá afuera», y disfrutamos invitando a otros a participar de lo que estimula nuestros sentidos: «¡Mira esa montaña!» «Escucha con atención, esto es lo bueno». «Toca esta piel, es muy suave». Pero junto a eso viene la sensación avasalladora del dolor y todos nosotros nos quedamos huérfanos. El dolor no tiene una existencia «allá afuera». Dos personas pueden mirar al mismo árbol; pero nadie jamás ha compartido un dolor de barriga. Esto es lo que hace tan difícil el tratamiento del dolor. Ninguno de nosotros, médico, padre o amigo, puede en realidad entrar en el dolor de otra persona. Es la sensación más solitaria y más privada.

¿Cómo se siente? ¿Duele mucho? Podemos hacer estas preguntas, y formarnos una idea del dolor de otro, pero nunca con certeza. Patrick Wall, pionero en la teoría del dolor, expresa el dilema: «El dolor es mi dolor y crece como obsesión imperativa, una compulsión, una realidad dominadora. Tu dolor es un asunto diferente ... Incluso aunque haya experimentado una situación similar solo conozco mi dolor y adivino el tuyo. Si te golpeas un dedo con un martillo yo me estremezco al recordar cómo sentí mi propio pulgar cuando me lo aplasté de un martillazo. Solo puedo adivinar cómo te sientes». Wall dice que aprendió a respetar la propia descripción del paciente, por imprecisa que fuera, porque a pesar de lo que cualquier instrumento de diagnóstico de alta tecnología pudiera indicar, en el análisis final el informe verbal del paciente es el único relato posible del dolor.*

---

*Para ayudar a diagnosticar el dolor, Ronald Melzack, colega de Wall, desarrolló un gráfico del dolor basado en la perspectiva del paciente. Notó que los pacientes tienden a usar ciertas combinaciones de palabras para describir dolencias en particular. Palabras tales como *sordo, molesto, fatigoso* o *fuerte* describen una clase diferente de dolor que *penetrante, cortante, lacerante, ardiente, candente, hirviente;* o *palpitante, cambiante, intenso, punzante.* Melzack admite que estas palabras son metafóricas, como lo es toda nuestra referencia en cuanto al dolor. «Parece

Y sin embargo, aunque el dolor es un sentido huérfano que en verdad nadie puede realmente compartir, parece ser indispensable para ayudar a formar la identidad personal de uno. Me duele, por consiguiente existo. El cerebro descansa en una «imagen sentida» de las partes del cuerpo para construir su mapa interno del organismo; cuando el daño de los nervios interrumpe el flujo de datos al cerebro, tal cosa pone el sentido básico del yo en peligro. Hablando de forma metafórica, usamos la palabra *muerto* para describir un estado temporal de ausencia de dolor, como cuando el dentista anestesia un diente o cuando dejamos una pierna cruzada por tanto tiempo que se duerme. Los pacientes de lepra parecen considerar sus manos y pies como en verdad muertos. La extremidad está allí, pueden verla, pero sin ninguna retroalimentación sensorial para alimentar la imagen sentida en sus cerebros, pierden la conciencia innata de que la mano o el pie dormidos pertenecen al resto de su cuerpo.

He visto este principio funcionando más bien grotescamente en los animales de laboratorio. Por un tiempo usaba ratas blancas para ayudarme a determinar el mejor diseño de zapatos para los pies insensibles de los pacientes de lepra. Amortiguaba un centro de dolor en una pata posterior y luego imitaba en la pata de la rata la tensión de diferentes tipos de zapatos. Tenía que mantener a estos animales de laboratorio bien alimentados, porque si sentían hambre simplemente empezaban a comerse la pierna anestesiada, la rata ya no la reconocía como parte de sí misma. De modo similar, un lobo, si su pata se insensibiliza por la presión de la trampa y el frío, con toda calma roerá la piel y el hueso y se escapará cojeando.

Un papel dominante

Una ameba, sin cerebro, percibe el peligro de modo directo y se arrastra alejándose de las sustancias químicas corrosivas y

---

como si alguien me estuviera insertando agujetas de tejer en los ojos», puede decir uno que sufre migrañas, o un corredor lesionado puede describir su pierna como si estuviera «quemándose», aunque ni el uno ni el otro ha experimentado el dolor mismo de que se le inserten agujetas de tejer en los ojos o de haber sostenido su pierna sobre una llama. Debemos apoyarnos en imágenes prestadas para expresar lo inexpresable. Informamos de un dolor «como puñal», imaginándonos un cuchillo cortando la carne, aunque los que han sido apuñalados lo describen como una sensación por completo diferente: no como una penetración rápida y violenta, sino más bien como un golpe que les cae encima y no cede.

las luces brillantes. Los animales «superiores» perciben el dolor de forma indirecta: el sistema nervioso central informa del estímulo a un cerebro aislado, y esto a su vez les da mucha libertad para modificar la experiencia. Hace casi un siglo el científico ruso Iván Pavlov entrenó a un perro para superar los instintos básicos del dolor recompensándolo con comida justo después de aplicarle descargas eléctricas en una pata en particular. Después de unas pocas semanas, en lugar de quejarse y luchar por alejarse de las descargas, el perro respondía meneando su cola entusiasmado, chorreando saliva, y dirigiéndose al plato de comida. De alguna manera, el cerebro del perro había aprendido a reinterpretar el aspecto negativo del dolor: «¡duele!» (Sin embargo, cuando Pavlov aplicaba una descarga similar a una pata diferente, el perro reaccionaba con violencia.)

Más recientemente Ronald Melzack llevó los experimentos de Pavlov un paso más adelante. Crió cachorros de terrier escoceses en jaulas individuales y acolchadas para que no sufrieran ninguno de los golpes y arañazos normales del crecimiento. Para su sorpresa, los perros criados en este ambiente de privación no aprendieron las respuestas básicas al dolor. Expuestos a un cerillo encendido, una y otra vez metían sus narices en la llama para husmearla. Incluso cuando la carne se quemaba, no mostraban señal de molestia. Tampoco reaccionaban cuando él hincaba sus patas con un alfiler. En contraste sus compañeros de camada, criados de forma normal, chillaban y huían a la primera confrontación con el fósforo o el alfiler. Melzack se vio obligado a concluir que mucho de lo que llamamos dolor, incluso la respuesta «emocional», es aprendida, no instintiva.

En los seres humanos los poderes mentales reinan supremos, y eso es lo que nos da la capacidad de alterar el dolor de un modo tan dramático. Un gato que pisa una espina empieza a cojear por instinto, lo que le da al pie herido descanso y protección. Un hombre que pisa un clavo oxidado también cojeará. Sin embargo, los poderes cerebrales mayores le permiten reflexionar de forma consciente, incluso obsesiva, en la experiencia. Además de cojear, tal vez buscará otras ayudas para hacerle frente al asunto: analgésicos, muletas, o una silla de ruedas. Si la preocupación por la lesión crece hasta llegar a ser un temor, el dolor se intensificará de manera que en realidad «le dolerá» al hombre más de lo que presumiblemente le hubiera dolido al gato. Él puede preocuparse por el tétano. Si, como mi paciente Jake, este hombre tiene un temor exagerado de las agujas, es posible que se excluya de una inyección contra el tétano y se arriesgue a un dolor incluso mayor. Por otro lado, si le están pagando diez mil dólares por partido para patear la pelota en la Liga Nacional de Fútbol estadounidense, lo más probable es que el cojo hará que le venden el pie, ignorará el dolor, y se dirigirá a la cancha de práctica.

En mis días de estudiante vi una prueba vívida de cómo, mediante la hipnosis, el poder mental puede afectar el dolor que se siente. Aunque no todos son susceptibles a la hipnosis profunda, las pruebas del nivel de tolerancia al dolor muestran el impacto de la hipnosis en algunos. «No le estoy provocando dolor», dice el trabajador de laboratorio, y el voluntario bajo profunda hipnosis tal vez no note el calor de un calefactor encendido incluso cuando la piel empieza a enrojecerse y a formar ampollas. A la inversa, si el investigador toca con un lápiz ordinario la piel del sujeto hipnotizado, diciéndole: «Este es un objeto en extremo caliente», el sitio de la piel se enrojecerá e hinchará... ¡y se formará espontáneamente una ampolla! En cada caso el cerebro fabrica una respuesta basada en el puro poder de la sugestión.* En una minoría de personas la hipnosis incluso se puede usar para inducir la total anestesia. La práctica cayó de la gracia después de la introducción del éter, pero se han hecho operaciones serias (algunas muy recientemente) sin ninguna anestesia aparte de la sugestión hipnótica. La hipnosis demuestra que bajo ciertas circunstancias la *respuesta* al dolor en la tercera etapa puede vencer las señales de dolor y los mensajes de las etapas más bajas.

Ya sea de forma consciente o inconsciente, la mente determina en gran medida cómo percibimos el dolor. Las pruebas de laboratorio revelan que de alguna manera, como los perros de Melzack, la gente que se cría en diferentes ambientes culturales experimentan el dolor en forma diferente. Los judíos e italianos reaccionan más pronto y se quejan más fuerte que sus contrapartes del norte de Europa; los irlandeses tienen una alta tolerancia para el dolor, y los esquimales la más alta de todos.

Algunas respuestas culturales al dolor casi desafían toda

---

*Una persona hipnotizada que sufre de alergias conocidas puede no mostrar ninguna reacción cuando se le toca con una hoja venenosa si se le asegura que es una hoja inocua de nogal. Pero si el investigador le dice: «Ahora estoy tocándole con una hoja venenosa», y más bien le aplica una hoja de nogal, ¡el sujeto estallará en una erupción alérgica de la piel!

creencia. Ciertas sociedades en Micronesia y el valle del Amazonas practican costumbres de alumbramiento llamadas *couvade* (de la palabra francesa para «salir del cascarón»). La madre no da ninguna indicación de sufrimiento durante el alumbramiento. Ella puede dejar de trabajar meramente por dos o tres horas para dar a luz, y luego volver a los sembrados. Según todas las apariencias es el esposo el que siente el dolor: durante el alumbramiento y por días después se queda acostado en cama, retorciéndose y gimiendo. En verdad, si sus dolores de parto no parecieran convincentes, los demás pobladores pondrían en tela de duda su paternidad. Tradicionalmente, la nueva madre le sirve al esposo y se sienta a su lado para atender a los parientes que pasan para ofrecer sus felicitaciones.

Ronald Melzack nos cuenta otra anomalía cultural:

> En África oriental hombres y mujeres se someten a una operación, por completo sin anestesia ni drogas anestésicas, llamada «trepanación», en la cual se corta el cuero cabelludo y los músculos debajo del mismo, a fin de dejar expuesto un gran espacio del cráneo. Entonces el *doktari* raspa el cráneo mientras el hombre o la mujer se quedan sentados en calma, sin pestañear ni hacer ningún gesto, sosteniendo una palangana debajo de la quijada para recoger la sangre que corre. Es extraordinario ver películas de este

---

Las verrugas a veces desaparecen de la noche a la mañana por órdenes de un hipnotizador, una hazaña psicológica que incluye un reordenamiento serio de las células de la piel y los vasos sanguíneos que la medicina no puede ni duplicar ni explicar. Cuando estaba en la facultad de medicina tuve un extenso contacto con el doctor Freudenthal, un refugiado judío escapado de los nazis que llegó a ser profesor en University College. Siendo una autoridad en verrugas y melanomas, Freudenthal concluyó que el poder de la sugestión era ligeramente mejor desde el punto de vista estadístico que cualquier otro tratamiento para las verrugas. Con alboroto, hacia pasar una varita negra por una llama verde, y luego tocaba la verruga y decía palabras extrañas en otro lenguaje. «La verruga se caerá exactamente en tres semanas», anunciaba de modo solemne. Y para el asombro de todos, ocurría justo eso. Este «tratamiento» funcionaba incluso cuando otros científicos y médicos no daban ninguna credibilidad a tales técnicas mágicas; el poder de la sugestión servía a pesar del escepticismo e incluso la hostilidad de ellos hacia los métodos de Freudenthal.

procedimiento debido al disgusto que produce en los espectadores, lo que muestra un contraste contundente con lo que parece ser la ausencia de molestia en los que están sometiéndose a la operación. No hay razón para creer que estas personas son fisiológicamente diferentes de ninguna manera. Más bien su cultura acepta la operación como un procedimiento que produce alivio del dolor crónico.

¿Han dominado en verdad los africanos orientales el arte de la cirugía sin anestesia? ¿Cuál dolor es más «real», el que afirma sentir la madre típica que da a luz en Europa, o el del padre que practica *couvade* en Micronesia? Ambos ejemplos demuestran el poder misterioso de la mente humana al interpretar y responder al dolor.

Rompecabezas de dolor

Si alguna vez tuve dudas de la capacidad de la mente para modificar y suprimir los mensajes del dolor, tres encuentros, dos de mis días en la India, y uno de la facultad de medicina en Londres, pusieron punto final a tales dudas.

Lobotomía

En 1946, mientras estaba terminando el internado quirúrgico, un neuropsiquiatra estadounidense llamado Walter Freeman descubrió una manera simplificada de realizar una lobotomía prefrontal, una cirugía del cerebro intentada primero por los médicos italianos una década antes. Los lóbulos frontales grandes en los seres humanos intervienen en el pensamiento reflexivo y la interpretación. La corteza cerebral maneja una respuesta de corte claro al dolor, pero los lóbulos frontales pueden modificar esa respuesta... un proceso afectado grandemente por la lobotomía prefrontal.

Después de practicar en un cadáver, Freeman seleccionó como su primera paciente una mujer con esquizofrenia. Usó terapia electroconvulsiva para estremecer a la paciente por unos pocos minutos y escogió como su instrumento quirúrgico un picahielo, con el nombre «Uline Ice Company» claramente visible en el mango.

Peló hacia atrás el párpado derecho de ella y deslizó el picahielo por encima de la parte superior del globo ocular. Hallando alguna resistencia en la placa orbital, la perforó golpeando el picahielo con un martillo pequeño. Una vez dentro del cerebro, movió el instrumento hacia atrás y hacia adelante, cortando las sendas neurales entre los lóbulos frontales y el resto del cerebro.

La mujer se despertó unos pocos minutos más tarde y pareció tan satisfecha con el resultado que volvió una semana después para el mismo tratamiento en la otra cuenca ocular. Freeman le escribió a su hijo de forma lacónica: «He operado a dos pacientes en ambos lados y a otro en un lado sin tropezar con ninguna complicación, excepto un ojo muy negro en un caso. Puede haber problemas más tarde pero parece relativamente fácil, aunque de modo definitivo es una cosa muy desagradable de observar».

Freeman se hizo muy famoso en las décadas de los años cincuenta y sesenta, dictando conferencias ampliamente y demostrando lobotomías a los grupos de psicólogos y neurólogos. Se jactaba de que el procedimiento podía ayudar a curar la esquizofrenia, la depresión, la reincidencia criminal y el dolor crónico. Siendo todo un comediante, Freeman a veces metía la mano en su bolsillo y sacaba un martillo ordinario de carpintero para usar. Redujo el procedimiento a siete minutos, y una vez realizó una «lobotomía de emergencia» para subyugar a un criminal díscolo que estaba siendo sujetado por policías en el piso de un hotel. La psicocirugía solo se ganó mala fama después de que drogas efectivas salieron al mercado. (Freeman, dolido por la creciente repulsión contra su técnica, rotuló con sorna los nuevos tratamientos como «lobotomía química»).

Me estremezco ahora al leer los relatos de las primeras psicocirugías, campo que florecía cuando yo apenas empezaba a ejercer la medicina. Había tenido contacto limitado con pacientes lobotomizados, pero mientras estuve en la India en efecto vi en una paciente la evidencia dramática del efecto de la lobotomía sobre el dolor. Una mujer británica de Bombay había buscado alivio durante años para un dolor vaginal intratable. Al inicio sentía el dolor durante el coito, lo que trajo problemas a su matrimonio, y con el tiempo empezó a sentir un dolor constante. Probó toda píldora analgésica disponible, e incluso se sometió a una cirugía para cortar los nervios, pero nada sirvió. Desalentada y en desesperación, vino con su esposo al hospital de Vellore. «No tengo amigos. Mi matrimonio está destrozándose», dijo. «Por favor, ¿podrían ayudarme?»

Un neurocirujano de nuestro personal había perfeccionado una técnica para lobotomía lo suficiente al frente del cerebro para que minimizara el impacto deshumanizante pero que a veces ayudaba con los problemas psiquiátricos y de dolor crónico. Perforaba dos agujeros en ambos lados del cráneo, insertaba un alambre por ellos, y después, como cortando queso, usaba el alambre para cortar las sendas nerviosas y separar del resto del cerebro parte de los lóbulos frontales. Le explicó a la mujer los riesgos, quien de inmediato aceptó someterse a la cirugía. Estaba lista para probar cualquier cosa.

En todos los sentidos la lobotomía fue un gran éxito. La mujer salió de la cirugía libre por completo del sufrimiento que la había acosado por una década. Su esposo no detectó ninguna diferencia en su capacidad mental y solo ligeros cambios en su personalidad. El dolor dejó de ser un factor en su vida juntos.

Más de un año después visité a la pareja en Bombay. El esposo hablaba con entusiasmo acerca de la lobotomía, y la mujer misma parecía tranquila y contenta. Cuando le pregunté sobre el dolor, ella dijo: «Ah, sí, todavía está allí. Solo que ya no me preocupo». Sonrió con dulzura y añadió como para sí misma. «En verdad, todavía es agonizante. Pero ya no importa».

Ese día quedé aturdido al oír palabras sobre una agonía proviniendo de una persona con una expresión tan plácida: ningún gesto de estremecimiento, ningún gemido, solo una sonrisa dulce. Al leer en cuanto a otras lobotomías, sin embargo, hallé que ella estaba exhibiendo una actitud muy típica. Los pacientes informan sentir «el dolor pequeño sin el dolor grande». Un cerebro lobotomizado, ya no reconociendo el dolor como una prioridad dominante en la vida, no pide una reacción evasiva fuerte.

Los pacientes lobotomizados rara vez piden remedios. Como me dijo una vez un neurocirujano alemán que había realizado muchas lobotomías prefontrales: «El procedimiento le quita todo el sufrimiento al dolor». Las etapas uno y dos del dolor, las etapas de señal y mensaje, continúan sin interrupción. Pero un cambio radical en la etapa tres, la respuesta de la mente, transforma la naturaleza de toda la experiencia.

Placebo

Los placebos (latín para «complaceré») se han ganado el respeto a regañadientes del establecimiento médico simplemente porque sirven muy bien. Son nada más que píldoras de azúcar o soluciones salinas, y sin embargo demuestran ser muy efectivos para aliviar el dolor. Alrededor del treinta y cinco por ciento de los pacientes de cáncer informan alivio sustancial después de un tratamiento con placebos, más o menos la mitad del número que hallan alivio con la morfina.

Casi por definición, los placebos obran su magia al nivel de la respuesta mental en el control del dolor. Tragar una cápsula de azúcar no surte absolutamente ningún efecto en las neuronas de la periferia ni en el cordón espinal. Los placebos introducidos en la leche o la comida del paciente sin que este lo sepa tampoco surten ningún efecto. Lo que importa es el poder de sugestión y la creencia consciente del paciente en las propiedades curativas del placebo.

Pruebas recientes indican que los placebos pueden desatar la liberación de endorfinas analgésicas, una instancia de la «creencia» del cerebro superior en el tratamiento traduciéndose en cambios fisiológicos reales. Los placebos sirven mejor si el paciente confía de modo pleno en su eficacia. En un experimento, el treinta por ciento de los pacientes de cáncer afirmaron recibir alivio después de una píldora de placebo, el cuarenta por ciento después de una inyección de placebo intramuscular... ¡y el cincuenta por ciento después de un goteo intravenoso de placebo! Algunos pacientes incluso se volvieron adictos a los placebos, y sufrieron los síntomas de su ausencia si se detenía el tratamiento.

Mientras estudiaba medicina, algunos doctores italianos estaban realizando una prueba muy extraña —improbable de que se repita— que sugiere que acciones de cirugía misma pueden tener un efecto placebo. En 1939 ciertos cirujanos italianos aprendieron que la angina pectoral, el dolor del corazón, se podría reducir grandemente atando, o ligando, las arterias mamarias internas, tal vez poniendo más sangre a disposición del corazón. Después de este procedimiento los pacientes se sentían mejor, tomaban menos píldoras de nitroglicerina, y por primera vez podían hacer ejercicios sin sentir dolor. La noticia se extendió, y pronto otros cirujanos por todo el mundo estaban practicando la misma técnica y confirmando los hallazgos iniciales.

Mientras tanto, los innovadores italianos empezaron a preguntarse si la tasa de éxito solo demostraba un efecto de placebo.* Reclutaron a un grupo de pacientes para participar en un estudio que, si se propusiera hoy, levantaría serias cuestiones éticas. La mitad de los pacientes se sometieron a una cirugía para dejar al descubierto sus arterias mamarias internas y ligarlas, y la otra mitad simplemente las dejaron al descubierto pero no las ligaron. En otras palabras, la mitad de los pacientes se sometieron a la anestesia general a fin de que se les abriera el pecho y luego se lo volvieran a coser con rapidez. De forma sorprendente, los dos grupos de pacientes mostraron mejorías comparables después de la cirugía: dolor disminuido, tomaban menos píldoras y podían hacer más ejercicio. Los italianos concluyeron que el mismo hecho de la cirugía había producido un efecto de placebo en sus pacientes.

Los obreros de la salud han aprendido a aceptar el efecto del placebo, y a veces lo usamos para ventaja nuestra. Con todo, confieso que cada vez que veo el efecto de placebo de cerca, me maravillo de la capacidad de recursos de la mente humana que puede crear sanidad a partir de una transacción de confianza y engaño.

En la India la doctora a cargo de la rehabilitación, Mary Verghese, siempre procuraba mantenerse al día con lo más reciente de la tecnología. Un día hablamos sobre la sabiduría de invertir en una máquina del ultrasonido. Yo nunca había usado el ultrasonido, el cual la literatura médica y la propaganda pregonaban como un

---

*Daba la historia de la medicina de pociones mágicas, sangrías, baños helados y otras «curas», debemos estar agradecidos de que por lo menos para los médicos el efecto de placebo obra a su favor. El Dr. Franz Anton Mesmer (que nos dio el epigrama *mesmerizar*) «curaba» a sus pacientes con su teoría de magnetismo animal. Los reyes de Inglaterra y Francia trataron a pacientes desaliñados con el toque real por setecientos años. Dos médicos franceses del siglo diecinueve abogaban por métodos contradictorios por completo de tratamiento. El Dr. Raymond de Salpetriere en París suspendía a sus pacientes por los pies y permitía que la sangre corriera a sus cabezas. El Dr. Haulshalter de Nancy suspendía a sus pacientes con la cabeza hacia arriba. El resultado: exactamente el mismo porcentaje de pacientes mostraban mejoría. Norman Cousins ha comentado: «En verdad, muchos eruditos médicos han creído que la historia de la medicina es en realidad la historia del efecto del placebo. Sir William Osler subrayaba el punto al observar que las especies humanas se distinguen de los órdenes más bajos por su deseo de tomar remedios. Considerando la naturaleza de las panaceas tomadas a través de los siglos, es posible que otro rasgo distintivo de la especie sea su capacidad de sobrevivir a los remedios».

tratamiento de irrupción para reducir cicatrices y aliviar la rigidez de las coyunturas. Mary quería ordenar la máquina de inmediato; yo permanecía escéptico.

Ella a la larga ganó el debate, y pronto la primera máquina de ultrasonido en toda la India estaba ronroneando en su departamento. Produjo gran revuelo y emoción. En parte para complacerme, Mary aceptó supervisar los exámenes de cien pacientes que tenían rigidez en sus coyunturas de los dedos. Todos debían recibir exactamente la misma fisioterapia y tratamiento de masaje, pero solo la mitad serían expuestos a la máquina de ultrasonido. Se midió su amplitud inicial de movimientos para que al final pidiéramos comparar de forma objetiva los resultados. En todo el curso de la prueba, los fisioterapistas de Mary insistieron en que estaban dando igual atención y estímulo al grupo de ultrasonido como al grupo de control.

Cuando llegó al fin el día de las evaluaciones, tuve que tragarme mi escepticismo. Sus fichas mostraban con claridad que el tratamiento con ultrasonido había funcionado en todas las maneras que se pregonaba. La mejoría de los pacientes era innegable.

Unas pocas semanas más tarde un representante de la compañía que nos vendió la máquina pasó para ver si todo marchaba bien. Escuchó nuestros informes complacido y hablamos de dar a conocer nuestros hallazgos a otros hospitales. Él encendió la máquina, que ronroneó, y sostuvo un vaso de agua bajo el cabezal aplicador del ultrasonido. La superficie del agua permaneció quieta, y una mirada de incertidumbre pasó por su cara. Abrió la parte posterior de la máquina, metió la cabeza, y luego dijo: —¡Vaya, ustedes nunca han hecho trabajar esta cosa! Cuando despachamos la máquina no conectamos el cabezal de ultrasonido, porque puede dañarse. Todavía no está conectado.

Mary Verghese, ligera para captar las implicaciones, quedó alicaída.

—Pero, ¿qué produce el ronroneo?

—Ah, es simplemente el ventilador de enfriamiento —dijo el técnico—. Créanme, ustedes no han estado produciendo ni siquiera una sola onda de ultrasonido.

Nuestras curas milagrosas no habían sino una demostración costosa más del efecto del placebo. De alguna manera los terapistas, emocionados con la nueva máquina, habían comunicado un entusiasmo y esperanza que los cuerpos de los pacientes habían traducido a una mejoría real.

Extremidad fantasma

La mayoría de los amputados sienten por lo menos una sensación pasajera de una extremidad fantasma. En algún punto, encerrado dentro de sus cerebros superiores, persevera la vívida memoria de una mano o pie perdidos. La extremidad puede parecer moverse. Los dedos de los pies invisibles se doblan, las manos imaginarias agarran cosas, una «pierna» se siente tan firme que el paciente salta de la cama esperando pararse sobre ella. La sensación varía: una sensación de agujas y alfileres, una hostigadora sensación de calor o frío, el dolor de clavos fantasmas hundiéndose en palmas fantasmas, o tal vez simplemente un persistente sentimiento de que la extremidad todavía está «allí».

Con el tiempo estos síntomas por lo general se desvanecen. A veces la sensación se desvanece solo en parte, de modo que el cerebro retiene la percepción de una mano, pero no de un brazo, colgando del muñón de su hombro. Entre unos pocos desdichados, esta sensación de extremidad fantasma incluye un dolor de larga duración, un dolor como ningún otro. Sienten como tornillos grandes que son atornillados en dedos fantasmas, cuchillas de afeitar que se deslizan cortando a través de brazos fantasmas, clavos que se hincan en pies fantasmas. Nada le da a un médico un sentido de profunda impotencia como el dolor de un miembro fantasma, porque la parte del paciente que grita por atención no existe. ¿Qué hay allí para tratar?

Observé un encuentro extraño con el dolor severo de una extremidad fantasma durante los días en University College. El administrador, el señor Bryce, sufría de la enfermedad de Buerger, que restringía el flujo de la sangre a una de sus piernas. Conforme la circulación empeoraba de forma gradual sentía un dolor constante e implacable en esa pierna. Fumar contribuía a la trombosis, y para el señor Bryce un solo cigarrillo causaba la suficiente constricción vascular como para producir un dolor insoportable.

El Dr. Godder, cirujano de Bryce, estaba a punto de volverse loco. Siendo un hombre obstinado, Bryce había rechazado con desplante todo pensamiento de amputación, y Godder luchaba por mantener a su paciente libre de una dependencia exagerada en los analgésicos. (En ese tiempo no había técnicas efectivas de injerto para restablecer la provisión de sangre a la pierna.)

«¡La detesto! ¡La aborrezco!», rezongaba Bryce con relación a su pierna. Después de varios meses de esta resistencia, por lo menos Bryce cedió. «¡Córtala, Godder, córtala!», rezongó su voz rasposa. «Ya no puedo aguantarla. Ya me cansé de esta pierna». Godder programó de inmediato la cirugía.

La noche antes de la operación el Dr. Godder recibió una extraña petición de Bryce. «No mandes esa extremidad al incinerador», dijo. «Quiero que la preserves para mí en una botella de encurtidos, que voy a poner sobre mi chimenea. Entonces, al sentarme en mi mecedora por la noche, voy a burlarme de esa pierna: "¡Ah! ¡Ya no puedes causarme dolor!"» Bryce logró lo que deseaba, y cuando salió del hospital en silla de ruedas, una enorme botella de museo le acompañó.

La pierna detestada, sin embargo, fue la que se rió a lo último. Bryce sufrió del dolor de extremidad fantasma al extremo. La herida sanó, pero en su mente la pierna seguía viviendo, causándole tanto dolor como siempre. Él podía sentir que los músculos fantasmas de su pantorrilla sufrían calambres isquémicos, y no tenía ninguna posibilidad de hallar alivio.

El Dr. Godder nos explicó a los estudiantes que la pierna, que debía haber sido amputada dos años antes, había logrado una existencia independiente en la mente atormentada de Bryce. Incluso personas que nacen sin extremidades pueden tener en su mente una imagen percibida de la extremidad, y pueden sufrir un dolor fantasma. Bryce tenía una imagen percibida y ricamente desarrollada, reforzada por la retroalimentación de los nervios cercenados en el muñón. Detestaba esa pierna con tal ferocidad que el dolor, que empezó como una señal informándole desde la periferia, había grabado un patrón permanente en su cerebro. El dolor existía en la etapa tres solamente, en su mente, pero era lo suficiente torturante. Aunque podía echarle un vistazo a la pierna encima de la chimenea, ella se mofaba de él dentro de su cráneo.

Como deshacer el mundo

El dolor de una extremidad fantasma me enseña una lección inolvidable en cuanto al dolor: el cuerpo humano lo valora de forma suprema. Hace años, Walter Cannon introdujo la maravillosa palabra «homeóstasis» para describir el fuerte impulso del cuerpo a hacer que las cosas vuelvan a la normalidad. Salga de una sauna a un patio cubierto de nieve en Alaska, y su cuerpo procurará con valentía mantener su temperatura constante. El cuerpo corrige de modo automático el desequilibrio en fluidos y sales, regula la temperatura y la presión sanguínea, monitorea las secreciones glandulares, y se moviliza para repararse a sí mismo. Trabajando juntas en comunidad, las células del cuerpo buscan las condiciones más favorables para el todo.

El síndrome de extremidad fantasma demuestra una clase de homeostasis del dolor. En el sitio de la amputación los nervios cortados se abrirán como ramales y tratarán de conectarse con el muñón de su propio axón; incapaces de hallarlo, forman nudos de ramas inútiles de nervios (a menudo los cirujanos tienen que volver a abrir y cortar estas neuronas). Como no pueden hacer eso, la espina dorsal puede fabricar mensajes sensoriales propios. Y si todo lo demás falla, el cerebro procura mantener vivo un patrón de memoria de la extremidad faltante, como lo hizo de forma tan convincente para el señor Bryce. En tales casos, la red del dolor casi parece cobrar vida propia, buscando con frenesí nuevas rutas para restablecer el dolor.

A menudo he pensado en la paradoja del dolor ilustrada por el desdichado señor Bryce. Por un lado, el dolor de su pierna hizo hasta lo imposible por mantenerse vivo: los nervios, la espina dorsal y el cerebro conspiraron para resucitar las señales de dolor silenciadas. Al mismo tiempo, el señor Bryce estaba tratando con desesperación de matar esas mismas señales. Su mente y su cuerpo estaban librando una guerra civil, una versión dramatizada del conflicto que todos nosotros experimentamos con el dolor. Sentimos el dolor, y urgentemente, y por sobre todo lo demás, queremos dejar de sentirlo. Estamos divididos. Este hecho más obvio en cuanto al dolor hace surgir una pregunta importante: ¿Por qué el dolor debe ser tan desagradable como para producir una situación corporal parecida a una guerra civil?

Los seres humanos tienen un eficiente sistema de reflejos que hace retirar de forma forzosa una mano de un objeto punzante o caliente incluso antes de que los mensajes nerviosos lleguen al cerebro.* ¿Por qué, entonces, debe el dolor incluir la toxina de *lo desagradable*? Mi proyecto de «sustituto para el dolor» respondió a la pregunta a un nivel: el dolor provee la obligación de responder a las advertencias de peligro. Pero, ¿no podrían tales advertencias ser manejadas como reflejos, sin incluir al cerebro consciente? En otras palabras, ¿por qué necesitamos que haya una tercera etapa del dolor después de todo?

---

*El cerebro superior en realidad juega un truco de percepción. Si toco una olla que está en la estufa con mi mano y la retiro al instante, se siente como si hubiera reaccionado al calor de forma consciente. Pero el acto de retirar mi mano en realidad

Sir John Eccles, laureado con el Premio Nóbel, se preocupó por este asunto, e incluso realizó experimentos en animales descerebrados para ver cómo responderían al dolor. Halló que una rana sin cerebro todavía retira su pata de una solución ácida, y un perro descerebrado todavía se rasca debido a las picaduras de pulgas. Después de mucho estudio, Eccles concluyó que, aunque el sistema reflejo no provee una capa de protección, el cerebro superior llega a estar involucrado por dos razones.

Primero, el aguijonazo del dolor obliga a todo el ser a atender al peligro. Una vez que estoy consciente de una cortadura en mi dedo, me olvido por completo de mi atiborrado horario y de la larga de fila de pacientes afuera, y corro a buscar un vendaje. El dolor ignora, e incluso se burla de otras prioridades.

Me asombra que un ápice codificado de datos en el cerebro pueda inducir tal sentimiento de compulsión. El más diminuto objeto, un pelo en la traquea, o una brizna en el ojo, puede apoderarse de la totalidad de la conciencia de un ser humano. Una distinguida poeta que acaba de recibir un galardón literario vuelve a su asiento, hace una venía ausentemente para reconocer el aplauso, alista con toda gracia su falda, se dobla para sentarse, y entonces, desprovista de toda elegancia, se pone de pie lanzando un alarido. Acaba de aterrizar en una arista áspera de la silla y su cerebro, haciendo tabla rasa de todo decoro, atiende solo a las señales de alarma que brotan de la lámina más humilde de sus asentaderas. Un tenor de ópera cuya carrera depende de la recepción crítica del desempeño de la noche sale corriendo del escenario buscando un vaso de agua para calmar el cosquilleo en su garganta. El jugador de baloncesto se retuerce de dolor frente a un público de veinte millones por televisión; al sistema del dolor le importan un pepino todas las trivialidades del decoro y la vergüenza. Al incluir al cerebro superior de modo tan prominente, la respuesta de autoprotección abruma a todas las demás.

La segunda ventaja de la participación de cerebro superior, decía Eccles, es que lo desagradable se incrusta en la memoria,

---

fue una respuesta reflejo organizada por la médula espinal, que ni siquiera consulta al cerebro consciente en cuanto al curso apropiado de acción; no había tiempo para demora. Requiere todo un medio segundo para que mi conciencia discierna e interprete un mensaje de dolor, en tanto que el cordón espinal puede ordenar un reflejo en una décima de segundo. Mi cerebro «lleva en reversa» mi percepción al reflejo para que parezca que hice la decisión de modo consciente.

protegiéndonos así en el futuro. Cuando me quemo al agarrar una olla caliente, determino de allí en adelante usar un guante o un agarrador acolchado. El mismo rasgo desagradable del dolor, la parte que detestamos, lo hace efectivo todo el tiempo.

El dolor es singular entre las sensaciones. Otros sentidos tienden a habituarse o a reducirse con el tiempo: los quesos más fuertes parecen prácticamente inodoros después de ocho minutos; los sensores del tacto se ajustan con rapidez a la ropa burda; un profesor distraído busca en vano sus anteojos, porque ya no siente el peso de ellos en su cabeza. En contraste, los sensores del dolor no se habitúan, sino que informan de forma incesante al cerebro consciente mientras permanezca el peligro. Una bala penetra por un segundo y sale; el dolor resultante puede durar un año o más.

Extrañamente, sin embargo, esta sensación que eclipsa todas las demás es la más difícil de recordar una vez que se desvanece. ¿Cuántas mujeres han jurado después de un alumbramiento difícil: «Nunca jamás volveré a atravesar por esto»? ¿Y cuántas reciben con alegría las noticias de otro embarazo? Puedo cerrar mis ojos y traer a colación una constelación de escenas y caras del pasado. Mediante puro esfuerzo mental casi puedo reproducir el olor de una población de la India y el sabor del guisado de gallina. Puedo rememorar escenas familiares a partir de himnos, sinfonías y cantos populares. Pero solo puedo recordar débilmente el dolor insoportable. Los ataques de vesícula biliar, la agonía de un disco dislocado, un avión estrellado... mis memorias vienen desprovistas de lo desagradable.

Todas estas características del dolor sirven a su fin último: galvanizar el cuerpo entero. El dolor reduce el tiempo al momento presente. No hay necesidad de que la sensación se quede una vez que el peligro ha pasado, y no se atreve a formar un hábito mientras exista el peligro. Lo que le importa al sistema del dolor es que uno se sienta lo suficiente miserable para dejar cualquier cosa que esté haciendo y prestar atención *ahora mismo*.

En las palabras de Elaine Scarry, el dolor «deshace el mundo de una persona». Trate de sostener una conversación casual con una mujer en las etapas finales del alumbramiento, sugiere ella. El dolor puede suprimir los valores que más atesoramos, hecho que los torturadores conocen demasiado bien: ellos usan el dolor físico para arrebatarle a la persona una información que un momento antes ha considerado preciosa e incluso sagrada. Pocos pueden trascender la urgencia de dolor físico... y esa es su intención, precisamente.

15
CÓMO TEJER EL PARACAÍDAS

La mente tiene su propio lugar,
y en sí misma
puede hacer del infierno un cielo,
y un cielo del infierno.

John Milton, *El paraíso perdido*

Si tuviera en mis manos el poder de eliminar el dolor físico del mundo, no lo ejercería. Mi trabajo con pacientes privados del dolor me ha demostrado que el dolor nos protege de que nos destruyamos nosotros mismos. Sin embargo, también sé que el dolor en sí mismo puede destruir, como cualquier visita a un centro de dolor crónico mostrará. El dolor descontrolado drena la fuerza física y la energía mental, y pueden llegar a dominar la vida entera de una persona. En algún punto entre estos dos extremos —la falta de dolor y el dolor crónico incesante— vivimos la mayoría todos nuestros días.

Las buenas noticias en cuanto a la tercera etapa del dolor, la respuesta mental, es que nos permite prepararnos de antemano para el dolor. El hipnotismo y el efecto de placebo demuestran que la mente ya tiene dentro de sí poderes para controlar el dolor. Necesitamos solo aprender a echar mano de esos recursos. Las variadas respuestas que he visto como médico —algunos pacientes enfrentan el dolor heroicamente, algunos lo resisten con estoicismo, y algunos se estremecen en abyecto terror— me han mostrado las ventajas de hacer las preparaciones apropiadas.

Me gusta el concepto de «seguro contra el dolor»: podemos pagar primas de antemano, mucho antes de que el dolor ataque. Como dijo un médico en la serie de televisión de Bill Moyers, *Healing and the Mind* [La curación y la mente]: «Usted no quiere empezar a tejer el paracaídas cuando está a punto de saltar del aeroplano. Quiere haber estado tejiendo el paracaídas de mañana, al mediodía, y a la noche, día tras día. Y entonces, cuando lo necesita, bien puede en realidad sostenerlo». El peor tiempo para pensar en el dolor, en verdad, es cuando se sienten sus ataques, porque el dolor demuele toda objetividad. Yo he hecho la mayoría de mis propios preparativos para el dolor mientras estoy sano, y las nociones que he ganado me han ayudado a prepararme para emboscadas posteriores.

Fue mientras trataba pacientes de lepra en la India que reconocí primero el valor del don del dolor, y después traté de transmitirles ese sentimiento a mis seis hijos. ¿Es posible enseñar a un niño a apreciar el dolor?, me preguntaba. Después de algunos intentos fallidos, concluí que un niño de cinco años que chilla en pánico al ver su propia sangre no tiene receptividad a tal mensaje. Mis hijos parecían mucho más dispuestos a una lesión objetiva cuando *yo* era la víctima de cortaduras y raspones.

«¿Duele, papito?», preguntaban mis hijos mientras enjuagaba una cortadura en mi mano y la lavaba con jabón. Entonces les explicaba que sí, que dolía, pero que eso era una cosa buena. La sensibilidad me haría cuidarla en forma especial. Tendría que dejar mis tareas de desyerbar el jardín por unos pocos días a fin de darle a mi mano lastimada un descanso. El dolor, señalaba, me daba una gran ventaja sobre nuestros amigos Namo, Sadán y los demás pacientes de lepra. Mi herida con toda probabilidad sanaría más rápido, con menos peligro de complicaciones, debido a que yo sentía dolor.

Si les pidiera hoy a mis hijos ya crecidos que rememoraran su lección más vívida en cuanto al dolor, probablemente mencionarían la misma escena de la India. Cada verano toda nuestra familia se atiborraba en un vehículo y conducíamos como cuatrocientos kilómetros a un sitio imponente muy alto en la cordillera Nilgiri, una región de selva virgen todavía patrullada por tigres y panteras. Nuestro bungalow de verano, que nos prestaba el administrador de una plantación de té cuyo personal habíamos tratado como pacientes, se hallaba en un claro en medio de lagos de montaña y como a cincuenta kilómetros de la población más cercana. Los Webb, otra familia de personal de Vellore, a menudo compartía nuestro bungalow de verano, y fue John Webb, que era pediatra, quien logró ejemplificar la lección memorable en cuanto al dolor.

Conduciendo su motocicleta en la carretera sinuosa y sin pavimentar de la montaña, un día John tuvo que esquivar de forma violenta a un perro y su rueda tropezó con una piedra y derrapó. Él cayó fuera de la motocicleta, pero el impulso lo lanzó arrastrándose de quijada por el camino pedregoso. Aunque sus heridas no fueron más que serios arañazos y moretones, diminutos pedazos de tierra y graba se habían incrustado en su carne.

Sabiendo mis nociones sobre el dolor, John alegremente me permitió usarle como lección objetiva para los niños. «Paul, tú sabes lo que tienes que hacer», dijo John, «y no me importa si los niños observan». Se acostó en el sofá, con los niños a su alrededor, y yo busqué una palangana, jabón, y un cepillo rígido de uñas. No tenía ningún anestésico que ofrecerle.

Durante la Segunda Guerra Mundial, John había servido como oficial médico en el ejército que invadió Italia. Él le había recalcado a los enfermeros la importancia de sacar hasta la más diminuta fracción de tierra y mugre de las heridas a fin de evitar la infección. Ahora era su turno. Apretó los dientes y se estremeció. Yo restregué la carne viva con mi cepillo rígido, y nuestros niños proveyeron los efectos sonoros. «¡Ay! ¡Uy!» «No puedo mirar». «¿*Duele* eso?»

«Adelante, Paul, adelante», decía John a través de sus dientes apretados si percibía que yo estaba aflojando. Restregué hasta que no vi nada sino piel rosada limpia y la dermis sangrante profunda, y entonces apliqué un ungüento antiséptico calmante.

En los otros días que siguieron los niños recibieron un breve curso en fisiología conforme John y yo explicábamos la magia de la sangre y la piel y sus asombrosos agentes de reparación. Él no tomó ninguna aspirina ni otro analgésico, y mis hijos aprendieron que el dolor se puede soportar. Tal vez más importante todavía, vieron a John aceptando el dolor como una parte valiosa del proceso de recuperación. Él se quitaba los vendajes a diario para verificar el progreso de la curación, y entonces nos daba un informe de su sensibilidad. Su cuerpo le hablaba en el lenguaje del dolor, obligándole a tomar precauciones adicionales. Masticaba la comida lenta y deliberadamente. Dormía sobre su espalda, o de lado. Y por el resto de nuestras vacaciones no volvió a montar motocicletas.

Mis hijos captaron el mensaje demasiado bien. Colgando

un cuadro en una pared de regreso en Vellore poco después en estas vacaciones, me golpeé el pulgar con un martillo. Solté el martillo y empecé a brincar por todos lados, oprimiéndome el pulgar ofendido. «¡Agradécele a Dios por el dolor, papito!», gritó mi hijo Christopher. «¡Agradécele a Dios por el dolor!»

Gratitud

L a noción de que lo que pensamos y sentimos en la mente afecta la salud de nuestros cuerpos se ha ido introduciendo de forma gradual en la conciencia médica. Todo médico joven aprende en cuanto al efecto de placebo. Y gracias a autores populares como Bill Moyers, Norman Cousins y el Dr. Bernie Siegel, la población en general también ha tomado conciencia del papel que las emociones pueden jugar en la curación. Como un astuto observador comentó: «A veces es más importante saber qué clase de individuo tiene un germen que qué clase de germen tiene el individuo».

El Dr. Hans Selye fue el verdadero pionero en descubrir el impacto de las emociones en la salud, y en parte debido a su influencia empiezo con la gratitud como mi primera sugerencia al hacer preparativos para el dolor. En su laboratorio de Montreal, Selye pasó años realizando experimentos con ratas para hallar qué es lo que daña al cuerpo. Escribió treinta libros sobre el mismo tema, y más de mil artículos han sido publicados en cuanto al «síndrome del estrés», que describió por primera vez en 1936. Selye observó que el estrés mental hace que el cuerpo produzca provisiones adicionales de adrenalina (epinefrina), lo que acelera los latidos del corazón y la respiración. Los músculos también se ponen tensos, y la tensión pueden producir dolores de cabeza y de espalda. En búsqueda de la causa raíz del estrés, Selye halló que factores tales como la ansiedad y la depresión pueden desatar ataques de dolor o intensificar el dolor ya presente. (De acuerdo a la Academia Estadounidense de Médicos de Familias, dos tercios de las visitas a los consultorios de médicos de familia son motivadas por síntomas relativos al estrés.)

Al resumir Selye su investigación hacia el fin de su vida, nombró a la venganza y la amargura como las respuestas emocionales que con mayor probabilidad producen altos niveles de estrés en los seres humanos. A la inversa, concluyó, *la gratitud* es la respuesta singular que más promueve la salud. Estoy de acuerdo con Selye, en parte porque un aprecio agradecido de los muchos beneficios que tiene el dolor ha transformado tanto mi propia perspectiva.

He notado que la gente que ve al dolor como el enemigo responde por instinto con venganza o amargura —*¿Por qué a mí? ¡No me lo merezco! ¡No es justo!*— lo que tiene el efecto de un círculo vicioso que empeora su dolor. «Piense del dolor como un discurso que su cuerpo le está dando en cuanto a un tema de importancia vital para usted», les digo a mis pacientes. «Desde el mismo primer aguijonazo, haga una pausa y escuche al dolor, y sí, trate de ser agradecido. El cuerpo está usando el lenguaje del dolor porque es la manera más efectiva de captar su atención». Llamo a este método «entablar amistad» con el dolor: tomar lo que de ordinario se ve como enemigo y desarmarlo, y entonces darle la bienvenida.

Un cambio radical en la perspectiva tuvo lugar entre el grupo de científicos y obreros de la salud en Carville conforme veían a diario las pruebas de los beneficios del dolor, tanto en las salas de los pacientes como en el laboratorio. Más allá de toda duda, aprendieron a valorar con gratitud el don del dolor. Hoy, si alguno de nuestro grupo sufriera un dolor intratable, tal vez sintiéramos temor y nos deprimiéramos. Tal vez suplicáramos alivio. Pero dudo que algo estremecería nuestra creencia básica de que el *sistema* del dolor es bueno y sabio.

Hallo irónico que como médico (excepto al tratar con pacientes privados de dolor) deba apoyarme con tanta fuerza en las quejas de mis pacientes en cuanto al dolor, porque el mismo dolor de que se quejan es mi guía principal para determinar el diagnóstico y el curso de tratamiento. Una razón por la que algunos cánceres son más fatales que otros es porque afectan partes del cuerpo menos sensibles al dolor. Es muy posible que el paciente no note el cáncer en un órgano como el pulmón o la parte profunda de un seno, y el médico tal vez no tenga el menor indicio sino hasta que se ha esparcido a un órgano sensible como la pleura, la membrana del pulmón. Para entonces el cáncer puede haber entrado en el torrente sanguíneo y haber hecho metástasis más allá del alcance del tratamiento local.

Me gusta recordarme a mí mismo, y a otros, que incluso en los procesos corporales normalmente considerados como enemigos podemos hallar una razón para estar agradecidos. La mayoría de las molestias se derivan de las defensas leales del cuerpo, no de la enfermedad. Cuando una herida infectada se enrojece y produce pus, por ejemplo, el enrojecimiento e hinchazón vienen de un torrente de emergencia de sangre que llega a la escena, y el pus, compuestos de fluidos linfáticos y células muertas, es prueba de las batallas celulares libradas a favor del cuerpo. El calor aumentado local resulta del esfuerzo del cuerpo de impulsar más sangre a la parte afectada. Una fiebre más generalizada hace circular la sangre con más rapidez, y de forma conveniente, resulta en que crea un ambiente más hostil para muchas bacterias y virus.

En verdad, prácticamente toda actividad corporal que nosotros vemos con irritación o disgusto —ampollas, callos, fiebre, tos, vómito, y por supuesto, dolor— es un emblema de la autoprotección del cuerpo. Cuando era presidente, George Bush se abochornó por un episodio de vómito en una cena estatal en Japón. Tal vez debería estar agradecido. Me maravillo por el mecanismo fisiológico que interviene en el proceso de vomitar, el cual recluta veintenas de músculos para invertir con violencia sus procesos normales: diseñados para impulsar el alimento hacia abajo por las vías digestivas, ahora se reagrupan en orden de expulsar invasores no deseados. Como el presidente Bush aprendió, el reflejo funciona a nuestro favor cada vez que percibe peligro, independientemente de las circunstancias. De igual manera nuestro estornudo, abrupto e inevitable, expulsará de la mucosa nasal objetos y gérmenes foráneos con una fuerza cercana a un huracán. Incluso los aspectos más desagradables del cuerpo son señales de su lucha hacia la salud.

La gratitud ha llegado a ser en especial mi respuesta reflejo al dolor, y puedo testificar que este cambio fundamental en la actitud en verdad ha cambiado el efecto del dolor en mí. Ya no siento el fastidio al familiarizarme de nuevo con mi espalda crónicamente dolorida en la mañana. Tal vez me estremezca y gruña cuando intento vestirme, pero también sintonizo el mensaje del dolor. Me recuerda que me va mucho mejor si no me agacho, sino que debo poner mis pies, uno a la vez, sobre una silla para estirarme los calcetines y anudarme los cordones de los zapatos. También me da indicios velados de que debo modificar mi horario y descansar un poco más, o hacer ejercicio para suavizar las coyunturas rígidas. Siempre que sea posible, debo tratar de seguir su consejo, porque sé que mi cuerpo no tiene mejor defensor leal que el dolor.

No hace mucho, llevando una maleta en un largo viaje al extranjero, tuve un espasmo en particular doloroso del nervio distendido en mi espalda. Al principio, la gratitud era la respuesta más distante de mi mente. Me sentí irritado y desalentado. Sin embargo, cuando percibí que el dolor no se iba a ir con facilidad, decidí aplicar de firma consciente lo que creía en cuanto a la gratitud. Empecé a enfocar mi mente en varias partes del cuerpo, en una especie de letanía de gratitud.

Flexioné mis dedos, y pensé en la actividad sincronizada de cincuenta músculos, docenas de tendones como cordones, y millones de células nerviosas obedientes que hacen posible tal movimiento. Hice rotar mis coyunturas y reflexioné en la maravillosa ingeniería integral de los tobillos, hombros y caderas. Un cojinete de automóvil dura siete u ocho años con lubricación apropiada; los míos ya se han usado más de setenta años, con su lubricación autorenovándose, y sin ningún receso para mantenimiento.

Aspiré profundamente y me imaginé los alvéolos de mis pulmones atrapando diminutas burbujas de oxígeno y almacenándolas deprisa en una célula sanguínea para transportarlas al cerebro. Cien mil veces al día los músculos de mi corazón laten, impulsando ese combustible a su destino. Respiro una vez y otra, renovando todas las funciones de mi cuerpo con aire fresco y limpio. Después de diez respiraciones profundas empiezo a sentirme mareado.

Mi estómago, bazo, hígado, páncreas y riñones estaban trabajando de forma tan eficiente que no tenía manera de percibir su existencia. Sin embargo, sabía que en una emergencia ellos hallarían la manera de alertarme, aun si tuvieran que recurrir al truco de pedir prestadas células de dolor de los tejidos cercanos.

Cerré mis ojos y experimenté, por un momento, un mundo sin vista. Estiré la mano y toqué las hojas, y la corteza de los árboles, y la hierba que me rodeaba, absorbiendo su textura con las yemas de mis dedos. Pensé en mi familia, conforme las imágenes de ellos venían a mi mente, una por una, y me maravillé por la capacidad extraordinaria del cerebro de traerlas a la mente consciente. Después abrí mis ojos y de súbito penetró un aluvión de oleadas de luz.

Incluso en el peor de los casos, con siete décadas encima y dolorido, mi cuerpo me da razones contundentes para expresar gratitud e incluso alabanza. No se me ocurrió despotricar contra Dios por la incomodidad que estaba experimentando; sabía demasiado bien la lúgubre alternativa de una vida sin dolor.

En la etapa final de mi letanía dirigí mi atención a la región del dolor en sí misma. Pensé en la vértebra, tan bien diseñada que la misma estructura básica puede sostener el cuello de más de dos metros de una jirafa. Traje a la memoria mis procedimientos quirúrgicos más complejos, cuando había diseccionado diminutas fibras de la red de nervios en el cordón espinal. En tal maraña intrincada, un pequeño desliz del bisturí, y mi paciente jamás volvería a caminar. Uno de esos diminutos nervios de mi propia espalda ya me había obligado a hacer ajustes serios: corrección en mi postura y paso al andar, una selección diferente de almohadas y posiciones para dormir, una decisión firme de pedir que los cargadores llevaran mi maleta.

El dolor no desapareció esa noche. Todavía sentía un golpeteo sordo y persistente al irme a la cama. Pero de alguna manera el sentido de gratitud había obrado una transformación sedante en mí. Mis músculos estaban menos tensos. El dolor ya no me dominaba de la misma manera. Lo que parecía mi enemigo se había vuelto mi amigo.

Un escéptico tal vez diría: «Esos son trucos de la mente. Usted redujo el nivel de temor y ansiedad, y nada más». Ese, por supuesto, es el punto: el dolor tiene lugar en la mente, y lo que calme la mente mejorará mi capacidad de vérmelas con el dolor.

Cómo escuchar

La razón por la que promuevo la gratitud es que la actitud subyacente de uno (producto de la mente) hacia el cuerpo puede ejercer un impacto serio en la salud. Si considero mi cuerpo con respeto, maravilla y aprecio, estaré mucho más inclinado a comportarme de una manera que sostenga su salud. En mi trabajo con los pacientes de lepra puedo hacer reparaciones de manos y pies, pero estas mejoras, como pronto aprendí, no sirven para nada a menos que los pacientes mismos asuman la responsabilidad por sus extremidades. La esencia de la rehabilitación, en verdad la esencia de la salud, era restaurar a mis pacientes a un sentido de destino personal sobre sus propios cuerpos.

Cuando me mudé a los Estados Unidos de América esperaba hallar que una sociedad con estándares tan altos en la educación y la sofisticación médica promovería un fuerte sentido de responsabilidad personal por la salud. Descubrí exactamente lo opuesto. En las naciones occidentales una aturdidora proporción de problemas de salud brotan de decisiones de conducta que muestran desprecio por las señales claras del cuerpo.

Los médicos sabemos esta verdad, pero nos cohibimos de interferir en las vidas de nuestros pacientes. Si fuéramos sinceros por completo, tal vez diríamos algo como esto: «Escuche a su cuerpo, y sobre todo escuche a su dolor. Tal vez está tratando de decirle que usted está violando su cerebro con tensión, sus oídos con volúmenes altos, sus ojos con la televisión constante, su estómago con comida insalubre, sus pulmones con contaminantes que producen cáncer. Escuche con cuidado el mensaje del dolor antes de que le recete algo para aliviar esos síntomas. Yo puedo ayudarle con los síntomas, pero *usted* debe resolver la causa».*

Alberto Schweitzer una vez comentó que la enfermedad le dejaba rápidamente porque hallaba escasa hospitalidad de su cuerpo. Eso sería un objetivo digno para todos nosotros, pero parece que la sociedad se dirige cada vez más en dirección opuesta. Cada año los representantes del Servicio de Salud Pública, incluyendo los Centros para el Control de la Enfermedad y la Administración de Alimentos y Medicinas, se reúnen para dialogar sobre las tendencias de la salud y fijar prioridades para los programas. En la década de los ochenta, en medio de una de tales conferencias de una semana de duración, empecé a hacer una lista de todos los problemas relacionados con la conducta en la agenda y del tiempo dedicado a cada uno: las enfermedades del corazón y la alta presión arterial exacerbadas por el estrés, las úlceras estomacales, los cánceres asociados con el medio ambiente tóxico, el SIDA, las enfermedades transmitidas sexualmente, el enfisema y el cáncer del pulmón causado por fumar cigarrillos, el daño fetal que brota del licor y el abuso de drogas por parte de la madre, la diabetes y otros desórdenes relativos a las dietas, los crímenes violentos,

---

*De buen grado admito que el establecimiento médico lleva una gran parte de la culpa. Imagínese el dilema ético de un cirujano joven, sobrecargado con la deuda por sus estudios de medicina, que pesa las alternativas para un paciente. El método más conservador sería que el paciente asumiera la responsabilidad por su propia salud: que hiciera ejercicio, que se sometiera a terapia física, que cambiara de dieta, que hiciera ajustes en su estilo de vida, y que aprendiera a vivir con un poco de dolor. A cambio de tan sano consejo, el cirujano recibe un honorario de consulta de cincuenta dólares. El método radical incluye intervención quirúrgica desde afuera, requiriendo el ingreso a un hospital y los honorarios como cirujano de tal vez unos cinco mil dólares.

Un estudio hecho por William Kane en la década de los ochenta mostró que los médicos estadounidenses estaban siete veces más dispuestos que sus contrapartes en Suiza o Gran Bretaña a realizar laminectomías lumbares para problemas de espalda. En la década previa el número total de operaciones de disco en los Estados Unidos había aumentado de cuarenta mil a cuatrocientos cincuenta mil.

y los accidentes vehiculares causados por el licor. Estas eran las preocupaciones endémicas, incluso epidémicas, de los expertos de la salud de los Estados Unidos de América.

Una reunión comparable de expertos en la India, según sabía, más bien hubieran tenido que tratar con la malaria, la poliomielitis, la disentería, la tuberculosis, la tifoidea y la lepra. Después de conquistar con valentía la mayoría de estas enfermedades infecciosas, los Estados Unidos de América ahora sustituían nuevos problemas de salud por los antiguos.

Nos habíamos reunido en Scottsdale, Arizona. El estado vecino al occidente, Nevada, está casi a la cabeza de las tablas de mortalidad, en tanto que el vecino hacia el norte, Utah, está casi al final. Ambos estados son relativamente acomodados y bien educados, y tienen un clima similar. La diferencia, según sugieren varios estudios, probablemente se explica mejor por los factores del estilo de vida. Utah es sede del mormonismo, que evita el alcohol y el tabaco. Los vínculos familiares siguen siendo fuertes en Utah y los matrimonios tienden a durar (las tablas de mortalidad muestran que el divorcio aumenta fuertemente la probabilidad de muerte temprana debido a embolias, hipertensión, cáncer respiratorio y cáncer intestinal). Nevada, en contraste, tiene el doble de incidencia de divorcios y una tasa mucho más alta de consumo de licor y tabaco, para no mencionar el estrés único asociado con los juegos de azar.

Escribo como doctor, no como moralista, pero cualquier médico que trabaja en la civilización moderna no puede dejar de notar nuestra sordera cultural a la sabiduría del cuerpo. La senda a la salud, para el individuo o la sociedad, debe empezar tomando en cuenta el dolor. Más bien, nosotros silenciamos el dolor cuando deberíamos estar afinando nuestro oído para oírlo; comemos demasiado rápido, y demasiado, y tomamos un antiácido; trabajamos demasiadas horas, y demasiado duro, y luego ingerimos un tranquilizante. Las tres medicinas de mayor venta en los Estados Unidos son una medicina para la hipertensión, un remedio para las úlceras y un tranquilizante. Estos apagadores del dolor están fácilmente a disposición porque incluso la profesión médica parece tomar el dolor como una enfermedad antes que como el síntoma.

Antes de dirigirme al botiquín para silenciar el dolor, trato de afinar mi oído. Escuchar al dolor ha llegado a ser parte de un rito para mí, el otro lado de la moneda de mi letanía de gratitud. ¿Hay algún patrón para el dolor?, me pregunto. ¿Tiende a ocurrir a una hora regular del día, de la noche, o del mes? ¿Parece relacionarse con mi trabajo o con mis relaciones con las personas? ¿Cómo afecta la comida a ese patrón? ¿Siento el dolor antes, durante o después de las comidas? ¿Tiene que ver con los movimientos del intestino? ¿Con el acto de orinar?* ¿Parece que lo afecta un cambio de postura o un ejercicio anormal? ¿Estoy carcomiéndome por algo en el futuro o tiendo a atascarme en algún recuerdo de algún suceso pasado? ¿Tengo preocupaciones financieras? ¿Estoy amargado o colérico contra alguien, tal vez porque él fue en parte responsable por mi dolor? ¿Estoy furioso contra Dios?

A lo mejor yo trato de experimentar para sintonizarme mejor con mi dolor. ¿Qué tal si duermo con una almohada diferente, o si me siento en una silla en vez de en el sofá? ¿Qué tal una hora adicional de sueño cada noche? ¿Cómo respondo a ciertos alimentos como grasas, dulces y legumbres? ¿Qué parece ser más apetecible? ¿Qué parece ser más repulsivo? Tomo nota de cualquier correlación que viene a mi mente.

No puedo ni siquiera adivinar cuántas visitas al doctor me ha ahorrado este ejercicio con el correr de los años (los médicos, como tal vez usted se sorprenda al saberlo, por lo general son muy renuentes a ir a ver a un doctor). Rara vez me siento agradecido por el hecho del dolor, pero casi siempre me siento agradecido por el mensaje que me da. Puedo contar con el dolor para representar mis

---

*La «civilización» a menudo nos pide que suprimamos las señales sencillas de dolor. Recuerdo un comentario que leí en mis días de estudiante en el *Textbook on Surgery* [Manual de cirugía] de Hamilton Bailey. Los perros salvajes, decía él, no sufren de agrandamiento de la próstata, pero los perros domésticos tienen a tener los mismos problemas que sus dueños. Cuando los perros (y los humanos) aprenden a suprimir las señales de la vejiga y esperan por ocasiones más «apropiadas» para aliviarse, nuestros cuerpos pagan las consecuencias.

De modo similar, la civilización hace socialmente difícil que respondamos como deberíamos a las necesidades del movimiento de los intestinos. Preguntamos dónde está el «servicio higiénico», y la anfitriona desvía la mirada y señala hacia el corredor, mientras nosotros pedimos disculpas y nos escurrimos. O, aun peor, a lo mejor lo posponemos hasta más tarde cuando nuestros cuerpos nos están diciendo que debemos hacerlo de inmediato. Para cuando llegamos a casa el recto, con su mensaje ignorado, tal vez no coopere. La tensión resultante puede conducir con facilidad a las hemorroides. La mayoría del estreñimiento que la gente sufre en la vida adulta se debe a (1) una falta de respeto por los reflejos normales, posponiendo la acción por razones sociales, o (2) una dieta que depende de alimentos refinados y deficiente en cantidad y fibra.

mejores intereses de la manera más urgente disponible. Entonces depende de mí acatar esas recomendaciones.

Actividad

Cuando escuchamos con cuidado, el dolor no solo nos enseña qué abusos evitar, sino también nos da indicios de cualidades positivas que el cuerpo necesita. Como regla general, el tejido del cuerpo florece con la actividad y se atrofia cuando no se le usa. He visto este principio demostrado de la forma más patética en las víctimas de la embolia. Conforme los músculos de sus manos permanecen en constante espasmo, los dedos se doblan en una posición rígida de garra por la falta de uso. Cuando abro a la fuerza esos dedos, dentro de ellos hallo piel húmeda que tiene la textura del papel secante y se rasga con facilidad. La piel de las manos ha perdido sus elementos de fuerza porque no ha sido llamada a confrontar el mundo real, cosa para la que fue diseñada. «Úselo o piérdalo» es el lema severo de la fisiología.

Los primeros astronautas aprendieron este principio de la forma difícil. Después de las primeras misiones espaciales, los investigadores médicos descubrieron que los astronautas habían perdido calcio de sus huesos y estaban en peligro de una severa osteoporosis. La NASA añadió un suplemento de calcio en la dieta de los astronautas, pero las misiones subsiguientes mostraron los mismos resultados. La falta de peso, y no la dieta, era el problema. Si los huesos no hacen ejercicio, la economía del cuerpo juzga que los huesos deben tener más calcio del que necesitan; entonces redistribuye el calcio o lo expulsa en la orina. Los cuerpos de los astronautas simplemente se habían adaptado a los rigores menos exigentes de la falta de peso. Para compensar, los astronautas ahora hacen ejercicios tipo isométrico que imitan el trabajo real. Empujar una mano contra otra, incluso en condiciones sin peso, produce una tensión en los huesos del brazo que esos huesos sienten como si estuvieran trabajando. Los huesos retienen su calcio para la reentrada a la gravedad de la tierra, en donde lo necesitan.

En la India vi una ilustración vívida de la necesidad que el cuerpo tiene de actividad. Me aturdió que las personas de la India rara vez se quejan de osteoartritis de la cadera, lesión común de la vejez en el occidente. La osteoartritis ocurre cuando el cojín del cartílago que separa el fémur y el zócalo de la cadera se gasta, adelgazándose hasta que los huesos casi se tocan. A veces se frotan uno contra otro, resultando en la fricción y un severo dolor. El patrón se muestra de inmediato en las radiografías. Buscando indicios, comparé las radiografías de pacientes de la India y de occidente, y hallé que la brecha del cartílago se cierra al mismo ritmo en ambas culturas. El desgaste desigual es lo que causa tal dificultad en las caderas occidentales.

La bola del fémur empieza como una esfera lisa. Los occidentales tienden a mover sus piernas solo en una dirección, derecho hacia delante y hacia atrás, conforme caminan, corren o se sientan en sillas. El hueso se mueve en un solo plano, lo que resulta en un surco longitudinal y en la formación de pequeñas protuberancias y proyecciones en el cartílago, que a la larga serán la fuente del dolor artrítico. En contraste, los de la India tienen la costumbre de sentarse con las piernas cruzadas, al estilo yoga, haciendo rotar sus caderas en plena abducción y rotación completa docena de veces al día. La bola del fémur se gasta en forma pareja, y no asimétricamente, y aunque el cartílago envejecido de la coyuntura se encoge, los ancianos de la India caminan sobre una esfera perfecta sin surcos ni protuberancias. Sentarse con las piernas cruzadas es un buen remedio contra el dolor de caderas de la vejez.

El reemplazo de cadera artificial es hoy un negocio gigantesco y lucrativo en occidente. Me aturde darme cuenta de cuánto gasto y sufrimiento se podría evitar si simplemente aprendiéramos a ser más aptos para escuchar los mensajes del cuerpo acerca de que deberíamos darle a cada coyuntura una plena amplitud de actividad todos los días. La persona promedio de edad mediana halla doloroso sentarse con las piernas cruzadas, porque por años no se ha acostumbrado a hacer rotar sus caderas. En contraste, alguien que nada y trepa montañas, o camina en terreno desigual como lo hacían nuestros antepasados, usa todo movimiento disponible y contrarresta el dolor futuro. He acariciado la idea de poner un anuncio en las revistas de salud con el título «Un método garantizado para evitar el reemplazo de caderas», y cobrar cien dólares o algo así por la fórmula secreta: adopte en su juventud la práctica de sentarse con las piernas cruzadas diez veces al día sobre el piso o sobre un sofá.

Tal como el ejercicio vigoroso hace que los músculos crezcan y los huesos se endurezcan, pienso que existe incluso un sentido en el cual las células nerviosas prosperan cuando están expuestas a la sensación. Mis pacientes de lepra me enseñaron que la libertad para explorar la vida es uno de los dones más grandes del dolor. A diferencia de ellos, soy libre para andar descalzo por un terreno pedregoso, beber café en una tasa de latón o hacer girar un destornillador con toda mi fuerza, porque puedo confiar en que mis señales de dolor me alertarán cada vez que me acerque al punto de peligro. Yo estimulo a las personas sanas a participar de una actividad física agotadora y probar sus sensaciones al límite por esta razón: puede ayudarles a prepararlos para vérselas con dolores posteriores e inesperados.

Los atletas son el grupo de personas de nuestra sociedad que estudian el dolor y que se sujetan de modo intencional a la tensión física. Los maratonistas y levantadores de pesas prestan atención a lo que les dicen sus tendones, músculos, corazón y pulmones, mientras luchan por extraer más esfuerzo de sus cuerpos. Los alpinistas, agarrándose con sus dedos a las grietas de un peñasco de granito, saben que su éxito, y tal vez su propia vida, depende de su disposición para tolerar un dolor real en las yemas de sus dedos y nudillos. Deben percibir el punto de ruptura justo a tiempo, y eso recaba un refuerzo en la forma de otra mano o de los dedos de los pies para agarrarse, o de otra manera deben retirarse.

Los atletas hábiles escuchan a sus cuerpos con un equipo finamente sintonizado, presionando justo hasta el mismo borde del dolor sin caerse. Para ellos, el dolor es un viejo amigo. Vi por televisión una entrevista a Joan Benoit poco después de que ella ganara la maratón de Boston. «¿Fue un esfuerzo terrible?», le preguntó el entrevistador. «No, en realidad no», replicó Benoit. «Lo disfruté. Estaba escuchando a mi cuerpo. Desde el principio mi cuerpo me estaba hablando, diciéndome los límites que podía resistir. Fue un tipo de éxtasis». Sin duda Joan Benoit debe haber sabido si los tendones de sus piernas y los órganos de su sistema cardiovascular estaban en peligro real. Habiendo aprendido a prestar atención a su dolor, ella sabía la diferencia entre la tensión normal y las señales urgentes de advertencia.

Aplaudo los esfuerzos de incluir a los niños en los deportes organizados, sobre todo porque una sociedad orientada a la comodidad ofrece muy pocos otros lugares para aprender el lenguaje del dolor que Joan Benoit describe. Admito sostener nociones más bien no ortodoxas sobre la crianza de los hijos, desarrolladas en parte como una reacción a esta deficiencia de la sociedad moderna. Por ejemplo, de todo corazón apruebo que nuestros hijos anden descalzos. El tejido vivo se adapta a las superficies a las que está expuesto, y correr con los pies descalzos es una manera excelente de estimular los nervios y la piel. Esto entrena al niño a escuchar la variedad de mensajes que vienen al correr por la hierba, la arena y el asfalto. Una piedra ocasional puede arañar la piel, pero la piel se adapta, y los mensajes mezclados de los pies desnudos proveen mucho más conocimiento del mundo que los mensajes neutrales de los zapatos de cuero. (Un beneficio añadido es que los dedos de los pies desnudos se abren para distribuir la tensión, en tanto que muchos zapatos aprietan y deforman los pies.)

Para mí, parece que las técnicas modernas de criar hijos comunican cómo *no* manejar el dolor. Los padres envuelven a los bebés en edredones acolchados y ropa de textura suave, pero este planeta incluye también muchas texturas ásperas. Me pregunto si, cuando los niños empiezan a tener más movilidad, haríamos mejor reemplazando las frazaditas de bebés y los colchones acojinados por un material más áspero como las hojas de palma de coco. Justo cuando los niños están creciendo y necesitan simulación activa para el desarrollo normal, más bien los rodeamos de sensaciones neutrales. Para complicar las cosas, los padres modernos desbordan simpatía cada vez que su hijo o hija sufre la más ligera incomodidad. De forma subliminal o encubierta, dan el mensaje de que «el dolor es malo». ¿Debería entonces sorprendernos que estos hijos lleguen a ser adultos que huyen de todo dolor con temor, o que permiten que este los domine, o por lo menos, que cuentan los detalles íntimos de todo dolor y molestia a todo el que esté cerca?

Como ya mencioné antes, los estudios de varios grupos étnicos indican que la respuesta al dolor es en gran medida algo que se aprende. En la Esparta antigua se entrenaba a los hijos para prepararse ante el dolor. La sociedad moderna tal vez se ha ido al otro extremo: nuestra habilidad para silenciar el dolor ha resultado en una especie de atrofia cultural en nuestra capacidad global de hacerle frente al dolor. Hallo algunas señales estimulantes en la generación más joven y su anhelo por la calistenia y las competencias de triatlón, así como en el surgimiento de programas como Outward Bound. Un cuerpo activo, que busca retos y empuja al límite la resistencia, está mejor equipado para hacerle frente al dolor inesperado cuando en efecto ocurre... y siempre ocurrirá. La única manera de conquistar el dolor es enseñar a los individuos a prepararse para él de antemano.

Dominio propio

Recuerdo mi primera aspirina. Nunca tomé analgésicos cuando niño porque mi madre, dedicada homeópata, se oponía a tratar los síntomas, prefiriendo confiar en la capacidad del cuerpo para sanarse a sí mismo. Cuando me mudé a Inglaterra para continuar la escuela cuando tenía nueve años, me quedé con mi abuela y dos tías solteras que tenían las mismas creencias homeopáticas de mi madre.

A los doce años, en Inglaterra, caí víctima de la influenza. Mi fiebre subió, y me sentía como si alguien me hubiera apaleado todo el cuerpo. Casi ni podía dormir por el dolor de cabeza, y necesitaba descanso. Mis gemidos y gruñidos deben haber alarmado a mis tías porque ellas llamaron al médico, un primo mío, Vincent.

Incluso en mi estado febril pude oír fragmentos del debate susurrado en el corredor fuera de mi cuarto.

—La fiebre es una parte normal de la influenza. Seguirá su curso. ¿Por qué no le dan aspirina?

—¿Aspirina? Pues bien, simplemente no sabemos. ¡Él nunca ha tomado nada de eso!

—Sí, pero le hará sentirse mucho más cómodo; y le ayudará a dormir.

—¿Estás seguro de que no le hará daño?

Al final de la conversación mis tías vinieron con una sola píldora blanca enorme y un vaso de agua.

—El médico dice que debes tomarte esto, Paul. Te aliviará el dolor de cabeza.

De mi madre había heredado la suspicacia acerca de todo remedio, y la conversación en voz baja en el corredor solo había confirmado esa sospecha. Decidí tratar de manejar el dolor sin aspirina. Me repetía a mí mismo vez tras vez: «Yo puedo vérmelas con esto. Soy fuerte. Puedo vérmelas con esto». Toda esa noche la píldora blanca se quedó sobre mi mesita de noche, sin que la tragara, ominosa, una poción mágica con poderes vastos pero no muy confiables. Me dormí sin ninguna droga.

Permítanme añadir de inmediato que en los años desde entonces he tomado remedios y se los he recetado a muchos otros, tanto a mis pacientes como a mis propios hijos. No obstante, miro hacia atrás con gratitud a una crianza que me enseñó una lección duradera: *mis sensaciones son mis criados, no mis amos.* Recuerdo que a la mañana siguiente sentí cierto orgullo cuando mi tía vino al cuarto y halló la píldora sobre la mesa. Yo había dominado el dolor, por lo menos por una noche.

El incidente de la aspirina me dio la confianza de que «puedo manejar esto»... la misma lección que John Webb trataría más tarde de darles a nuestros hijos después del accidente de motocicleta. En ese momento, una pequeña victoria me ayudó a prepararme para un dolor más intenso en el futuro, tal como el que sentiría en mi médula espinal, vesícula biliar y próstata. Temprano aprendí un patrón de dominio propio que desde entonces me ha servido en circunstancias en las que no puedo hallar alivio rápido.

Una vez, durante la Segunda Guerra Mundial, cuando el reclutamiento militar había resultado en una escasez aguda de dentistas, decidí taladrar mi propio diente y rellenar algunas caries molestas. Usando un conjunto de espejos, y haciendo girar la broca dental entre mis dedos y el pulgar, me las arreglé para limpiar las caries e insertar un relleno. Para mi sorpresa, resultó más fácil que haberle pedido a un dentista que lo hiciera. Yo tenía el control. Podía sentir los puntos delicados y trataba de dirigir el taladro alrededor de los bordes del dolor; el dentista habría tenido que interpretar mis gemidos y gruñidos. Pensé en retrospectiva con gratitud debido a la disciplina que había aprendido años antes para dominar el dolor.

Casi todos nosotros, incluso en una sociedad orientada a la comodidad, soportamos de modo voluntario algún dolor. Las mujeres que piensan en la moda se arrancan las cejas, embuten sus pies en zapatos demasiados pequeños, llevan medias delgadas en los días de invierno, e incluso se someten a cirugías serias para cambiar detalles de su cara o figura. Los atletas se condicionan para enfrentar los golpes que les esperan en la cancha de baloncesto, de hockey o de fútbol. Un fabricante de máquinas de ejercicio invita a sus usuarios: «Sienta el ardor». Lo que sucede a menudo, sin embargo, es que la gente que voluntariamente se somete al dolor por algún fin deseable, halla chocante e imposible de manejar el dolor involuntario. El dolor de una enfermedad o lesión parece una intrusión en una cultura que da la ilusión de que se puede controlar toda incomodidad.

Mis años en la India me expusieron a una sociedad que no tiene ninguna ilusión de controlar la incomodidad. En un país en donde el clima es riguroso, las enfermedades tropicales abundan, y los desastres naturales se suceden con cada tifón, nadie pretende «resolver» el dolor. Con todo, a través de los siglos esa cultura ha descubierto maneras de ayudar a su gente a hacerle frente. Una sociedad que carece de muchos recursos físicos se vio obligada a acudir a los recursos mentales y espirituales.

Primero como niño, y después como médico en la India, me fascinaron los faquires y *sadúes* que tenían un dominio exquisito de sus funciones corporales. Podían andar sobre clavos, quedarse en una posición difícil por horas o ayunar por semanas. Los practicantes más avanzados incluso se las arreglaban para controlar los latidos del corazón y la presión arterial. Los «santos» hindúes eran conocidos por su ascetismo, y la estimación de ese alto valor cultural se filtraba hacia abajo a la sociedad en general. Desde una tierna edad la gente de la India aprendió a respetar la disciplina y el dominio propio, cualidades que ayudaron a equiparlos para hacerle frente al sufrimiento.

El budismo, filosofía diseñada en específico para hacerle frente al sufrimiento humano, brotó en el terreno de la India. Estupefacto por las cuatro vistas inquietantes (la enfermedad, un cuerpo muerto, la vejez y un mendigo), Gautama Buda renunció a su principado y se dispuso a buscar una cura para el sufrimiento del mundo. La solución a la que llegó no podía ser más opuesta a la filosofía occidental de consumismo y búsqueda del placer. «Toda la verdad respecto a la conquista del sufrimiento está en la conquista de uno mismo sin dejar ninguna pasión residual», concluyó Buda. Si la vida consiste en sufrimiento, y el sufrimiento es causado por el deseo, entonces la única solución para el sufrimiento es el fin del deseo.

No soy ni hindú ni budista, pero me impresiona que ambas creencias enfocan el dolor de la misma manera. Según el pensamiento oriental el sufrimiento humano consiste de condiciones «de afuera» (los estímulos dolorosos) y respuestas «internas» que tienen lugar en la mente. Aunque no siempre podemos controlar las condiciones externas, podemos aprender la manera de controlar las respuestas internas. Conforme me familiarizaba con esta filosofía, no pude dejar de notar el paralelo con las etapas del dolor: señal, mensaje y respuesta, que había aprendido en los estudios de medicina. En efecto, la filosofía oriental afirma que la tercera etapa del dolor, la respuesta mental, es el factor dominante en la experiencia del sufrimiento, y también aquella sobre la que tenemos más control.

«El mayor descubrimiento de mi generación», escribía

William James a principios de este siglo, «es que los seres humanos, al cambiar las actitudes internas de sus mentes, pueden cambiar los aspectos externos de sus vidas». Sonrío cuando leo esa declaración, porque el «descubrimiento» de William James lo han enseñado las religiones principales por varios miles de años. Después de haber estado expuesto a tal enseñanza en el oriente, empecé a prestar más atención a la rica tradición de dominio propio en mi propia fe, el cristianismo.

Durante la Edad Media, por ejemplo, un tiempo significativo de caos y sufrimiento, las órdenes religiosas diseñaron una serie de ejercicios contemplativos. La mayoría de ellos incluía la oración, la meditación y el ayuno, todas estas disciplinas dirigidas a la vida interior. Considere estas instrucciones para la «Oración del corazón» de Gregorio de Sinaí en el siglo catorce:

> Siéntate solo y en silencio. Baja tu cabeza, cierra los ojos, exhala gentilmente e imagínate tú mismo mirando a tu propio corazón. Lleva tu mente, es decir, tus pensamientos, de la cabeza al corazón. Al exhalar, di: «Señor Jesucristo, ten misericordia de mí». Dilo moviendo tus labios con suavidad, o simplemente dilo en tu mente. Trata de hacer a un lado todos los demás pensamientos. Ten calma, sé paciente y repite el proceso con mucha frecuencia.

Aunque su propósito primordial es ser una ayuda para la adoración, estas disciplinas tienen el beneficio añadido de enseñar dominio propio, una forma de «seguro contra el dolor» que paga buenos dividendos en los tiempos de crisis. El Dr. Herbert Benson, cardiólogo de la facultad de medicina de Harvard, ha demostrado de forma concluyente que las disciplinas espirituales ayudan en lo que él llama «la respuesta de relajación», la cual tiene un efecto directo en el dolor percibido. La meditación (acto mental) desata cambios fisiológicos en el cuerpo: un descenso gradual del ritmo de los latidos y de la respiración, cambios en los patrones de las ondas cerebrales, y una reducción general de la actividad en el sistema simpático nervioso. Los músculos tensos se relajan, y un estado de tensión interna da lugar a la calma. En un estudio la mayoría de los pacientes que no lograban hallar alivio para el dolor crónico de maneras convencionales informaron por lo menos una reducción del cincuenta por ciento en su dolor después de haber sido entrenados en la respuesta de relajación; en otro, tres cuartas partes de los pacientes informaron una mejoría moderada o grande. Por esto, la mayoría de los centros de dolor crónico ahora incluyen programas de relajación y meditación.

En los tiempos modernos nos hemos alejado de tales prácticas, al punto que a las disciplinas espirituales a menudo se las considera como rebuscadas y cargosas. Pero yo he hallado que la disciplina del espíritu puede ejercer un efecto extraordinario en el cuerpo, y en especial en el dolor. La oración me ayuda a vérmelas con el dolor, al alejar mi enfoque mental de la fijación en las quejas de mi cuerpo. Conforme oro, nutriendo la vida del espíritu, mi nivel de tensión se reduce y mi conciencia del dolor tiende a disminuir. No me sorprende en lo absoluto haber aprendido recientemente de un investigador médico que las personas que tienen una fe religiosa fuerte tienen una incidencia menor de ataques cardíacos, arteriosclerosis, alta presión arterial e hipertensión que los que no la tienen.

Comunidad

Mi sugerencia final para las preparaciones para el dolor, a diferencia de otras, no depende primordialmente del individuo. Es justo lo opuesto. La cosa singular mejor que puedo hacer para prepararme para el dolor es rodearme yo mismo de una comunidad cariñosa que esté a mi lado cuando golpee la tragedia. Este factor, según concluí, explica en gran medida la capacidad de la gente de la India para vérselas con el sufrimiento.

Debido al estrecho sistema de la familia extendida, la persona de la India raras veces enfrenta sola el sufrimiento. Cuando estuve en Vellore, vi muchos ejemplos asombrosos de la comunidad en acción. Un hombre con tuberculosis espinal viajaba más de mil kilómetros desde Bombay en busca de tratamiento, acompañado de su esposa. Si el primo segundo del tío abuelo de su esposa vivía en algún lugar cerca, el hombre no tenía nada de qué preocuparse. La familia del primo visitaría el hospital todos los días y le proveería de comidas calientes; la esposa del paciente dormía bajo su cama o en una estera y se quedaba cerca para atenderlo. Casi siempre, los pacientes en gran dolor tenían un familiar cerca para sostenerles la mano, humedecer sus labios resecos y decirles una palabra cariñosa al oído.

No tuve ninguna manera de medir el impacto de la comunidad en el alivio del dolor, pero sí sé que en una tierra en donde los analgésicos escaseaban y no había atención universal a la salud, los pacientes aprendían a depender de sus familias con confianza. Es cierto que vi más dolor, pero menos temor del dolor y del sufrimiento en la India, que lo que he visto en occidente. En general, los pacientes sentían menos ansiedad por el futuro. Por ejemplo, cuando llegaba el tiempo de darle de alta y recibir atención en casa, el hombre con tuberculosis espinal se mudaba con naturalidad a la casa de su primo segundo. Como si fuera costumbre, la familia anfitriona limpiaba el mejor cuarto de la casa, asumía toda la responsabilidad de la atención diaria, y proveía alojamiento y comida completa. Ni siquiera pensarían en el pago, aun cuando el período de recuperación durara varios meses.

El sentido de comunidad se extendía por igual a las decisiones médicas importantes. A menudo me hallé tratando con la familia entera del paciente, o con un concilio informal nombrado por la familia para supervisar la atención. Este concilio enviaba a un representante para que conversara conmigo en cuanto a las cuestiones pertinentes: ¿Qué peligros enfrenta el paciente? ¿Es posible el alivio permanente? ¿Es probable que el cáncer vuelva después de la cirugía? ¿De qué forma la vejez afecta los riesgos? Después de hacerme las preguntas, el representante volvía al concilio de la familia para considerar estos asuntos. A veces el concilio llamaba a otros parientes para que colaboraran con los gastos o las exigencias de la atención después del hospital. Otras veces desechaban mi consejo: «Muchas gracias por su ayuda, Dr. Brand, pero hemos decidido que no se someterá a la operación. Nos parece claro que la tía morirá en poco tiempo, y queremos ahorrarle este esfuerzo. Ella ya ha vivido largos años, y estos tratamientos pondrían en dificultades económicas a la familia. La llevaremos a casa y la cuidaremos hasta que muera».

Estos concilios familiares no me fastidiaban, a pesar de que consumían largo tiempo. Como regla general, siempre tomaban decisiones sabias. Los más ancianos, que habían visto a muchos morir en sus pueblos, consideraban los asuntos difíciles con compasión y buen sentido. También observé el impacto de este sistema en los mismos pacientes, que ponían por completo su confianza en el concilio familiar y miraban a la familia, antes que a la tecnología o remedios, como su principal reserva de fuerza. Cuando le decíamos a una paciente que su condición era terminal, ella no tenía deseos de quedarse en el hospital de alta tecnología, dopada con morfina. Más bien quería irse a casa en donde la familia podía rodearla durante los últimos días de su vida.

Hago un contraste de este método con las situaciones que he visto en occidente, en donde los padres ancianos a menudo deben enfrentar sus últimos días solos. Los hijos crecidos, esparcidos por toda la nación, de repente reciben la noticia de que su madre enfrenta una decisión médica difícil. Toman el siguiente vuelo al hospital. «Ay, doctor, usted debe hacer todo lo posible para mantener viva a mi madre», le dicen al médico en una avalancha de preocupación. «No escatime gastos. Use alimentación intravenosa, máquinas de respiración, lo que sea necesario. Y asegúrese de que tenga suficiente medicina para el dolor». Luego vuelan de regreso a su lugar de residencia. Si la madre sobrevive, probablemente la enviarán a un asilo, sola.

La India tiene la dicha de tener una comunidad integral en la estructura familiar, un sistema que no se puede, y es posible que no se deba, imponer en una sociedad muy diferente en occidente. Sin embargo, tenemos mucho que aprender de su ejemplo de una comunidad más amplia que absorbe el impacto del dolor. Vi ocurrir algo parecido en Londres durante el Blitz, cuando toda una ciudad se reunió alrededor de un propósito común para ayudar a los que sufrían dolor. Un cuerpo voluntario de auxiliares de enfermería brotó de forma espontánea. La gente empezó a preguntar con regularidad por sus vecinos. A los heridos no se les escondía, sino más bien se les honraba. ¿Por qué, sin embargo, debemos esperar por un tiempo de emergencia para crear un sentido de comunidad?

Tal vez debido a la influencia de la India tiendo a apoyarme en mi propia familia como comunidad de sostenimiento para el dolor. Ahora me estoy acercando a la última fase de mi vida. Antes de esperar pasivamente por algún desastre, trato de incluir a mi familia en lo que me espera por delante. El proceso empieza con mi esposa, mi compañera por cinco décadas. Margaret me está enseñando algunos de los intrincados detalles que conlleva el cuidado de la casa y que yo nunca dominé. Yo le estoy enseñando cómo atender las cuentas, de modo que si muero justo antes del tiempo de pagar los impuestos, ella no se sienta aislada. Admito que ambos nos preocupamos por la posibilidad de tener que depender con demasiada fuerza en el otro. ¿Qué tal si uno de nosotros se vuelve incontinente? ¿O si sufre una embolia y pierde el funcionamiento mental? Margaret sufrió una vez una pérdida temporal pero casi total de la memoria después de una mala caída, dándome un bocado de prueba de lo que pudiera estar a la vuelta de esquina. Juntos, hemos tratado de superar cualquier sentimiento de vergüenza por tener que quedar dependientes.

Un grupo de respaldo puede llegar a ser una comunidad para compartir el dolor. Lo mismo una iglesia o una sinagoga. Margaret y yo tal vez necesitemos ayuda para enfrentar algunas emergencias, y sé que podemos contar con la comunidad de la iglesia para ayudarnos a compartir el peso. Donde quiera que hemos vivido hemos buscado y tenido la buena fortuna de hallar una iglesia cariñosa. Es más, nuestra iglesia presente ha dado el paso previsor de iniciar un plan de atención a los enfermos crónicos terminales en el hogar. Treinta y dos voluntarios han tomado un curso de capacitación que ofrece un programa con base en un hospital local. Entre tanto que seamos capaces, ayudaremos a otros. Cuando nosotros tengamos necesidades ellos nos ayudarán.

El programa de atención a enfermos crónicos terminales en el hogar alivia algo de nuestra ansiedad al prepararnos para la muerte. También hemos preparado y firmado un «testamento en vida» que fija límites estrictos en cuanto a prolongar artificialmente nuestra existencia. La muerte es un hecho cierto de la vida, por supuesto, y confío en las palabras del salmista: «Aun si voy por valles tenebrosos, no temo peligro alguno porque tú estás a mi lado». He aprendido que la mejor manera de desarmar mis temores en cuanto a una enfermedad terminal, y en cuanto a la posibilidad de un gran dolor, es enfrentarlos de antemano, con Dios, y dentro de una comunidad que los compartirá.

16
CÓMO MANEJAR EL DOLOR

Es una distorsión imaginarse al ser humano como un armatoste oscilante, falible, siempre necesitado de cuidados y remiendos, siempre al borde de deshacerse en pedazos; esta es la doctrina que la gente oye más a menudo, y más elocuentemente, en todos nuestros medios masivos de información ... El gran secreto de la medicina, conocido por los médicos pero todavía oculto al público es que la mayoría de las cosas se mejoran por sí mismas.

Lewis Thomas

Sin que importe lo bien que nos preparemos, el dolor siempre viene como una sorpresa. Me agacho para recoger un lápiz y de repente parece como si me hubieran hundido una estaca en la espalda. Al instante mi preocupación cambia de la preparación para el dolor al manejo del dolor; y la diferencia entre las dos cosas es la misma que la que existe entre un ejercicio de práctica en San Francisco y un terremoto real. Ninguna cantidad de planeamiento puede equiparnos de forma plena para el momento cuando, sin advertencia, la tierra se mueve.

He expresado mi sospecha de que, en las naciones occidentales por lo menos, la gente se ha vuelto cada vez menos competente para manejar el dolor y el sufrimiento. Cuando suenan las sirenas del surgimiento del dolor, la persona promedio confía menos en sus propios recursos y más en los «expertos». Pienso que el paso más importante para el manejo del dolor es invertir ese proceso. Nosotros en la medicina necesitamos restaurar la confianza de nuestros pacientes en el sanador más poderoso del mundo: el cuerpo humano.

Los médicos tienden a exagerar su propia significación en el esquema de las cosas, y por esta razón me encanta la escena revisionista descrita en *The Healing Heart* [El corazón que sana]. En la sala de emergencia de un hospital, el decano de la facultad de medicina de la UCLA está junto a los mejores cardiólogos de la universidad esperando la llegada de un paciente muy importante que sufre de un fallo del corazón. De repente las puertas se abren y entran rodando una camilla. El paciente, Norman Cousins, se sienta, sonríe picarescamente, y dice: «Caballeros, quiero que sepan que están mirando a la más intrépida máquina sanadora que jamás ha sido introducida en una camilla a este hospital».

No conozco a ningún médico que discreparía seriamente con la afirmación de Cousins.* Franz Ingelfinger, el distinguido editor del *New England Journal of Medicine* por muchos años, calculaba que el ochenta y cinco por ciento de los pacientes que visitan al médico tienen «enfermedades limitadoras». El papel del médico, dijo, es discernir el quince por ciento que en realidad necesita ayuda a diferencia del ochenta y cinco por ciento cuyas dolencias del cuerpo pueden atenderse a sí mismas.

Cuando estudiaba medicina, en los días antes de la penicilina, teníamos recursos limitados que ofrecer y por necesidad el médico funcionaba más como asesor o consejero. Sin duda alguna la persona más importante en la transacción era el paciente, cuya participación voluntaria en el plan de recuperación determinaba en gran medida el resultado. Ahora, por lo menos desde el punto de vista del paciente, la mesa se ha invertido: el paciente tiende a considerar al médico como la parte importante.

La medicina se ha vuelto tan compleja y elitista que los pacientes se sienten impotentes, y dudan de si tienen alguna contri-

---

* Para dar apenas un ejemplo, si por algún extraño giro del destino nosotros los médicos nos viéramos forzados a escoger para nosotros mismos bien sea (1) el sistema inmune humano solo o (2) todo recurso de la tecnología y la ciencia pero con la pérdida de nuestro sistema inmune, sin el menor momento de vacilación escogeríamos lo primero. La enfermedad del SIDA expone la impotencia de toda la tecnología moderna cuando el sistema inmune de las personas se apaga: la neumonía, el herpes, o incluso la diarrea pueden presentar un peligro mortal.

bución para hacer en la lucha contra el dolor y el sufrimiento. Demasiado a menudo el paciente se ve a sí mismo como la víctima, un cordero sacrificial para que los expertos examinen, y no un socio en la recuperación y la salud. En los Estados Unidos de América la publicidad alimenta más la mentalidad de víctima al condicionarnos a creer que mantenernos sanos es una cuestión complicada mucho más allá del alcance de la persona promedio. Tenemos la impresión de que, si no fuera por los suplementos vitamínicos, los antisépticos, los analgésicos y una inversión anual de billones de dólares en expertos médicos, nuestra existencia frágil pronto llegaría a su fin.

El médico por dentro

Muchos pacientes ven sus propios cuerpos con un sentido de despego o incluso de hostilidad. Una vez que el dolor ha anunciado que una parte del cuerpo se ha dañado, el afectado, sintiéndose impotente e irritado, busca a un médico-mecánico que repare la parte dañada. Un joven que vino a verme con una dolencia muy pequeña ilustra la actitud moderna. Siendo un guitarrista principiante, se quejaba de los puntos sensibles en las yemas de los dedos. «¿Puede hacer algo por estos puntos sensibles?», preguntó. «Puedo tocar solo por hora y media antes de que tenga que dejar de hacerlo. A este ritmo jamás aprenderé a tocar la guitarra».

Dio la casualidad de que yo tenía una experiencia personal con ese mismo problema. Después del primer año de estudios de medicina pasé el verano navegando en un velero por el Mar del Norte. La primera semana, al tirar de las pesadas cuerdas para izar la vela, las yemas de mis dedos se pusieron tan sensibles que sangraban y me mantenían despierto toda la noche por el dolor. Durante la segunda semana los callos se estaban formando, y pronto después una espesa callosidad cubría mis dedos. Nunca más tuve problemas con la sensibilidad ese verano, pero cuando volví a los estudios de medicina dos meses más tarde, hallé que había perdido mis delicadas habilidades para la disección. Los callos habían hecho mis dedos menos sensibles y casi ni podía sentir los instrumentos. Durante unas pocas semanas me preocupé de si había arruinado mi carrera como cirujano. Poco a poco, sin embargo, los callos desaparecieron con mi vida sedentaria, y la sensibilidad volvió.

«Su cuerpo está en el proceso de adaptarse», le dije al joven guitarrista. «Los callos muestran que sus dedos se están acostumbrando a la nueva tensión de ser oprimidos contra las cuerdas de acero. Su cuerpo está haciéndole un favor al construir capas adicionales de protección. En cuanto a la sensibilidad, es solo una fase temporal, y debe estar agradecido por ella». Le conté de los pacientes de lepra insensibles que habían dañado seriamente sus manos tratando de aprender a tocar la guitarra o el violín porque no tenían ninguna señal dolorosa de advertencia que impidiera que practicaran demasiado. Otros se ajustaban a un horario restringido de práctica como para permitir que los tejidos tuvieran la oportunidad de desarrollar callos. (El tejido de la piel responde a los estímulos a un nivel local aunque el cerebro nunca reciba las sensaciones de dolor.)

No logré convencer al guitarrista, que se fue de mi consultorio desalentado porque no le había «arreglado» sus manos. De una manera extraña, como una vaga reminiscencia de mis pacientes de lepra, parecía enajenado de su propio cuerpo. Su mano era un objeto —casi un fastidio en realidad— que me había traído a mí, el especialista del cuerpo, para que se la reparara. Esta actitud ha llegado a ser casi típica en los pacientes modernos.

Tristemente, los médicos profesionales a veces promueven tal actitud. Con frecuencia me reúno con grupos de estudiantes en las escuelas de medicina y les pregunto cuáles son sus frustraciones en el campo. La respuesta más común que oigo se centra en la torpe palabra *despersonalización*. Como me dijo una brillante joven: «Escogí la medicina por un sentido de compasión y por el deseo de aliviar el sufrimiento. Pero cada vez más descubro que debo luchar contra una actitud de desconsideración. No hablamos mucho en cuanto a pacientes aquí; hablamos de "síndrome" y "fracaso de enzimas". Nos animan a usar la palabra "cliente" en lugar de "paciente", lo que implica que estamos vendiendo servicios antes que ministrando a personas. Algunos de los profesores más jóvenes hablan de los pacientes casi como si fueran adversarios. Dicen: "Cuidado con los pacientes más viejos; son quejosos crónicos, y se tragarán mucho de su tiempo". Además pasamos horas estudiando las más recientes técnicas de diagnóstico con MR y TAC, pero no tenemos ni una sola clase sobre modales junto a la cama. Después de un tiempo, es fácil olvidarse que el "producto" con el que estamos tratando es un ser humano».

Me estremezco cuando oigo tales palabras, y al mirar atrás pienso con gratitud en mis profesores a la antigua: H. H. Woolard, que trataba incluso a los cadáveres con reverencia, y Gwynne

Williams, que se arrodillaba junto a la cama del paciente de modo que al estar al nivel del ojo pareciera menos intimidante y por consiguiente ayudaba a que el paciente se relajara. El enfoque biomédico actual, que reduce el enfoque en el paciente a la enfermedad en sí misma, nos ha enseñado mucho en cuanto a organismos hostiles, pero a riesgo de devaluar las propias contribuciones del paciente. No nos atrevamos a permitir que la tecnología nos distancie de los pacientes, porque hay ciertas cosas que la tecnología no puede hacer. Ella no puede sostener una mano, ni dar confianza, ni hacerle socio en el proceso de recuperación. Usada con sabiduría, la tecnología debe ser una sierva del lado humano de la medicina: al manejar información y datos, puede dejar al médico en libertad para pasar más tiempo con el paciente de modo que él o ella puedan aplicar la sabiduría humana y compasiva que solo puede brotar de una mente humana.

En la superficie la tarea del médico puede parecerse a la de un ingeniero —ambos reparan partes mecánicas— pero esto solo es en la superficie. Nosotros tratamos una persona, no una colección de partes, y una persona es mucho más que un cuerpo dañado que necesita reparación. Un ser humano, a diferencia de cualquier máquina, contiene lo que Schweitzer llamó «el médico por dentro», la capacidad de repararse a sí mismo y de afectar de forma consciente el proceso sanador. Los mejores médicos son los más humildes, los que escuchan con atención al cuerpo y trabajan para ayudarlo en lo que ese cuerpo instintivamente ya está haciendo por sí mismo. En verdad, en el manejo del dolor no tengo otra alternativa sino trabajar en sociedad: el dolor ocurre «por dentro» del paciente, y solo el paciente me puede guiar.

He aprendido en cuanto al manejo del dolor fundamentalmente mediante la cirugía de la mano, en la cual todas las partes que intervienen deben afinarse al dolor. Si usted se lastima una mano y viene a verme para cirugía, ambos miraremos el dolor para ayudar a dirigir el proceso de recuperación. Yo puedo embotar de forma artificial el dolor antes de las sesiones de terapia para que se sienta más cómodo, pero si lo hiciera a lo mejor usted (como mis pacientes de lepra) haría ejercicios demasiado vigorosos y se arrancaría los tendones trasplantados. Por otro lado, si usted evitara todo movimiento que le causara incluso el más íntimo dolor, su mano se volvería rígida, porque las adherencias llenarían los espacios e inmovilizarían la mano. Juntos, debemos buscar el límite del dolor, y entonces avanzar atravesándolo apenas un ápice.

La mejor recuperación tiene lugar, según he hallado, si

puedo convencerlo de la verdad de que usted está haciéndolo todo por sí mismo. Yo he hecho mi trabajo al volver a arreglar los músculos y tendones. Todo lo demás depende de usted. Su cuerpo tendrá que volver a unir los nervios y vasos sanguíneos que yo he cortado, y lidiar con las cicatrices y el colágeno. Yo sujeté los tendones a sus nuevos sitios con puntadas enclenques; sus fibroblastos proveerán anclajes fuertes y permanentes. Sus músculos medirán las nuevas tensiones y aumentarán o restarán diminutas unidades llamados sarcómeras, cubriendo los errores del cirujano. Su cerebro tendrá que aprender nuevos programas para ordenar el movimiento. Conforme la herida sana, es usted el que debe empezar a mover la mano. La mano le pertenece, y solo usted puede hacer que funcione de nuevo.

En la clínica de Carville ponemos a disposición de los pacientes instrumentos que pueden usar como un tipo de retroalimentación en el proceso de curación. Al usar un probador térmico, por ejemplo, pueden monitorear el cambio de temperatura en las articulaciones: la temperatura sube con la actividad y se reduce después del descanso, pero sigue alta si el paciente hace ejercicios demasiado vigorosos. Les decimos a los pacientes cuanta hinchazón pueden esperar, y luego les damos una jarra de medida para que hundan la mano. El cambio en el nivel del agua les mostrará si el paciente ha hecho algo que ha causado demasiada hinchazón, incluso algo tan sencillo como permitir que la mano herida cuelgue por debajo de la cintura. En estos días les enseñamos a los pacientes a asumir la responsabilidad personal por su propia curación aunque hayan perdido el monitor interno del dolor.

Ningún instrumento, sin embargo, puede medir lo que es más allá de toda duda el factor más importante en la terapia de la mano: la voluntad del paciente para recuperarse. La mente, y no las células de la mano lesionada, determinarán el alcance final de la rehabilitación, porque sin una motivación fuerte el paciente simplemente no soportará las disciplinas de la recuperación.

Mis pacientes menos favoritos de cirugía de la mano son los que entablan pleito judicial como resultado de una lesión en el trabajo. Estos hombres y mujeres tienen un incentivo poderoso para *no* recuperar de modo pleno el uso de la mano, porque una discapacidad permanente quiere decir una compensación financiera más elevada. Su nivel de tolerancia al dolor a menudo se reduce cada vez más, y hasta el primer aguijonazo de dolor los hace cohibirse de los ejercicios de terapia física. Si con éxito han logrado evitar todo dolor, es probable que tendrán una discapacidad permanente. (Un estudio de 1980 mostró que en Gran Bretaña los lesionados en accidentes industriales volvían a su trabajo a un ritmo del veinticinco por ciento más lento que los que sufrían lesiones comparables en accidentes de carretera. La razón que se sospecha: en ese país las lesiones de accidentes industriales reciben una compensación mayor, lo que les da a los pacientes menos incentivo para recuperarse.)

En contraste, uno de mis mejores pacientes fue un preso de la penitenciaría estatal de Louisiana cuya mano había sido tan dañada por una bala que tuve que diseñar algunas nuevas técnicas de transferencia de tendones durante la cirugía. Di por sentado que el paciente tendría que atravesar una extensa terapia, sin ninguna garantía de éxito. Pero, como nos enteramos más tarde, el preso tenía un poderoso incentivo para recuperarse con rapidez. Durante el período de hospitalización posterior a la operación se quitó el enyesado, limó sus cadenas y se escapó. Tres años más tarde lo vi en otro hospital, todavía libre. La mano dañada había sanado perfectamente: su necesidad urgente para recuperar el uso activo, moderada solo por el dolor, había provisto el ambiente perfecto para la plena recuperación.

Las cuestiones subjetivas tales como el «incentivo para la recuperación» llevan tanto peso en el manejo del dolor debido a las tres etapas del dolor: señal, mensaje y respuesta. Después de la cirugía la mano del paciente tiene la sensación abrumadora de «mi mano duele». Pero como hemos visto, esa sensación es una invención astuta de la mente: lo que en realidad duele es la imagen sentida de la mano almacenada en la médula espinal y el cerebro. Puesto que el cerebro incluye todas las tres etapas de la percepción, el manejo efectivo del dolor debe tener en cuenta todas las tres etapas.

Señal

La mayoría de nosotros ataca al dolor primero en la etapa uno. Abrimos el botiquín del baño y seleccionamos una medicina diseñada para bloquear las señales de dolor en el sitio del tejido dañado. La aspirina, la droga más ampliamente usada en el mundo, funciona en esta etapa. Aunque una sustancia parecida a la aspirina fue extraída de un sauce en 1763 y usada para el tratamiento del reumatismo y la fiebre, llevó doscientos años para que los científicos descubrieran lo que hace a la aspirina tan efectiva: impide la producción de algo llamado prostaglandina en el tejido dañado, suprimiendo por consiguiente las respuestas normales de hinchazón e hipersensibilidad.

Otras drogas comunes funcionan directamente en las terminaciones nerviosas, interfiriendo con su capacidad de enviar señales de dolor. Los aerosoles contra las quemaduras del sol y los tratamientos tópicos para cortaduras, heridas y llagas en la boca a menudo contienen estos fármacos, así como los anestésicos locales más poderosos que usan los dentistas y los médicos en cirugías menores.

En mi caso, actúo de forma lenta para interferir con las señales de dolor de la periferia. Habiendo pasado mi vida entre gente que se destruye a sí misma por falta de dolor, atesoro estas señales. Un frenético ejecutivo que traga un puñado de aspirinas y tranquilizantes después de un arduo día de trabajo, tal como el atleta que acepta una inyección de analgésico antes de un juego importante, está suprimiendo un principio importante del sistema del dolor. Las señales de dolor en la etapa uno informan con fuerza e insistencia de modo que su mensaje se apodere de la conciencia y recabe una respuesta en la conducta. Silenciar las señales sin cambiar la conducta es invitar al riesgo de un daño mucho mayor: el cuerpo se sentirá mejor a la vez que empeora. Ciertos analgésicos como la aspirina ofrecen beneficios, tal como una buena noche de descanso y una reducción de la inflamación, pero en todo caso pienso que se debe considerar primero el uso positivo del dolor, y después actuar de una manera que logre el equilibrio apropiado.

Repito, mi experiencia en la terapia de la mano viene a la mente. A menos que podamos persuadir a nuestros pacientes para que acepten un poco de dolor como parte de su rehabilitación, las coyunturas se endurecerán y la mano se pondrá rígida. «Simplemente deme algún remedio para impedir que me duela, y con todo gusto haré mis ejercicios», dicen algunos pacientes. Tienen razón. Los cirujanos modernos, antes de cerrar la mano, pueden dejar un diminuto catéter junto a un nervio para poder inyectar un anestésico local en la herida; sus pacientes entonces hacen ejercicios que de otra manera a lo mejor evitarían, y eso acelera la recuperación. No me opongo a esta práctica, pero he aprendido a reservarla para mis pacientes más cuidadosos y cooperativos. La mayoría de los pacientes necesitan el límite del dolor de inhibición; sin eso, tienden a hacer movimientos demasiado fuertes y se abren de nuevo la herida. La clave en el manejo del dolor es reconocer el eslabón entre las etapas del dolor. Yo bloqueo las señales de dolor en la etapa uno solo si tengo confianza en que mis pacientes asumirán la responsabilidad en la etapa tres, la de la respuesta consciente. ¿Seguirán ellos las instrucciones precisas del terapista aun en ausencia del dolor?

Cuando confronto el dolor en lo personal prefiero contrarrestar todas las tres etapas a la vez. Parece apropiado dar una respuesta unificada a la sensación que incluye a mi cuerpo de forma tan inclusiva. Hace unos años tuve un problema con mi vesícula biliar. Cuando al principio sentí las señales urgentes de dolor (etapa una) en la parte superior de mi abdomen, no tenía ni idea de con respecto a qué peligro estaban tratando de alertarme. Fue un dolor intenso tipo calambre, demasiado severo para ser una indigestión. Los antiácidos no surtieron efecto. Su ubicación hacía a la vesícula biliar o al páncreas el sitio más probable. Mi edad era precisa para que apareciera el cáncer, y cuando fui a ver al médico ya me había conducido a mí mismo a un estado frenético de temor y aprehensión.

Una radiografía reveló que tenía cálculos biliares, no cáncer, una condición por cierto dolorosa pero que era fácil de tratar con cirugía. Me sentí tonto por mi reacción de pánico. Los ataques abdominales siguieron ocurriendo, pero de inmediato parecieron menos dolorosos. Aunque las señales de dolor en sí mismas no disminuyeron, mi percepción de ellas (etapa tres) con certeza cambió conforme mi ansiedad se reducía.

Debido a dificultades en mi horario tuve que demorar la cirugía de la vesícula biliar por unos pocos meses. El dolor de los cálculos biliares y renales está en la parte más alta de las tablas de intensidad, y ahora entiendo por qué. Tuve muchas oportunidades de practicar mi dominio sobre el dolor (y muchas oportunidades para reconsiderar mi filosofía de «¡Gracias Dios por el dolor!»). Supongo que nunca dejé atrás el espíritu de mi niñez que me hacía resistir la tentación de una aspirina, porque de modo consistente trataba de evitar correr al botiquín buscando Demerol.

Los ataques nocturnos eran los peores. Recuerdo una noche en especial difícil en que dejé la cama, me puse una bata de noche, y caminé por los senderos del leprocomio descalzo. La noche de Louisiana era calurosa, y estaba llena de sonidos. Las ranas croaban a coro en el estanque, mientras los grillos y otros insectos llenaban las notas que faltaban. Nell, nuestro perro ordinario peludo, corría delante de mí, encantado por una caminata no programada a una hora tan extraña.

De forma deliberada escogí caminar por los senderos hechos de grava sacada de las playas del sur. Estas conchas son muy afiladas y dolorosas a los pies desnudos. Tuve que seleccionar mis pasos con cuidado y calmar mis pies a trechos, caminando alternadamente sobre la hierba húmeda. Mientras caminaba, también recogí pequeñas ramas de árboles y piedras y las palpé. Todos estos actos menores ayudaron a combatir el dolor: el aluvión de sensaciones de las conchas en mis pies desnudos competían con las señales de dolor en parte ahogadas de mi vesícula biliar. El dolor que ahora sentía era muy diferente —y mucho más tolerable— que el que había sentido en el dormitorio oscuro y en silencio.

No estoy seguro de cuándo empezó el canto. Pienso que primero hablé, expresándole en voz alta a Dios mi maravilla y aprecio por la buena tierra que me rodeaba y las estrellas que brillaban por encima. Luego me hallé entonando unos pocos compases de un himno favorito. Los pájaros empezaron a volar en desorden alejándose. Nell paró sus orejas y se quedó mirándome perplejo. Yo miré por todos lados, dándome cuenta de repente de lo que le habría parecido al guardián nocturno si sorprendía al cirujano en jefe del personal puertas afuera a las dos de la mañana, descalzo, vistiendo pijamas y cantando un himno.

Esa noche en los pantanos todavía reluce en mi mente. En otras ocasiones, en especial cuando necesitaba una noche entera de sueño, en efecto tomaba algún analgésico para aquietar el dolor que sentía en la oscuridad y quietud de mi dormitorio. Pero esa noche dominé todo mi cuerpo en un contraataque al dolor que con tanta rudeza me había sacado de la cama. Al caminar por el sendero de conchas, generé nuevas señales más tolerables de la etapa uno del dolor, las cuales inundaron la compuerta espinal, afectando la etapa dos. La atención del mundo que me rodeaba influyó en la etapa tres, produciendo un estado de calma y serenidad. Los espasmos musculares, y con ellos el cólico, al fin se redujeron, y me metí de nuevo en la cama como un hombre nuevo, durmiendo toda la noche.

Mensaje

Si hubiera estado dispuesto a invertir varios cientos de dólares en un Estimulador Nervioso Eléctrico Transcutáneo (ENET) a lo mejor me hubiera quedado en la cama. El ENET representa un método quintaesencialmente moderno para el manejo del dolor. Es un artefacto a baterías como del tamaño de un radio portátil, que genera una pequeña corriente eléctrica que pasa por dos electrodos de carbón y caucho. Sujetos a la piel y colocados de forma directa sobre un nervio, el ENET produce una ligera sensación de cosquilleo, que el portador puede ajustar aumentándola o reduciéndola en dependencia de la intensidad del dolor. (Otros artefactos descargan la corriente eléctrica directamente en electrodos de platinos implantados junto al nervio o incluso en la columna vertebral, pero los modelos que estimulan la piel por lo general ganan debido a que evitan las complicaciones de la cirugía.)

¿Se debe a mi actitud a la antigua el hecho de que prefiera los sonidos del pantano y la sensación de los fragmentos de conchas a una sensación eléctrica de cosquilleo? Ambas técnicas trabajan en parte generando nuevas señales nerviosas que abruman la «compuerta» espinal. Como lo explica la teoría de compuerta de control espinal, los nervios del cordón espinal pasan por un canal relativamente estrecho justo debajo de la médula oblonga del cerebro, y cuando ese embotellamiento se atiborra con sensaciones intensas, los mensajes del dolor tienden a disminuir. Ahogadas por la competencia, pocas señales de dolor se convierten en mensajes y son trasmitidas al cerebro.

La efectividad del ENET varía de un paciente a otro, pero he notado un beneficio positivo. Cuando un paciente de dolor crónico aprende que tiene cierta medida de control sobre el dolor simplemente haciendo girar una perilla en una máquina, el dolor de súbito parece menos amenazador, más tolerable. De cierta manera el ENET, un tratamiento del dolor dirigido a la etapa dos, también tiene un impacto en la percepción del dolor en la etapa tres. Reduce el temor y la ansiedad, dos intensificadores comunes del dolor. Con el tiempo, el paciente puede dejar de usar la máquina por entero. Si bien él no ha hecho amistad con el dolor, por lo menos ha aprendido a vivir con él. De todo corazón apruebo este ejercicio de entrenamiento de dominio del dolor, aunque admito que me inclino por las caminatas a medianoche, los cepillos de pelo y los baños calientes como medios para conseguir el mismo fin.

El campo de la dentistería hoy día también está experimentando con el ENET. Puesto que la mayoría de los pacientes consideran la aguja como la parte más desagradable de la atención dental, los investigadores siguen buscando maneras de proveer anestesia sin agujas. En uno de los métodos, un dentista usando ENET coloca un diminuto electrodo en la mano del paciente, otro detrás de la oreja, y un tercero envuelto en algodón dentro del diente que requiere trabajo dental. Para la mayoría de los sujetos de prueba, una corriente moderada de quince mil ciclos por segundo puede proveer un alivio del dolor equivalente a la novocaína.

Muchas medicinas que se recetan consideran de igual manera al dolor en la etapa del mensaje. Las propiedades analgésicas del opio se han reconocido en la mayoría de la historia registrada, y ciertas variedades de la amapola se cultivan por todo el mundo. Sin embargo, solo recién se descubrió que la droga funciona directamente en la médula espinal tanto como en el cerebro. Moléculas tipo opio (la familia del opio incluye las poderosas drogas codeína, morfina y heroína) se concentran para opiar los sitios receptores de la médula espinal, reduciendo el ritmo en que las células transmiten y reduciendo el número de mensajes que se envían al cerebro. Nuevas técnicas epidurales inyectan por goteo el narcótico directamente en el canal espinal, afectando las raíces nerviosas sensoriales en camino a la médula espinal, una anestesia precisa que puede proveer alivio para dolores tan insoportables como el cáncer pancreático.*

La técnica más radical de manejo del dolor es la cirugía invasiva, y los procedimientos quirúrgicos destinados a la etapa dos parecen los más promisorios, aunque no a prueba de tontos. La cirugía para el dolor en la etapa tres, dentro del mismo cerebro, incluye mucho riesgo, y con frecuencia no resuelve el problema: después de un breve receso, el dolor vuelve a aparecer. Cortar los nervios periféricos que producen las señales de dolor en la etapa uno puede aliviar algunos dolores crónicos, en especial la neuralgia facial, pero no hay garantía de que bloquear el dolor en el sitio de sus orígenes le pondrá fin.

El fenómeno complejo del dolor no se puede «arreglar»

---

*Una droga como el opio o la morfina por lo general no produce efectos de alucinación si se toma para aliviar el dolor. Y, por razones que todavía no se entienden plenamente, los narcóticos dados para tratamiento del dolor de forma habitual no resultan en la adicción. Un estudio publicado en 1982 informó de doce mil pacientes del hospital de Boston que habían recibido analgésicos narcóticos: solo cuatro se convirtieron en adictos a las drogas que habían recibido como pacientes. Los estudios también muestran que los pacientes que controlan su propio acceso a los narcóticos inyectados usan menos de los que les habría inyectado el personal del hospital.

con facilidad, ni por el mejor cirujano del mundo. He leído un informe de un corredor de automóviles que perdió su antebrazo izquierdo en un accidente durante una carrera. El hombre sufría de dolor de extremidad fantasma, y después de que los implantes eléctricos en los nervios locales no lograron aliviarle en nada, el cirujano abrió el cordón espinal. Para su gran sorpresa halló que los nervios que iban del brazo a la médula espinal ya habían sido cercenados por el accidente. Las señales de dolor posiblemente no podían venir de la periferia; era el mismo cordón espinal el que estaba generando un mensaje que el cerebro interpretaba como «mi brazo izquierdo me duele».

Ni siquiera la cirugía del mismo cordón espinal, sin embargo, da una permanente garantía contra el dolor. Como acto de misericordia los cirujanos pueden eliminar una sección del cordón espinal de un paciente de cáncer cuya expectación de vida es corta, pero si el paciente vive más de dieciocho meses el dolor a veces vuelve. De forma misteriosa, ya sea el cerebro u otra parte del cordón espinal halla la manera de resucitar los mensajes de dolor.

No soy neurocirujano, y solo puedo recordar unas pocas veces en que acepté tratar quirúrgicamente el dolor. El caso más memorable fue el de una mujer de la India llamada Rajamma, que sufría de la atormentadora condición llamada tic doloroso, una severa neuralgia de la cara. De forma impredecible y espasmódica, ella sufría una feroz descarga de dolor en un lado de su cara. Vino a verme con desesperación después de haber tratado muchos tratamientos alternos.

«Hice que me sacaran todos los dientes de un lado de mi cara, pero el dolor no desaparece», dijo Rajamma. «Después dejé que el curandero local me hiciera cicatrices con quemaduras». Señaló las marcas de cicatrices en su mejilla izquierda. «El dolor empeoró. Ahora, cualquier pequeño movimiento o sonido puede desatar un ataque. Mis hijos no pueden jugar cerca de la casa. Yo guardo a los pollos en su corral para que no vuelen por encima y me asusten».

Sabía que el procedimiento para tratar el tic doloroso incluía una delicada exploración del ganglio gasseriano, ubicado en donde el quinto nervio craneal entra al cerebro, y debía intentarlo solo un neurocirujano experimentado (si se cortaba por accidente el cordón nervioso del ojo, la pérdida de sensación en el ojo podía llevar a la pérdida de este órgano). Pero yo estaba en el sur de India, en donde no había ningún neurocirujano disponible. Al principio traté de amortiguar el sitio con anestésico, lo que no resultó. Rajamma y su esposo me suplicaron que intentara la cirugía, aunque resultara en ceguera, incluso si resultaba en la muerte. «¿Qué clase de vida llevó ahora?», preguntó Rajamma. «Míreme». Estaba en extremo flaca. «Ni siquiera me atrevo a masticar», explicó. «Vivo solo de líquidos».

Al final en efecto intenté la cirugía, y ubiqué dos diminutos nervios, delgados como hilos de algodón, que parecían ser los más probables portadores de su dolor. Los sostuve en mis tenazas por unos pocos segundos antes de cortarlos. ¿Podían ser estos alambres tan delgados la fuente de la tiranía? ¿Qué tal si tenía los nervios errados? Los corté, y cerré la herida.

Estoy seguro de que mi tensión era tanta como la de Rajamma mientras estaba sentado con ella en la sala y cartografiaba el área de su quijada que ahora no tenía ninguna sensación. Vacilando, empezó a intentar los movimientos que antes habían desatado los espasmos de dolor. Trató una ligera sonrisa, su primera sonrisa intencional en años, y no surgió ningún ataque. A su esposo se le iluminó la cara.

La cirugía resultó un éxito, y poco a poco, el mundo de Rajamma volvió a la normalidad. Cuando volvió a su hogar, las gallinas fueron recibidas de nuevo en la casa. Los hijos empezaron a jugar sin temor de hacerle daño a su madre. En círculos cada vez más amplios, la vida de la familia volvió a ser la de antes. El dolor, desbocado, al fin había sido domado.

Respuesta

Los estimuladores transcutáneos, los bloqueos epidurales, las cordotomías espinales, todas estas técnicas pueden ayudar en el dolor persistente y duradero, pero en muchos casos el cuerpo halla una nueva avenida y el dolor vuelve. Por esta razón, los centros de dolor crónico han aprendido a atacar el dolor en todos los tres frentes: la señal del sitio herido, los mensajes en las rutas de transmisión, y las respuestas en la mente. En realidad, atender la salud psicológica del paciente y el medio ambiente familiar puede surtir tanto efecto sobre el dolor como recetar analgésicos o artefactos ENET. Como lo dice un psiquiatra de Boston: «La mitad de los que van a las clínicas con quejas físicas están diciendo: "Me duele la vida". El dolor es en realidad la expresión existencial».

En mi enfoque personal al dolor, le doy la mayor prioridad

a la tercera etapa. Esto puede parecer extraño, puesto que he pasado mucho de mi carrera trabajando con pacientes de lepra, que sufren por la falta de señales de dolor en la periferia (etapa uno). Pero el mismo hecho de que ellos en efecto «sufren» demuestra la importancia de la mente en la experiencia del dolor. Los pacientes de lepra me ayudaron a entender la diferencia entre *dolor* y *sufrimiento*. «Sufro en mi mente porque no puedo sufrir en mi cuerpo», así es como mi paciente Namo lo había dicho.

En los casos más avanzados de lepra mis pacientes no sentían «dolor» para nada: ninguna sensación negativa llegaba a sus cerebros cuando tocaban una estufa caliente o pisaban un clavo. Sin embargo, todos ellos sufrían, tanto como cualquier persona que he conocido. Ellos perdieron la libertad que provee el dolor, perdieron el sentido del tacto y a veces la vista, perdieron su atractivo físico, y debido al estigma de la enfermedad perdieron el sentido de aceptación por parte de sus semejantes. La mente respondió a estos efectos de falta de dolor con un sentimiento que solo se podía llamar sufrimiento.

Para la mayoría de nosotros el dolor y el sufrimiento a menudo llegan en el mismo paquete. Mi meta en el manejo del dolor es buscar manera de emplear la mente humana como un aliado, y no como un adversario. En otras palabras, ¿puedo prevenir que el «dolor» se convierta en «sufrimiento» indebido? La mente ofrece maravillosos recursos para lograr precisamente eso.

En los días en que estaba entrenándome como médico, me quedé perplejo por alguno de los acertijos del dolor: la respuesta del «efecto de Anzio» a las heridas en el campo de batalla y los poderes misteriosos del placebo, la hipnosis y la lobotomía. En ese tiempo la ciencia no tenía explicación para estos fenómenos; como el dominio del dolor por parte del faquir, pertenecían más al campo de la magia que de la medicina. En años más recientes los investigadores han desentrañado algunos de los secretos de la alquimia del cerebro. Parece que el cuerpo fabrica sus propios narcóticos, que puede soltar por órdenes para bloquear el dolor.

El cerebro es el farmacólogo maestro. Su diminuta etorfina opiada tiene onza por onza diez mil veces el poder analgésico de la morfina. Neurotransmisores tales como estos modifican la sinapsis de las neuronas del cerebro, cambiando literalmente la percepción del dolor conforme es resuelto y procesado. El soldado que reacciona de forma espontánea al fragor de la batalla y el faquir que ejerce una disciplina adquirida por la mente han hallado maneras de echar mano de estas fuerzas analgésicas naturales del cerebro.

Los nervios periféricos están enviando las señales, el cordón espinal está trasmitiendo los mensajes, pero las células del cerebro alteran el mensaje antes de que se convierta en dolor.

Una vez descubiertos (en la década de los setenta) los neurotransmisores del cerebro abrieron la posibilidad a intrigantes nuevos métodos para el manejo del dolor: (1) tal vez se podrían producir artificialmente los neurotransmisores del cerebro, permitiéndonos manejar el dolor mejor mediante la intervención externa; (2) tal vez podríamos enseñar al cerebro a dispensar sus elíxires a voluntad, siempre que los quisiéramos.

La primera línea de investigación todavía está en su infancia. Los investigadores han sintetizado varias encefalinas poderosas, pero todavía persisten barreras serias. Por un lado, las enzimas protectoras interceptan la mayoría de fármacos extraños que tratan de pasar de la corriente sanguínea al cerebro, y un analgésico que se debe inyectar directamente en el cerebro por supuesto tiene sus obstáculos. También, los sintéticos tienden a ser adictivos: el cerebro deja de producir sus propias encefalinas en presencia de las artificiales, dejando al usuario con la selección de la adicción permanente o el retiro agonizante.

El enfoque opuesto, estimular los propios analgésicos del cerebro, tiene potencial casi limitado. Dentro de la caja de marfil del cráneo, la psicología y la fisiología se unen. Sabemos que la respuesta de una persona al dolor depende en amplio grado de factores «subjetivos», tales como la preparación emocional y las expectaciones culturales, lo que a su vez afecta la química del cerebro. Al alterar estos factores subjetivos, podemos influir directamente en la percepción del dolor.

El dolor que acompaña al alumbramiento provee un excelente ejemplo. Las sociedades que practican *couvade* ofrecen una prueba dramática de que la cultura juega una parte importante para determinar cuánto dolor percibe la madre que da a luz. Según todas las apariencias —y las apariencias desafían la comprensión para mujeres que han atravesado ellas mismas alumbramientos dolorosos— la madre en las sociedades *couvade* no experimenta mucho dolor. En la cultura occidental, sin embargo, el dolor del alumbramiento es uno de los dolores más fuertes. Usando el cuestionario McGill para el dolor, Ronald Melzack entrevistó a cientos de pacientes y determinó que las madres catalogaron el dolor del alumbramiento como más fuerte que el dolor de la lesión de la espalda, el cáncer, el herpes, los dolores de muelas o la artritis.

No obstante, Melzack halló que las madres que dan a luz por segunda vez catalogaron más bajo el dolor del alumbramiento. Su experiencia previa les ayudó a reducir el nivel de temor y ansiedad, y por consiguiente la percepción del dolor. Las primerizas que tuvieron un entrenamiento prenatal, como clases sobre el método Lamaze, también catalogaron más bajos sus dolores. El método Lamaze puede, en verdad, ser visto como un intento a escala amplia de cambiar la percepción del dolor del alumbramiento. Los maestros Lamaze recalcan que el alumbramiento incluye un arduo trabajo, pero no necesariamente dolor. Reducen el temor y la ansiedad (etapa tres) al educar a las mujeres encintas en cuanto a lo que deben esperar. Y enseñan maneras concretas y prácticas de vérselas con el dolor en las etapas uno y dos: los ejercicios de respiración y la ayuda del padre al presionar la espalda durante las contracciones del alumbramiento, todo ayuda a contrarrestar el dolor en la compuerta espinal.

El curso Lamaze emplea un ejercicio sencillo que cualquiera de nosotros puede usar en cualquier momento para modificar el dolor en la etapa tres: la distracción consciente. Aprendí por primera vez el efecto de la distracción en la investigación de Tommy Lewis. Cuando sonaban las campanas y se leían en voz alta historias de aventuras, los voluntarios del laboratorio tenían mucha mayor tolerancia para el dolor. Los asistentes de laboratorio usaban máquinas de calefacción radiantes y se sorprendieron al ver ampollas que pasaron desapercibidas en los brazos de los voluntarios cuando aquellos sujetos se concentraron en contar hacia atrás de cincuenta hasta uno.

Hace unos años, algunos dentistas estadounidenses albergaron altas esperanzas en cuanto al potencial de las técnicas de audio para controlar el dolor. Los pacientes que se ponían audífonos y escuchaban música estéreo en un volumen alto, o incluso «un ruido blanco» artificial, se quedaban sentados contentos sin analgésicos mientras los dentistas examinaban y taladraban. El equipo estéreo reemplazaría a la aguja hipodérmica, predijeron algunos. En las conferencias dentales, los dentistas citaron la teoría de la compuerta de control espinal de Melzack como una manera de explicar el fenómeno. Pero cuando el mismo Ronald Melzack probó los hallazgos contra los de un estímulo de placebo: un ronroneo de sesenta ciclos que no debería ejercer ningún efecto en los pacientes, descubrió para su sorpresa que incluso el ruido del placebo minimizó el dolor. Melzack concluyó que el elemento clave en el éxito de la máquina de audio era el valor de la distracción consciente. En tanto que los sujetos se concentraban en la música o en el ruido, y mientras tuvieran en su mano las perillas y botones para operarlos, sentían menos dolor. Estaban atendiendo a otra cosa.

En el libro *Living with Pain* [Viviendo con dolor], Bárbara Wolf describe su larga lucha contra el dolor crónico, una odisea que incluyó haber tenido transmisores neurales subcutáneos implantados en ambas manos. Después de tratar toda una variedad de métodos, decidió que la distracción era su arma mejor y más barata disponible. Solía cancelar sus actividades cuando sentía dolor, hasta que notó que el único momento en que se sentía libre por completo del dolor era durante las horas de clases en que enseñaba inglés. Wolf recomendó el trabajo, la lectura, el humor, los pasatiempos, las mascotas, los deportes, el trabajo voluntario, o cualquier otra cosa que pueda distraer la mente del sufriente para no pensar en el dolor. Cuando el dolor atacaba con furia en medio de la noche, Wolf se levantaba, planeaba su día por delante, trabajaba en una conferencia o planeaba por completo un banquete.

El dolor no embota necesariamente la mente. Blas Pascal, acosado con neuralgia facial aguda, resolvió algunos de los problemas de geometría más complejos mientras daba vueltas con incomodidad en la cama. El compositor Roberto Schumman, sufriendo de una enfermedad crónica, se levantaba de la cama y corregía sus partituras musicales. Emmanuel Kant, con sus dedos quemándole por la gota, se concentraba con toda sus fuerzas en un objeto: por ejemplo, en el orador romano Cicerón y todo lo que pudiera relacionarse con él. Kant aducía que esta técnica le servía tan bien que a la mañana siguiente a veces se preguntaba si se había imaginado el dolor.

Cuando confronto un intenso dolor, busco actividades que me absorban por completo, ya sea de forma mental o física. Salgo a dar una caminata o trabajo en la computadora. Lidio con tareas que he evitado debido a estar muy atareado: limpio un armario, escribo cartas, me voy a observar los pájaros, desyerbo el jardín. También he hallado que la distracción consciente y la disciplina de la actividad pueden ser herramientas útiles para combatir el dolor.

Un especialista de un centro de dolor crónico me dijo que muchos pacientes quieren esperar hasta que el dolor ceda antes de retomar su funcionamiento normal. Pero él ha aprendido que vérselas con el dolor crónico depende de la disposición del paciente para hacer ejercicio y aumentar la actividad productiva *a pesar de* sentir el dolor. El manejo del dolor crónico triunfa cuando el paciente acepta la posibilidad de vivir una vida útil en presencia del dolor.

Nosotros en occidente, que nos apoyamos en píldoras y tecnologías para resolver nuestros problemas de salud, tendemos a descartar el papel de la mente consciente. Después de conocer al Dr. Clifford Snyder nunca he podido de nuevo subestimar nuestro poder inherente de alterar la percepción del dolor. Este caballero gentil, respetado cirujano plástico y anterior editor de *Journal of Plastic Surgery*, ha aprendido a echar mano de la asombrosa capacidad de la mente para el manejo del dolor. Después de varios viajes a China para investigar la acupuntura, Snyder se convenció de que mucho de la potencia de la acupuntura para aliviar al dolor se debía a la creencia mental de la persona en ella; un efecto placebo glorificado. Pocos años más tarde, él tuvo oportunidad de probar su convicción en cuanto al poder de la mente.

Snyder necesitaba una cirugía de la mano, un procedimiento complicado para extirpar el recubrimiento sinovial que cubría los tendones de sus muñecas. Esto incluía cortes profundos en un área de muchas terminaciones nerviosas. Snyder tenía un calendario lleno al día siguiente, con una conferencia importante que dictar, y no quería arriesgarse a la anestesia general, que lo dejaría adormilado. Decidió alejar *voluntariamente* el dolor, sin ningún otro recurso que el poder de la mente.

El cirujano que lo atendía, a quien conozco muy bien, convino en hacer honor a la petición peculiar de su colega. Le concedió al Dr. Snyder unos pocos minutos para que reagrupara sus pensamientos, ató un torniquete alrededor de la parte superior del brazo, y después, sin la aplicación de ninguna anestesia, procedió a realizar la cirugía. Mediante pura autosugestión, Snyder se concentró en no sentir dolor. Permaneció consciente durante todo el procedimiento, e insistió en que no sintió dolor en lo absoluto sino como hasta una hora después de la cirugía. El cirujano en el otro extremo del escalpelo verifica su relato.

Después, Snyder trató de incorporar en el ejercicio de medicina lo que había aprendido en cuanto al manejo del dolor. «Siempre trato de distraer la atención de mis pacientes a algo más agradable», dice. «Les hablo de fútbol, de la reciente conferencia del presidente, y evito expresar toda alarma. Trato de calmar a mis pacientes. Toco y froto el sitio de la lesión, en especial en los niños, y siempre les digo exactamente lo que estoy haciendo. Nunca les miento. Quiero su confianza completa».

Snyder informa resultados asombrosos entre algunos de sus pacientes. Una maestra de escuela que vino para la extirpación de un ganglio se concentró tanto en la conversación con un estudiante de medicina que Snyder extirpó el ganglio sin siquiera aplicar anestesia local. Un adolescente con acné severo vino para que le «lijaran» la cara con un abrasivo. «Doctor, le doy una hora», dijo. «No quiero nada para el dolor». Se quedó quieto por sesenta minutos y no mostró ninguna señal de dolor. Luego levantó su mano y dijo: «Ahora está empezando a doler. Tiene que detenerse».

No todos pueden dominar la habilidad de la autosugestión sobre el dolor. Pero los ejemplos citados deben animarnos a creer que, aun cuando no podamos abolir un dolor específico, es probable que podamos hacer que duela menos y eliminar de esta manera la necesidad de las drogas. Ellos confirman la asombrosa capacidad para el manejo del dolor que todos llevamos encima de nuestros cuellos.

El peor caso

Una vez me reuní con algunas monjas, obreros de la salud, y unos pocos especialistas del dolor de todo el mundo en una conferencia en Dallas, Texas. En una entrevista televisada después, expliqué mi filosofía personal sobre el sufrimiento basada en la gratitud y el aprecio por los beneficios del dolor. «El sistema del dolor es bueno», dije, «aun cuando con certeza habrá ocasiones en que algunos dolores individuales no son buenos». Mencioné el dolor que a veces acompaña al cáncer terminal, un dolor debilitador que no sirve para ningún propósito útil —el paciente sabe que la muerte se acerca pronto— y frustra la mayoría de las técnicas de manejo de dolor que he descrito en este capítulo.

«El desafío de la medicina en tal caso», dije, «es dar suficiente medicina para aplacar el dolor, pero no tanta como para nublar la mente del paciente. Sin embargo, si el dolor persiste, como acto de misericordia puede ser necesario dar tanta medicina que el paciente tal vez no quede lo suficiente consciente como para comunicarse».

Oí un súbito revuelo al otro extremo de la mesa y me volví para verme frente a una mujer inglesa delgada y de presencia distinguida. La Dra. Therese Vanier casi había saltado de su asiento. «¡Lo lamento, Dr. Brand, pero debo discrepar fuertemente! ¡Soy doctora en el St. Christopher's Hospice en Londres, y esa no es la filosofía de nuestra institución! Les prometemos a nuestros pacientes que estarán libres del dolor severo pero que también permanecerán lúcidos. Casi podemos garantizar eso».

El vigor de la respuesta de la Dra. Vanier me tomó por sorpresa, y después de la entrevista la busqué. Me invitó a visitar la institución fundada por Dame Cicely Saunders en 1967, a fin de observar lo que ellos habían aprendido en cuanto a los peores casos de dolor terminal. Varios años más tarde hice el viaje. St. Christopher's es, en esencia, un lugar adonde la gente va para morirse. El cuarenta por ciento de los pacientes que admiten se muere dentro de la primera semana.

«La mayoría de los pacientes viene a vernos con un dolor severo, en las etapas finales de su enfermedad», explicó Vanier durante mi visita. «El dolor de una enfermedad terminal es singular. El dolor de una fractura de hueso, de un dolor de muelas, del alumbramiento, e incluso de la recuperación posterior a la operación tiene significado, y hay un fin a la vista. El dolor del cáncer progresivo no tiene significado excepto como recordatorio constante de la muerte que se acerca. Para muchos de los pacientes que vienen a vernos, el dolor llena todo el horizonte. No pueden comer, dormir, orar, pensar o relacionarse con personas sin estar dominados por el dolor. Aquí en St. Christopher's tratamos de combatir esa clase particular de dolor».

Después de conversar con Vanier, me reuní con la Dra. Cicely Saunders, que me contó los orígenes del movimiento de instituciones para enfermos terminales. Había fundado la primera institución de estas, me dijo, después de ver la forma calamitosa en que la profesión médica manejaba la muerte. Por causa de un paciente con alguna perspectiva de recuperación, un hospital moderno hará casi hasta lo imposible. Pero un paciente sin esperanza era un bochorno, un emblema vergonzoso del fracaso de la medicina. Los médicos en su mayoría evadían a los pacientes que eran enfermos terminales, y hablaban de ellos con vulgaridades y medias verdades. El tratamiento para el dolor tendía a ser grotescamente inadecuado. En medio de hospitales atareados y atiborrados, los pacientes terminales morían con miedo y en su mayor parte solos.

El tratamiento estándar a pacientes terminales había ofendido las profundas sensibilidades cristianas de Saunders. Siendo enfermera en ese entonces, se matriculó en la escuela de medicina a los treinta y tres años con el propósito expreso de hallar una mejor manera de ministrar a los enfermos terminales. Después de trabajar en un hogar para moribundos administrado por las Hermanas de la Caridad escribió: «El sufrimiento es solo intolerable cuando a nadie le importa. Uno de continuo ve que la fe en Dios y su cuidado se logra mucho más fácil a través de la fe en alguien que ha mostrado bondad y simpatía». Entonces fundó St. Christopher's, y de allí brotó el movimiento mundial de atención a los enfermos terminales. Saunders nota que en realidad el sistema de instituciones para enfermos terminales resucita un tema de la Edad Media, cuando la iglesia contaba la atención a los moribundos como una de las siete virtudes cardinales.

Trabajando juntas, Saunders y Therese Vanier fueron pioneras en el enfoque «preventivo» del dolor debido a la enfermedad terminal. En muchos hospitales el orden estándar para la medicación de dolor dice «PRN» (por *pro nata*, «según sea necesario»). Esa orden deja la medicina a discreción del trabajador de la salud, al que se le ha advertido con severidad en cuanto a los peligros de la adicción. Como resultado, si el dolor vuelve antes de lo esperado, el paciente en agonía puede tener que suplicar por la próxima inyección. Saunders probó un método diferente. Determinaba con cuidado las dosis de antemano, y luego las ponía a disposición del paciente a intervalos regulares de manera que el dolor nunca volviera para nada. Un nivel continuo de medicina en la sangre, según halló, ayudaba a prevenir tanto el dolor severo como la sedación en demasía. Saunders también probó con dosis controladas por el paciente, y descubrió que los pacientes terminales raras veces se aplicaban demasiada medicina. Bajo supervisión, por lo general hallaban un programa que controlaba el dolor todas las veinticuatro horas sin nublar la mente.

El diseño de St. Christopher's refleja la sabiduría de Saunders para atender a los moribundos. La mayoría de los pacientes viven en habitaciones de cuatro camas, y no en cuartos privados, con espacio suficiente para que los familiares se queden por la noche. Las cortinas divisorias permiten la privacidad según sea necesario, pero la presencia de otros seres humanos permite que se forme un tipo de comunidad, basada en ver a otros enfrentar la muerte en una atmósfera de confianza y no de un temor que aterra. Los cuartos están llenos de muebles comprados en almacenes, y no mediante un catálogo de artículos para hospitales. Las ventanas del frente dan a un parque arreglado con la excelente tradición inglesa; las ventanas de atrás dan a un jardín y a un estanque de peces dorados.

El que visita la institución ve señales de vida por todas partes: el personal que se reúne alrededor de una cama cantando «Feliz cumpleaños», las obras de arte que cuelgan en todo espacio disponible de las paredes, una miniselva de maceteras, y la mascota Cocker Spaniel de un paciente que celebra una visita. Cada dos semanas o algo así el personal organiza un concierto, con un cuarteto de cuerdas o un arpista, o un coro infantil de campanas de mano que visitan las salas. Los voluntarios transportan a los pacientes capaces al restaurante de hamburguesas local o a la cantina, dependiendo de sus preferencias. En todo lo que sea posible, St. Christopher's funciona según la conveniencia de los pacientes, no del personal.

Mi día en Sr. Christopher's me convenció de que el reclamo de Therese Vanier en el panel de Dallas estaba plenamente justificado. Incluso en el peor dolor imaginable, el dolor severo que acompaña la enfermedad terminal no tiene por qué debilitar. Me sorprendió que Dame Cicely, la Dra. Vanier y todos los demás en St. Christopher's hubieran incorporado casi todo lo que yo había aprendido en cuanto al manejo del dolor y más. Ellos permiten una diversión y distracción consciente. Ayudan a calmar los factores subjetivos (el temor, la ansiedad) que contribuyen al dolor. Se esfuerzan duro para hacer que el paciente se sienta como un socio, no como una víctima, alguien que retiene el control sobre su propio cuerpo. Crean una comunidad cariñosa.

En una palabra, el movimiento de atención a pacientes terminales ha cambiado el enfoque de la medicina de *cura* a *atención*. Daniel Callahan ha criticado a la medicina contemporánea precisamente por este fracaso.

La seguridad primaria que todos requerimos es que se nos atienda en nuestra enfermedad independientemente de la probabilidad de una cura ... El más grande fracaso de la atención contemporánea a la salud es que ha tendido a soslayar este punto, se ha distraído de él por la seducción de la curación y la guerra contra la enfermedad y la muerte. En el centro de la atención debería estar un compromiso a nunca distraer la vista ni lavarse las manos ante alguien que está en dolor y sufre, ante alguien discapacitado o incompetente, retardado o demente; es decir ... ese compromiso que un sistema de atención a la salud

puede casi siempre brindar a cualquiera, la necesidad
que puede suplir de modo razonable.

St. Christopher's, que brotó de la profunda compasión cristiana de una mujer, muestra lo que se puede hacer. Muchos grupos de iglesias y comunidades han seguido el modelo de Dame Cicely y ahora extienden una atención cariñosa a los enfermos terminales que han elegido en contra de los métodos artificiales de prolongar la vida. Por definición, estos pacientes están fuera del alcance de la curación médica. Sin embargo, el sistema de atención a los enfermos terminales ha hallado una manera de tratar esta condición humana tan estresante con dignidad y compasión. Dame Cicely se enorgullece del hecho de que un noventa y cinco por ciento de los pacientes de St. Christopher's han podido estar a la vez alerta y sin dolor. Ella ha demostrado que es posible desarmar el último gran temor que la mayoría de nosotros enfrentaremos, el temor a la muerte y al dolor que la acompaña.

17
INTENSIFICADORES DEL DOLOR

Las propias ropas de uno son reempla-
zadas por una bata de dormir blanca
anónima, en la muñeca le sujetan un
brazalete de identificación con un nú-
mero. Uno se vuelve súbdito de reglas y
regulaciones institucionales. Ya no es un
agente libre; ya no tiene derechos; ya no
está en el mundo en general. Es algo
estrictamente análogo a convertirse en
prisionero, y una humillante reminis-
cencia del primer día en la escuela.
Uno ya no es una persona; uno aho-
ra es un preso.

Oliver Sacks, *A Leg to Stand On*

Si el movimiento de atención a los
enfermos terminales está diseñado
para ayudar a los pacientes a enfrentar el reto final del dolor, el hospital típico
moderno parece diseñado a convertir a sus pacientes en impotentes
ante el dolor. Confinado a una habitación privada y estéril, enredado
en una red de tuberías y alambres, objeto de vistazos de reconocimiento y conversaciones en voz baja, el paciente se siente atrapado
y solo. En esta atmósfera foránea, el dolor prospera. A veces me
pregunto si las compañías farmacéuticas han sido el cerebro maestro
del esquema de los hospitales modernos en un esfuerzo por promover
el uso de analgésicos.

Recibí una dosis de la medicina moderna en 1974 cuando
al final convine en permitir que un cirujano me sacara la vesícula

biliar que me estaba dando problemas. Después de toda una vida de recorrer corredores de hospitales, debía haber sabido qué esperar. Pero pronto aprendí una nueva perspectiva: la del paciente. En la cirugía, según descubrí, es mucho más bendecido dar que recibir.

Todo el día estuve yaciendo en un cuarto blanco sobrante desprovisto de toda distracción excepto un televisor con su irritante programación del día. (¿Por qué alguien no decora los cielos rasos de los hospitales puesto que eso es lo que la mayoría de los pacientes contemplan?) Un desfile de técnicos pasó por mi celda. No había oído tales órdenes bruscas desde mis días en la Colonia de Entrenamiento Misionero. «Súbase la manga». «Bájese los pantalones». «Quédese quieto». «Dése la vuelta». «Déme su brazo». «Respire profundo». «Tosa».

La enfermera que me había ordenado que me bajara los pantalones tenía en la mano un catéter de caucho. Reuní valor para protestar. «¿Por qué necesito un catéter?» Sabía el peligro de infección, y además, ¿quién quiere que le inserten un tubo de caucho por sus partes privadas?

«Usted no ha expulsado ninguna orina desde su cirugía», fue su respuesta severa.

Sentí un ápice de culpa. «¡Eso es porque no he ingerido gran cosa de fluidos! Es la vesícula biliar la que me falta, y no mi vejiga. Déme unos minutos». Salí del cuarto, avancé a tropezones hasta el servicio higiénico, sujetándome mi pared abdominal herida, y con mucho esfuerzo triunfalmente produje unas pocas gotas. Fue mi momento de orgullo en un día de otra manera lóbrego.

Cuando la técnica del laboratorio vino por segunda vez en una misma hora para sacarme una muestra de sangre de la vena, le recordé con timidez que ya me habían sacado una. Ella frunció el ceño y dijo en tono condescendiente. «Sí, pero se coaguló. La muestra fue inútil». Casi pedí disculpas por mi sangre defectuosa.

Mi cuerpo estaba produciendo una variedad impresionante de lecturas electrónicas para el laboratorio, pero todo estaba oculto a mis ojos. Sin duda conscientes de que los médicos tienden a ser pacientes que meten las narices en todo, el personal del hospital mantuvo una conspiración inquebrantable de silencio a mi alrededor. El radiólogo, por ejemplo, sostuvo mi radiografía contra la luz, luego me miró, sacudió su cabeza sombríamente, y se fue a consultar con mi cirujano.

La responsabilidad por mis intestinos pertenecía a una

persona, la de mi sangre a otra, y la de mi mente a otra más: la enfermera a cargo de la medicina para el dolor. Llegué a conocerla muy bien, porque me mantuve en constante conciencia del dolor. No tenía senderos de grava por los cuales caminar, ni informes de investigación que examinar, ni un estéreo que tocara una música calmante. Estaba solo con mi dolor. En la quietud, podía sentir el aguijón de la más reciente inyección e incluso la presión sobre mi piel del esparadrapo. Sentí una tentación irresistible de oprimir el timbre con el fin de pedir más medicina.

La palabra hospital viene del latín para «huésped», pero en algunos hospitales modernos el término «víctima» parece más apto. A pesar de mi trasfondo médico me sentía impotente, inadecuado y pasivo. Tenía la abrumadora impresión de haber sido reducido a un engranaje en una maquinaria, y a un engranaje que funcionaba mal encima de eso. Todo sonido filtrado desde el corredor de alguna manera se relacionaba a mi predicamento. Un carrito que empujaban: *deben estar viniendo por mí.* Un gemido desde ese corredor: *Ay no, ya hallaron algo.*

En un estudio realizado en la isla Wright, al sur de la costa de Inglaterra, los investigadores determinaron que los pacientes de vesícula biliar que podían ver un conjunto de árboles fuera de la ventana del hospital tenían estadías posteriores a la operación más cortas y tomaban menos analgésicos que los pacientes que miraban a una pared de ladrillos desnudos. Su informe llevaba el título «Mirar por una ventana puede influir en la recuperación de la cirugía». Yo salí de mi propia cirugía de vesícula biliar con la impresión de que mucho más que una vista influye en la recuperación.

Uso la expresión «intensificadores del dolor» para respuestas que aumentan la percepción del dolor dentro de la mente consciente. Contra esto es que batallé en mi cuarto de hospital. Estos intensificadores —el temor, la ira, la culpa, la soledad, la impotencia— pueden tener más impacto en la experiencia general del dolor que cualquier remedio que pudiera haber tomado. De alguna manera nosotros en la medicina debemos hallar maneras de alimentar, y no sofocar, la propia contribución del paciente.

Temor

La Dra. Diane Komp, oncóloga que trabaja con niños, empezó a hacer visitas a domicilio después de que entendió plenamente la importancia del ambiente para sus tiernos pacientes. «He visitado a niños en casa que sufren dolor físico», escribe, «pero nunca he visto a un niño en su hogar experimentar temor. En sus casas, yo era la invitada y ellos por supuesto eran los anfitriones. Los niños informaban de forma acertada sobre su condición médica en este medio ambiente, puesto que ellos estaban en control».

Entendí mejor mis sentimientos en el hospital cuando un amigo me mostró un libro lleno de dibujos hechos por niños enfermos. Un muchacho había dibujado un gran tanque del ejército avanzando sobre una diminuta figura de líneas —él mismo— que sostenía un letrero rojo de PARE. En otro dibujo, una niña de ocho años se mostraba a sí misma acostada en la cama del hospital: «Estoy sola», decía la leyenda. «Quisiera estar en mi propia cama. No me gusta estar aquí. Huele raro».

Mi dibujo favorito mostraba a un niño encogiéndose ante una aguja hipodérmica gigantesca con una ligera modificación de diseño: el extremo de la aguja era un anzuelo de púas. Participo de su punto de vista. Gracias a las creencias homeopáticas de mi madre y tías, recibí pocas inyecciones en mi niñez, y las veía como invasiones a mi persona. Un temor irracional a las agujas persiste en mi mente. Hasta este día nunca he logrado triunfar al aplicarme yo mismo una inyección. Dirijo la aguja hacia mi piel y, misteriosamente, poco antes de que me toque una barrera se levanta y la desvía.

Los estudios de investigación en el laboratorio y en el hospital confirman que el temor es el más fuerte intensificador del dolor. Los recién llegados en las pruebas de laboratorio informan un nivel de tolerancia más bajo al dolor hasta que aprenden que pueden controlar el experimento y que no tiene nada que temer. De maneras fisiológicamente medibles, el temor aumenta el dolor. Cuando un herido tiene miedo, los músculos se ponen tensos y se contraen, aumentando la presión sobre los nervios dañados y causando incluso más dolor. La presión sanguínea y la vasodilatación también cambian, por lo que una persona asustada se vuelve pálida, o se pone roja. A veces este producto de la mente se traduce en daño corporal real, como en el caso de un colon espástico, producto colateral de la ansiedad humana desconocida en otras especies animales.

Pienso en mi propia experiencia con la enfermedad. Una razón de por qué los médicos y las enfermeras se han ganado una reputación como pacientes difíciles es que nuestro conocimiento médico nos hace incluso más susceptibles al temor. Hemos visto que los más ligeros síntomas pueden denunciar la presencia de una enfermedad que amenaza la vida. John Donne lo dijo muy bien en el diario de su enfermedad en el siglo dieciséis: «El temor se insinúa en toda acción o pasión de la mente, y como gas en el cuerpo falsificará cualquier enfermedad, y parecerá una piedra, y parecerá la gota, así el temor falsificará cualquier enfermedad de la mente».

Acababa de asumir un cargo como interno en Londres cuando un feroz ataque de fiebre y dolor de cabeza me confinó a la cama. Noté que cuando levantaba mi cabeza de la almohada sentía dolor en mi cuerpo, y en el extremo inferior de la espina dorsal. El pánico me abrumó. No mucho antes había estudiado los síntomas de la meningitis cerebro espinal, un diagnóstico aterrador en esos días anteriores a los antibióticos. Pedí que la familia ordenara una ambulancia, y pocas horas más tarde me admitieron en el hospital University bajo la atención del profesor más antiguo de medicina, Harold Himsworth. Le repetí mis síntomas y le dije mi diagnóstico provisional de meningitis. Había, por supuesto, la posibilidad inminente de daño cerebral. Indiqué que estaba listo para la incisión espinal, la cual yo daba por sentado que sería necesaria.

El Dr. Himsworth escuchó con solemnidad y me examinó con mucho cuidado. Me aseguró que podía olvidarme de la incisión espinal porque el examen cuidadoso le había dejado absolutamente seguro de su diagnóstico y del tratamiento apropiado. No, no me iba a decir el nombre de la medicina que me iba a recetar; tenía que confiar en él. Se veía tan confiado y sabio que tomé de forma obediente la medicina y me calmé. El dolor entonces se redujo y pronto me quedé dormido.

Tres días más tarde, después de que había tenido la recuperación más rápida conocida de la meningitis cerebro espinal, el Dr. Himsworth me reveló el nombre de su droga misteriosa: aspirina. Sonrió de modo paternal al decirme que había juzgado con rapidez mis síntomas como teniendo veinticinco por ciento de influenza y setenta y cinco por ciento de miedo a la meningitis. Me sentí terriblemente abochornado de todo el revuelo que había hecho, pero el profesor Himsworth sugirió que la experiencia podría ser una parte valiosa de mi educación médica. «Cuando los pacientes vengan quejándose de un dolor fuera de proporción a su causa física, tal vez serás más comprensivo. Ellos sienten un dolor real. Como médico, estarás tratando sus temores tanto como su enfermedad o lesión orgánica».

El Dr. Himsworth tenía razón, por supuesto. Casi toda persona que siente dolor experimenta temor, y ninguna píldora o inyección puede alejar eso. La sabiduría gentil y sincera de los que atienden la salud y el respaldo cariñoso de los amigos y parientes son los mejores remedios. He hallado que el tiempo que paso «desarmando» el temor de mis pacientes ejerce un mayor impacto en su actitud hacia la recuperación, y en especial en su actitud hacia el dolor.

Mis consultas iniciales con los pacientes de cirugía de la mano a veces parecen sesiones de asesoramiento, porque he aprendido que el dolor no se puede tratar como un fenómeno meramente físico. Juntos, el médico y el paciente deben enfrentar el temor. ¿Qué significa el dolor para el paciente? ¿Podrá el que se gana el pan sostener de nuevo a su familia? ¿Se verá la mano de nuevo hermosa? ¿Cuánto dolor incluirá el proceso de recuperación? ¿Presentan los analgésicos o esteroides un peligro para la salud? Yo trato de desarmar el temor dándole al paciente información sincera y acertada. A la postre, sin embargo, el paciente solo es el que debe tomar las decisiones finales en cuanto al curso de tratamiento. Mis recomendaciones no producirán mucho beneficio sin la propia cooperación del paciente.

Una vez asesoré a una pianista famosa, Eileen Joyce, que daba conciertos anuales de beneficio en el Royal Albert Hall de Londres para sostenimiento de nuestro hospital en la India. Ella había tropezado y se había caído sobre la mano mientras paseaba con su perro, lastimándose el pulgar. La vi algún tiempo después del accidente, y mientras me hablaba, manualmente hice girar su pulgar en todas direcciones. La caída había dañado una coyuntura, y había una proyección ósea en la base de su pulgar. Era evidente que había sanado con una pequeña rugosidad del hueso, porque cuando lo moví en cierta dirección ella gritó: «¡Ay, eso es! ¡Ese es el dolor! ¿Puede operarme y arreglarlo?»

Tuve que decirle a Eileen que no aconsejaba la cirugía. (Todavía no había disponibles coyunturas artificiales de pulgar.) La probabilidad de resolver su dolor era pequeña comparada con la posibilidad de causar más daño con la cirugía. «¿Es posible que usted aprenda a vivir con el dolor?», le pregunté.

Eileen quedó alicaída. «Por supuesto, no es un dolor frecuente. Sé que puedo tocar por una hora o algo así sin que me duela el pulgar, y algunos días no lo siento para nada. Pero luego lo pongo en la posición errada y de repente siento el dolor. El temor de que eso suceda se apodera de mí. ¿Cómo puedo concentrarme en Beethoven cuando tengo el temor de la posibilidad del dolor?»

Como cirujano de la mano a menudo me he maravillado por la forma casi sin esfuerzo en que los pianistas de concierto pueden emplear la plena capacidad de la mano sin darse cuenta en realidad de la mecánica involucrada. Piensan en la música, no en las coyunturas, músculos y tendones. Ahora, sin embargo, la conciencia de una diminuta fracción de hueso dominaba toda la mente de Eileen Joyce. Hablamos de varias alternativas para tratar con el dolor, y más tarde oí que Eileen había decidido retirarse del escenario de conciertos. No pudo hallar una manera de vérselas con el temor de un dolor que bien podría robarle su concentración durante un concierto, aun cuando el dolor mismo no fuera severo.

Animo a los pacientes a hablar de su temor para que juntos podamos relacionar el temor a la señal de dolor. El temor, como el dolor, puede ser bueno o malo. Los buenos temores hacen que retroceda ante los precipicios y que me agache cuando oigo un ruido fuerte. Impiden que corra riesgos necios cuando conduzco un coche o esquío colina abajo. Los problemas solo surgen cuando los temores (o el dolor) crecen fuera de proporción al peligro, como sucedió conmigo y mi temor a las inyecciones, y tal vez como también le sucedió a Eileen Joyce.

La única manera en que yo y cualquier otro médico puede desarmar un temor «malo» es ganándonos la confianza del paciente. Yo descargué mi temor de meningitis en las manos de Harold Himsworth porque confiaba en él y le creí cuando me dijo que no tenía nada que temer. Por eso, como cirujano, debo prestar una atención cuidadosa a los temores de mis pacientes. Quiero que ellos respeten el temor «bueno» que les impide que se presionen demasiado y vuelva a dañarse lo que he reparado. Al mismo tiempo, quiero que ellos superen el temor «malo» al dolor que los tienta a alejarse de los ejercicios de rehabilitación.

Un amigo mío que vive en California, Tim Hansel, me enseñó una lección importante en cuanto al temor bueno y al temor malo. Siendo un entusiasta excursionista, Tim dirigía un programa que realizaba campamentos agotadores en las montañas de Sierra Nevada. En uno de esos viajes se despeñó de cabeza por una grieta, cayendo sobre una piedra al fondo. El impacto comprimió su columna vertebral, rompiendo discos en la parte superior de la espalda, y pronto la artritis se declaró en sus huesos. Hansel vivía con un dolor constante e intenso. Consultó a varios especialistas, y cada uno le dijo lo mismo: «Usted tiene simplemente que vivir con el dolor. La cirugía no puede ayudarle».

Conforme los meses se prolongaban en años, Hansel aprendió varias maneras de hacerle frente al dolor. Temeroso de causarse más daño, redujo muchas de sus actividades. Con el tiempo, sin embargo, su espíritu se derrumbó. La vida sedentaria lo definía. Al final, Hansel le contó al médico sus temores. «He tenido miedo de volver a lastimarme, pero esto me está enloqueciendo. Me siento paralizado por el temor. Dígame en específico lo que debo evitar. ¿Qué podría causar más daño?»

El médico pensó por un momento y respondió: «El daño es irreversible. Supongo que yo le recomendaría que no tratara de pintar cornisas; eso pondría demasiada tensión sobre su cuello. Pero hasta donde puedo decirle, usted puede hacer cualquier cosa que el dolor le permita hacer». De acuerdo a Hansel, esa palabra del médico le dio una nueva vida. Por primera vez se dio cuenta de que estaba en control de su dolor, su futuro, su vida. Decidió vivir de la única manera que conocía: con un sentido de abandono. Volvió a trepar montañas y a dirigir expediciones.

El dolor de Tim Hansel no desapareció; pero su temor sí. Hansel descubrió que con la reducción del temor, su dolor a la larga también disminuyó. He estado con Tim, y créame cuando le digo que el dolor ya no tiene ningún efecto negativo en la calidad de su vida. Él aprendió a dominarlo, porque ya no le teme. «Mi dolor es inevitable», dice. «Pero sentirme miserable es opcional».

Ira

Los cirujanos de la mano temen una condición por sobre todas las demás: la «distrofia refleja simpática» (DRS), una manifestación particular del fenómeno de la mano rígida. Después de una lesión o procedimiento quirúrgico menor, el dolor severo puede empezar a esparcirse por una extremidad. Los síntomas a veces aparecen después de una cirugía de coyuntura o tendón que al inicio parecía por completo exitosa. La mano del paciente sale del enyesado viéndose bien, pero día a día, y centímetro a centímetro, un dolor gradual e inusual se presenta. Los músculos sufren espasmos periódicos. La mano se hincha y la piel se endurece. De modo inexplicable, con el tiempo la mano se cierra y se vuelve más tiesa que la de un maniquí.

Muchas cosas pueden causar una mano rígida (una reacción a una infección, por ejemplo), pero el fenómeno de DRS también puede desarrollarse debido simplemente al temor o a la ira.

Una persona bajo una pobre supervisión médica puede verse sorprendida por la cantidad de sensibilidad que puede tener una mano que acaba de salir de un enyesado. Si la persona se vuelve amargada y resentida, y se resiste a cualquier movimiento que pudiera causar dolor, esa combinación de emoción y falta de entendimiento empezará a afectarle la mano.

La pura cólera provocó el caso más dramático de mano rígida que he visto. En la India atendí a una mujer que había perdido la punta de su nariz. Sospechando una infidelidad de su esposa, el esposo se había vengado mordiéndole la nariz, estropeando de esa manera su belleza. (Es probable que la India fuera el lugar de origen del proverbio irónico: «Córtate la nariz para escupirte en la cara».) No obstante, Lakshmi vino a verme para que atendiera su mano, no su nariz. Ella tenía una cara hermosa, incluso con la piel endurecida alrededor de la nariz reparada quirúrgicamente, pero me contó la historia de su mano rígida con su cara contorsionada por la cólera... dirigida de un modo curioso contra el cirujano que le reparó la nariz, no contra el esposo que se la arrancó de un mordisco.

La historia brotó en un torrente de palabras, y puesto que Lakshmi no tenía comprensión médica pude concatenar con dificultad un cuadro de lo que había sucedido. Ella había acudido a un cirujano plástico en Madrás, que había convenido en formarle una nueva punta para su nariz a partir de la piel abdominal. Después de un procedimiento perfectamente aceptable (que nosotros habíamos usado en pacientes de lepra por un tiempo), él trasplantó la piel de su abdomen a la cara en dos etapas. Primero cortó una franja de piel del abdomen, dejándola sujeta al vientre por un extremo y levantando el otro para formar un puente hasta un lado de su muñeca. A fin de permitir al injerto tiempo para que desarrollara una nueva provisión de sangre en la muñeca, mantuvo su mano sujeta al abdomen por tres semanas.

Después, en una segunda operación, el cirujano cortó el puente del vientre para que la franja de la piel quedara libre, nutrida ahora por los vasos sanguíneos de la muñeca. Levantó la mano de Lakshmi a su frente, permitiendo que el tubo de piel colgara frente a su nariz. Después de hacer unos pocos ajustes cosméticos, el cirujano cosió la nueva piel en su lugar y envolvió la frente de ella, su mano y muñeca en vendajes adhesivos. Su plan era volver al fin de tres semanas y cortar de la mano el tubo de piel, dejando la nueva punta de nariz sobre la base de la antigua.

En ese punto del relato, Lakshmi temblaba de la cólera.

«¡No me lo dijo!», exclamó. ¡Yo quería una nariz y él me arruinó la mano! Él hizo que me doliera el hombro. Por tres semanas mi hombro no dejaba de doler. ¡Y todavía duele!» Rara vez he oído a una mujer emplear palabrotas en la India, pero Lakshmi no podía hablar del cirujano sin usarlas. Al final se calmó lo suficiente para terminar el relato.

Se despertó después de la cirugía sintiendo un dolor en su hombro. El cirujano, quizá dando por sentado que una mujer joven tendría una coyuntura perfectamente libre, nunca se había molestado en preguntarle si tenía plena amplitud de movimiento, en su hombro. En realidad, Lakshmi había sufrido de artritis en su hombro por algunos años y nunca había podido levantar su brazo con libertad sin dolor. Ahora se halló con su brazo atado en una posición que le causaba un dolor constante. Ella gritó y le envió un mensaje al cirujano, el cual le informó que su dolor era normal y pronto desaparecería. Día tras día ella le gritaba, diciéndole que no podía soportar el dolor en el hombro. Él no hizo caso del problema. Otras personas del hospital se burlaban de la mujer histérica con la mano pegada a la nariz.

Para cuando el cirujano le quitó los vendajes de la cabeza y terminó la nariz, Lakshmi tenía un caso avanzado de distrofia simpática refleja. Todo su brazo, del hombro a la mano, era hipersensible al dolor y la mano estaba inmóvil por completo. Cada vez que trataba de mover la mano los músculos se retorcían de forma espasmódica y los dedos rehusaban doblarse.

Cuando Lakshmi vino a verme, varios meses después, su mano estaba rígida. Hasta donde pude determinar, el cirujano no había cometido ningún error de procedimiento; solo que no se había comunicado con su paciente. Si él hubiera dedicado un tiempo para conversar sobre el procedimiento con esta mujer aterrada y para examinar la postura requerida, hubiera descubierto la rigidez en el hombro de ella. Pero en lugar de eso, él le sujetó el brazo a la frente mientras ella estaba dormida bajo anestesia general. Cuando ella se quejó de intenso dolor, el cirujano rápidamente no le hizo caso.

La mano de Lakshmi estaba tan inútil como cualquier mano de garra que yo hubiera tratado en algún paciente de lepra. Los dedos estaban rígidos, y no se doblaban. Dividí algunas de las estructuras rígidas que sostenían sus dedos derechos, y corté y alargué los tendones de los músculos que se habían contraído. En la mesa de operaciones, con Lakshmi bajo anestesia, pude doblar los dedos hasta cierto punto. Hice una segunda cirugía en la mano, y mis terapistas trataron de restaurar el movimiento mediante ejercicios y masajes. Incluso traté una inyección en los ganglios del nervio simpático en la raíz de su cuello. Pero la mano se comportaba como si estuviera decidida a quedarse rígida. Cada vez volvían los espasmos musculares. Concluí que la mujer había perdido el uso de su mano debido a la cólera y la angustia. No pude hallar ninguna otra causa fisiológica. Hasta donde yo sé, Lakshmi nunca volvió a usar la mano, y por cierto jamás superó su amargura contra el cirujano.

El síndrome de mano rígida causado por la DRS hace obvio el enlace entre la psique y el soma. Los nervios simpáticos controlan las actividades voluntarias del cuerpo tales como la presión sanguínea, la digestión y los latidos del corazón, y todo el sistema nervioso simpático responde en alto grado a influencias emocionales como la cólera o el bochorno. («El hombre es el único animal que se sonroja... o necesita hacerlo», dijo Mark Twain, refiriéndose a una señal del sistema nervioso simpático funcionando.) En la distrofia simpática refleja los nervios reaccionan de forma exagerada y producen un dolor propio, un dolor lento al principio pero implacable y muy difícil de tratar. Debido a los estrechos vínculos del sistema nervioso simpático con las emociones, una relación pobre entre doctor y paciente, tal como la que Lakshmi experimentó, puede tener un efecto profundo en el proceso de curación.

Los expertos en desórdenes DRS han identificado rasgos psicológicos que proveen signos de advertencia de estos desórdenes: «personalidad temerosa, suspicaz, insegura, quejosa crónica, dependiente, introspectiva, angustiada, aprehensiva, histérica, defensiva, hostil». Cuando atiendo a un paciente que muestra evidencia de estos rasgos, sé que debo dedicar mucho más tiempo a la consulta personal antes de operar. Mi esfuerzo por cultivar la comprensión y la confianza mutua no representa un tiempo perdido, sino más bien un tiempo ahorrado en complicaciones posteriores a la operación.

Algunos pacientes que vienen a verme para una consulta inicial me recuerdan a las zarigüeyas que vivían cerca de mi casa en Louisiana. Cuando la zarigüeya se asusta se queda en un estado rígido catatónico, tiesa de la nariz a la cola. He visto pacientes así. Sus ojos se abren mucho, y siguen todos mis movimientos. Se rehúsan a que se les examine. A menudo sus manos se sienten frías al tacto. Reconozco que estos pacientes necesitan tiempo para adquirir confianza. Les sostengo la mano en problemas con suavidad mientras hablo y exploro la historia del paciente. Por lo general le doy masajes ligeros a la mano. Pregunto por la familia y el hogar; y recalco que no voy a tomar ninguna decisión por mi cuenta: «Es su mano, después de todo, no la mía», les digo. De forma gradual descubro que la mano se calienta poco a poco y empieza a relajarse, y aparecen las primeras señales de confianza y esperanza.

Fisiológicamente en realidad no entendemos por qué una mano puede ponerse rígida después de una lesión menor, pero sí sabemos que es más probable que suceda cuando la cólera y la amargura están presentes. Lakshmi, de la India, puede haber tenido el caso más dramático de DRS que he presenciado, pero debo decir que en proporción hay más casos en los Estados Unidos. El patrón me sorprendió al principio. No podía imaginarme un escenario comparable a un malentendido entre médico y paciente que tuviera lugar en los Estados Unidos, con sus altos estándares de medicina y educación. Desde entonces acá he concluido que la proclividad al litigio en este país provee mucho terreno fértil para la cólera, el resentimiento y la frustración, las mismas emociones que promueven condiciones como la distrofia refleja simpática.

Los médicos que se ven envueltos en compensaciones de seguros hablan del «síndrome de compensación», en el cual los pacientes que tienen algo que ganar por la discapacidad tienden a experimentar más dolor y sanar a un ritmo más lento. Algunos abogados incluso acicatean a sus clientes a hacer gestos y a mostrar otras señales externas de dolor que recaben la lástima del jurado. Un experto en dolor dice con desparpajo: «Hay casi un acuerdo unánime entre los directores de varios establecimientos de control del dolor en los Estados Unidos y en el extranjero acerca de que las leyes actuales en casos de compensación por lesiones y el proceso legal de adversario en sí mismos son factores operantes principales para condicionar las conductas ante el dolor».

No tengo nada en contra de los abogados o en cuanto a las legítimas querellas en contra de la negligencia. Ya me jubilé y no ejerzo la medicina ahora, y nunca han entablado un pleito judicial por mala práctica contra mí. Pero debo observar que, estrictamente desde una perspectiva médica, un espíritu de cólera y amargura por lo general termina haciendo más daño al mismo paciente que a nadie. Mi propio consejo a los amigos y familiares es que hagan un reclamo temprano, en lugar de aguantarse para obtener la ganancia máxima.

Demasiado a menudo he visto el efecto fisiológico en las personas que se encolerizan contra su patrono o contra el conductor del otro coche o contra el cirujano anterior o contra un cónyuge que no muestra lástima o contra Dios. Hay que lidiar con la cólera, por supuesto; esta no desaparece por cuenta propia. Pero si no se lidia con ella, si se le permite que infecte la mente y el alma, la cólera puede soltar su veneno en el cuerpo, afectando el dolor y la curación. Como Bernie Seigel dice: «Odiar es fácil, pero es más saludable amar».

Culpabilidad

El temor se demuestra en los exámenes de laboratorio y la cólera puede contribuir a una condición como la DRS. No puedo señalar de una forma muy precisa una prueba tangible del efecto de la culpabilidad sobre el dolor. Pero después de una carrera entre pacientes de lepra, a los que se les hace sentirse como bajo una maldición singular de Dios, sé muy bien que la culpa aumenta el sufrimiento mental. Los asesores de los centros de dolor crónico también informan que los pacientes que representan el mayor desafío, que son «proclives al dolor», tienen emociones profundamente arraigadas de culpabilidad y bien puede interpretar su dolor como una forma de castigo.

Tengo alguna experiencia personal con esto del dolor como castigo, porque estudié bajo el sistema de escuelas públicas en Inglaterra cuando todavía dependían del castigo físico para imponer la disciplina. Recién salido de las montañas Kolli de la India, tuve que atravesar el proceso de «civilizarme» en Londres, el cual incluyó varios encuentros directos con la vara. En retrospectiva reconozco que el dolor real inflingido por una vara delgada de madera golpeando el tejido graso del trasero mide no más de seis o tal vez siete en una escala de diez. Pero en ese momento se sentía como nueve o diez, en especial si percibía la cólera real en el que aplicaba los varazos. Estoy seguro de que la cualidad de castigo, en especial el sentimiento de castigo *injusto*, —¿por qué me pillaron solo a mí?— intensificaba mi percepción del dolor.

Más o menos por ese tiempo aprendí en carne propia los resultados devastadores de creer que las tragedias humanas resultan de un acto directo de Dios. Yo tenía quince años y acababa de regresar de una larga excursión por una pradera cerca de Londres cuando mi tía Eunice me recibió a la puerta. «Ven al comedor, Paul», me dijo, y yo podía decir por su cara contraída y su ceño fruncido que algo terrible había sucedido. Cuando la seguí al oscuro y muy victoriano salón formal, concluí que debía haber hecho algo espantoso porque el tío Bertie estaba allí de pie, junto con mi tía Hope. Mis tías solteronas llamaban al tío Bertie, un hombre enorme y padre de trece, solo cuando pensaban que necesitaba la influencia rigurosa y severa de una figura masculina. Mi mente giraba en un torbellino frenético: *¿Qué había hecho yo?*

Cómo descubrí pronto no había hecho nada. Los tres adultos se habían reunido para darme la noticia del telegrama de la India que anunciaba la muerte de mi padre debido a la fiebre hemoglobinúrica. Ese día, y los pocos días que siguieron, mis tías hicieron todo esfuerzo por explicar y suavizar el golpe de lo que había sucedido, usando expresiones piadosas que esperaban que me consolarían. Pero mi mente adolescente halló maneras de tergiversar las palabras que trataban de consolarme y de convertirlas en acusaciones espeluznantes. «Tu padre fue un hombre maravilloso, demasiado bueno para este mundo». *Pero, ¿qué tal del resto de nosotros? ¿Quiere decir eso que no somos lo suficiente buenos?* «Dios lo necesitaba en el cielo más de lo que lo necesitamos en la tierra». *¡No! Yo no he visto a papá en seis años. ¡Necesito a mi papá!* «Su trabajo ya terminó aquí». *¡Eso no puede ser verdad! La iglesia apenas está empezando, y el trabajo médico está creciendo. ¿Quién va a atender a la gente de las montañas ahora? ¿Y qué tal en cuanto a mi madre?* «Es lo mejor». *¿Cómo, díganmelo, cómo puede ser eso lo mejor?*

Hicieron falta muchos años para que mi fe de la niñez se recuperara de los porrazos bondadosos de mis tías. De forma instintiva sentía que si Dios había decidido «llevarse a mi padre», como ellas insistían en decir, de alguna manera debía haber sido por mi culpa. Yo debía haberlo necesitado más, o por lo menos haberme esforzado más para convencer a Dios de que amaba a mi padre. Mientras tanto mi madre, al otro lado del mundo, estaba soportando su propia carga de culpabilidad: *Si tan solo le hubiera llevado de inmediato para que recibiera atención médica apropiada y no me hubiera demorado.** Cuando fui a recibirla al barco en Inglaterra más de un año después, pude leer con facilidad el dolor en su postura alicaída y sus arrugas prematuras.

Este no es un libro de teología, ni tengo ningún deseo de

---

*La frase «si tan solo» es una señal de peligro. El rabino Harold Kushner cuenta de un enero en Boston cuando celebró funerales en dos días sucesivos, para dos ancianas. Visitó a las familias de ambas mujeres la misma tarde. En la primera casa, el hijo sobreviviente dijo: «Si tan solo hubiera enviado a mi madre a la Florida y la hubiera alejado de este frío y nieve, ella estaría viva hoy. Es mi culpa que vadear en el profundo tema de la causación divina. Sin embargo, he visto tanto daño causado por culpa de este asunto que sería una falta de mi parte si no lo mencionara como un intensificador del dolor. Cientos de pacientes que he tratado —musulmanes, hindúes, judíos y cristianos— se han atormentado con preguntas en cuanto a culpabilidad y castigo. ¿En qué me equivoqué? ¿Por qué a mí? ¿Qué es lo que Dios está tratando de decirme? ¿Qué hice para merecer esto?

Como médico y cristiano consagrado, tengo una observación sencilla que hacer. Si Dios está usando el sufrimiento humano como una forma de castigo, por cierto ha escogido una forma oscura para comunicar su desagrado. El hecho más básico en cuanto al castigo es que solo funciona si la persona sabe la razón para el mismo. Hace daño absoluto, y ningún bien, castigar a un niño a menos que él entienda por qué se le está castigando. No obstante, la mayoría de los pacientes que he tratado se sienten principalmente confundidos, y no castigados, por el sufrimiento. «¿Por qué a mí?», dicen, y no: «Ah, por supuesto, estoy recibiendo el castigo por mis pensamientos de lujuria de la semana pasada».

En la escuela siempre sabía por qué me estaban dando una azotaína, aun cuando a veces discrepaba con la sentencia. En los relatos bíblicos de castigo, las historias no muestran a los individuos sentándose en algún sitio preguntándose por lo que sucedió. La mayoría de ellos entendían exactamente por qué estaban siendo castigados: Moisés anunció cada una de las diez plagas ante el faraón egipcio; los profetas advirtieron a las naciones corruptas con años de antelación. La clásica historia de sufrimiento, en el libro de Job, pinta con claridad a un hombre que *no* estaba siendo castigado por sus malas obras; el Señor dijo que Job era «un hombre recto e intachable, que temía a Dios y vivía apartado del mal».

Estos ejemplos bíblicos tienen poco en común con el dolor y el sufrimiento que la mayoría de las personas atraviesa hoy. Millones de bebés nacen con defectos todos los años. ¿A quién está Dios castigando, y por qué? Un conductor borracho cruza la

---

se haya muerto». En la segunda casa, el hijo sobreviviente señaló: «Si tan solo no hubiera insistido en que mi madre se fuera a la Florida, ella estaría viva hoy. Ese largo vuelo, el cambio abrupto de climas, fue más de lo que pudo aguantar. Es mi culpa que se haya muerto».

franja divisoria y se estrella contra otro coche. Un hombre pierde los estribos y dispara un rifle automático en un restaurante atestado. ¿Cuál es el mensaje? No veo ningún paralelo cercano entre el sufrimiento que la mayoría de nosotros experimentamos hoy y el castigo presentado en la Biblia, que viene después de repetidas advertencias contra una conducta específica. (La Biblia da muchos otros ejemplos de sufrimiento que, como el de Job, no tienen nada que ver con el castigo. Jesús, en verdad, hizo todo lo posible para refutar la noción de los fariseos de que la ceguera, la parálisis y la lepra fueran señales del desagrado de Dios.)

Cuando yo era niño, en Londres, el anciano vicario de una iglesia vecina se resbaló con una cáscara de banana y se cayó en la vereda. Nosotros, como niños, bromeamos sobre el asunto: *¡Imagínate, se cayó camino a la iglesia! ¡Con una cáscara de banana! Tal vez tenía sus ojos cerrados, e iba orando.* Pero luego nos enteramos de que se había roto la cadera en la caída, y dejamos de reírnos. Pasaron las semanas, y el vicario seguía en el hospital. La infección se declaró, después la neumonía, y al final el vicario murió. Nos sentimos avergonzados por habernos reído.

Esa experiencia se quedó en mi mente al tratar más tarde de lidiar con los asuntos de culpabilidad y castigo. ¿De quién era la culpa? Era obvio que no de la cáscara de banana, que fue diseñada a la perfección para mantener a la banana fresca y limpia hasta que se coma, o hasta que caiga para producir una nueva planta. El incidente con dificultad se podría llamar «un acto de Dios». Dios no ha colocado cáscaras de banana sobre el pavimento; la dejó allí alguna persona insensata a la que no le importaban las veredas limpias o el peligro para los ancianos. Incluso a esa tierna edad razoné que aunque tenía que haber habido un agente humano, el que arrojó la basura, el accidente de la cáscara de banana era simplemente eso, un accidente, y no implicaba ningún mensaje oculto de parte de Dios.

Con el tiempo concluí lo mismo en cuanto a la muerte de mi padre. Dios no dirigió a un mosquito llevando malaria hacia mi padre y le ordenó que lo picara. Viviendo en una región que abundaba en mosquitos anofeles, mis padres corrían ciertos riesgos; no pienso que la infección vino como un acto directo de Dios. En verdad, parece seguro decir que la vasta mayoría de las enfermedades y los desastres no tienen nada que ver con el castigo.

No siempre puedo determinar de forma científica lo que ha

causado una enfermedad dada; y no siempre puedo contestar a las preguntas de «¿por qué?» de mis pacientes. A veces yo mismo me lo pregunto. Pero siempre que puedo, y siempre que mis pacientes se muestran dispuestos, hago todo lo que puedo para aliviarlos de la culpa opresiva e innecesaria.

Cuando murió mi padre, mis tías citaron el texto de Romanos 8:28: «Sabemos que Dios dispone todas las cosas para el bien de quienes lo aman». Sentí alivio más tarde cuando aprendí que el texto original griego se traduce de modo más apropiado: «En todo lo que sucede, Dios obra para bien con los que le aman». He hallado que esa promesa es verdad en todos los desastres y adversidades que he conocido personalmente. Las cosas suceden, algunas de ellas buenas, otras malas, muchas fuera de nuestro control. Pero en todas estas cosas he sentido la constante disposición confiable de Dios para obrar conmigo y a través de mí para producir algún bien.

Soledad

La soledad viene en el mismo paquete del dolor, puesto que el dolor, percibido en la mente, me pertenece solo a mí, y no puede ser en verdad compartido. Tolstoy sugirió esta verdad en *La muerte de Ivan Ilych:* «Lo que más atormentaba a Ivan Ilych era que nadie lo compadecía como él quería que lo compadecieran».

Sí, aunque nadie puede percibir mi dolor físico, hay otro sentido, más profundo, en el cual el dolor en verdad se puede compartir. Temprano en mi carrera oí una conferencia de la antropóloga Margaret Mead. «¿Cuál dirían ustedes que es la señal más temprana de la civilización?», preguntó, mencionando unas pocas opciones. ¿Una vasija de barro? ¿Herramientas de hierro? ¿Las primeras plantas domesticadas? «Todas estas son señales tempranas», continuó. «Pero esto es lo que yo pienso que es la evidencia más antigua de la civilización verdadera». Levantó muy alto por sobre su cabeza un fémur humano, el hueso más largo de la pierna, y señaló un sector fuertemente abultado en donde el hueso se había fracturado y después sanado con solidez. «Tal señal de curación nunca se ha hallado entre los restos de las sociedades más anteriores y más feroces. En sus esqueletos hallamos señales de violencia: una costilla perforada por una flecha, un cráneo triturado por un garrote. Pero este hueso sanado muestra que alguien debe haber cuidado al herido: debe haber ido de cacería por él, haberle preparado comida y servido a costa de un sacrificio personal».

Al igual que Margaret Mead yo pienso que esta cualidad del dolor compartido es fundamental para lo que significa ser un ser humano. La naturaleza tiene escasa misericordia para los animales debilitados por la edad o la enfermedad: los ñus se dispersan ante una leona, dejando a los débiles detrás, e incluso la jauría altamente social de los lobos no se detienen para acomodar a sus miembros lesionados. Los seres humanos, cuando actúan de forma *humana* por lo menos, hacen justo lo opuesto. La presencia de una persona cariñosa puede tener un efecto real y medible en el dolor y en la curación. En un estudio con mujeres que padecían de cáncer del seno, el cual había hecho metástasis, se encontró que aquellas que asistieron a un grupo de apoyo mutuo toda las semanas por un año se sintieron mejor y vivieron casi dos años más que las mujeres que no asistían a un grupo así, aun cuando todas recibieron el mismo tratamiento de quimioterapia y radiación.

Casi ni puedo imaginarme el tener que enfrentar un dolor severo sin por lo menos un amigo o un pariente cercano. Recuerdo el consuelo que mi madre me daba de niño cuando batallé contra la malaria y otras enfermedades tropicales. Ella me abrazaba de forma consoladora mientras yo tiritaba por la fiebre intermitente. Cuando sentía la necesidad de vomitar, ella me ayudaba haciendo que me agachara en cierta posición, poniendo una mano fría y firme en mi frente y sosteniéndome la nuca con la otra mano. Entonces me relajaba, y mi temor, y de modo consecuente mi dolor, se desvanecían. Cuando fui a Inglaterra para continuar la escuela, casi no podía soportar el pensamiento de enfermarme. Me preguntaba si incluso podría ser capaz de vomitar sin esa mano inspiradora de confianza en mi frente. La enfermedad vino de modo inevitable, y mis tías me mostraron una palangana y me dejaron solo. Me sentí con ganas de gritar: «¡Mamá, te necesito!»

Mi amigo John Webb, que sirvió como profesor de pediatría en Vellore, más tarde asumió el cargo de jefe de pediatría en una universidad de Inglaterra. Habiendo observado el efecto de la familia sobre los niños en la India, emprendió una batalla en Inglaterra para incorporar camas para las madres en las salas de los niños. Los burócratas vieron la propuesta como un desperdicio de dinero. Webb lo veía de forma correcta como una parte indispensable al preparar un ambiente de curación para el niño, atendiendo los problemas del temor y la soledad.

Después de ver a la soledad obrar su devastación en muchas personas que sufren,* me he convertido en un proponente de las salas abiertas para la atención en los hospitales. No muchos se han unido a mi campaña; la mayoría de los pacientes prefieren una habitación privada en lugar de una semiprivada, y miran a las salas abiertas con horror. Desde la perspectiva del manejo del dolor, sin embargo, las salas abiertas ofrecen muchas ventajas.

Durante mi educación médica en Londres trabajé en un hospital dividido en dos salas grandes con una capacidad de veinte a cuarenta camas cada una. Los pacientes tenían una escasa privacidad y en ocasiones dificultades para dormir. Sin embargo, notaba que tendían a no quejarse de dolor. La actividad constante en la sala —alguien siempre estaba contando un chiste, entonando una canción o leyendo en voz alta— proveía una abundante distracción consciente, una de las mejores técnicas para aliviar el dolor. Si la supervisora de enfermeras arreglaba a los pacientes con cuidado, tanto como una anfitriona arregla a los invitados en una cena, se formaba una comunidad espontánea.

En la India vi el concepto de salas comunes llevado al extremo. Las familias extendidas prácticamente se mudaban al hospital, acuclillándose en el piso durante el día para atender a sus parientes enfermos, y a veces una sala grande se parecía más a un bazar oriental que a un lugar de convalecencia. Algunos de los familiares dormían en esteras debajo de las camas de los pacientes por la noche. Todos estos «intrusos» me aturdían al principio, hasta que me di cuenta del servicio impresionante en el manejo del dolor que desempeñaban. Ayudaban a controlar la ansiedad y ofrecían un toque cariñoso cuando el paciente lo necesitaba. Más tarde, cuando ejercí la medicina en occidente, miraba hacia atrás con nostalgia a esa escena caótica.

En los hospitales modernos los pacientes a menudo yacen

*La investigación sugiere que la soledad puede afectar no solo la percepción del dolor sino la salud real del cuerpo. Los que viven solos tienen tasas prematuras de muerte, por lo menos el doble del promedio nacional. Entre los divorciados, la tasa de suicidio es cinco veces más alta, y la tasa de accidentes fatales cuatro veces más elevada. Los pacientes de cáncer casados viven más tiempo que los pacientes de cáncer solteros. Un estudio realizado por la Universidad Johns Hopkins determinó la tasa global de mortalidad como de un veintiséis por ciento más alta para los viudos que para los casados (la muerte del cónyuge parece tener un efecto mucho mayor en la salud de los hombres que en la de las mujeres).

en soledad sin nada en qué pensar excepto su dolor. El único estudio comparativo de que tengo noticia fue realizado en 1956: se halló que en el mismo hospital, los pacientes de las salas abiertas recibían un promedio de 3,2 dosis de analgésicos después de la cirugía, en tanto que un grupo comparable de pacientes en habitaciones privadas recibía un promedio de 13,4 dosis. La tendencia moderna a las estadías muy breves en el hospital hace las habitaciones individuales más sensibles, pero la convalecencia a largo plazo que ofrece el modelo de la institución St. Christopher's ofrece el mejor compromiso: la supervisora de la sala trabaja con grupos de cuatro a seis pacientes compatibles y reserva unas pocas habitaciones individuales para los que sufren de síntomas agudos o una conducta ruidosa.

Ministrar a la soledad de una persona que sufre no requiere destreza profesional. Cuando he preguntado: «¿Quién le ayudó más?», por lo general los pacientes describen a una persona tranquila y sin notoriedad: alguien que estuvo allí siempre que le necesitaban, que escuchó más de lo que habló, que no miraba de continuo su reloj, que los abrazó y los tocó, y que lloró. Una mujer, paciente de cáncer, mencionó a su abuela, una dama más bien cohibida y que no tenía nada que ofrecer excepto su tiempo. Solo se sentaba en una silla y tejía mientras su nieta dormía, y estaba disponible para hablar, traerle un vaso de agua o hacer una llamada telefónica. «Ella fue la única persona que estuvo allí para mis verdaderas necesidades», dijo la nieta. «Cuando me despertaba asustada, era en realidad reconfortante verla simplemente sentada allí».

A veces como médico descubro que tengo poco que ofrecer aparte de mi presencia personal. Pero incluso entonces, no estoy impotente. Mi compasión puede tener un efecto calmante no solo en el que sufre, sino en toda la familia.

Nunca me he sentido más incompetente que en una ocasión en la India cuando atendí a una diminuta bebé llamada Anne. Fue una de mis primeras pacientes, quien había sido traída por sus padres misioneros jóvenes e idealistas. Anne era su única hija, y se alarmaron por la súbita aparición de vómitos. Para cuando vi a la nena, después de que habían viajado una larga distancia hasta Vellore, la niña estaba terriblemente deshidratada. La examiné y les aseguré a los padres que aunque los intestinos de Anne parecían estar bloqueados por completo, podría resolver el asunto quirúrgicamente. Operé de inmediato, sacando la sección del intestino dañado y gangrenoso. Era una cirugía de rutina, y pocos días más tarde la bebé Anne fue dada de alta al cuidado de sus padres aliviados.

A la semana, sin embargo, la pareja volvió con su hija. Cuando retiré los vendajes del abdomen de Anne pude percibir el hedor inequívoco del fluido intestinal saliendo por la herida. Quedé perplejo y abochornado. Anne volvió a la sala de operaciones, y yo volví a abrir la incisión. De forma extraña, la herida se abrió tan pronto como corté las puntadas, como si no hubiera tenido lugar ninguna curación. Dentro del abdomen hallé el intestino dejando escapar fluido y sin sanar. Esta vez hice una sutura más meticulosa usando puntadas más finas.

Esas fueron apenas las primeras dos en una serie de operaciones para Anne. Pronto se vio con claridad que su cuerpo carecía de un elemento crucial para el proceso de curación. ¿Podría el problema deberse a su situación anterior de falta de alimentación y deshidratación? Le di proteínas y transfusiones de sangre fresca, pero sus tejidos continuaron comportándose como si no tuvieran responsabilidad en la sanidad. Ninguna alarma alertaba a una parte de su cuerpo de las necesidades de otra. Continuamos alimentándola, y traté todo método en que pude pensar, envolviendo inclusive la sutura intestinal con la película de epiplón que el cuerpo usa para sanar las heridas accidentales. Pero el cirujano es impotente sin la cooperación de las células del cuerpo. Los sectores de piel rehusaron pegarse, los músculos se abrían, y tarde o temprano los jugos intestinales se escurrían hacia afuera.

Confieso que no pude mantener mi «distancia profesional» cuando estaba con Anne y sus padres. Anne se quedaba acostada con una sonrisa dulce y confiada mientras la examinaba, y su carita me partía el corazón. No parecía sentir mucho dolor, pero cada vez enflaquecía más y más. Yo miraba a sus padres por entre las lágrimas, y simplemente sacudía mi cabeza.

Cuando envolvimos el diminuto y enflaquecido cuerpecito de Anne para el entierro, lloré por la aflicción y la impotencia. Lloré durante la procesión funeral hasta el cementerio, casi como si hubiera sido mi propia hija. Me sentía como un fracaso miserable, aunque sospechaba que ningún médico del mundo podría haber mantenido a la pequeña Anne viva por mucho más tiempo.

Por más de treinta años, en verdad, recordé a Anne con un sentido de fracaso. Entonces un día, mucho después de que nos habíamos mudado a Louisiana, recibí una invitación para hablar en una iglesia en Kentucky. El padre de Anne era pastor de la iglesia, la que estaba a punto de celebrar su centenario. No había oído de él por varias décadas, y la carta me llegó como una completa sorpresa. Con un sentimiento de obligación, y tal vez de culpa persistente, acepté la invitación.

Cuando Otto Artopoeus me presentó desde el púlpito, solo dijo: «No tengo que presentarles al Dr. Paul Brand. Ya les he hablado de él. Es el médico que lloró en el funeral de nuestra Anne». La congregación asintió. Otto trató de decir unas cuantas palabras más en cuanto a su hija, pero la voz se le quebró.

Esa tarde fui a la casa de los Artopoeus para almorzar, y alrededor de la mesa se habían reunido todos los hijos que vinieron después de Anne, así como la siguiente generación de hijos que ellos habían procreado. Me trataron con gran afecto e incluso con estimación, como un dignatario querido que hubiera saltado desde la historia hasta sus vidas. Era evidente que me había convertido en parte de la historia de la familia.

Mi primera reacción al ir a Kentucky había sido un aguijonazo de culpa y vergüenza. Después de todo, yo había sido el médico que permitió que la bebé Artopoeus muriera. Pero cuando llegué allí, hallé que la familia no tenía el recuerdo de un cirujano que fracasó. Los hijos parecían atesorar el relato a menudo repetido de un cirujano misionero que atendió a su hermana Anne y que había llorado cuando ella murió.

Desde el punto de vista médico le había fallado a toda la familia. Pero lo que aprendí, unos treinta años más tarde, fue que en la profesión de la salud tenemos más que ofrecer que remedios y vendajes. Estar al lado de los pacientes y familias en su sufrimiento es una forma de tratamiento en sí mismo.

Impotencia

He entrado a los hospitales como paciente cinco veces diferentes, y cada vez la capacidad de manejar el dolor me abandona cuando atravieso la puerta del frente. En casa, donde los analgésicos están disponibles con facilidad, rara vez tocó alguno. Debido a que prefiero estar plenamente consciente de todo lo que mi cuerpo está haciendo a mi favor, trato de no embotar mi percepción. En el hospital, sin embargo, hallo que tal resolución sale volando por la ventana. Cuando la enfermera empuja el carrito con las píldoras hasta mi habitación, ingiero con mansedumbre los analgésicos recetados.

La principal culpable, según pienso ahora, fue mi sensación de sentirme impotente. Los profesionales me traían la comida en bandejas, me bañaban, tendían mi cama, e incluso trataban de ayudarme para ir al baño. También me sentía impotente en las relaciones personales: no podía expresarle mi cariño a mi esposa con facilidad, y la mayoría de mis conversaciones con otros giraban alrededor de su preocupación y su lástima por mí. Mientras tanto, la correspondencia se apilaba en casa, mis tareas normales en el hogar y en el jardín quedaban sin hacerse, y yo estaba incompetente para responder. Mi mente estaba nublada por las drogas; mis emociones vagaban por todos lados sin un anclaje.

De una manera extraña parecía como si el mundo estuviera *recompensándome* por sufrir. El correo traía tarjetas y regalos de personas de quienes no había oído por años. Otros buscaban maneras de hacer mi trabajo en mi lugar. Y observando a mis vecinos, noté que la mejor manera de recibir atención en los hospitales era gemir y parecer digno de lástima.

En tiempos recientes los hospitales han empezado a considerar las maneras en que ellos fomentan un sentimiento de impotencia en los pacientes como yo. Algunas clínicas que tratan con el dolor crónico están intentando un enfoque de «condicionamiento operante» para el dolor. No privan a los pacientes de analgésicos, pero se concentran en recompensar las señales de progreso. El personal guarda sus sonrisas más brillantes y palabras más cálidas de estímulo para los pacientes que se levantan, se mueven por la sala y ayudan a otros. Este condicionamiento operante es tan extraño que los médicos y enfermeras tienen que recibir un entrenamiento especial para cambiar su conducta acostumbrada.

Numerosos estudios han mostrado una relación clara entre el sentido de control y el nivel de dolor que se percibe. En experimentos de laboratorio, las ratas que tienen algún control sobre una descarga eléctrica ligera, y pueden apagar la corriente al manipular una palanca, responden en forma muy diferente a las ratas que no tienen acceso a tal control. Las ratas «impotentes» experimentan un daño real: su sistema inmune se debilita de forma radical y se vuelven mucho más vulnerables a la enfermedad. Ronald Melzack dice: «También es posible cambiar el nivel del dolor al darles a las personas la *sensación* de que tienen el control sobre él, aunque en realidad no lo tengan. Cuando a los pacientes de quemaduras se les permite participar en desbridar sus tejidos quemados, dicen que el proceso es más soportable».

He tratado a pacientes con artritis aguda que tienen el mismo grado de degeneración pero que responden de maneras opuestas al dolor que esta produce. Una mujer se queda en cama todo el día, apretando en agonía genuina la mano afectada, y ni siquiera intenta levantar un lápiz. La otra me dice: «Sí, la mano me duele, pero me enloquece quedarme simplemente acostada. Tengo que hacer lo mejor que puedo. Después de un tiempo, me olvido del dolor». Detrás de esas dos respuestas yace una gran diferencia de personalidad, sistemas de creencia, confianza y expectaciones en cuanto a la salud. La persona «proclive al dolor» se ve a sí misma como víctima, bajo una maldición injusta. La dolencia define su identidad. La segunda se ve a sí misma como un ser humano regular que de alguna manera tiene que moverse más lento debido al dolor. He tenido algunos pacientes de artritis que se muestran como genuinamente heroicos en cuanto al dolor. En la mañana obligan con lentitud a sus manos rígidas a abrirse; duele, sí, pero el hecho de que sientan que están *a cargo* les da una medida de control que impide que el dolor los domine.

He mencionado que los pacientes con cáncer terminal tienden a usar menos remedios para el dolor cuando se les da algún control sobre la dosis. Una reciente invención de la llamada «analgesia controlada por el paciente» (ACP) va a un paso más allá por la misma senda en que fue pionera Dame Cicely Saunders. La ACP pone al paciente a cargo. Una bomba computarizada conteniendo una solución de morfina u otro opioide se sujeta intravenosamente al brazo del paciente, y este puede administrar una dosis determinada empujando un botón. La computadora tiene integrados límites seguros para impedir una sobredosis, pero por lo general esto prueba ser innecesario. De forma consistente, los pacientes de ACP experimentan menos dolor, usan menos analgésicos y tienen estadías más breves en el hospital.

Presionados por el gobierno y las compañías privadas de seguro, los hospitales se han visto obligados a buscar nuevas maneras de fortificar a los pacientes y así acelerar el proceso de recuperación. Los médicos se quejan en cuanto a tales reducciones, pero muchos admiten en privado que la presión en verdad ha ayudado a conseguir que sus pacientes vuelvan a estar más rápido sobre sus pies. Hasta fines de la década del sesenta, por ejemplo, los pacientes típicamente se quedaban en el hospital por tres semanas después de un ataque cardíaco, incluyendo una semana o diez días inmóviles por completo en sus camas. Ahora, la mayoría de los especialistas de coronaria admiten que ese método es errado para la salud psicológica y física del paciente: promueve un sentimiento de impotencia y demora la curación.

Se ha precisado de las presiones financieras para que los profesionales de las naciones ricas reconozcan lo que otros países jamás han olvidado: nuestra contribución más importante es equipar al paciente para que recupere el control de su propio cuerpo. En las palabras del oncólogo Paul K. Hamilton: «Materialmente, el médico solo puede recetar medicina. La fuerza para vérselas con la enfermedad descansa en el paciente; la tarea del médico y del equipo de atención a la salud es ayudarle a descubrir y usar esa fuerza». En la población de la India vi poco de esta impotencia que puede crecer como bacteria en un hospital moderno. La gente sin acceso a mucha ayuda profesional sabía que tenía que curarse por cuenta propia, apoyándose en la fuerza de la familia y de la comunidad.

Algunas clínicas de dolor crónico batallan contra la impotencia negociando «contratos» con sus pacientes. Primero, el personal anima al paciente a proponerse una meta a largo plazo: jugar tenis, caminar un kilómetro y medio o conseguir un trabajo a tiempo parcial. Luego, trabajando como equipo, dividen la meta en otros logros más pequeños y semanales: sostener una raqueta de tenis, caminar cruzando el cuarto con un bastón y después sin bastón. El personal médico hace un gráfico del progreso semanal del paciente y elogia cada nuevo paso, cambiando con ello el énfasis de la impotencia al logro.

Necesitamos no solo apoyarnos en los profesionales pagados para tal estímulo. Los amigos y parientes pueden lograr lo mismo estableciendo un «contrato» con la persona en recuperación, y luego recompensando la más ligera victoria sobre la impotencia. Demasiado a menudo, sin embargo, los ayudantes bien intencionados hacen justo lo opuesto. Cuando estoy enfermo hallo que todos conspiran para impedirme que haga cualquier cosa: «Es por tu propio bien, por supuesto», dicen.

He oído de personas con enfermedades terminales que usan la frase: «muerte pre mortem» para describir lo que en esencia es un estado impuesto de impotencia. El síntoma se desarrolla cuando los parientes y amigos tratan de hacer más soportables los últimos meses del moribundo. «¡Ah, no debes hacer eso! Sé que siempre has sacado la basura, pero *en realidad* no en tu condición. Yo lo hago». «No te molestes en cuadrar la chequera. Eso solo te dará preocupaciones innecesarias. Yo lo hago por ti desde ahora».

«Pienso que mejor te quedas en casa. Tu resistencia es demasiado baja». Los que sufren, como todos nosotros, quieren aferrarse a alguna seguridad de que tienen un lugar, de que la vida no seguirá sin el menor brinco si simplemente desaparecen, de que la chequera se quedará sin cuadrar excepto si ellos le dedican su atención experta. Los ayudantes sabios aprenden a buscar el delicado equilibrio entre ofrecer ayuda y ofrecer demasiada ayuda.

Cuando estuve en el internado médico durante la Segunda Guerra Mundial vi pruebas de los beneficios positivos que pueden resultar cuando los pacientes se sienten útiles. Gran Bretaña estaba sufriendo fuertes bajas en el frente europeo y las fuerzas armadas emitieron un repentino llamado para reclutar enfermeras. Con nuestro personal del hospital diezmado, no tuvimos otra alternativa que pedir a los pacientes que hicieran lo que pudieran. El sentimiento patriótico se hallaba bien alto, y la mayoría de los pacientes de buen grado se ofrecieron como voluntarios.

La supervisora de enfermeras, una mujer vivaz que podría haber sido una muy buena sargenta de instrucción, asignó deberes a todo paciente que podía caminar, e incluso a algunos en sillas de ruedas. Traían y llevaban bacinillas, cambiaban sábanas, repartían comida y agua, y medían la temperatura y la presión sanguínea. Las pocas enfermeras que quedaban se concentraban en tratar con las recetas e inyecciones intravenosas, y en llevar los historiales. El sistema funcionó bien, y produjo un beneficio colateral más bien extraordinario: los pacientes se dedicaron tanto a atender el sufrimiento de los otros que se olvidaban del propio. Noté un descenso casi del cincuenta por ciento en las peticiones de remedios contra el dolor. En mis rondas nocturnas, descubrí que los pacientes que por lo general necesitaban píldoras para dormir estaban plácidamente dormidos cuando yo llegaba a verlos. Después de unas pocas semanas de este programa de emergencia, el hospital reclutó más enfermeras y alivió a los pacientes de sus deberes voluntarios. Las dosis casi de inmediato volvieron a subir, y la usual atmósfera de impotencia y letargo cayó de nuevo.

Al Dr. Karl Menninger una vez le preguntaron: «¿Qué le aconsejaría usted a una persona que hiciera si sintiera que se avecina un quebrantamiento nervioso»? Su respuesta: «Échele llave a su casa, cruce las vías férreas, busque a alguien necesitado, y haga algo para ayudar a esa persona». En ese espíritu, si tuviera más años de vida en esta tierra, me sentiría tentado a organizar una nueva línea de instituciones de cuidados de enfermería, diseñadas para reemplazar la impotencia con un sentido de significado, incorporando de alguna manera actividades productivas en la rutina diaria.

En Inglaterra visité una institución que combinaba un hogar para ancianos con un programa de guardería infantil. El efecto en los residentes fue asombroso. Era difícil decir quién se benefició más, los ancianos que cuidaban a los niños que se enorgullecían al sentirse necesitados o los niños que disfrutaban de toda la atención. No verifiqué sus fichas médicas, pero tengo la confianza de que los residentes también requerían menos remedios para el dolor.

Más o menos al mismo tiempo también visité un asilo de ancianos tradicional en un hermoso ambiente. El piso relucía de blanco y los trabajadores se movían entre pasamanos y muebles pulidos. El director, actuando como guía, señalaba el equipo médico más reciente y moderno. Explicó que su institución tenía habitaciones individuales para asegurar la mayor privacidad. Cuando salimos a los predios, comenté con sorpresa que ningún paciente estaba disfrutando de los espaciosos terrenos, a pesar del cálido clima primaveral. «No les permitimos eso», replicó. «Solíamos hacerlo, pero muchos residentes se resfriaron y sufrieron de alergias, así que decidimos simplemente mantenerlos siempre puertas adentro». En verdad, dijo, muchos de los pacientes estaban confinados a la cama. «Estos ancianos son muy frágiles, como usted sabe, siempre están en peligro de caerse o romperse una pierna». Cuando caminé por los corredores, mi corazón se hundió. Vi a pacientes bien atendidos viviendo en cuartos inmaculados, pero con sus espíritus simplemente marchitándose.

Cómo luchar

Tengo recuerdos vívidos de un faquir al que atendí en la India. Aunque vino a verme para que le atendiera una úlcera péptica, quedé fascinado por su mano izquierda, que sostenía como un policía de tráfico indicando de forma perenne la señal de PARE. No quería que le revisara la mano o el brazo, pero sí me contó cómo resultó. Quince años atrás, él había hecho un voto religioso de nunca bajar esa mano o usarla de nuevo. Los músculos se atrofiaron, las coyunturas se fusionaron, y la mano ahora estaba tan rígida en su posición como la rama de un árbol.

Ese faquir con la mano rígida demuestra los límites de la atención médica, porque cualquier técnica correctiva posible resultaba inútil debido a su determinación. El mejor cirujano de la mano y terapista del mundo no podía invertir el daño hecho a esa mano debido a una simple decisión mental. Debe haberle dolido los primeros días de su voto —yo no puedo mantener mi mano en esa posición por media hora sin sentir calambres musculares en mi hombro— pero él le restó importancia cuando le pregunté sobre el dolor. Había puesto tanto el brazo como el dolor fuera de su mente, literalmente.

En gran medida, el curso de la curación en un paciente individual depende de lo que tiene lugar en la mente de ese paciente. El reto de la medicina es hallar una manera de echar mano de los asombrosos poderes de la mente para la recuperación.

El libro *Anatomy of an Illness* [Anatomía de una enfermedad] cuenta la historia de la batalla de Norman Cousins contra la espondilitis anquilosante, una enfermedad paralizadora del tejido conectivo de la espina dorsal. El mismo incluye esta descripción de la estadía de Cousins en un hospital, sumario que capta a la perfección lo que yo sentí como paciente:

> Sentí primero que todo un sentimiento de impotencia: una seria dolencia en sí mismo.

> Sentí el temor subconsciente de nunca poder funcionar normalmente de nuevo ...

> Sentí la renuencia a que se pensara que era un quejoso.

> Sentí el deseo de no añadir nada más a la carga ya grande de aprehensión que sentía la familia de uno; esto aumentó el aislamiento.

> Sentí el conflicto entre el terror a la soledad y el deseo de que me dejaran solo.

> Sentí la falta de autoestima, el sentimiento subconsciente tal vez de que nuestra enfermedad era una manifestación de nuestra ineptitud.

> Sentí el temor de que las decisiones se estaban tomando a nuestras espaldas, que no se nos estaba ha-

ciendo saber todo lo que queríamos saber, teniendo sin embargo que saberlo.

Sentí el temor morboso a la tecnología que nos invade, un temor a ser metabolizado por un banco de datos, sin poder nunca más recuperar nuestra cara.

Sentí el resentimiento contra los extraños que se acercan a nosotros con agujas y frascos, alguno de los cuales introducen supuestamente sustancias mágicas en nuestras venas, y contra otros que nos sacan más sangre de la que pensábamos que podíamos darnos el lujo de perder.

Sentí la angustia de ser llevado en camilla por corredores blancos hasta los laboratorios para todo tipo de encuentros extraños con máquinas compactas y luces que parpadean y discos que rechinan.

Y sentí el vacío absoluto creado por el anhelo —inextinguible, implacable, permanente— del calor del contacto humano. Una sonrisa cálida o una mano extendida se valoraba por sobre las ofertas de la ciencia moderna, pero esto último estaba mucho más accesible que lo anterior.

He identificado el temor, la cólera, la culpabilidad, la soledad y la impotencia como las respuestas que con mayor probabilidad intensifican el dolor. A leer la descripción dada por Norman Cousins veo todos los cinco intensificadores funcionando. Pueden parecer adversarios intimidantes de enfrentar en el momento en que el sufrimiento nos drena la energía. Sin embargo, hay buenas noticias. Como supuestamente un general francés dijo cuando le informaron que su ejército estaba rodeado: «¡Maravilloso! Eso quiere decir que podemos atacar en cualquier dirección». No siempre podemos aliviar con éxito el dolor en las etapas uno y dos, pero todos nosotros, sin que importe nuestra condición física, podemos batallar contra el dolor en el nivel tres, en la mente consciente.

El Dr. Bernie Siegel dice que hay tres clases de pacientes. Entre el quince y el veinte por ciento tienen una especie de deseo de muerte. Ya se han dado por vencidos en cuanto a la vida, e incluso reciben de buen grado la enfermedad como una vía de escape. El médico se ve muy limitado al atender a estos pacientes porque incluso mientras él lucha por lograr una mejoría, ellos se resisten y tratan de morirse. Entre el sesenta y el setenta por ciento de los pacientes se hallan en el medio. «Ellos se desempeñan para agradar al médico», dice Siegel. «Actúan de la manera que piensan que el médico quiere que actúen, esperando que él haga todo el trabajo y que la medicina no tenga mal sabor ... Estas son las personas que, si se les da a escoger, preferirían que se les operara antes que esforzarse de una forma activa para mejorarse».

El restante quince al veinte por ciento son lo que Siegel llama «pacientes excepcionales». «No son oyentes; están siendo ellos mismos. Se rehúsan a considerarse víctimas». Siegel reconoce que este último grupo presenta un reto porque a menudo son pacientes difíciles. En un ambiente de hospital no se someten con mansedumbre. Exige sus derechos, piden segundas opiniones, cuestionan los procedimientos. Pero es probable que este grupo sea también el que más mejorará.

Mirando en retrospectiva a mi propia carrera, debo concordar con las categorías de Siegel. En el campo de la rehabilitación, mi reto primario ha sido lograr que los pacientes acepten que solo ellos pueden determinar su destino. Puedo reparar una mano; pero de ellos depende el que funcione de nuevo. Yo no he completado mi trabajo a menos que de alguna forma los inspire a buscar la salud, para que así *deseen* de un modo profundo curarse. He sido bendecido al conocer a muchos pacientes excepcionales con el correr de los años, pacientes de lepra que vencieron increíbles probabilidades hallando para sí mismos una vida rica y satisfactoria.

Sin embargo, uno de los «pacientes más excepcionales» que conocí fue el mismo Norman Cousins. Nunca atendí a Norman como paciente, pero le conocí por casi treinta años, y en ocasiones nos escribimos durante el período de su lucha con la espondilitis anquilosante y su posterior ataque cardíaco. Conocí a Cousins a principios de los sesenta, cuando tenía una salud robusta y editaba la revista *Saturday Review*. El financiero John D. Rockefeller III y Henry Luce de Time-Life habían cobrado interés en nuestra obra en cuanto a la lepra en Vellore, e hicieron arreglos para una reunión. Recuerdo principalmente la mente brillante y activa de Cousins. Tenía una curiosidad ilimitada y parecía fascinado por todo detalle oscuro de nuestra investigación en cuanto al dolor.

La historia de la batalla personal de Norman Cousins contra el sufrimiento es bien conocida, y no hay necesidad de repetir muchos detalles aquí. Él adoptó un programa personal para luchar contra los «intensificadores del dolor», programa que ha inspirado a pacientes en todo el mundo. Por ejemplo, él luchó contra el sentimiento de impotencia colocando un letrero en su puerta que limitaba al personal del hospital a un espécimen de sangre cada tres días, el cual ellos tenían que compartir. (Habían estado sacándole hasta cuatro muestras de sangre al día, en esencia porque era más conveniente que cada departamento del hospital obtuviera sus propias muestras.) Luchó contra la cólera pidiendo prestado un proyector de cine y viendo películas de comediantes como los hermanos Marx y Charlie Chaplin. Hizo el «alegre descubrimiento de que diez minutos de risa a mandíbula batiente genuina daban por lo menos dos horas de sueño libre de dolor».

Todo el enfoque de Cousins se basaba en la creencia de que, puesto que las emociones negativas producen cambios químicos en el cuerpo de un modo demostrable, entonces las emociones positivas —esperanza, fe, amor, gozo, voluntad para vivir, creatividad y actitud de juego— deben contrarrestarlas y ayudar a expulsar a los intensificadores del dolor. En los últimos años Cousins estuvo en la facultad de medicina de la UCLA y fundó un grupo de investigación para estudiar los efectos de las actitudes positivas sobre la salud.*

Cousins realizó una encuesta entre seiscientos cuarenta y nueve oncólogos, preguntándoles qué factores psicológicos y emocionales en sus pacientes juzgaban importantes. Más del noventa por ciento respondió que asignaban el más alto valor a las actitudes de esperanza y optimismo. Uno de los dones más importantes que podemos ofrecer nosotros en la profesión médica a nuestros pacientes es la esperanza, inspirando con ello en el paciente una profunda convicción de que la fuerza interior puede hacer una diferencia en la lucha contra el dolor y el sufrimiento.

En los primeros días de la investigación con medicinas, las nuevas drogas que se probaban para el dolor superaban mucho los tratamientos estándares que se daban para controlarlo. Los resultados eran tan impresionantes que los investigadores empezaron a

---

*Los detalles específicos del plan de recuperación de Norman Cousins se presentan en tres de sus libros: *Anatomy of an Illness, Healing Heart* y *Head First: The Biology of Hope*.

cuestionar sus técnicas. Descubrieron un factor clave: los médicos sin quererlo estaban transmitiendo confianza y esperanza a los pacientes que recibían las drogas experimentales. Con la sonrisa, la voz y la actitud, los médicos estaban convenciendo a los pacientes de la probabilidad de la mejoría. Por esta razón el método «ciego doble», que asegura que ni el médico ni el paciente sabe cuáles drogas están siendo administradas, se convirtió en el procedimiento estándar de prueba.

Cerca del fin de su vida Norman Cousins escribió: «Nada que haya aprendido en la década pasada en la escuela de medicina me parece más contundente que la necesidad de los pacientes de que se les consuele ... La enfermedad es una experiencia aterradora. Algo está sucediendo que la gente no sabe cómo enfrentar. Están buscando no solo ayuda médica sino maneras de pensar en cuanto a la enfermedad catastrófica. Están buscando esperanza».

18
EL PLACER Y EL DOLOR

En Italia, por treinta años bajo los Borgia, tuvieron guerra, terror, asesinato y derramamiento de sangre... pero produjeron a Miguel Ángel, Leonardo da Vinci y el Renacimiento. En Suiza, tuvieron amor fraternal, quinientos años de democracia y paz, y ¿que produjeron? El reloj de cuclillo.

Graham Greene, *The Third Man*

«La naturaleza ha puesto a la humanidad bajo el gobierno de dos amos soberanos: el dolor y el placer. Solo a ellos les toca señalarnos lo que debemos hacer, así como determinar lo que haremos», dijo Jeremy Tentham, fundador de University College en Londres. Parece solo apropiado al fin de un libro dedicado a uno de esos amos añadir unas pocas palabras con respecto al otro, en especial puesto que los dos se relacionan de forma estrecha. He criticado a la sociedad moderna por entender mal el dolor, por sofocarlo en lugar de escuchar su mensaje. Me pregunto si también hemos malentendido el placer.

Por instinto médico tiendo a considerar primero el punto de vista del cuerpo cuando analizo una sensación. Freud recalcaba «el principio del placer» como el motivador primordial de la conducta humana; el anatomista ve que el cuerpo le da mucho más énfasis al dolor. Cada centímetro cuadrado de piel contiene miles de nervios para el dolor, el frío, el calor y el tacto, pero ni una sola célula de placer. La naturaleza no es tan extravagante. El placer surge como un producto colateral, un esfuerzo mutuo de muchas células diferentes que trabajan juntas en lo que yo llamo «el éxtasis de la comunidad».

En una anotación en su diario después de un concierto, Samuel Pepys escribió que el sonido de los instrumentos de viento lo embelesó «y, en verdad, en una palabra, envolvió mi alma de modo que en realidad me enfermé, tal como lo había estado antes cuando estaba enamorado de mi esposa». Pepys vio que, estrictamente desde el punto de vista fisiológico, la sensación embelesadora que obtenía de la belleza, o del amor romántico, tenía un parecido extraño a la náusea. Sentía un puntapié en el estómago, un aleteo, una contracción muscular; las mismas reacciones corporales que habría tenido ante un retortijón de una enfermedad.

El placer, como el dolor, tiene lugar en la mente, e incluso más que el dolor es una interpretación que depende solo en parte de los informes de los órganos sensoriales. Nada asegura que la misma experiencia será agradable para dos personas diferentes. Los sonidos que pueden embelezar a un adolescente en un concierto de rock pueden producir en sus padres algo parecido al dolor; el pasaje de instrumentos de viento que embelesó a Samuel Pepys puede poner al mismo adolescente a dormir.

Gemelos improbables

El *Oxford English Dictionary* define el placer como una condición «inducida por el disfrute o la expectativa de lo que se siente o ve como bueno o deseable ... lo opuesto al dolor». Leonardo da Vinci veía las cosas en forma diferente. Él bosquejó en sus cuadernos una figura varonil solitaria dividida en dos como a la altura de la barriga: dos torsos, dos cabezas barbudas y cuatro brazos, como gemelos siameses unidos por la cintura. «Alegoría del placer y el dolor», tituló al estudio, comentando: «El placer y el dolor se representan como gemelos, como si estuvieran unidos, porque nunca existe el uno sin el otro ... Están con sus espaldas vueltas el uno al otro, porque son contrarios. Se les hace crecer del mismo tronco porque tienen uno y el mismo cimiento, porque el cimiento del placer es el trabajo con dolor, y los cimientos del dolor son los placeres vanos y lascivos».

Durante la mayor parte de mi vida hubiera podido, como el *Oxford English Dictionary*, clasificar el placer como opuesto al dolor. En un gráfico, hubiera dibujado un pico en cada extremo y un valle en la mitad: el pico a la izquierda para representar la experiencia del dolor o la desdicha aguda, el pico a la derecha, para simbolizar la felicidad y el éxtasis. La vida normal y tranquila ocuparía el terreno de la mitad. Una persona saludable, según la veía, miraría resueltamente lejos del dolor y hacia la felicidad.

Ahora, sin embargo, concuerdo más de cerca con la descripción de da Vinci del placer y del dolor como gemelos siameses. Una razón, como he explicado con claridad, es que ya no veo al dolor como un enemigo del cual hay que huir. De las personas privadas del dolor he aprendido que no se puede disfrutar con facilidad de la vida sin la protección que provee el dolor. Hay otro factor también, cada vez más me doy cuenta del curioso entrelazamiento del dolor y el placer. Ahora volvería a dibujar mi gráfico de la amplitud de la experiencia humana para mostrar un solo pico central con una llanura que lo rodea. El pico representaría la Vida con *V* mayúscula, el punto en el cual se unen el placer y el dolor, surgiendo de la llanura del sueño o muerte o indiferencia.

Cuando hablo en alguna iglesia o ante los grupos de médicos a menudo cuento historias de mi niñez o de mi carrera quirúrgica en la India. «Ay, pobre de usted», responde alguien, «creciendo sin alcantarillado ni electricidad, y sin siquiera la radio. Hay que ver los sacrificios que usted hizo al trabajar con gente tan lastimera en condiciones tan crueles». Me quedó mirando estupefacto al que muestra lástima, dándome cuenta de cuán diferente estamos viendo al placer y la satisfacción. Con la experiencia que da la edad puedo mirar hacia atrás a tres cuartos de siglo, y sin ninguna duda los tiempos que parecen incluir una lucha personal ahora relucen con un brillo peculiar. En mi trabajo con los pacientes de lepra, nuestro equipo médico enfrentó adversidad, sí, y muchas limitaciones, pero el mismo proceso de trabajar unidos para superar esas barreras rindió lo que ahora recuerdo como los momentos de mayor éxtasis en mi vida. Ahora observo a mis nietos creciendo en los suburbios de los Estados Unidos y codicio para ellos la riqueza de la vida que yo disfruté en las condiciones «primitivas» de la cordillera Kolli Malai de la India.

Tengo recuerdos vívidos de las fresas en mi niñez. Cuando mamá trató de cultivar fresas en nuestro jardín, los insectos, los pájaros, el ganado y el clima inclemente de las montañas conspiraron contra ellas. Si unas pocas frutas resistentes al final se las arreglaban para derrotar a sus enemigos, nosotros celebrábamos la ceremonia de las fresas. Sin refrigerador para almacenarlas, teníamos que comerlas de inmediato. Mi hermana Connie y yo temblábamos por la expectación. Nos reuníamos alrededor de la mesa con nuestros padres, y devorábamos con la vista, olíamos y saboreábamos de antemano la una o dos fresas brillantes y lustrosas. Después, bajo un intenso escrutinio de parte de Connie y mía, nuestra madre dividía las fresas en cuatro partes iguales. Arreglábamos la fruta en un plato, le añadíamos leche o crema, y nos comíamos cada porción con lentitud y disfrutándola. La mitad del placer venía del sabor de la fresa y la otra mitad del gozo de compartir. Hoy, por supuesto, puedo ir al supermercado de la esquina cerca de mi casa y comprar una libra de fresas, que han sido traídas por avión de Chile o Australia, en cualquier mes del año. Pero el placer que hallo al comer esas fresas no se compara a la experiencia de mi niñez.

Tal vez el mismo principio ayude a explicar una tendencia que parece casi universal en las reminiscencias de los ancianos: tienden a recordar los tiempos difíciles con nostalgia. Los ancianos intercambian relatos de la Segunda Guerra Mundial y la Gran Depresión. Hablan con añoranza de ventiscas, del inodoro puertas afuera de la niñez, y del tiempo en la escuela superior cuando comían sopa enlatada y pan viejo tres semanas seguidas. Contra un trasfondo lóbrego de dificultad y privación salieron a la luz nuevos recursos para compartir, y un valor e interdependencia que produjeron un placer inesperado e incluso alegría.

Al presente percibo una inquietud en los Estados Unidos y muchas partes de occidente. La buena vida no parece tan buena como prometía. Los críticos se preocupan porque los estadounidenses están convirtiéndose en blandos y débiles, una «cultura de quejas» más proclive a lamentarse por un problema o a entablar pleito judicial que a esforzarse para superarlo. Habiendo vivido en los Estados Unidos de América por casi tres décadas, he oído estas preocupaciones expresadas por políticos, vecinos y comentaristas de los medios de comunicación. Para mí, el corazón del problema está en una confusión básica con respecto al dolor y al placer.

Puedo arriesgarme a parecer un viejo haciendo reminiscencias de «los buenos días de antaño», pero con todo sospecho que la opulencia ha hecho al occidente moderno industrializado un lugar más difícil en el cual experimentar placer. Esto es una profunda ironía, porque ninguna sociedad en la historia ha triunfado tanto para eliminar el dolor y explotar la diversión. Sin embargo, la felicidad parece alejarse de aquellos que la buscan. Siempre elusiva, aparece en momentos inesperados, como un subproducto colateral antes que como un producto.

Un par de encuentros con dos barberos, uno en California y otro en la India, me dieron una noción importante de la naturaleza del contentamiento, un estado de placer profundamente asentado. Visité al primer barbero en Los Ángeles poco antes de embarcarme en un viaje al extranjero en la década de los sesenta. Él trabajaba en una barbería de baldosas relucientes y acero inoxidable con lo más reciente en equipo, incluyendo cuatro sillas hidráulicas que subían y bajaban al oprimir un pedal con el pie. El dueño estaba solo en su barbería esa mañana, y me alegré de saber que podía atenderme antes de mi vuelo.

Siendo un hombre curtido que se acercaba a los sesenta, este dueño de barbería usó la ocasión para explayarse con respecto a la situación miserable de la barbería moderna. «Casi ni puedo ganarme el sustento», dijo. «No puedo conseguir barberos responsables. Los barberos que trabajan para mí se quejan de sus propinas y exigen aumentos. No tienen idea de lo difícil que es este negocio. Todo lo que gano tengo que pagarlo al gobierno en impuestos». Luego se extendió en un amargo comentario sobre el estado decadente de la economía, lo absurdo de la legislación de la seguridad laboral, y la ingratitud de sus clientes. Cuando me levanté de su silla, me sentía listo para cobrarle un honorario como terapista. Más bien, tuve que pagarle cinco dólares, suma excesiva para un corte de pelo en esos días.

Pasó un mes, durante el cual viajé a Australia y a algunos lugares en Asia antes de llegar a Vellore, India. De nuevo necesitaba un corte de pelo. Esta vez fui a una barbería en un local que daba a la calle, justo frente al hospital de Vellore. El barbero me indicó que me sentara en su única silla, un artefacto más bien rudimentario de metal oxidado y cuero agrietado al que le faltaba todo el relleno de la tapicería. Cuando me senté desapareció por la puerta y se fue al otro lado de la calle, llevando una abollada palangana de metal para traer agua. A su regreso, preparó de modo meticuloso toda una variedad de tijeras, peines, una cuchilla de afeitar y una máquina manual para recortar el pelo. Me sorprendió su aire de tranquila dignidad. Era un experto en su oficio, que él sabía que era digno. Dedicó tanto cuidado a arreglar sus instrumentos como mis enfermeras en la sala de operaciones al otro lado de la calle.

Justo cuando el barbero estaba ruidosamente asentando el filo de la cuchilla, preparándose para recortar mi pelo, su hijo de diez años se asomó con el almuerzo caliente de casa. El barbero me miró y pidiendo dijo: «Señor, usted comprenderá que esta es mi hora de almuerzo. ¿Podría terminar de recortarle el cabello cuando haya terminado?»

«Seguro», respondí, contento de que no estuviera ofreciéndole ningún tratamiento especial al extranjero que llevaba una bata de médico. Observé conforme el muchacho extendía el almuerzo en una hoja de banana. Sentado en el piso, con sus piernas cruzadas por los tobillos, el padre participó del arroz, los encurtidos, la crema y la cuajada mientras el hijo estaba a su lado, listo para volver a llenar de comida la hoja. Al fin, el barbero dejó escapar un eructo fuerte, señal acostumbrada de satisfacción.

«Supongo que su hijo también será barbero, como usted», le dije, observando la manera reverente en que el muchacho trataba su padre. «¡Ah, sí!», dijo el barbero con la cara iluminándose con orgullo. «Espero tener dos sillas para entonces. Podemos trabajar juntos hasta que yo me jubile. Después la barbería será de él».

Mientras el hijo limpiaba, el padre empezó a trabajar en mi pelo. En ocasiones sentía como si su antigua máquina estuviera arrancándome los pelos individualmente de raíz, pero en general me recortó muy bien el cabello. Al final le pregunté cuánto le debía: una rupia, el equivalente a diez centavos estadounidenses. Me miré en el espejo, comparando favorablemente este corte de pelo con el anterior, y al hacerlo no pude evitar comparar a los dos barberos también. De alguna manera el que ganó un cincuentavo del honorario del otro parecía tener una vida más contenta.

Estoy agradecido por mi tiempo en la India. De personas como el barbero en Vellore aprendí que el contentamiento es un estado interno, una verdad que se pierde con facilidad en el bullicio de la publicidad de alta presión en occidente. Aquí, se nos lleva a creer de continuo que el contentamiento viene de afuera, y que solo se le puede mantener si compramos simplemente un producto más.

Hallé un profundo contentamiento en personas que vivían en unas condiciones de pobreza que nosotros en occidente hubiéramos mirado con lástima y horror. ¿Cuál es su secreto?, me pregunté a menudo. Las expectaciones explican algo de la diferencia. El sistema hindú de castas, abolido de modo formal en la India poco después de que llegué allá, había influido mucho en el barbero de Vellore al rebajar sus expectaciones en cuanto al progreso. Su padre había sido barbero, y lo mismo su abuelo antes que él, y ahora estaba criando a su propio hijo para que considerara el oficio de barbero como lo máximo de la ambición. En los Estados Unidos un hijo crece bajo el mito: «De una cabaña de troncos a la Casa Blanca», y se siente incesantemente presionado para subir más.

Aunque el barbero de Los Ángeles había logrado un nivel de opulencia muy por encima de cualquier cosa que el barbero de Vellore pudiera siquiera soñar, vivía en una sociedad de competencia y movilidad ascendente alimentada por la máquina del descontento. Conforme sube el nivel de vida, lo mismo ocurre con sus expectaciones.* Sin duda el barbero de Vellore vivía en una choza de barro y tenía solo uno o dos muebles; pero lo mismo sucedía con sus vecinos. Mientras tuviera un petate para dormir y un piso limpio sobre el cual extender su hoja de banana, se sentía contento.

En una sociedad de consumo las expectaciones no se atreven a estancarse, porque una economía creciente depende de expectaciones crecientes. Aprecio las contribuciones hechas por las sociedades de consumo que procuran productos cada vez mejores. En la medicina me apoyo en tales productos todos los días. Pero también creo que nosotros en occidente tenemos algo que aprender del oriente en cuanto a la verdadera naturaleza del contentamiento. Mientras más permitimos que nuestro nivel de contentamiento esté determinado por factores externos: un nuevo auto, ropa a la moda, una carrera prestigiosa o una posición social, más renunciamos al control de nuestra felicidad.

Habiendo vivido en condiciones tanto de pobreza como de opulencia, puedo comparar las dos. En las Kolli Malai de mi niñez, vivíamos mucho más sencillamente que los más pobres en los Estados Unidos hoy. El mercado de la población más cercana estaba como a ocho kilómetros (kilómetros *andando*), el ferrocarril más cercano se encontraba a sesenta kilómetros. Aunque no teníamos electricidad, las lámparas de queroseno daban buena luz, y cinco galones de queroseno por semana eran suficientes para toda la familia. En mi niñez no teníamos agua por cañerías, ni televisión, pocos libros y solo un juguete manufacturado que pueda recordar.

---

*Una encuesta reciente preguntó a los estadounidenses si pensaban que habían logrado «el sueño americano». El noventa y cinco por ciento de los que ganaban menos de cincuenta mil dólares al año contestaron que no; el noventa y cuatro por ciento de los que ganaban más de cincuenta mil dólares al año contestaron que no.

Sin embargo, en ningún momento me sentí sufriendo privaciones. Por el contrario, los días pasaban demasiado rápido para todo lo que yo quería hacer. Hacía mis propios juguetes de pedazos de madera y piedras. Aprendí en cuanto al mundo no observando especiales de la naturaleza por la televisión, sino observando de primera mano maravillas tales como una hormiga león, el jilguero y la araña terafosa.

Contrasto ese medio ambiente con lo que veo a menudo hoy. Los niños corren de un lado a otro el día de Navidad cambiando de un juguete electrónico a otro, aburridos de todos ellos en pocas horas. No quiero implicar que una sociedad es mejor que la otra; he aprendido tanto de oriente como de occidente. Sin embargo, como un padre que trató de criar hijos en ambos ambientes, creo de forma firme que el mundo moderno con toda su opulencia es en verdad un lugar más desafiante para hallar placer duradero.

El rey griego Tántalo, como castigo por el crimen de robar ambrosía de los dioses, fue condenado al tormento eterno del hambre y la sed. El agua se alejaba cuando él se inclinaba para beber, y los árboles levantaban sus ramas cuando él trataba de agarrar su fruto. De este mito obtenemos la palabra que significa *atormentar*, utilizada en el sentido de algo que se promete y es imposible de alcanzar. Como la mayoría de los mitos griegos, este ofrece una lección digna de contemplación. Una doble ironía está obrando: justo como la sociedad que conquista el dolor y el sufrimiento parece menos capaz de vérselas con el sufrimiento que queda, así la sociedad que busca el placer corre el riesgo de elevar las expectativas cada vez más alto, de modo que el contentamiento se halla en forma atormentadora fuera de nuestro alcance.

El placer rehecho

La tecnología moderna, al dominar el arte de controlar la naturaleza, ha sustituido una nueva realidad por la realidad «natural» conocida por la vasta mayoría de pueblos que han vivido por siempre en este planeta. El agua fluye de una llave metálica en cualquier momento; artefactos que controlan el clima en un coche y las viviendas mantienen la temperatura pareja ya sea verano o invierno; compramos filetes empacados en plástico en supermercados alegres, lejos de caos del matadero; los botiquines en nuestros baños están repletos de remedios para el dolor de estómago, de cabeza y musculares. En contraste, los que viven cerca de la naturaleza tienden a adquirir una noción más balanceada de la vida que abarca tanto el dolor como el placer. En la India rural yo crecí en condiciones rigurosas de calor y frío, hambre y buena comida, nacimiento y muerte. En tanto ahora, viviendo en una sociedad tecnológicamente avanzada, me veo tentado a considerar toda incomodidad como un problema que hay que resolver.

«Así como al águila la mató la flecha impulsada con su propia pluma, así la mano del mundo es herida por su propia habilidad», escribió Hellen Keller. De maneras sutiles, la tecnología nos permite aislar el fenómeno del placer de su fuente «natural» e imitarlo de una manera que a la larga puede resultar dañina.

El gusto ilustra la diferencia entre el placer «natural» y «artificial». Las papilas gustativas distinguen solo cuatro categorías: salado, amargo, dulce y agrio, las cuales actúan como medidores para ayudarnos a determinar cuáles alimentos son buenos para nosotros. De forma asombrosa, el cuerpo puede ajustar el nivel del placer percibido como un incentivo para suplir una necesidad en particular urgente. En la India una vez sufrí de un severo déficit de sodio después de todo un día en una sala de operaciones sin sistema de enfriamiento. Sufría dolorosos calambres abdominales. Sospechando la causa, me obligué a beber un vaso grande de agua en el cual había disuelto dos cucharadas de sal. Para mi sorpresa, la bebida sabía deliciosa, como néctar. Mi aguda necesidad fisiológica había alterado mis percepciones de manera que beber agua salada en verdad me proporcionó un intenso placer.

En un estado natural el cuerpo sabe sus necesidades y gradúa sus respuestas para suplirlas. (Por esta razón los animales viajan kilómetros buscando sal para lamer.) Sin embargo, conforme los seres humanos han adquirido la habilidad para extraer y aislar los aspectos placenteros de la comida, hemos introducido la posibilidad de trastornar el balance fisiológico natural. Ahora que podemos extraer la sal de modo eficiente, almacenarla y después venderla en el mercado, las sociedades occidentales tienden a consumir demasiada sal. Algunos tienen que seguir dietas bajas en sodio para contrarrestar los malos efectos.

El mismo principio se aplica al dulce, un sabor consistentemente placentero. Comemos manzanas, uvas y naranjas para dar gusto a nuestras papilas gustativas, y de forma simultánea obtenemos el beneficio de sus vitaminas y nutrientes. El azúcar refinada como tal no existe en la naturaleza, y la habilidad de prepararla y procesarla en forma concentrada es un logro muy reciente. En realidad, el mundo industrial no produjo cantidades masivas sino hasta el siglo diecinueve, tiempo desde el cual el consumo de azúcar ha aumentado exponencialmente —casi un quinientos por ciento apenas entre 1860 y 1890— abriendo una caja de Pandora de problemas médicos.

La diabetes, la obesidad y muchos otros problemas de salud surgen del consumo exagerado de azúcar, consecuencia de nuestra capacidad moderna de reproducir un sabor agradable con propósitos que no tienen nada que ver con la nutrición. Las corporaciones modernas usan el azúcar para mejorar el sabor y así aumentar las ventas de los cereales para el desayuno, la salsa de tomate y las legumbres enlatadas. Las gaseosas son una fuente extendida por todas partes. El estadounidense promedio bebe más de quinientas latas al año. El mercadeo agresivo ha extendido la adicción al azúcar a sociedades menos desarrolladas que antes la obtenían de frutas benéficas o de la caña de azúcar (que es fibrosa y hace que el que la mastica trabaje duro para extraerle la dulzura).

Al mirar a mi alrededor veo muchos ejemplos del mismo patrón: la sociedad sobresale por su capacidad de aislar y reempacar el placer, alterando por consiguiente sus sendas naturales. Casi ni tengo que mencionar el placer del sexo, que los comerciantes usan para vender productos tales como la cerveza, las motocicletas o el tabaco. No logro ver la más remota conexión entre el sexo y la adición al tabaco, y sin embargo los anuncios me llevan a creer que fumar cigarrillos aumentará de forma mágica mi atractivo sexual. El verdadero producto final de fumar cigarrillos es el daño del corazón y los pulmones; el verdadero final de beber cerveza es tener un vientre como un barril; el verdadero fin del cereal azucarado es padecer de caries dentales. ¿Por qué seguimos engañándonos nosotros mismos?

Nosotros los modernos podemos incluso duplicar el sentido de aventura —las palmas sudorosas, los latidos acelerados del corazón, los músculos tensos y una descarga de adrenalina— en personas que se repantigan en asientos acojinados de teatro viendo una película. Sin embargo, las aventuras artificiales a la larga no satisfacen. Podemos obtener algunos de los efectos colaterales, pero no el pleno valor que obtendría al trepar en realidad una montaña o al descender en canoa por los rápidos. Estoy viviendo la aventura de otro, y no la mía propia. No obstante, una vez que se ha creado el ambiente artificial, es fácil que en especial los más jóvenes confundan el placer real y el placer vicario... viendo la vida como un juego de vídeo. Se ven tentados a experimentar la vida vicariamente, sentados frente al televisor que parpadea, recibiendo estimulación sensorial solo por los ojos y los oídos. Ya no ven el placer como algo que hay esforzarse para conseguirlo o que se logra después de la lucha activa.

No es un accidente que la peor epidemia de abuso de drogas tenga lugar en las sociedades tecnológicamente avanzadas, en donde las expectativas son altas y la realidad a menudo está en conflicto con las imágenes glamorosas que cacarean los medios de comunicación. El abuso de drogas muestra la conclusión lógica de un sentido equivocado del placer, porque las drogas ilícitas conceden acceso directo a la sede del placer en el cerebro. No es sorpresa que el placer efímero que viene de tal acceso directo produzca desdicha a largo plazo. Como el escritor Dan Wakefield lo expresó: «Yo usaba drogas de la manera que pienso que la mayoría de las personas en realidad lo hacen, no buscando de forma primordial y habitual "fogonazos" o éxtasis, sino para amortiguar el dolor, el dolor de ese vacío interior o psíquico ... La ironía es que las mismas sustancias —las drogas o el licor— que uno usa para amortiguar el dolor de esta manera química y artificial tienen el efecto real de agrandar el mismo vacío que estamos tratando de llenar, así que siempre se necesita cada vez más licor y drogas en la búsqueda inacabable de rellenar el agujero que inevitablemente es agrandado por los esfuerzos aumentados de eliminarlos».

En los últimos tiempos los científicos han identificado un «centro de placer» en el cerebro que puede ser estimulado directamente. Los investigadores han implantado electrodos en el hipotálamo de ratas, que después son colocadas en una jaula frente a tres palancas. Al oprimir la primera palanca sale un pedazo de comida. La segunda palanca libera una bebida, y la tercera activa electrodos que le dan a la rata un sentido inmediato pero efímero de placer. Las ratas de laboratorio se figuran con rapidez lo que hacen las tres palancas, y en esos experimentos escogen oprimir solo la palanca de placer, día tras día, hasta que se mueren de hambre. ¿Por qué responder al hambre y a la sed cuando pueden disfrutar de los placeres asociados con comer y beber de una manera más conveniente?

Me gustaría exigirle a todo adicto potencial a la cocaína y al crack que vean un vídeo de las ratas empujando las palancas, sonriendo hasta que se mueren. Ellas demuestran la falacia seductora de buscar el placer de forma artificial.

Cómo escuchar al placer

Como con el dolor, obtengo indicios en cuanto al placer del cuerpo mismo. Todas las actividades importantes para la supervivencia del cuerpo y la salud proveen placer físico cuando las hago como es debido. El acto sexual, que asegura la supervivencia de la especie, da placer. Comer alimentos no es un quehacer sino un placer. Incluso la tarea de mantenimiento del cuerpo de la excreción proporciona placer. Voy a abstenerme de describir los maravillosos mecanismos incluidos en producir un buen movimiento de los intestinos, así como las complicaciones del estreñimiento, que a menudo resultan de ignorar los mensajes intestinales, pero el hecho asombroso es que el cuerpo recompensa con sabiduría incluso esta vil función. Cualquiera que ha estacionado un coche al borde de una carretera en un área de descanso justo a tiempo, o ha salido corriendo en el interludio de un concierto o partido de fútbol, sabe lo que quiero decir.

Tal vez porque he tenido que reparar tantos problemas físicos causados por la indulgencia exagerada tengo una noción amplia en cuanto al placer. Reconozco que la glotonería puede dar placer a corto plazo, incluso mientras siembra la semilla para la enfermedad y el dolor futuros. El trabajo fuerte y el ejercicio, que pueden parecer como dolor a corto plazo, paradójicamente conducen al placer con el tiempo. Recuerdo el período cuando estaba en mi mejor forma física. Trabajaba en la construcción, varios años antes de ingresar a la facultad de medicina. Después de seis meses de trabajo físico me había librado del exceso de peso y fortalecido los músculos de mis piernas y de la parte superior del cuerpo. Los fines de semana daba largas caminatas por los prados y bosques sin cansarme ni tener que detenerme para descansar. Durante estas caminatas, y a veces incluso antes de que saliera el sol cuando tenía que apurarme para alcanzar al autobús, de súbito me daba cuenta del inmenso placer de un cuerpo trabajando conforme a su diseño. El lenguaje hebreo tiene una palabra maravillosa, *shalom*, que expresa un sentido global de paz y bienestar, un estado positivo de entereza y salud. Yo sentía shalom, como si las células de mi cuerpo estuvieran clamando al unísono: «Todo marcha bien».

En ese entonces capté un pequeño vislumbre de lo que los atletas olímpicos deben sentir. He examinado a unos pocos de estos atletas para verificar condiciones médicas, y es un deleite examinar un cuerpo afinado a la cumbre del desempeño. Los atletas olímpicos trabajan tan fuerte como cualquiera en la tierra, entrenando de seis a ocho horas al día a fin de reducir, digamos, una décima de segundo en el tiempo de natación. Conocen el dolor como un compañero diario. Sin embargo, de alguna manera el mismo proceso de lucha física y disciplina mental los eleva a un nivel de satisfacción que la mayoría de nosotros jamás conoceremos. Ni una sola vez he oído al ganador de una maratón decir al entrevistador: «Sí, estoy orgulloso de haber ganado la medalla de oro; pero en verdad, no valió la pena todo el tiempo y esfuerzo que pasé entrenándome».

El placer y el dolor, los gemelos siameses de da Vinci, trabajan juntos. Músicos, bailarines de ballet, atletas y soldados por igual alcanzan el pináculo de la autosatisfacción solo mediante un régimen de esfuerzo y lucha. No hay atajos. Cuando los drogadictos entran a los programas de recuperación buscando ayuda, a veces se les envía a campamentos rurales agotadores como Outward Bound, o a un período de trabajo en una hacienda. Las drogas han representado un escape a una forma de vida a la que falta el reto. En el medio ambiente nuevo y riguroso, el sudor y esfuerzo, la fatiga y una buena noche de sueño, el hambre y los alimentos sencillos se combinan para abrir nuevas y apropiadas sendas a la felicidad.

He comido muchas comidas en los mejores restaurantes. Sin embargo, si me piden que mencione la mejor comida que haya comido mencionaría sin vacilación una cena de trucha arco iris asada sobre una fogata de madera junto a un río en la India. La familia Brand estaba de vacaciones con nuestros amigos los Webb, doce personas en total. Era un día muy caliente, y John Webb y yo pescamos en vano toda la mañana y la mitad de la tarde, vadeando río arriba y río abajo como dos kilómetros en cada dirección para probar diferentes estanques. Aunque el río estaba lleno de truchas —podíamos verlas con claridad— en el agua tranquila y mansa ellas también podían vernos, por mucho que nos escondiéramos o tratáramos de disfrazarnos. Para la mitad de la tarde mis músculos me dolían por el esfuerzo de lanzar el anzuelo. Tenía arañazos por haberme caído en las piedras al tratar de pasar de un estanque a otro. La cara me ardía por el sol. Nuestros hijos estaban perdiendo con rapidez su fe en nosotros como proveedores de sustento, y los más pequeños estaban empezando a llorar.

Entonces una nube tapó el sol y una brisa agitó la superficie del agua. Las truchas empezaron a morder nuestros señuelos, y nosotros las recogimos y las lanzamos a la orilla. Cuando hubimos atrapado como una docena o algo así, esparcimos las truchas frescas en una malla de alambre sobre las brasas reavivadas de una fogata empezada mucho tiempo atrás. Esa comida fue un puro éxtasis. Consistió por entero de truchas asadas colocadas sobre tajadas de pan, y sus aceites naturales sirvieron como mantequilla; con honestidad, no puedo recordar un sabor que se le compare. He ordenado truchas muchas veces desde entonces, pero ninguna ha podido duplicar la receta. Es evidente que el hambre, los raspones, las quemaduras del sol y las picaduras de mosquitos, el casi fracaso y el triunfo a tiempo fueron los ingredientes esenciales de mi placer.

Lo que aprendí al pescar truchas en las montañas de la India ha resultado cierto en toda mi vida. Casi todos mis recuerdos de felicidad aguda incluyen algún elemento de dolor o lucha: un masaje después de un largo día en el jardín, rascarme una picadura de insecto, una fogata después de una caminata en una tormenta de nieve. Muchos incluyen un elemento de temor o riesgo, tal como la primera vez que esquié colina abajo —empecé a practicar el deporte a los sesenta años— cuando por error me hallé disparado por una pista de expertos. El viento soplaba recio, mis músculos se pusieron tensos, mi corazón saltó, pero cuando llegué al fondo por un momento me sentí como un campeón.

El dolor y el placer nos vienen no como opuestos sino como gemelos, extrañamente unidos. Me encanta tomar un baño caliente al fin de un día agotador, en especial si siento dolor en la espalda. El agua debe estar en verdad caliente. Me equilibro sobre los bordes de la tina, suspendido justo encima del agua, y con cuidado me sumerjo de espaldas. Cuando tengo la temperatura justo en su punto, solo puedo descender dos centímetros a la vez. Mis terminaciones nerviosas interpretan como dolor la primera sensación del agua en mi piel. De forma gradual aceptan el ambiente como seguro, y al final informan un placer como de cosquilleo. A veces no puedo estar seguro de si estoy sintiendo placer o dolor. Un grado más caliente por cierto produciría dolor; un grado más fría disminuiría el placer.

Una vez leí el sumario que el filósofo Lin Yutang hizo de la fórmula china antigua para la felicidad. Al revisar su lista de treinta placeres supremos de la vida, quedé sorprendido al hallar al dolor y al éxtasis irremediablemente entremezclados. «Estar seco y sediento en una tierra candente y polvorienta, y sentir grandes gotas de lluvia sobre mi piel desnuda... ¡ah, esto es felicidad! Tener una picazón en una parte privada de mi cuerpo y al fin escaparme de mis amigos a un lugar escondido en donde pueda rascarme...

¡ah, esto es felicidad!» Cada una de las felicidades supremas, sin excepción, incluyen algún elemento de dolor. Más tarde leí el siguiente pasaje en las *Confesiones* de San Agustín:

> ¿Qué es, por consiguiente, lo que tiene lugar dentro del alma, puesto que encuentra mayor deleite si las cosas que ama son encontradas o restauradas a ella en lugar de si siempre las hubiera poseído? Otras cosas dan testimonio de esto, y todas están llenas de pruebas que gritan con fuerza: «¡Así es!» El general victorioso sostiene su triunfo: sin embargo a menos que haya luchado, nunca habría ganado la victoria, y mientras mayor sea el peligro en la batalla, mayor el gozo en el triunfo. La tempestad lanza a los marineros de un lado a otro, y amenaza con hacerlos naufragar: todos palidecen ante la muerte inminente. Después el cielo y el mar se calman y ellos se regocijan de forma considerable, tanto como han temido considerablemente. Un querido amigo se enferma, y su pulso nos dice que su caso es malo. Todos los que anhelan verle con buena salud se enferman mentalmente junto a él. Él se mejora, y aunque todavía no camina con su vigor anterior, hay un gozo tal como no existiera antes cuando él caminaba bien y fuerte.

«Por todas partes a un gozo mayor lo precede un sufrimiento mayor», concluyó Agustín. Esta noción del placer es una que nosotros en el occidente opulento necesitamos recordar. No nos atrevamos a permitir que nuestras vidas diarias se vuelvan tan cómodas como para que ya no tengan un reto para crecer, para buscar la aventura, para arriesgarse. Un dominio propio interno se desarrolla cuando uno corre más allá de lo que ha corrido antes, cuando trepa una montaña más alta que cualquier otra, cuando sale de una sauna y después se revuelca en la nieve. Las aventuras mismas dan euforia; mientras tanto que el desafío, el riesgo y el dolor se combinan para promover una confianza que bien puede servir en tiempo de crisis.

Resumiendo, si paso mi vida buscando placer mediante las drogas, la comodidad y el lujo, es probable que me eludirá. El placer duradero es más posible que venga como un bono sorpresa a partir de algo en lo que me he invertido a mí mismo. Con toda probabilidad esa inversión incluirá dolor; es difícil imaginarse el placer sin él.

El dolor transformado

Cuando vuelvo a la India por asuntos del hospital, me gusta pasar a ver a algunos de mis antiguos pacientes, en especial a Namo, Sadán, Palani y otros del Centro Nueva Vida original. Ya son hombres de edad mediana, con pelo gris o perdiéndolo, y arrugas en los ojos. Cuando me ven, se sacan sus zapatos y calcetines y me muestran con orgullo los pies, que se las han arreglado para mantener libres de úlcera todos estos años. (Sadán en específico se enorgullece de sus nuevos zapatos, que tienen franjas de velcro en lugar de cordones, lo que los hace mucho más convenientes para su mano dañada.) Yo examino sus pies y sus manos, felicitándolos por su vigilancia, y luego nos sentamos a tomar una taza de té.

Hablamos de los viejos tiempos y nos ponemos al día con respecto a la vida del uno y del otro. Sadán lleva los registros para una misión de lepra que supervisa cincuenta y tres clínicas móviles. Namo ha llegado a ser un fisioterapista de reputación nacional. Palani encabeza el entrenamiento en la unidad de fisioterapia del hospital de Vellore. Yo escucho los relatos de sus trabajos y familias, y mi mente retrocede a los muchachos llenos de cicatrices y susto que se ofrecieron por primera vez para la cirugía experimental.

Nunca gané mucho dinero en toda una vida de cirugía, pero me he sentido muy rico debido a pacientes como estos. Ellos me dan más alegría de la que la riqueza jamás podría darme. Me dan esperanza para otros que sufren. En Namo, Sadán y Palani tengo pruebas indiscutibles de que el dolor, incluso el dolor tan cruelmente estigmatizador de una enfermedad como la lepra, no tiene por qué destruir. «Lo que no me destruye me hace más fuertes», solía decir el Dr. Martin Luther King, hijo, y yo he visto a ese proverbio cobrar vida en muchos de los que fueron mis pacientes.

Una vez Sadán en realidad me dijo: «Me alegro de tener esta enfermedad de la lepra, Dr. Brand». Me quedé mirándolo incrédulo y él pasó a explicar: «Sin la lepra yo hubiera gastado toda mi energía tratando de ascender en la sociedad. Debido a ella, he aprendido a cuidar a los pequeños». Una afirmación de Hellen Keller me vino a la mente cuando oí estas palabras: «Estoy agradecida por mi discapacidad, porque por ella hallé mi mundo, a mí misma y a mi Dios». Aunque en realidad no le deseo la lepra ni las aflicciones de Hellen Keller a nadie, me reconforta el hecho de que de alguna manera, en los recursos misteriosos del espíritu humano, incluso el dolor puede servir a un fin más alto.

Hay una última ilustración de dolor y placer trabajando juntos que no debo pasar por alto. A diferencia de mis pacientes de lepra, que no escogieron el campo de batalla en el cual luchar, algunos voluntariamente toman el sufrimiento como un acto de servicio. Estos también descubren que el dolor puede servir a un fin más alto. He conocido a unos pocos «santos vivos» en mi tiempo, hombres y mujeres que a costo de un gran sacrificio personal se han dedicado a cuidar a otros: Albert Schweitzer, la monja Teresa de Calcuta, los discípulos de Gandhi. Al observar en acción a estos individuos raros, no obstante, todo pensamiento de sacrificio personal se desvanece. Me descubro envidiándolos, y no sintiendo lástima de ellos. En el proceso de entregar su vida la hallan, y logran un nivel de contentamiento y paz prácticamente desconocido por el resto del mundo.

M. Scott Peck escribe: «Solo busca la felicidad, y no es probable que la halles. Procura crear y amar sin considerar tu propia felicidad, y es probable que seas feliz la mayor parte del tiempo. Buscar la alegría por sí misma no te la traerá. Trabaja para crear comunidad y la obtendrás, aunque nunca exactamente conforme a tu calendario. La alegría es un efecto colateral y sin embargo predecible por completo de la comunidad genuina».

Me siento privilegiado por haber servido entre la comunidad mundial de trabajadores de la lepra. Así como aprendí de los pacientes de lepra la mayor parte de lo que sé en cuanto al dolor, mucho de lo que sé en cuanto al gozo lo aprendí de las excelentes personas que se dedicaron a cuidarlos. Ya he mencionado a algunos de ellos: Bob Cochrane, Ruth Thomas, Ernest Fritschi, y al pensar en el gozo que brota de modo espontáneo del servicio, otros vienen a la mente. Los mencionaré aquí al final en tributo, no en esencia debido a sus logros, sino porque son los que me enseñaron en cuanto al nivel más alto de felicidad: la Vida con *V* mayúscula.

Pienso en la Dra. Ruth Pfau, médica alemana y monja que ahora trabaja en Pakistán en un hospital moderno. Cuando la visité por primera vez en la década de los cincuenta ella había establecido un local en un inmenso basurero cerca del mar. El aire zumbaba con las moscas, y mucho antes de que llegara a su establecimiento una pestilencia fétida me quemó las narices, un hedor que uno casi podía cortar. La Dra. Pfau trabajaba en ese lugar porque allí es donde los pacientes de lepra, más de cien de ellos, se habían establecido después de haber sido expulsados de Karachi. Al acercarme pude distinguir las figuras humanas, los pacientes, gateando sobre montañas de basura buscando algo de valor. Una sola llave que chorreaba en el centro del basurero proveía su única fuente de agua. Cerca hallé la pulcra clínica de madera en donde la Dra. Pfau mantenía una oficina. Con eficiencia teutónica había creado un oasis de orden en medio de ese caos. Me mostró las fichas de cada paciente guardadas de forma meticulosa. El contundente contraste entre la horrible escena afuera y el amor palpable y la preocupación dentro de su diminuta clínica se imprimió hondo en mi mente. La Dra. Pfau estaba dedicada a transformar el dolor.

Pienso en Abbé Pierre, hijo de un acomodado comerciante de seda de Lyon, Francia. Pierre había sido un político prominente antes de la Segunda Guerra Mundial. Después, devastado por la pobreza que vio, renunció a su cargo y se convirtió en fraile católico dedicado a ayudar a los miles de mendigos indigentes en Francia. Los organizó en equipos para recorrer la ciudad buscando trapos, botellas y pedazos de metal. Construyó una bodega para ladrillos descartados y empezó un negocio en el cual separaba y reciclaba los enormes montones de desperdicios que recogían. Abbé Pierre obtuvo del gobierno francés terrenos gratis y algún equipo de construcción (una mezcladora de concretos, palas, carretillas), que sus trabajadores entonces usaron para construir sus propias viviendas. En las afueras de casi toda ciudad grande de Francia surgieron estas «ciudades de Abbé Pierre». Pronto había pocos mendigos indigentes en Francia, y eso explica cómo llegué yo a conocer a este hombre. Él se detuvo en Vellore como parte de un viaje por todo el mundo en un tiempo cuando su organización, los Discípulos de Emaús, enfrentaban una crisis. Como me explicó: «Pienso que todo ser humano precisa que se le necesite. Mis mendigos deben hallar a alguien en peor condición que la de ellos, a quien puedan servir. ¡De otra manera llegarán a ser una organización rica y poderosa y se perderá el impacto espiritual!» En Vellore él halló una misión apropiada para sus mendigos recientemente prósperos: convino en pedirle a sus seguidores que donaran un ala para pacientes de lepra en el hospital Vellore. Solo en el servicio, dijo Abbé Pierre, podían hallar la verdadera felicidad.

Pienso en un hombre a quien todos llamábamos «el tío Robbie», un neozelandés que se apareció en Vellore un día, de forma sorpresiva. Era un hombre de mediana estatura, tal vez de sesenta y cinco años. «Tengo algo de experiencia en zapatería», dijo. «Me pregunto si pudiera servir de algo para sus pacientes de lepra. Ya estoy jubilado, y no necesito dinero. Solo un banco de trabajo y unas pocas herramientas». La información sobre la vida del tío Robbie se filtró lentamente. Nos asombramos al enterarnos de que había sido cirujano ortopédico, que en verdad había sido jefe de ortopedia en toda Nueva Zelandia. Había dejado de ejercer la cirugía cuando sus dedos empezaron a temblar. Tuvimos que arrancarle estos detalles al tío Robbie; él se animaba mucho más al hablar de zapatos. Había aprendido a trabajar con cuero, a mojarlo y estirarlo sobre un molde, y después a llenar todos los agujeros con diminutos pedazos pegados. Pasaba horas en un solo par de zapatos, y seguía haciendo ajustes a la medida hasta que el pie del paciente no mostraba ningún punto de tensión. El tío Robbie (nadie lo llamaba el Dr. Robertson) vivía solo en un cuarto de invitados en el leprocomio; su esposa había muerto algunos años atrás. Trabajó con nosotros tres o cuatro años, entrenando a todo un pelotón de zapateros de la India. Un buen día nos notificó: «Saben, pienso que ya terminé mi trabajo aquí. Sé de otro leprocomio grande en el norte de India. Y otro en la costa». Se fue, y en los próximos años el tío Robbie dejó un rastro de servicio en los principales leprocomios de la India. Al observarle trabajar con tanta ternura sobre los pies dañados de los pacientes de lepra, difícilmente podía imaginármelo en el ambiente prestigioso y de alta presión de la cirugía ortopédica en Nueva Zelandia. Era un hombre por completo sin pretensiones, y casi todos los que conocía llegaron a quererlo. Nadie jamás sintió lástima por el tío Robbie, tal vez la persona más contenta consigo misma que he conocido. Él hizo su trabajo solo para la gloria de Dios.

Pienso en la hermana Leela, que, como Robbie, se apareció en Vellore sin ninguna notificación de antemano. Llevaba un sari sencillo estilo antiguo, parecido a un hábito de monja. En verdad era una monja católica romana, aunque no era miembro de ninguna orden en particular. «Pienso que sé cómo sanar úlceras en el pie de un paciente de lepra», me dijo, más bien como dando información. Todo lo que necesitaba era unos pedazos de paño, esparadrapo y violeta de genciana (un antiséptico). Le proveí de estos materiales y le asigné algunos pacientes. Verla trabajar era como observar a un escultor maestro. Primero ella raspaba, o rasuraba, el paño formando capas muy delgadas. Después de tratar la úlcera en un pie, untaba pegamento alrededor de la llaga y luego meticulosamente envolvía el paño en varios espesores, dependiendo de los contornos del pie. En realidad ella estaba creando una plantilla moldeada que se movería con el pie antes que con el zapato. La hermana Leela en efecto sabía cómo curar úlceras, y parecía muy contenta de hacer eso todo el día. De alguna manera, en esta tarea pequeña pero esencial, había aprendido a hallar verdadero gozo mediante el servicio. (A menos que usted haya tratado el pie ulceroso de un paciente de lepra, no puede imaginarse lo asombrosa que es esta declaración.) Ella se quedó con nosotros varios años, y después, como el tío Robbie, sintió el impulso de mudarse. Perdí la huella de la hermana Leela por casi una década, hasta que visité un leprocomio en Israel. Allí vi a un paciente usando un soporte de plantilla formado de delgadas capas de paño. Con certeza, la hermana Leela se había detenido allí. Había ido de Israel a Jordania, según me dijeron. Varias veces después, en partes esparcidas por todo el mundo, vi el mismo tratamiento característico del paño, y sabía que la hermana Leela había pasado por allí.

Pienso también en Leonard Cheshire. En los primeros días de nuestro proyecto con los pacientes de lepra yo estaba trabajando en la bodega de lodo que grandiosamente llamábamos la «Unidad de Investigación de la Mano» cuando un inglés de aspecto distinguido se asomó. «Tengo un interés especial en los minusválidos», dijo, «y oigo que usted trabaja con pacientes de lepra. ¿Le importa si observo?» Le di la bienvenida, y por los siguientes tres días el hombre se sentó en una esquina, observándonos. Al fin del tercer día me dijo: «He notado que ustedes han despedido a algunos; los que son demasiado viejos o tienen demasiado daño como para que su cirugía los ayude. Esos son los pacientes que me interesan. Me gustaría ayudarlos». Y Leonard Cheshire me contó su historia. Durante la Segunda Guerra Mundial había servido como capitán de grupo, una posición apreciada en la Fuerza Aérea Real. Participó en la acción tanto en Europa como en Asia, y se ganó la Cruz de la Victoria y muchos otros galardones. Al mismo fin de la guerra, el presidente Harry Truman le pidió a Winston Churchill que escogiera a dos observadores británicos para que acompañaran al *Enola Gay,* a fin de demostrar que la decisión de dejar caer la bomba atómica era una decisión aliada y no unilateral. Ese día, el 6 de agosto de 1945, Leonard Cheshire miró por la ventana de la cabina y vio cómo se vaporizaba una ciudad entera. La experiencia lo cambió de un modo profundo. Después de la guerra empezó una nueva carrera dedicada a los minusválidos, y fundó los Cheshire Homes for the Sick (Hogares Cheshire para enfermos). Hoy, la organización Cheshire administra doscientos hogares para minusválidos en cuarenta y siete países (el mismo Cheshire murió a principios de 1993). Entre ellos hay un hogar en Vellore, India, en donde viven como treinta pacientes de lepra. Médicamente hablando, estos pacientes están más allá de toda ayuda. Pero como Leonard Cheshire de forma elocuente me lo demostró, no están más allá de la compasión y el amor.

Menciono a estas cinco personas porque ellas tuvieron una parte principal en la formación de mis propias creencias en cuanto a cómo el dolor y el placer pueden a veces trabajar juntos. En la superficie pueden parecer singularmente no calificados: un basurero, un hogar para indigentes, una zapatería, una clínica de pie y un lugar para los minusválidos son ambientes nada promisorios en los cuales aprender en cuanto al placer. No obstante, estas son algunas de las personas a las cuales al mirar hacia atrás considero como felices en el sentido más hondo. Ellas lograron un shalom del espíritu lo suficiente poderoso como para transformar el dolor... su propio dolor tanto como el de otros. «Felices son los que llevan su parte del dolor del mundo: a la larga conocerán más felicidad que los que la evaden», dijo Jesús (traducción al inglés de J. B. Phillips).

El legado de una madre

Lo que aprendí de la Dra. Pfau, Abbé Pierre y los demás reforzaron una de las lecciones que aprendí de mis padres en la cordillera Kolli Malai de la India. Mi madre, en especial, me dejó un fuerte legado, que me llevó años apreciar por completo.

Me he referido varias veces a la vida de mi madre en las montañas llamadas «Montañas de muerte» en donde nací. Viví con mis padres por nueve años felices antes de ir a Inglaterra para continuar la escuela. Ahí me quedé con dos tías en una casa majestuosa en un suburbio de Londres, la mansión en que mi madre había crecido. La familia Harris era próspera, y la casa contenía numerosos recordatorios de cómo había sido la vida para Evelyn, mi madre, antes de sus días como misionera. Estaba amoblada con caoba, y sus gabinetes se encontraban llenos de tesoros invaluables.

Mis tías me contaron que mi madre solía vestirse con cierto lujo, y me mostraron algunos de sus vestidos de seda y encaje y los sombreros de largas plumas todavía colgados en su armario. Ella había estudiado en el Conservatorio de Artes de Londres, y vi las acuarelas y óleos que había pintado años antes. También había retratos de mi madre; mis tías me dijeron que los estudiantes varones solían competir por el privilegio de pintar a la hermosa Evelyn. «Se parece más a una actriz que a una misionera», alguien había comentado en su fiesta de despedida antes de su viaje a la India.

Sin embargo, cuando mi madre volvió a Inglaterra después de la muerte de mi padre debido a la fiebre intermitente, ella era una mujer quebrantada, doblegada por el dolor y la aflicción. *¿Podría posiblemente esta mujer doblegada y harapienta ser mi madre?*, recuerdo que pensé en ese momento. Hice un insensato voto de adolescente, debido a lo aturdido que estaba por el cambio que se había operado en ella: *Si esto es lo que hace el amor, nunca voy a amar tanto a otra persona.*

Contra todo consejo mi madre volvió a la India, y allí su alma fue restaurada. Ella vertió su vida en la gente de las montañas, atendiendo a los enfermos, enseñando agricultura, dando conferencias en cuanto a los gusanos de guinea, criando huérfanos, limpiando la selva a mano, sacando dientes, estableciendo escuelas, cavando pozos, predicando el evangelio. Mientras yo me quedaba en la mansión de su niñez, ella vivía en un galpón portátil, de dos metros cuadrados, que podía desarmar, transportar y volver a armar. Viajaba de continuo de aldea a aldea. En sus viajes por las zonas rurales dormía dentro de un diminuto mosquitero que no le daba protección de los elementos (cuando la tempestad se desataba por la noche, ella se envolvía en un impermeable y levantaba un paraguas sobre su cabeza).

Mi madre tenía sesenta y siete años cuando yo fui a la India como cirujano. Vivíamos solos a unos cientos de kilómetros de distancia, aunque llevaba todo un viaje de veinticuatro horas llegar a su lugar en las montañas. Sus años activos en las montañas habían cobrado su precio. Su piel estaba curtida por el clima, su cuerpo infestado por la malaria, y caminaba cojeando. Se había roto un brazo y trizado varias costillas al ser arrojada de un caballo. Esperaba que se jubilaría pronto. ¡Qué equivocado estaba!

A los setenta y cinco años, todavía trabajando en las montañas Kolli, mi madre se cayó y se rompió la cadera. Se quedó toda la noche en el piso aguantando el dolor hasta que un trabajador la halló a la mañana siguiente. Cuatros hombres la llevaron cargada en un catre de cuerdas y madera montaña abajo hasta las llanuras y la pusieron en un jeep para el agonizante viaje de ciento cincuenta kilómetros por caminos de tierra. Yo estaba fuera del país cuando ocurrió el accidente, y tan pronto como volví programé un viaje a las Kolli Malai con el propósito expreso de persuadir a mamá de que se jubilara.

Sabía lo que había causado el accidente. Como resultado de la presión en las raíces del nervio espinal de las vértebras rotas, ella había perdido algún control sobre los músculos debajo de la rodilla. Cojeando, y con una tendencia a arrastrar los pies, había tropezado en el umbral de la puerta mientras llevaba una jarra de leche y una lámpara de queroseno. «Mamá, tienes suerte de que alguien te hallara al día siguiente», empecé mi discurso preparado. «Podías haber pasado días sin poder moverte. ¿No deberías pensar en jubilarte?»

Ella guardó silencio, y yo aproveché la oportunidad para apilar más argumentos. «Tu sentido del equilibrio ya no es tan bueno, y tus piernas no te sirven muy bien. No es seguro que vivas sola aquí en donde no hay atención médica en un día de camino a la redonda. Piénsalo. Apenas en los últimos pocos años te has fracturado las vértebras y las costillas, tuviste una conmoción cerebral, y una infección grave en una mano. Seguro te has dado cuenta de que incluso las mejores personas a veces tiene que jubilarse antes de llegar a los ochenta. ¿Por qué no vienes a Vellore y vives con nosotros? Tenemos abundante trabajo bueno para que hagas, y estarás mucho más cerca de la atención médica. Nosotros te cuidaremos, mamá».

Mis argumentos eran absolutamente contundentes, por lo menos para mí. Mamá ni se conmovió. «Paul», dijo al fin, «tú conoces estas montañas. Si yo me voy, ¿quién va a ayudar a los campesinos? ¿Quién tratará sus heridas y les sacará los dientes y les enseñará en cuanto a Jesús? Cuando alguien venga para tomar mi lugar, entonces y solo entonces me jubilaré. En cualquier caso, ¿para qué preservar este viejo cuerpo si no va a ser usado en donde Dios me necesita?» Esa fue su respuesta final.

Para mi madre, el dolor era un compañero frecuente, así como el sacrificio. Lo digo con bondad y amor, pero en la vejez a mamá le quedaba muy poca de su belleza física. Las condiciones primitivas, combinadas con las caídas que la lisiaron, y sus batallas con la tifoidea, la disentería y la malaria, la hicieron una vieja enjuta y jorobada. Los años de exposición al viento y al sol habían curtido su piel facial convirtiéndola en cuero y surcándola con arrugas tan hondas y extensas como ningunas que haya visto en una cara humana. La Evelyn Harris de las ropas elegantes y el perfil clásico era un recuerdo tenue del pasado. Mamá lo sabía tan bien como cualquiera, y por los últimos veinte años de su vida rehusó tener un espejo en casa.

Sin embargo, con toda la objetividad que un hijo puede aportar, en verdad puedo decir que Evelyn Harris Brand fue una mujer hermosa hasta su mismo fin. Uno de mis recuerdos visuales más fuertes de ella es en una aldea en las montañas, posiblemente la última vez que la vi en su ambiente. Cuando se acercó, los aldeanos habían salido corriendo para recibirle las muletas y llevarla hasta el lugar de honor. En mi recuerdo, ella está sentada en una pared baja de piedra que rodea la aldea, con las personas oprimiéndola por todos lados. Ya han escuchado que ella los elogia por proteger la provisión de agua y por el huerto que florece en las afueras. Y ahora están escuchando lo que ella tiene que decirles en cuanto al amor de Dios por ellos. Las cabezas asienten y las preguntas profundas y serias surgen de la multitud. Los propios ojos reumáticos de mi madre brillan, y estando junto a ella puedo ver lo que debe estar distinguiendo con su visión que ya está fallándole: caras de mirada intensa que muestran confianza y afecto hacia alguien que ellos han aprendido a querer.

Nadie más en la tierra, me doy cuenta entonces, recibió tal devoción y amor de esos aldeanos. Ellos estaban mirando a una cara huesuda, arrugada y vieja, pero de alguna manera sus tejidos encogidos se habían vuelto transparentes y ella era todo espíritu gentil. Para ellos, y para mí, era hermosa. Granny Brand no tenía necesidad de un espejo hecho de vidrio y cromo pulido... podía ver su propio reflejo en las caras resplandecientes que la rodeaba.

Pocos años después mi madre murió, a los noventa y nueve años. Siguiendo sus instrucciones los aldeanos la sepultaron en una sencilla sábana de algodón para que su cuerpo volviera al suelo y nutriera nueva vida. Su espíritu también sigue viviendo, en una iglesia, una clínica, varias escuelas, y en las caras de miles de pobladores en cinco cordilleras de montañas al sur de la India.

Un colega una vez comentó que Granny Brand estaba más viva que cualquier persona que jamás hubiera conocido. Al entregar su vida, la halló. Ella conocía bien el dolor. Pero el dolor no necesita destruir. Puede ser transformado... una lección que mi madre me enseñó y que nunca he olvidado.

EPÍLOGO

La lepra y el SIDA

A mediados de la década de los ochenta empecé a notar un contundente cambio cuando hablaba en las conferencias y las reuniones de las iglesias. Si daba la oportunidad de que el público hiciera preguntas, estas se relacionaban cada vez menos con el tema de la conferencia y cada vez más con el síndrome de inmunodeficiencia adquirida (SIDA). A diferencia de todo otro problema de salud en los tiempos recientes, la enfermedad que resulta de la infección con el virus de inmunodeficiencia humana (VIH) ha desatado temor y ansiedad en la población en general.

También empecé a oír a la lepra y al SIDA mencionados en la misma frase. «El SIDA es la lepra del día moderno», dijo el entonces cirujano general C. Everett Koop. «Hay personas que tienen hacia los pacientes de SIDA la misma actitud que muchos tenían hace cien años hacia los pacientes de lepra». Los titulares de los periódicos eran menos diplomáticos: «¡Las víctimas del SIDA son los leprosos de hoy!», pregonaba uno. Esos titulares captaron la atención de mis pacientes en Carville, Louisiana, a quienes ahora se les designaba de forma oficial como sufriendo de la enfermedad de Hansen. Muchos recuerdan el día cuando el término «leproso» llevaba peor oprobio que una palabra maldita, y cuando la infección constituía una base legal para que se les arrancara de la familia y los amigos y se les encerrara en aislamiento a cientos de kilómetros de sus hogares.

Mis pacientes tenían sentimientos mezclados en cuanto a que a las víctimas del SIDA se les llamara «los nuevos leprosos». Por supuesto, detestaban la temida etiqueta que permanecía en sus recuerdos de los días más crueles. Al mismo tiempo, pueden haber tenido que sofocar un sentimiento de autosatisfacción al pensar que era tiempo de que a algún otro grupo de personas le tocara el turno de saber lo que quiere decir un verdadero estigma. Ellos también sabían que incluso en el pasado su enfermedad nunca fue tan mala como este nuevo padecimiento. Nadie quiere cambiar lugares con un paciente de SIDA.

Para cuando escribo esto, en 1993, el número de personas en el mundo infectadas con lepra, de diez a doce millones, es aproximadamente igual al número de los que se calcula que están infectados con el virus de inmunodeficiencia humana. Eso es un capricho temporal de las estadísticas: la cifra para la lepra ahora está declinando, en tanto que la cifra para las infecciones de VIH todavía sigue subiendo a un ritmo espeluznante. Más significativo aun, tenemos una cura demostrada para la lepra y para controlar la enfermedad solo necesitamos aplicar algunos recursos a escala global; mucho mayores sumas de dinero se están dedicando a la investigación del SIDA y el VIH de las que jamás se han gastado en la lepra, pero hasta este momento toda solución nos elude.

Al final de una larga carrera trabajando con lepra, tengo un maravilloso punto de ventaja. El velo de misterio que rodeaba a una terrible enfermedad por siglos cayó en un período muy corto. Ha sido una de las grandes emociones de mi vida ver que la lepra pierde sus colmillos. En una nación que incluye Vellore, India, en donde empecé a trabajar con lepra, el número de pacientes con infección activa ha declinado de diez mil a un centenar. La incidencia de la enfermedad no ha cambiado mucho: alrededor de novecientos casos nuevos aparecen cada año, pero el pronto tratamiento detiene la infección antes de que la enfermedad pueda hacer mucho daño. Menos del uno por ciento de todos los casos tratados con terapia de drogas múltiples han sufrido una recaída hasta aquí.*

Las cirugías reconstructivas en las que trabajé tan ardua-

---

*Vellore representa la línea del frente en el trabajo con la lepra. En otras partes del mundo el cuadro no es tan alentador. Aunque cuesta menos de doscientos dólares curar a un paciente de lepra con un curso de dos años de terapia de drogas múltiples, menos de la mitad de los que sufren esta enfermedad en el mundo tienen acceso a tal tratamiento.

mente —la transferencia de tendones, el reemplazo de narices, los trasplantes de cejas— ahora se necesitan con menos frecuencia. Casi ni puedo creer el contraste al caminar por los predios de las que antes eran ciertas «colonias de leprosos», en un tiempo colmenas de actividad con cientos de pacientes en toda etapa de deformidad, y ver a unos pocos veteranos viviendo sus días finales. Con las drogas efectivas de hoy, la mayoría de los pacientes reciben su tratamiento en casa, y la «colonia de leprosos» es cosa del pasado. En lugares como Vellore el terrible estigma social poco a poco está desvaneciéndose por igual. Los parientes y conciudadanos de los nuevos pacientes entienden la enfermedad y ya no marginan al que informó una infección.

Anhelo el día en que los que trabajan con el SIDA tendrán a su disposición las herramientas efectivas para combatir la enfermedad, así como los que trabajan con la lepra las tienen ahora. Mientras tanto, al mirar hacia atrás a mi carrera médica, me asombran tanto los paralelos como los contrastes entre las dos enfermedades. Las patologías de la lepra y del SIDA tienen poco en común, pero existen muchas similitudes en la manera en que la comunidad médica y la sociedad han respondido a ellas. Las cuestiones de la política pública, tales como la cuarentena y los análisis obligatorios, continúan aflorando en el debate que rodea al SIDA: estas políticas tienen una larga historia en la batalla contra la lepra, historia de la cual podemos y debemos aprender.

El poder del estigma

En 1985, justo cuando el SIDA estaba empezando a ser una gran nube en la conciencia del público, hice mi primer viaje a China continental. La visita proveyó a la vez un impresionante recordatorio de cómo se había tratado a la lepra por siglos y una ominosa noción previa de lo que puede suceder cuando una enfermedad como la lepra, o el SIDA, llega a quedar tan estigmatizada que incluso los médicos se muestran renuentes a tratarla. Encabezado por un hombre asombroso llamado Ma Heide,* los funcionarios chinos de la salud pública han reducido el número activo de pacientes

---

*Siendo un estadounidense de ascendencia libanesa, Ma Heide fue a China como médico joven en 1933. Halló que las condiciones de pobreza en Sandra eran apabullantes: los padres vendían a sus hijos a alguna industria para que trabajaran bajo condiciones de esclavitud, y sus hijas a la prostitución (una de cada catorce

de lepra de quinientos mil a setenta mil. Pero no se está haciendo ningún esfuerzo para evitar las lesiones debido a la insensibilidad al dolor o para reparar quirúrgicamente las deformidades de las manos y la cara.

Debido al temor la mayoría de los médicos no se atrevían a tratar la lepra. En un viaje a Nanjing realizamos nuestro programa de entrenamiento en un reluciente centro nacional para dermatología, pero ningún paciente de lepra había sido jamás admitido en su moderna sala de operaciones. Las autoridades habían pedido que hiciéramos cirugías de demostración con los enfermos de lepra, y preguntamos a los dermatólogos si podíamos usar sus salas de operaciones. Después de largas consultas la respuesta llegó: «No». Las cirugías de lepra debe hacerse en el hospital de lepra fuera de la ciudad, dijeron.

Rara vez he visto algo tan primitivo como la «sala de operaciones» del hospital de lepra. Tenía una mesa, pero no un lavamanos apropiado para lavarse las manos, y tampoco instrumentos apropiados para alguna cosa excepto la amputación. Era, en esencia, un banco de carnicero. Después de amputar la pierna de un paciente, los médicos de lepra le proveían una pata de madera, que fijaban a su pierna mediante dos pernos de metal que salían por los lados. Por supuesto, para estos pacientes insensibles al dolor, las úlceras rápidamente se desarrollaban en donde las piezas de metal se frotaban contra su piel. Los pacientes menos afortunados no recibían prótesis; llevaban por todas partes un taburete de tres patas que colocaban ante ellos para apoyar el muñón antes de empujar hacia a delante la pierna buena para el siguiente paso.

En otra población cerca de Nanjing había un hospital moderno dedicado a la cirugía de la mano, pero aplicaba las mismas reglas. Ningún cirujano respetable de la mano se rebajaría a tratar a un paciente de lepra. Mi esposa quedó escandalizada por la «clínica de ojos» del leprocomio, un cuarto vacío que ningún médico de ojos jamás había visitado. De los pacientes que ella examinó esa

___

casas era un burdel). Con el tiempo, Heide se unió al jefe Mao en su Larga Marcha. Cuando los comunistas triunfaron en su golpe de estado, él fue el primer extranjero que se convirtió en ciudadano de la nueva China. Como asesor para el ministro de salud pública, encabezó una campaña a todo dar contra la enfermedad venérea hasta que fue eliminada como problema en China, un logro sin precedentes en la historia médica. En ese punto Ma Heide cambió su atención a la lepra.

tarde, el setenta por ciento estaban ciegos. Muchos de ellos podrían haber prevenido la ceguera mediante una sencilla aplicación diaria de gotas de esteroides.

Me temo que hicimos un escaso impacto duradero en las actitudes de China hacia los pacientes de lepra. El estigma continúa interponiéndose ante el conocimiento. Mencionamos por medio de nuestro intérprete que una de nuestras hijas se había casado con un hombre que fue paciente de lepra. Más adelante el intérprete volvió y nos preguntó si había traducido mal. Tal idea era imposible, dijo: ningún médico permitiría que su hija se casara con alguien que hubiera tenido lepra. Una vez puse mi brazo sobre el hombro de un paciente y froté sus manos al examinarlas. Los médicos que me rodeaban contuvieron la respiración notoriamente. Uno de ellos más tarde me dijo que ese sencillo acto impresionó a los médicos más que cualquier otra cosa que hubiera hecho o dicho en China.

A menudo he meditado en que el estigma singular que la sociedad humana por años ha aplicado a la lepra, ahora lo extiende al SIDA. He sabido de niños que fueron encerrados en cuevas por años, o encerrados en una diminuta buhardilla. He sabido de pobladores que quemaron por completo la choza de un paciente de lepra y ahuyentaron a su familia. He visto con mis propios ojos el impacto devastador de tal rechazo en mis pacientes de lepra. Ahora, en los Estados Unidos, veo inquietantes repeticiones del mismo rechazo. A las viviendas de los pacientes de SIDA les arrojan bombas incendiarias, y expulsan a sus hijos de las escuelas. A los homosexuales que tienen VIH positivo sus familias los desconocen; justo cuando más necesitan el respaldo emocional, más bien se les margina.

¿De dónde surge tan profundo estigma? Los orígenes de esta misma palabra dan algunos indicios. Derivada del griego, un estigma originalmente quería decir una señal sobre la piel. A veces, como en el caso de un esclavo, se aplicaba la señal con un hierro candente de marcar y se le llamaba una «marca». De forma interesante, las dos palabras han tomado direcciones diferentes. Cuando se abolió la esclavitud, se marcaba mayormente al ganado y no a los seres humanos, y así la expresión *marca* perdió su connotación negativa (¡por lo cual estoy por supuesto agradecido!). Hoy las compañías dedican grandes cantidades de dinero y atención para escoger sus marcas. Sin embargo, conforme el término *marca* perdía sus aspectos negativos, la palabra *estigma* los recibía.

El uso del vocablo *estigma* ha cambiado de modo dramático. En los primeros tiempos los seguidores consagrados de Jesucristo se hacían cicatrices en las palmas de las manos para identificarse con las cicatrices de la crucifixión; llevaban estos *estigmas* con orgullo, no con vergüenza. En mi propia vida los textos médicos nos enseñaban a buscar los estigmas, o señales visibles, de varias enfermedades. Ahora, por supuesto, la palabra se usa casi de modo exclusivo en un sentido negativo. Las minorías y los que sufren temen apropiadamente que se los estigmatice.

Puede ser útil, al considerar la lepra y el SIDA, volver a pensar en nuestro uso moderno de la palabra *estigma*. Desde la perspectiva del médico, hay estigmas «buenos» y «malos». En nuestro trabajo con la lepra no lamentábamos que la enfermedad se hiciera visible, porque nos apoyábamos en estos estigmas visibles para identificar cuáles personas necesitaban más análisis y tratamiento. Los maravillosos avances en el control de la lepra nunca hubieran tenido lugar si estas marcas no nos hubieran ayudado a reconocer a los que la sufrían.

Por miles de años las sociedades se han apoyado en los estigmas visibles para protegerse contra las epidemias. El Antiguo Testamento da instrucciones específicas en cuanto a las personas con enfermedades de la piel; el sacerdote debía identificarlos y segregarlos fuera del campamento para evitar que la enfermedad se extendiera. La mayoría de las sociedades también ponían en cuarentena a los que sufrían de lepra, por temor al contagio.

El problema con el estigma es que pasa con facilidad de bueno a malo, y entonces se vuelve difícil invertir esto. La historia humana contiene muchos ejemplos de «malos estigmas» expresados de maneras crueles e inmerecidas. Los príncipes medievales reunían a los enanos, los deformes y los jorobados para su entretenimiento personal. Los griegos antiguos a veces arrojaban a los discapacitados desde las montañas, los japoneses los enterraban en bancos de nieve, y los esquimales los dejaban abandonados sobre bloques de hielo. Nosotros podemos ser más sofisticados y sutiles en los tiempos modernos, pero todos todavía llevamos un catálogo inconsciente de enfermedades y deformidades que afectan nuestras actitudes hacia los que las sufren. Hoy reservamos para los que sufren de lepra, SIDA y otras enfermedades un estrato especial de temor y rechazo.

Reacciones exageradas

A menudo en la medicina lo que empieza como un temor razonable y sensible se desarrolla hasta llegar a ser una reacción exagerada, irracional y dañina que es difícil de invertir. La lepra ofrece un ejemplo aleccionador. Conforme el tratamiento efectivo llegaba a estar disponible, y según se conocían las cifras en cuanto a la baja tasa de contagio de la lepra, los que interveníamos en el trabajo con esta enfermedad perdimos nuestros temores. En lugares como China, sin embargo, la comunidad médica todavía está muy atrás. Lo más probable es que lleve generaciones para la sociedad en general igualarse con los avances de nuestro conocimiento en cuanto a la lepra. El «estigma malo» tiende a quedarse mucho tiempo después de que las razones para el mismo han desaparecido.

En la India, al principio, cuando enviaba a los pacientes de lepra curados de regreso a sus aldeas, volvían al hospital pidiendo cirugía cosmética en las cejas y la nariz. Los vecinos los estigmatizaban en tanto hubieran señales visibles de la enfermedad, aunque no representaban ningún peligro. El mismo problema explica por qué los pacientes estadounidenses insisten tanto en que se les clasifique como pacientes de la enfermedad de Hansen: la palabra *lepra* tiene demasiado estigma asociado con ella. A pesar de todo lo que sabemos en cuanto a controlar la lepra, sigue estando, como el SIDA, en una lista muy corta de enfermedades que hacen a una persona inelegible para entrar a los Estados Unidos de América.

La infección del VIH, a diferencia de la lepra, no tiene marcas visibles que denoten su presencia, por lo menos en las primeras etapas. No tiene un «estigma bueno» que advierta a los potenciales compañeros sexuales, ni que ayude a las autoridades para el control o tratamiento. Esa misma ausencia aumenta los temores irracionales de la sociedad, contribuyendo al «estigma malo». Cualquiera —un vecino, un amante, un pariente— podría ser portador de este virus mortal. Los mismos pacientes infectados con el VIH vacilan en acudir a que se les examine o se les trate, por el temor a sufrir discriminación si las noticias se filtran.

Los paralelos entre la lepra y el SIDA son más evidentes cuando se compara el «estigma malo» que acompaña a ambas enfermedades. He tratado de identificar la fuente del estigma extremo que las rodea. En ambos casos, según me parece, el estigma viene de (1) el horror peculiar de los síntomas de la enfermedad, (2) el temor al contagio, y (3) la creencia de que la enfermedad es una maldición de Dios.

Horror peculiar de la enfermedad

He escrito en abundancia en cuanto a los horrores de la lepra, a veces llamada la «muerte que se arrastra». Una enfermedad que afecta las manos y la cara no se puede esconder con facilidad. En los primeros días, antes de las sulfas, la lepra a menudo conducía también a complicaciones fatales. Los nódulos de leproma crecían dentro del recubrimiento frío de los pasajes nasales, bloqueando la nariz y obligando a los pacientes a respirar por la boca. Los bacilos luego se infiltraban en las encías, haciendo que los dientes se aflojaran, y extendiéndose después a la faringe y la laringe. Primero la voz se volvía rasposa, luego los pacientes tenían dificultad para respirar, y en la etapa final una traqueotomía era la única manera de mantener el aire entrando (algunos de mis pacientes de Chingleput y Carville todavía llevan las cicatrices de esas operaciones).

El SIDA puede producir manifestaciones visibles —sarcoma de Kaposi, aftas, malnutrición— y por lo general resulta fatal, pero de alguna manera pienso que el horror peculiar de la enfermedad está en alguna otra parte. Representa una especie de deslealtad corporal, en la que el cuerpo pierde su capacidad de lidiar con los problemas más ordinarios. El peligro acecha por todas partes: la diarrea, un resfriado común. El cuerpo ha abandonado su función vital de protegerse a sí mismo contra los invasores externos.

En este punto no puedo ofrecer ninguna esperanza tangible para los que sufren de SIDA. Algunos de los mejores cerebros en el mundo científico están intentando desentrañar los secretos del VIH, pero hasta aquí el virus ha demostrado ser elusivo. Lo que sí puedo hacer es recordar los días cuando se veía a la lepra con el mismo temor y repulsión. La esforzada investigación de personas como Bob Cochrane y los investigadores de remedios en Carville al final resultó. Ahora se puede curar la lepra y prevenir sus horrores. Es mi oración que llegue el día cuando podamos decir lo mismo del SIDA.

Temor al contagio

En ambas enfermedades el temor al contagio extendido se basa en un mito. Ninguna enfermedad es altamente infecciosa, excepto para grupos específicos en riesgo.

La lepra la puede contraer solo un pequeño porcentaje de personas (alrededor del cinco por ciento) que carece de inmunidades naturales. Me alentó ver que en lugares como Vellore, en donde están disponibles un buen entrenamiento y el acceso al cuidado de la lepra, el estigma basado en los temores exagerados de contagio ha desaparecido. Los hijos de los que fueron mis pacientes ahora se casan con los que no han sido pacientes, algo inconcebible hace apenas una generación. Me perturba, sin embargo, que la histeria no se reduzca con tanta facilidad en las naciones más educadas; allí, el «estigma malo» persiste. Hay más ignorancia y temor en cuanto a la lepra en países como Japón y los Estados Unidos que en la India. En un tiempo tan reciente como en 1987 los planes del gobierno para atender a los pacientes de lepra en clínicas generales para pacientes externos —¡en San Francisco, centro del activismo por los derechos del SIDA!— tuvieron que ser abandonados debido a la protesta del público.

Como sabe la mayoría de las personas, la infección del VIH se extiende solo como resultado de ciertas actividades bien definidas que incluyen el intercambio de fluidos corporales. Comparado con otros virus, a decir verdad, el VIH es más bien difícil de esparcirse. De este modo los grupos principales que necesitan temerle al contagio son los que participan en el sexo inseguro y promiscuo, o los que de otras maneras (al compartir agujas hipodérmicas, por ejemplo) tienen contacto íntimo con los fluidos corporales de otra persona.

Con respecto al SIDA, francamente estoy perplejo por la manera en que la política ha tomado precedencia por sobre una forma médica de actuar sensata de ambas partes. El tema se ha vuelto tan polarizado que es difícil hablar del SIDA sin colocarse uno mismo en uno u otro grupo defensor. Ambos lados se vuelven a atrincherar en posiciones endurecidas y un escaso diálogo útil tiene lugar.

Por otro lado, muchos del público en general viven con un temor exagerado por el riesgo que corren. Ya tenemos una «vacuna», por así decirlo, que avanzará una gran distancia para prevenir el contagio de SIDA para la mayoría de las personas. No requiere abstinencia sexual, sino meramente fidelidad a un solo cónyuge. Nunca ha habido una epidemia tan temida con una solución tan sencilla. La profesión médica sabe este hecho, pero muchos vacilan en decirlo por temor a un revés en contra de «interferir en la conducta y el estilo de vida».

La promiscuidad, y no la orientación sexual, es la cuestión central desde una perspectiva médica. Por esta razón, hallo hipócritas a los heterosexuales que usan la epidemia del SIDA como una oportunidad para «despotricar contra los homosexuales» mientras ellos mismos continúan participando en relaciones sexuales promiscuas. En África y partes de Asia, el SIDA se extiende de forma fundamental mediante el contacto heterosexual.

Por otro lado, me dejan perplejo los activistas del SIDA que hacen hasta lo imposible para proteger los derechos del individuo infectado con VIH. Habiendo vivido con el efecto del «estigma malo» de los pacientes de lepra, entiendo con facilidad el derecho de un individuo a la privacidad y su oposición a los análisis obligatorios. Pero también hay que considerar los derechos de los demás. La persona VIH positiva puede trasmitir un virus letal si continúa compartiendo agujas contaminadas o practica relaciones sexuales promiscuas. A título de proteger las libertades personales, grupos de presión insistieron en que los baños de San Francisco continuaran abiertos después de que se dio a conocer los datos iniciales en cuanto a la epidemia del SIDA; como resultado, miles de clientes quedaron expuestos. Por un tiempo, estos mismos grupos también se opusieron a los procedimientos de análisis en los bancos de sangre.

La cuestión del SIDA se ha vuelto tan politizada que, en tanto que el procedimiento médico estándar exige análisis y rastreo de contacto para otras enfermedades de transmisión sexual, las reglas no se aplican al VIH, amenaza mucho más peligrosa. En algunos estados un cirujano ortopédico no tiene derecho legal para examinar a un paciente con respecto a la infección del SIDA antes de realizar la cirugía. Así, el cirujano que se expone a sí mismo a un grave riesgo no puede identificar ese riesgo de antemano. No puedo evitar el preguntarme si tal feroz insistencia en los derechos personales del infectado no está contribuyendo al «estigma malo» que rodea al SIDA.

Maldición de Dios

En Europa mucho del estigma dirigido contra la lepra brotó de una traducción desdichada de una palabra de la Biblia hebrea. En verdad, los síntomas descritos en Levítico tienen una escasa relación con la enfermedad que ahora llamamos lepra, pero con el tiempo el término *leproso* cobró un tinte moral, una señal de castigo sobrenatural. En la Edad Media un sacerdote, y no un médico, examinaba a la persona que se sospechaba que tenía lepra. Si se confirmaba la enfermedad, se llevaba al afligido a la iglesia, en donde el sacerdote leía una «misa leprosa» y esparcía polvo ceremonial sobre su cabeza, significando la muerte antes de la muerte. Condenado de esta manera, a la víctima se le llevaba al cementerio para presenciar el relleno de una tumba abierta, símbolo de su sepultura.

«Recuerda que estás muerto para el mundo; que no tienes ni hogar, ni familia... nada», entonaba el sacerdote junto a la tumba. El sacerdote entonces leía una lista de reglas crueles que gobernarían desde ese momento en adelante la vida del que sufría de lepra. Debía renunciar a toda propiedad y herencia. Jamás podía volver a entrar en una iglesia, mercado, cantina, casa o lugar público de reunión. No podía andar en calles estrechas ni hablar con los niños, ni hablar con nadie en dirección del viento. Se le daba un uniforme distintivo: en Francia el manto llevaba una *L* mayúscula cosida encima, y una campana o cencerro que debía hacer sonar cada vez que alguien se acercaba. Se le permitía tener solo una posesión: un balde de madera con un palo largo que podía extender para mendigar comida.

La lepra siempre ha llevado el estigma de la maldición divina. «Huye del leproso como huirías de un león», dijo Mahoma. Por todo el mundo, y de forma más destacada en países como Japón que nunca ha estado expuesto a la Biblia, a la enfermedad se la tomaba como señal de castigo sobrenatural. Los hindúes de la India, que por tradición veían a la lepra como un castigo por algún crimen en una vida anterior, implementaron medidas represivas similares a las de la Europa cristiana. Un buen hindú no podía tocar a nadie que sufría lepra, ni entrar en la casa de la víctima, o, en algunos casos, ni siquiera echarle una mirada a la lepra. El Acta de Lepra oficial en la India, que estuvo en los libros de estatutos hasta 1984, ordenaba el encarcelamiento obligatorio para cualquiera infectado con la enfermedad.

Aparte de unos esfuerzos mal dirigidos de asociar la lepra con la etapa final de una enfermedad venérea, no ha habido ningún esfuerzo por identificar una relación de causa y efecto entre la conducta y la enfermedad. Se daba por sentado que la existencia de una enfermedad con tales manifestaciones de «muerte que se arrastra» era evidencia *prima facie* de condenación divina. De la misma manera, la terrible plaga bubónica de Europa exigió que muchos profetas con ojos desorbitados señalaran a los que padecían de bubónica como pruebas del castigo divino.

Como ninguna otra enfermedad en los tiempos modernos, el SIDA comparte con la lepra el estigma de la maldición divina. Es más, ofrece un enlace más directo de causa y efecto con la conducta, y muchos autoproclamados profetas se han aprovechado de ese hecho. Para algunos cristianos el SIDA parece manifestar una relación directa entre la conducta y el sufrimiento como castigo. Una pregunta surge a menudo: ¿Envió Dios el SIDA como un castigo específico y dirigido a algunos?

Como cristiano desapruebo la promiscuidad sexual y el abuso de drogas, patrones de conducta que son responsables de la mayoría de los casos de infección de VIH. Creo que la sociedad, con sabiduría, ha hecho honor a los Diez Mandamientos y a otros códigos como una expresión de la verdad moral duradera. Sin embargo, como también he expresado con claridad en este libro, estoy en contra de la noción de que Dios está dedicado a dispensar enfermedades específicas. Veo a los Diez Mandamientos como una especie de «manual del propietario» para la vida saludable en este planeta, no muy diferente del manual del propietario que recibo cuando compro un automóvil Ford. Soy libre para desobedecer de modo flagrante la recomendación del manual de que cambie el aceite de forma periódica, y si hago eso tendré que soportar las consecuencias. Pero esto es difícilmente un castigo o una «maldición» de Ford. Es la consecuencia de mi conducta.

A muchas personas no les gusta un código moral como los Diez Mandamientos, y lo consideran como una lista arbitraria de reglas: la forma en que Dios impide que nos divirtamos de lo lindo. Yo lo veo justo como lo opuesto: una receta para la vida más llena de gozo y más sana, una vida de shalom. Resulta que yo creo que una sociedad funciona mejor cuando se separa un día para honrar a Dios, en donde los hijos respetan a los padres, en donde robar, asesinar y el adulterio están prohibidos, en donde las personas no se mienten unas a otras ni codician las posesiones de los demás.

Soy médico, no teólogo, pero después de vivir en varias culturas estoy listo para diagnosticar a la *promiscuidad* como la enfermedad de nuestra edad moderna. Para mí, la palabra cubre mucho más que una connotación sexual; implica una clase de irresponsabilidad o hedonismo, un espíritu de «diviértete ahora; el mañana ya se cuidará a sí mismo». Abordamos la política de esa manera, acumulando una deuda masiva que nuestros hijos y nietos tendrán que pagar. Somos irresponsables hacia el medio ambiente, talando por completo los bosques, desperdiciando el terreno cultivable, quemando hidrocarburos y descuidando el crecimiento de la población. Estas formas de comportamiento pueden un día llevar a una catástrofe global, pero difícilmente las veo como una «maldición» directa de Dios. Si tal catástrofe sucede, será el resultado de la conducta promiscua, de un desdén al manual del propietario.

Indiscutiblemente las decisiones de conducta afectarán la salud: la obesidad aumenta el riesgo de enfermedades del corazón, beber licores aumenta el riesgo de dolencias del hígado, y la promiscuidad sexual aumenta el riesgo de enfermedades venéreas. Pienso en el Dr. Luther Terry, cirujano general que tuvo el valor de declarar que un hábito popular, fumar, era dañino para la salud y que había que abandonarlo. La razón por la que su pronunciamiento exigió valentía es que a la gente no le gusta que le digan cómo comportarse. Prefiere oír que si uno quiere fumar debería recibir una vacuna para evitar todo daño posible, o que si contrae cáncer pulmonar un médico puede arreglarlo.

En los veinticinco años desde el pronunciamiento de Luther Terry en contra de fumar, otras enfermedades relativas a la conducta se han incluido, mientras que el hábito de fumar ha empezado a disminuir. El SIDA es la más reciente y probablemente la peor de tales enfermedades. Muchos protestan con vigor contra la noción de que el SIDA esté relacionado con la conducta, pero para decir la pura verdad, el SIDA nunca debería haberse convertido en la epidemia que es si no estuviera conectado a conductas tales como el abuso intravenoso de drogas y la promiscuidad sexual. La respuesta del público a la epidemia del SIDA ha sido predecible: «Arréglenla. Busquen y encuentren una vacuna».

En la actualidad, pocos tienen el valor para decir que el problema del SIDA es principalmente de conducta, y que la única solución disponible en estos momentos es una solución de la conducta. La revolución sexual de las décadas recientes fue un experimento. Puede haber tenido algunos puntos buenos; pero con toda certeza ha tenido algunos efectos negativos, en lo fundamental el aumento de las enfermedades de transmisión sexual (que ahora afligen a uno de cada cinco estadounidenses) y el efecto secundario agudo de los hijos de hogares destrozados. Ahora sabemos que una enfermedad abrumadoramente peligrosa, el SIDA, se ha añadido al lado negativo del historial.

A la gente no le gusta que los médicos, políticos, y ni siquiera los predicadores se entremetan en su conducta, y yo voy a añadir solo esto al debate actual: el «manual del propietario» de la moralidad fue escrito para nuestro beneficio, no para restringir nuestras libertades. Al entrar en mi sexta década de matrimonio puedo decir sin ningún ápice de vacilación que la virtud humana básica de la fidelidad sexual a un cónyuge es la manera más gozosa de vida. Siempre he vivido libre de todo temor a las enfermedades de transmisión sexual. Siempre he confiado por completo en mi esposa, y ella en mí. Hemos podido canalizar el amor, el compromiso y la intimidad hacia una sola persona: una inversión de toda la vida que ahora, en nuestra vejez, está pagando ricos dividendos.

Los antiguos fumadores han descubierto una gran ganancia: no solo han reducido la posibilidad del cáncer pulmonar y las enfermedades del corazón, sino que también hallan que la vida sin fumar es mucho más agradable. Pueden subir corriendo las escaleras o correr para alcanzar un autobús sin quedarse sin aliento o toser. Ese mensaje positivo debería ser también nuestro enfoque en el debate de la promiscuidad sexual: la fidelidad es mejor para todos, y es fundamental para la vida familiar feliz.

Como médico cristiano debo añadir con rapidez que sin que importe cómo sienta yo en cuanto al daño de abandonar la ley moral, debemos siempre estar a la vanguardia de los que dan consuelo y ayuda al que sufre. Sirvo en la junta de una organización llamada World Concern, que dirige un amplio programa de SIDA en Tailandia. Allí, la mayoría de las prostitutas, vendidas para el oficio como adolescentes, ahora llevan el VIH y ponen en peligro a sus clientes. ¿Cómo debemos responder a tales víctimas? Para mí, la respuesta es clara. Cuando hablo a los médicos cristianos sobre el tema del SIDA, les presento el reto de actuar con compasión, como Jesús lo haría, y ministrar a la persona que sufre en su necesidad. Jesús estableció el patrón de alcanzar y *tocar* —un acto inimaginable de valor en esos días— a los afligidos con lepra. Confrontado a una mujer sorprendida en el mismo acto del adulterio, él respondió diciendo: «Aquel de ustedes que esté libre de pecado, que tire la primera piedra». Y entonces él, el único sin pecado en ese relato, procedió a mostrarle misericordia.

Lecciones médicas

Recuerdo bien el temor que sentía en mis primeros días de cirugía experimental con pacientes de lepra. No sabíamos de la baja tasa de contagio de la lepra en ese entonces, y todos los trabajadores de la salud vivían con el temor de contagiarse de la enfermedad. He leído el relato de un médico en Hawai que se embutía algodón en la nariz, llevaba guantes de hule día y noche, y aguantaba la respiración mientras trataba a los pacientes de lepra. Otros se volvieron adictos a la morfina que tomaron para aplacar sus temores. Mi campo de cirugía ortopédica introducía riesgos especiales, porque a menudo trabajábamos con astillas de hueso. En los primeros años de cirugía anoté trece pinchazos de agujas o hueso. Más tarde me di cuenta de que estos accidentes, no ejerciendo ningún efecto nocivo, demostraron mi natural inmunidad a la lepra.

Si hubiera estado trabajando con pacientes de SIDA, sin embargo, habría estado expuesto a un peligro mucho mayor, puesto que es posible que un solo aguijonazo de una aguja o astilla aguda de hueso transfiera un virus que puede ser cien por ciento fatal. Hace poco en una reunión de la Southern Orthopaedic Association oí una conmovedora charla del Dr. Ollie Edmuns del Tulane Medical College. El Dr. Edmunds atiende a niños hemofílicos que han contraído SIDA por transfusiones de sangre. «Estos niños son personas muy especiales y establecemos con ellos una relación muy exclusiva», dijo. «No podría abandonarlos como pacientes, a pesar del riesgo que representan para mí».

El Dr. Edmunds dirigió un debate sobre cómo el cirujano puede tratar de guardarse contra la infección. Un cirujano en el salón dijo que se ponía dedales en las yemas de sus dedos para evitar los pinchazos de las agujas. Otro mencionó la necesidad de usar dos pares de guantes, uno de ellos tal vez de algodón, pero admitió que un objeto puntiagudo penetrará la tela tanto como el caucho.

Durante el debate yo rememoraba de forma instantánea escenas de mis días en la escuela de medicina cincuenta años atrás. En ese entonces, también nosotros tuvimos debates considerables sobre cómo prevenir la infección en la sala de operaciones, pero por la razón opuesta. En los días anteriores a los antibióticos, el paciente estaba en peligro mortal de alguna infección que el cirujano pudiera introducir. Ahora la mesa se ha volteado: el paciente pone en peligro al cirujano.

En mis días la osteomielitis estafilocócica presentaba el peligro mayor. En las operaciones en el hueso, a pesar de todas las precauciones asépticas, un germen estafilococo a veces se introducía en la herida y se establecía en el hueso. Los cirujanos identificaron una causa común: una astilla de hueso o la punta de una aguja perforaba ligeramente o rasgaba un guante de hule, una gota de sudor (que a menudo llevaba el estafilococo) del cirujano pasaba por el agujero y contaminaba el hueso. Para evitar tal peligro, recalcábamos la «técnica de no tocar» de la cirugía ortopédica.

Como principio general, las manos del cirujano o enfermera no debían tocar nada que pudiera entrar en contacto con la herida, aunque esas manos estuvieran encerradas en guantes estériles. La enfermera instrumental nunca tocaba los instrumentos para nada. Levantaba el instrumento con dos largas tenazas estériles y se lo entregaba cirujano. El cirujano entonces tomaba el extremo de las manijas, que nunca entraban en contacto con la herida, y usaba el otro extremo como el único contacto dentro de la herida. También practicamos con rigor el arte de suturar las heridas sin poner nuestras manos en ellas. Colocábamos las agujas en los sujeta agujas, sosteníamos la punta de la misma con una tenaza diferente, y la empujábamos por el tejido. Incluso hoy puedo hacer nudos tan rápido con las tenazas como con mis dedos. Después de mucha práctica, la operación llegó a ser un ejercicio hermosamente raudo, y al fin de la operación todos nos mostrábamos unos a otros nuestras manos enguantadas para demostrar que no había sangre en ellas.*

Esta técnica disciplinada fue cayendo en desuso de forma gradual una vez que llegó la penicilina a la escena y los obreros de la salud se dieron cuenta de que incluso si el estafilococo entraba en el hueso, la penicilina podía destruirlo. No obstante, continué usando la técnica por un tiempo en la India, y entrené a mis ayudantes en ella. Ya fuera que trabajáramos puertas adentro o en los exteriores, rara vez tuvimos algún problema con la infección introducida en las heridas quirúrgicas.

---

*En la India no se conocía la palabra *desechable* y por cuestión de economía usábamos los mismos guantes vez tras vez, volviendo a esterilizarlos entre uso y uso. Al final de un día de cirugía las enfermeras de la sala de operaciones recogían todos los guantes y los inflaban, soplándolos como globos y sosteniendo el extremo cerrado mientras verificaban si había agujeros de agujas o rasgaduras, los cuales harían burbujas cuando se sumergían los guantes bajo el agua. La enfermera parchaba tales agujeros con fragmentos de caucho tomados de guantes desechados. Al observar este rito a través de los años, vi que nosotros los cirujanos nos insertábamos cosas en nuestros guantes con mucha más frecuencia de lo que nos dábamos cuenta. Hoy, en el oeste todos los guantes se desechan al final de cada cirugía, y el cirujano rara vez sabe si los guantes que usó quedaron intactos o no. Por hábito, yo todavía inflo mis guantes cuando me los quito, a fin de verificar si he violado la técnica aséptica.

Mientras oía el debate en la reunión de la Southern Orthopaedic Association, se me ocurrió que esta técnica de «no tocar», reliquia de la cirugía de hace cincuenta años, podría ser exactamente apropiada para los cirujanos de hoy que operan en pacientes de SIDA. En nuestros días tomábamos medidas muy complicadas para asegurar que ningún germen de nuestras manos penetrara en la herida del paciente. Hoy, las mismas técnicas pueden evitar que los gérmenes del paciente penetren en los guantes del cirujano. Conversé sobre esta técnica con Ollie Edmunds después de la reunión. Habiendo recibido su educación mucho después que yo, él no conocía el viejo estilo, y convino en que podría ser una buena idea para practicar al operar a pacientes de SIDA. Desde entonces, he sabido que algunas escuelas de medicina han revivido variaciones de la técnica de «no tocar» por esta razón, una instancia de la sabiduría del pasado sirviendo a las nuevas necesidades urgentes del presente.

La larga historia del trabajo con la lepra ofrece otras lecciones que pueden informar a la política médica actual dirigida al SIDA. Por ejemplo, cuando el temor de una epidemia de SIDA empezó a entrar por primera vez en la conciencia pública, surgieron gritos fuertes de «cuarentena». Ya no oigo muchos debates sobre la cuarentena en estos días —aunque la nación de Cuba al parecer ha impuesto una cuarentena estricta para los pacientes infectados con el VIH— pero algunos pueden preguntarse por qué la profesión médica no endosa tal política. Dejando a un lado los asuntos de derechos humanos, ¿no es la manera más efectiva de detener el esparcimiento de una epidemia separar a todos los portadores de la misma?

El tratamiento de la lepra provee una noción importante. En Hawaii, por ejemplo, el Act to Prevent the Spread of Leprosy (Acta para prevenir el esparcimiento de la lepra) de 1865 autorizaba el «arresto» de los «sospechosos» de lepra, y cualquiera que se hallaba con esta enfermedad quedaba sujeto a un destierro vitalicio a la colonia de Kalaupapa en la isla de Molokai. Entre 1865 y 1965, cuando al fin se abandonó la regulación, unos ochocientos que sufrieron de lepra fueron enviados a Kalaupapa; hoy quedan casi cien sobrevivientes. Así es como un nativo hawaiano, compositor y maestro de hula, recuerda su expulsión:

De nuevo la milicia se hizo cargo.
Los soldados nos escoltaron al muelle para la despedida.

Prisioneros, marchamos para embarcarnos,
víctima de lepra, marcados para el exilio.
Abandonados, separados de la familia y los seres queridos,
se nos dejó solos con nuestra aflicción, con nuestro amor.
Lluvias de lágrimas brotaban de los ojos de los leprosos.
Las mejillas del leproso brillaban con gotas de lluvia al sol.
Nunca más volveríamos a ver esta tierra nuestra,
este encantador puerto.

En Hawai, como en la mayoría de los lugares, las autoridades médicas abandonaron la cuarentena no porque creyeran que el peligro de la enfermedad se había reducido, sino porque la cuarentena resultó ser contraproducente. Oí muchos relatos ilustrando este hecho de parte de los veteranos en el hospital de lepra de Carville. La gente que notaba síntomas de lepra se escondía y no informaba al médico por temor a ser despachada a una colonia. O esperaban hasta que sus hijos hubieran crecido antes de informarlo. Como resultado irónico de la cuarentena, entonces, algunos casos de lepra siempre pasaban desapercibidos, manteniendo vivo el potencial de contagio.

La historia de la lepra en España demuestra con claridad las consecuencias no previstas de la cuarentena. Bajo el régimen de Franco, España tenía una política rígida de notificación obligatoria. Todos los pacientes de lepra tenían que inscribir su condición ante las autoridades, y entonces se les asignaba para que vivieran en colonias. Después de que Franco murió, el gobierno descartó esas regulaciones. Al año siguiente el número de casos informados casi se duplicó. Al año posterior, los casos informados se duplicaron de nuevo. Los oficiales de la salud pública concluyeron que tres cuartos de los casos de lepra en España habían estado ocultos. La mitad de ellos buscaron tratamiento al primer año en que la ley cambió; la otra mitad esperó otro año para ver si el gobierno había estado preparando una trampa.

En la India participé en campañas ampliamente extendidas contra la lepra y también contra otras enfermedades infecciosas y epidémicas. Del mismo modo, hallé que los esfuerzos por segregar a los pacientes por lo general fracasaban debido a la fuerte resistencia de los mismos al aislamiento forzoso. Algunos siempre encontraban la manera de escaparse de las autoridades y esconder su enfermedad. Concluí que en la mayoría de los casos la cuarentena simplemente no funciona.

Por otro lado, respaldo en forma absoluta la necesidad epidemiológica de *identificar todo caso posible* de una enfermedad infecciosa. Esto llega a ser un desafío cuando, como en la lepra (y el SIDA), el deseo del paciente de guardar el secreto está en conflicto con la necesidad médica sólida de controlar la enfermedad. Al principio en la India realizamos las consultas de lepra separadas de las de los otros pacientes externos del hospital. Descubrimos que solo los pacientes que tenían marcas obvias de la enfermedad se presentaban. Los casos tempranos que todavía estaban sin marcas, o que podían esconder sus marcas debajo de la ropa, no se exponían a que se les identificara como «leprosos». De este modo seguían siendo una fuente de infección para otros, en tanto la enfermedad seguía progresando en ellos sin que se la tratara.

Las misiones de lepra empezaron a abrir «clínicas de la piel» gratuitas en ciudades estratégicas y en los hospitales, en donde se podía ver y tratar toda clase de enfermedades de la piel. Los pacientes de lepra pronto se enteraron de que podían confiar en que los médicos y las enfermeras en estas clínicas guardarían la información en forma confidencial, así que acudieron de forma voluntaria tan pronto como tenían cualquier sospecha de la enfermedad. Por razones similares, respaldo la necesidad de crear centros de análisis de VIH «anónimos». Los individuos preocupados deben poder confiar en que los resultados serán guardados en forma confidencial; de otro modo creamos una falta de estímulo que obra en contra de nuestra meta de identificar las infecciones activas.

La respuesta de la iglesia

Una de las principales diferencias entre la lepra y el SIDA, y la que más me aflige, es la respuesta de la iglesia cristiana. Aunque la iglesia por cierto ha añadido a la situación miserable de los que sufren lepra con su mensaje de «maldición de Dios», al mismo tiempo se han levantado individuos dentro de ella para encabezar el camino al tratamiento. En la Edad Media algunas órdenes religiosas se dedicaron a atender la lepra. Incluso en los tiempos recientes el liderazgo científico en la enfermedad ha tendido a venir de médicos misioneros, porque ellos son los que están dispuestos a trabajar con los pacientes de lepra.

Recuerdo un comentario de la madre Teresa. Ella dirigía

una clínica para pacientes de lepra en Calcuta, y me invitó para que ayudara a entrenar a sus hermanas. «Tenemos drogas para personas con enfermedades como la lepra», dijo. «Pero estas drogas no tratan el principal problema, la enfermedad de *no ser querido*. Eso es lo que mis hermanas esperan proveer».

Mucho de mi trabajo en la India fue financiado por la Leprosy Mission de Inglaterra, una organización madre de American Leprosy Missions. Me he preguntado muchas veces por qué tenemos misiones cristianas dedicadas exclusivamente a la lepra. No tengo conocimiento de alguna misión de artritis o misión de diabetes. La respuesta, pienso, tiene que ver con el increíble estigma que rodeó a la lepra por tanto siglos. Trabajar con la lepra requería más que un instinto natural de compasión; demandaba una clase de llamamiento sobrenatural. Personas como el padre Damien, que ministró a los pacientes de lepra en Hawai, y luego él mismo contrajo la enfermedad, creían que a los seres humanos, cualquiera que fuera su aflicción, nunca se les debe marginar. A la iglesia le tocaba atender a los enfermos, a los no queridos y a los no amados.

Cuando me mudé a Carville en 1965 aprendí que la historia de esta institución era demasiado típica del trabajo con lepra en todo el mundo. Los primeros siete pacientes, expulsados de Nueva Orleans fueron llevados de contrabando por las autoridades Mississippi arriba en una barcaza de carbón. (En 1894 las leyes de los Estados Unidos prohibían que las personas con lepra viajaran en cualquier forma de transporte público.) Desembarcaron en una plantación abandonada y derruida que el estado de Louisiana había conseguido con el pretexto de empezar una granja de avestruces, para no alarmar a los vecinos. Unas pocas cabañas para esclavos todavía estaban en pie, pobladas en su mayor parte por ratas, murciélagos y culebras. Los siete primeros pacientes se mudaron al «Louisiana Leper Home», pero el estado tuvo dificultades para conseguir trabajadores para el leprocomio. Al fin las Hijas de la Caridad, una orden de monjas católicas, se ofrecieron como voluntarias. Estas santas mujeres, apodadas «las gorras blancas», hicieron mucho del trabajo inicial. Levantándose dos horas antes de la salida del sol para orar, vistiendo uniformes blancos almidonados en el calor de los pantanos, las monjas drenaron ciénagas, nivelaron caminos y repararon los edificios para el nuevo leprocomio. Sus sucesoras todavía estaban sirviendo en Carville cuando yo trabajé allí hace unos pocos años.

Espero y oro que dentro de cien años o algo así, cuando

se escriba la historia definitiva de la epidemia del SIDA, la iglesia cristiana haya jugado un papel igual de noble. Hasta este momento, veo pocas señales. La investigación sostenida con los fondos del gobierno y públicos ahora está promoviendo la clase de experiencia científica sobre el SIDA que los hospitales misioneros proveyeron para la lepra, y no veo necesidad de que la iglesia trate de duplicar esos esfuerzos. Pero sí veo una urgente necesidad de que la iglesia ayude a romper el estigma que rodea al SIDA y a responder con compasión y dignidad. Debido a mi experiencia con los pacientes de lepra, sé la diferencia que puede significar una respuesta así.

Una vez mientras vivía en Louisiana vi una hermosa ilustración de la iglesia combatiendo el «estigma malo». El dueño de una mueblería de Columbia, Mississipi, vino con su familia a Carville lleno de lágrimas y preguntas. Acababa de recibir el diagnóstico de lepra y se sentía como si fuera su sentencia de muerte. ¿Quién iba a querer poner un pie en su almacén de ahora en adelante? ¿Podría llegar a quedar horrible y deformado? ¿Viviría? ¿Cómo le diría a su familia extendida, a sus vecinos y a su iglesia que tenía lepra? Me senté con él y le dije los hechos en cuanto a la lepra, y en el proceso me enteré de que era diácono en su iglesia. Me pidió que le ayudara a darle la noticia a la congregación y a aplacar los temores de ellos en cuanto al contagio. Acepté volver con él a Columbia, y juntos sostuvimos varias reuniones con ciertos grupos de la iglesia. De una manera asombrosa, la iglesia entera apoyó a toda la familia. El negocio de muebles del hombre no se hundió. Y su iglesia llegó a ser un centro de información sobre la lepra.

Mi recuerdo favorito de una iglesia abrazando a un enfermo de lepra gira alrededor de un paciente de la India llamado John Karmegan. Vino a vernos en un estado tan avanzado de la enfermedad que poco pudimos hacer por él quirúrgicamente. Lo que sí hicimos, sin embargo, fue ofrecerle un lugar donde quedarse y un empleo en el Centro Nueva Vida. John fue un buscapleitos desde el principio. Siendo de tez morena, había soportado la brutalidad del racismo antes de contraer la lepra. Ahora, producto de la parálisis, sus esfuerzos por sonreír producían algo parecido a una mueca, y debido a que la gente a menudo respondía con asombro o con un gesto de temor simplemente aprendió a no sonreír. Mi esposa, Margaret, le cosió en parte uno de los párpados para protegerle la vista, y esto hizo su apariencia incluso más extraña.

Varias veces atrapamos a John robándoles a otros de la población. Trataba a sus compañeros pacientes con crueldad y desafiaba toda autoridad, yendo al punto de organizar huelgas de hambre contra nosotros. Como reconocían todos, él estaba ya más allá de toda rehabilitación.

Pero no para Granny Brand. Tal vez atraída por la misma situación irremediable de John, ella lo adoptó como blanco especial de su evangelización. Lo recibió y pasó tiempo con él, y con el tiempo se convirtió en cristiano. Lo bautizamos en un tanque de cemento usado para materiales de construcción.

Ni la conversión ni el bautismo ejercieron mucho efecto de inmediato en la personalidad de John. Entabló amistad con unos pocos enfermos, pero los años de rechazo lo habían envenenado contra todos los que no fueran pacientes. «A ustedes les pagan por hacer este trabajo», me decía a mí y a los demás trabajadores de la salud, «no lo hacen porque son creyentes, o porque se interesan en mí. Es porque les pagan. A nadie le gusta una cara fea, y nadie quiere a un leproso».

Un día John hizo la misma acusación con respecto a nuestra iglesia en los predios del leprocomio. «A ustedes les pagan para que tomen la comunión conmigo. Es un trabajo. ¿Qué sucedería si yo fuera a la iglesia de la ciudad? ¿Piensa usted que esas personas me dejarían entrar en su iglesia?» No tuve qué responderle.

No mucho después fui a hablar con los dirigentes de la iglesia tamil en Vellore, y conversamos sobre John. «Todos pueden decir que él tiene lepra», dije. «Su cara está deformada, sus ojos casi no ven y sus manos están bien engarrotadas. Pero puedo asegurarles que la enfermedad ya ha sido detenida. Él no presenta ningún peligro para otros. ¿Le permitirían que los visitara?» Los ancianos consintieron en que él podía visitarlos.

«¿Puede él tomar la comunión?», pregunté, sabiendo que la iglesia usaba una copa común. Los ancianos se miraron unos a otros titubeando, y conversamos del asunto por un largo rato, pero al fin decidieron que él también podía tomar la comunión.

Unos pocos días después acompañé a John a la iglesia, que se reunía en un edificio sencillo de ladrillo blanqueado con cal y con un techo de hierro corrugado. Fue un momento tenso para los dos. Difícilmente podía imaginarme el trauma y la paranoia que un paciente de lepra debe sentir al intentar por primera vez entrar en esa clase de ambiente público. Nos quedamos juntos de pie en la parte de atrás de la iglesia, y la cara paralizada de John no mostró ninguna reacción, pero su temblor dejaba ver su conflicto interno.

En silencio oré que ningún miembro de la iglesia le mostrara rechazo.

Cuando la congregación se puso de pie para entonar el primer himno, un hombre sentado como por la mitad se dio la vuelta y nos miró. Debemos haberle parecido una pareja extraña: un extranjero blanco de pie junto a un paciente de lepra con parches en su piel en llamativo desorden. Contuve la respiración.

Entonces sucedió. El hombre dejó su himnario, sonrió con amplitud, y dio unas palmaditas en la banca a su lado, invitando a John a que se sentara junto a él. John no podía haber quedado más asombrado. Titubeando, avanzó a pasitos hacia la fila y se sentó. Yo eleve una oración de gracias.

Ese incidente resultó ser el momento decisivo en la vida de John. Los tratamientos médicos, la atención compasiva, la rehabilitación, cada paso había ayudado, pero fue la invitación de un extraño a un hermano cristiano deformado a partir el pan con él lo que en verdad le cambió. Salió de ese culto reluciendo de alegría.

Años más tarde, después de que me mudé a los Estados Unidos, visité Vellore e hice un viaje aledaño a una fábrica organizada para emplear a los minusválidos. El gerente quería mostrarme una nueva máquina que producía diminutos tornillos para los repuesto de las máquinas de escribir. Mientras caminábamos por la ruidosa planta, que olía a combustible diesel, me dijo a gritos que quería presentarme a uno de sus más preciados empleados. Este hombre acababa de ganar el premio de la compañía suiza de máquinas de escribir en toda la India por producir el mayor número de repuestos con el menor número de errores.

Cuando llegamos al lugar de trabajo del preciado empleado, se volvió para saludarnos y me encontré mirando la inconfundible cara retorcida de John Karmegan. Él se limpió la grasa de su mano encogida, estrechó la mía y sonrió con la más horrible, más encantadora y más radiante sonrisa que jamás haya visto. Luego extendió un puñado de los diminutos tornillos de precisión que le habían hecho merecedor del premio para que los inspeccionara.

Un simple gesto de aceptación puede no haber parecido mucho. Pero para John Karmegan, sin embargo, resultó ser decisivo. Debido al amor que fue demostrado en una diminuta iglesia en Vellore, las viejas heridas de John sanaron. Tal vez por primera vez se sintió libre de la carga opresiva de la vergüenza y el rechazo. Se volvió a sentir como un ser humano. Las marcas de la enfermedad, el estigma, no habían cambiado. Pero como dice un versículo del Nuevo Testamento: «El amor perfecto echa fuera al temor». Y también echa fuera el estigma.

REConoCImIenTos

El Dr. Paul Brand y Philip Yancey han escrito como coautores dos libros previos *In His Image* y *Temerosa y maravillosamente diseñado*, ambos publicados (en inglés) por Zondervan Publishing House, una división de HarperCollins. Recientemente el Dr. Brand también escribió *The Forever Feast*, publicado por Servant Publications. Algunas de las narraciones de este libro de recuerdos aparecen en diferente forma en estos otros libros, y los autores quieren expresar su agradecimiento a las editoriales por su cooperación. También *Ten Fingers for God* de Dorothy Clarke Wilson resultó ser un recurso invaluable.

Los autores están muy agradecidos a todos aquellos que proporcionaron una dirección sabia y necesaria para mejorar el manuscrito, en especial a Judith Markham, Tim Stafford, Harold Fickett, Pauline Brand, David y Kathy Neely, y los editores del libro: Karen Rinaldi y John Sloan.

BIBLIOGRAFÍA

Ackerman, Diane. *A Natural History of the Senses,* Random House, New York, 1990.

Berna, Steven. *Pain and Religion: A Psychophysiological Study,* Charles C. Thomas, Springfield, Ill., Publisher, 1972.

Brand, Paul. *Clinical Mechanics of the Hand,* C. V. Mosby Company, Saint Louis, 1985.

Brand, Paul, y Philip Yancey. *Fearfully and Wonderfully Made,* Mich., Zondervan Publishing House, Grand Rapids, 1980.

_____. *In His Image,* Grand Rapids, Mich., Zondervan Publishing House, 1984.

Brody, Saul Nathaniel. *The Disease of the Soul: Leprosy in Medieval Literature,* Cornell University Press, Ithaca, N.Y., 1974.

Callahan, Daniel. *What Kind of Life: The Limits of Medical Progress.* Simon and Schuster, New York, 1990.

Cannon, Walter B. *The Wisdom of the Body,* W. W. Norton and Company, New York, 1939.

Cassell, Eric J., M.D. «The Nature of Suffering and the Goals of Medicine», *New England Journal of Medicine* 306, no. 1, 1982, pp. 639-45.

Castillo, Stephani J. «Viewer's Discussion Guide for *Simple Courage,* a One-Hour Television Documentary», Olena Productions, Honolulu, 1992.

Christman, R. J. *Sensory Experience,* Intext Educational Publishers, Scranton, Penn., 1971.

Cousins, Norman. *Anatomy of an Illness as Perceived by the Patient,* W. W. Norton and Company, New York, 1979.

_____. *Human Options,* W. W. Norton and Company, New York, 1981.

_____. *The Healing Heart: Antidotes to Panic and Helplessness,* Avon Books, New York, 1983.

_____. *Head First: The Biology of Hope,* E. P. Dutton, New York, 1989.

Dougherty, Flavian, ed. *The Deprived, the Disabled, and the Fullness of Life,* Michael Glazier, Wilmington, Del., 1984.

Eccles, John C., *The Human Mystery,* Springer-Verlag, New York, 1979.

_____. *The Human Psyche,* Springer-Verlag, New York, 1980.

Eccles, Sir John, y Daniel N. Robinson. *The Wonder of Being Human: Our Brain and Our Mind,* Free Press/Macmillan, New York, 1984.

Feeny, Patrick. *The Fight against Leprosy,* American Leprosy Missions, New York, 1964.

Frank, Jerome D. *Persuasion and Healing,* Johns Hopkins University Press, Baltimore, 1973.

Frankl, Viktor E. *The Doctor and the Soul,* Alfred A. Knopf, New York, 1965.

Grass, Günther, *Show Your Tongue,* Harcourt Brace Jovanovich, New York, 1988.

Greene, Graham. *Ways of Escape,* Simon and Schuster, New York, 1982.

Gregory, R. L., ed. *Illusion in Nature and Art,* Charles Scribner's Sons, New York, 1973.

Gregory, R. L. *Eye and Brain: The Psychology of Seeing,* McGraw-Hill Book Company, New York, 1978.

Hansel, Tim. *You Gotta Keep Dancin',* David C. Cook Publishing Company, Elgin, Ill., 1985.

Hardy, James D., Harold G. Wolff, y Helen Goodell. *Pain Sensations and Reactions,* Hafner Publishing Company, New York, 1967.

Harth, Eric. *Windows on the Mind,* William Morrow and Company, New York, 1982.

Hunt, Morton. *The Universe Within, A New Science Explores the Human Mind,* Simon and Schuster, New York, 1982.

Illich, Ivan. *Medical Nemesis: The Expropriation of Health,* Pantheon Books, New York, 1976.

Jagadisan, T. N. *Fulfillment through Leprosy,* Tamil Nadu, India, Kasturba Kusta Nivaran Nilayam, 1988.

Kline, David. «The Power of the Placebo», *Hipócrates,* mayo/junio 1988, pp. 24-26.

Komp, Diane M. *A Window to Heaven: When Children See Life in Death,* Zondervan Publishing House, Grand Rapids, Mich., 1992.

Lankford, L. Lee. «Reflex Sympathetic Dystrophy». *Rehabilitation of the Hand: Surgery and Therapy,* ed. por Hunter, Schneider, Mackin, y Callahan, St. Louis, C. V. Mosby Company, 1990, pp. 763-75.

Lapierre, Dominique. *The City of Joy,* Warner, New York, 1985.

Lewis, Thomas, M.D. *Pain,* Macmillan Company, New York, 1942.

Lipton, Sampson. *Conquering Pain,* Arco Publishing, New York, 1984.

Loeser, John D. «Phantom Limb Pain», *Current Concepts in Pain* 2, no. 2, 1984, pp. 3-8.

Lynch, James J. *The Broken Heart: The Medical Consequences of Loneliness,* Basic Books, New York, 1977.

Macfarlane, Gywn. *Alexander Fleming: The Man and the Myth,* Harvard University Press, Cambridge, Mass., 1984.

Melzack, Ronald. «The Perception of Pain», *Scientific American* 233, febrero 1961, pp. 1-13.

_____ . *The Puzzk of Pain,* Basic Books, New York, 1973.

_____ . «The Tragedy of Needless Pain», *Scientific American* 262, febrero 1990, pp. 27-33.

_____ . «Phantom Limbs», *Scientific American* 264, abril 1992, pp. 120-26.

Malzack, Ronald, y Patrick D. Wall, *The Challenge of Pain,* ed. rev., Penguin Books, London, 1988.

Menninger, Karl. M.D. *The Vital Balance: The Lift Process in Mental Health and Illness,* Viking Press, New York, 1963.

Miller, Jonathan. *The Body in Question,* New York, Random House, 1978.

Moore, Henry Thomas. *Pain and Pleasure,* Moffat, Yard and Company, New York, 1917.

Mooris, David B. *The Culture of Pain*, University of California Press, Berkeley, 1991.

Muller, Robert. *Most of All, They Taught Me Happiness*, Doubleday and Company, New York, 1978.

Naipul, V. S. *India: A Wounded Civilization*, Alfred A. Knopf, New York, 1977.

———. *India: A Million Mutinies Now*, Viking Press, New York, 1990.

Oatley, Keith. *Brain Mechanisms*, E. P. Dutton, New York, 1972.

Olshan, Neal H. *Power over Your Pain—Without Drugs*, Beaufort Books, New York, 1983.

Pace, J. Blair. *Pain: A Personal Experience*, Nelson-Hall, Chicago, 1976.

Peck, M. Scott. *The Road Less Traveled*, Simon and Schuster, New York, 1978.

Penfield, Wilder, *The Cerebal Cortex of Man: A Critical Study of Localization of Function*, Macmillan Company, New York, 1950.

———. *The Mystery of the Mind: A Critical Study of Consciousness and the Human Brian*, Princeton University Press, Princeton, N.J., 1975.

Penn, Jack. *The Right to Look Human: An Autobiography*, Hugh Keartland Publishers, Johannesburg, 1976.

Penrose, Roger. *The Emporer's New Mind: Concerning Computers, Minds, and the Laws of Physics*, Oxford University Press, New York, 1989.

Register, Cheri. *Living with Chronic Illness*, Free Press, New York, 1987.

Russell, Wilfrid. *New Lives for Old: The Story of the Cheshire Homes*, Victor Gollancz, Ltd., London, 1980.

Ryle, Gilbert. *The Concept of Mind*, University of Chicago Press, v1949.

Sacks, Oliver. *A Leg to Stand On*, Harper and Row, New York, 1984.

———. *The Man Who Mistook His Wife for a Hat and Other Clinical Tales*, Simon and Schuster, New York, 1985.

———. «Neurology and the Soul», *The New York Review of Books*, noviembre 22 de 1990, pp. 44-50.

Scarry, Elaine. *The Body in Pain: The Making and Unmaking of the World*, Oxford University Press, New York, 1985.

Selye, Hans. *From Dream to Discovery: On Being a Scientist*, McGraw-Hill Book Company, New York, 1964.

———. *The Stress of Life*, ed. rev, McGraw-Hill Book Company, New York, 1976.

Selzer, Richard. *Mortal Lessons: Notes on the Art of Surgery*, Simon and Schuster, New York, 1976.

———. *Confessions of a Knife*, Simon and Schuster, New York, 1979.

Shenson, Douglas. «When Fear Conquers: A Doctor Learns abouts AIDS from Leprosy», *New York Times Magazine*, febrero 28 de 1988, pp. 35-48.

Siegel, Bernie S. *Love, Medicine & Miracles*, Harper and Row, New York, 1986.

Snyder, Solomon. «Matter over Mind: The Big Issues Raised by Newly Discovered Brain Chemicals», *Psychology Today*, junio de 1980, pp. 66-76.

Soelle, Dorothy. *Suffering*, Fortress Press, Philadelphia, 1945.

Somervell, T. Howard. *Knife and Life in India*, Livingstone Press, London, 1955.

Sontag, Susan. *Illness as Metaphor*, Farrar, Straus and Giroux, New York, 1978.

———. *AIDS and Its Metaphors*. Farrar, Straus and Giroux, New York, 1989.

Stacy, Charles B., Andrew S. Kaplan, y Gray Williams, Jr., y los editores de Consumer Reports Books. *The Fight against Pain*, Consumer Reports Books, Yonkers, N.Y., 1992.

Stein, Stanley, con Lawrence G. Blochman. *Alone No Longer*, The Star, Carville, La., 1974.

Szasz, Thomas S., M.D. *Pain and Pleasure: A Study of Bodily Feelings*, Basic Books, New York, 1957.

This Spreading Tree: The Story of the Leprosy Mission from 1918 to 1970. Leprosy Mission, London, 1974.

Thomas, Lewis. *Late Night Thoughts on Listening to Mahler's Ninth Symphony*, Viking Press, New York, 1983.

_____. *The Youngest Science: Notes of a Medicine-Watcher*, Viking Press, New York, 1983.

Tiger, Lionel. *The Pursuit of Pleasure*, Little, Brown and Company, Boston, 1992.

Tournier, Paul. *Creative Suffering*, Harper and Row, San Francisco, 1982.

Valenstein, Elliot S. *Great and Desparate Cures: The Rise and Decline of Psychosurgery and Other Radical Treatments for Mental Illness*, Basic Books, New York, 1986.

Vaux, Kenneth L. *This Mortal Coil: The Meaning of Health and Disease*, Harper and Row, New York, 1978.

Veninga, Robert L. *A Gift of Hope: How we Survive Our Tragedies*, Little, Brown and Company, Boston, 1985.

Wakefield, Dan. *Returning: A Spiritual Journey*. Penguin Books, New York, 1988.

Wall, Patrick D. «"My Foot Hurts Me"»: An Analysis of a Sentence», *Essays on the Nervous System; a Festschrift for Professor J. Z. Young*, Clarendon Press, Oxford, 1984.

Wall, Patrick D., y Ronald Melzack, ed. *Textbook of Pain*, Churchill Livingston, London, 1984.

Waylett-Rendall, Janet. «Therapist's Management of Reflex Sympathetic Dystrophy», *Rehabilitation of the Hand: Surgery and Therapy*, ed. James M. Hunter, M.D., Lawrence H. Schneider, MD., Evelyn J. MacKin, P.T, y Anne D. Callahan, M.S., O.T.R. C. V. Mosby Company, St Louis, 1990, pp. 787-89.

Weisenberg, Marisyohu, ed. *Pain: Clinical and Experimental Perspectives*, C. V. Mosby Company, St. Louis, 1975.

Whitfield, Philip, y D. M. Stoddart. *Hearing, Time, and Smell: Pathways of Perception*, Torstar Books, New York, 1984.

Wilson, Dorothy Clarke. *Granny Brand: Her Story*. Christian Herald Books, Chappaqua, N.Y., 1976.

_____. *Ten Fingers for God: The Lift and Work of Dr. Paul Brand*, Zondervan Publishing House, Grand Rapids, Mich., 1989.

Wolf, Barbara. *Living with Pain*, Seabury Press, New York, 1977.

Yancey, Philip. *Where Is God When It Hurts?*, Zondervan Publishing House, Grand Rapids, Mich., 1990.

Zinsser, Hans. *As I Remember Him: The Biography of R. S*, Little, Brown and Company, Boston, 1940.

Nos agradaría recibir noticias suyas.
Por favor, envíe sus comentarios sobre este libro
a la dirección que aparece a continuación.
Muchas gracias.

Editorial Vida
Vida@zondervan.com
www.editorialvida.com